# Alkohol

## Die mächtigste Droge der Welt

Band 1: Geschichte, Religion, Gesellschaft und Kurioses

NACHTSCHATTEN VERLAG

**Verlegt durch**

**NACHTSCHATTEN VERLAG AG**

Kronengasse 11
CH-4502 Solothurn
T +41 (0)32 621 89 49
F +41 (0) 32 621 89 47

info@nachtschatten.ch
www.nachtschattenverlag.ch

**1. Auflage**


**Titelabbildung**
Bacchus (Beiname von Dionysos, Gott des Weines und des Rausches in der griechischen Mythologie)

**Umschlaggestaltung**
Sven Sannwald, Solothurn

**Layout und grafisches Konzept**
Constantin Mawrodiew, feinkost Designnetzwerk, Berlin

**Lektorat**
Nina Seiler, Zürich

**Druck**
Druckerei & Verlag Steinmeier, Deiningen
Printed in Germany

**Schriften**
Gesetzt aus der Bell Gothic, der Bodoni und der Minion

ISBN 978-3-03788-269-6

*Die Menschen trinken, weil andere trinken. Hat man sich aber einmal an das Trinken gewöhnt, so ist an Gründen zum Weitertrinken natürlich niemals Mangel.*

*Die Menschen trinken, wenn sie sich wieder sehen; sie trinken, wenn sie Abschied nehmen. Sie trinken, wenn sie hungrig sind, um den Hunger zu betäuben; sie trinken, wenn sie satt sind, um den Appetit anzuregen. Sie trinken, wenn's kalt ist, zur Erwärmung; sie trinken, wenn's warm ist, zur Abkühlung. Sie trinken, wenn sie schläfrig sind, um sich wach zu halten; sie trinken, wenn sie schlaflos sind, um einzuschlafen.*

*Sie trinken, weil sie traurig sind; sie trinken, weil sie lustig sind. Sie trinken, weil einer getauft wird; sie trinken, weil einer beerdigt wird; sie trinken, sie trinken. Warum sollten sie nicht auch trinken, um Kummer, Not und Elend zu vergessen?*

Gustav von Bunge (1844–1920), deutsch-baltischer
Physiologe und überzeugter Alkoholgegner

# Inhalt

# Zum Geleit

Endlich! Das war meine erste Reaktion, als ich das Manuskript von Wolfgang P. Schwelle in den Händen hielt. Endlich ein umfassendes Werk zum Thema Alkohol. Seit Jahren hatte ich darauf gehofft, dass dieses Thema eines Tages im Nachtschatten Verlag würdig vertreten sein würde. Doch bisher war noch nie etwas meinen Vorstellungen Entsprechendes im Verlagsbriefkasten gelandet.

Zu allen Substanzen und psychoaktiven Pflanzen gibt es mittlerweile ganze Enzyklopädien, nur nicht zu Alkohol. Es gibt natürlich massenhaft Bücher über die mächtigste Droge der Welt: Erfahrungsberichte aus der Ecke der Anti-Alkohol-Fraktion («Mein Leben ohne Alkohol») oder dann die witzig-schlüpfrigen Titel à la «Die feine Art des Saufens» und dergleichen.

Das Buch von Wolfgang P. Schwelle ist dagegen tatsächlich ein bahnbrechendes Werk zu einer der ältesten Kulturdrogen. Denn es verzichtet nicht nur auf pathetische Verherrlichungen und Verteufelungen, sondern präsentiert Fakten und historisches Material ganz nüchtern und dennoch auf süffige Art und Weise.

Als Verleger im Bereich der Drogenaufklärung lag mir dieses Thema schon lange am Herzen, denn: Alkoholgenuss ist nicht gleich Alkoholgenuss! Nicht von ungefähr nennt man dieses berauschende Getränk als Schnaps auch Spirituose (oder im Französischen ‹d'eau de vie› also Lebenswasser oder Lebenselixier). Je nachdem, auf welcher Basis – aus welcher Frucht, aus welchem Gemüse oder Korn – er gemacht wird und vor allem auch abhängig davon, wie er hergestellt und getrunken wird, hat Alkohol als Genussmittel ganz unterschiedlichen Charakter. Seine Wirkung hat in der Menschheitsgeschichte der letzten Jahrtausende in vielen Bereichen der Gesellschaft eine entscheidende Rolle gespielt. Dass der Rausch zum Menschen (und nicht nur zu ihm – es gibt ebenso Tiere, die sich gerne betrinken!) gehört wie Essen und Trinken, sollte mittlerweile anerkannt und respektiert sein. Wie es der gute alte Paracelsus treffend formulierte: Alle Dinge sind Gift, auf die Dosis kommt es an!

Dieser reichhaltige erste Band einer geplanten Trilogie besticht auch als eigenständiges Werk. Er zeigt die lange Geschichte des Alkohols, das Verhältnis zum Trinken in verschiedenen Kulturen und Gesellschaften und die Beziehung zur Religion auf spannende und eindrückliche Art. Und nicht zuletzt erzählt er auch von den berühmtesten Trinkern: ein Stelldichein der außergewöhnlichsten Säufer und Trinkerinnen aus allen Gesellschaftsschichten. Ich wünsche bei der Lektüre dieses berauschenden Buches viel Spass und Erkenntnisgewinn und bin mir sicher, dass die Leserin, der Leser danach die mächtigste Droge der Welt mit neuen Augen sehen werden.

Solothurn, im April 2013
Roger Liggenstorfer, Nachtschatten Verlag

# Vorwort

«Eine komplette Abhandlung über alle bislang bekannten Drinks von Absinthe bis zum Cocktail namens Zoom würde sterbenslangweilig – sowohl für den Leser als auch für den, der sie schreiben müsste.» Und weiter: «Es wäre ziemlich schäbig, auch noch Geld zu verlangen für ein Buch, im dem unter anderem erklärt wird, dass beispielsweise ein Gin Tonic aus Gin und Tonic, einem Zitronenschnitz und Eiswürfel gemacht wird.» Schrieb der legendäre englische Schriftsteller und Schluckspecht Sir **Kingsley Amis** in seinem 1972 erschienenen Standardwerk *Anständig Trinken*. Er hatte damit recht und doch auch nicht.

Die Buchhandlungen dieser Welt sind mittlerweile nämlich voll mit Büchern, die genau das oder etwas sehr Ähnliches versuchen, und zwar mit beträchtlichem Erfolg. Wer sich etwa über alle Maßen für deutsche Dessertweine interessiert, findet ebenso garantiert jede Menge einschlägiger Publikationen wie jemand, der sich daheim als Bierbrauer versuchen will. Man kann getrost davon ausgehen, dass jeder noch so spezielle Aspekt rund um das Trinken von Alkohol mittlerweile eingehend beschrieben worden ist. Viele Wissensbereiche sind dabei sehr gut ausgearbeitet, manche fast schon exzessiv: Wer sich etwa über Alkoholsucht informieren will, hat die Qual der Wahl, zumal gerade auch auf diesem Gebiet die Ratgeberliteratur kaum mehr zu überblicken ist.

Nur eines findet man nicht: Ein Buch, das sich mit dem Thema Alkohol in seiner ganzen Vielseitigkeit auseinandersetzt, ohne den interessierten Leser gleich mit einem Schwall an Fach- und Detailwissen zu überfordern. Ein Buch, das sozusagen eben (fast) alles über die mächtigste Droge der Welt erzählt.

Zwar gab es durchaus schon einzelne geglückte Versuche, einen Überblick über den Mikrokosmos rund um die populärste Droge der Welt zu geben. Im deutschsprachigen Raum ist da etwa **Peter Krucks** sehr kurzweiliges Sammelsurium *Alcohol. Alles, was Sie darüber wissen sollten* zu nennen. Und auf Englisch sind gleich mehrere Werke mit recht ähnlichem Ansatz erschienen. Ich habe sie alle gerne gelesen. Aber so wie mir die meisten Fachbücher zu sehr ins Detail gehen, blieben bei den populärwissenschaftlichen Publikationen doch immer wieder eine Menge Fragen offen. Und so beschloss ich, mich hinzusetzen und selber mit der Arbeit zu beginnen.

Was mir fehlte, war eine vernünftig gegliederte Abhandlung mit enzyklopädischem Charakter und einem hohen Grad an inhaltlicher Zuverlässigkeit, die zugleich spannend und verständlich geschrieben ist; eine, die sich dem Kern der Wahrheit in vielfältiger Weise nähert, humorvoll dort, wo das möglich ist, und mit dem nötigen Ernst dort, wo dieser geboten scheint; eine Abhandlung, die den Leser in jedem Fall besser informiert und klüger zurücklässt; ein Werk, das man auch nach ausschnittsweiser Lektüre jeweils wieder ruhigen Gewissens ins Regal stellen kann und erst wieder hervorholt, wenn man Lust darauf hat oder einen der Wissensdurst dazu treibt.

Genau dieses Buch habe ich zu schreiben versucht. Und genau das ist mir aufgrund der unglaublichen Fülle des Materials nicht gelungen. All die interessanten Informationen rund um das Thema zwischen zwei Buchdeckeln unterzubringen war nämlich unmöglich. Und so wurde aus dem geplanten Wälzer eine Trilogie, deren erster Band gerade vor Ihnen liegt. Dass das nun realisierte Werk auch als Einzelwerk bestehen kann, weil es inhaltlich in sich abgeschlossen ist, war mir ein wichtiges Anliegen. Nach diesem ersten Band mit kulturgeschichtlichen und gesellschaftlichen Aspekten werden im zweiten Band die Themen Wirkung, Gesundheit und Sucht im Mittelpunkt stehen und im dritten dann die unterschiedlichen Getränkearten, sprich hauptsächlich Bier, Wein und Spirituosen.

Selbstverständlich ist nicht alles, was in dieser Trilogie abgehandelt werden wird, für jeden gleich interessant oder gar neu. Insofern hatte Kingsley Amis nicht ganz unrecht. Und natürlich fehlt einiges: die besten

Filme über Alkohol etwa. Gehört *Crazy Heart* dazu, mit dem **Jeff Bridges** 2010 einen Oscar gewonnen hat, oder der Klassiker *Mein Freund Harvey?* Und vor allem: Ist der von **James «Jimmy» Stewart** dargestellte Elwood P. Dowd ein Alkoholiker? Oder die besten Songs zum Thema. Oder ein Kapitel über den Sinn und den Unsinn von Trinkspielen. Oder eines über die legendärsten Bars der Welt. Oder die Beantwortung der Frage, ob man als Betrunkener nach einem Crash tatsächlich bessere Überlebenschancen hat als nüchterne Autofahrer. Das war mir natürlich sehr bald bewusst. Bloß: Es gibt so etwas wie eine natürliche Grenze dessen, wie umfangreich eine Abhandlung wie die vorliegende geraten darf und wieviel Informationen und Text man der geneigten Leserschaft zumuten kann.

Die Droge Alkohol soll hier weder verteufelt noch verharmlost werden. Die folgenden Seiten sollen weder eingefleischten Abstinenzlern noch unverbesserlichen Säufern als Streitschrift dienen, sondern in erster Linie die große Masse an Gelegenheitstrinkern ausgewogen informieren. Anders als in den meisten Publikationen, die von Organisationen oder Personen mit einem Nahverhältnis zur Alkoholwirtschaft herausgegeben werden oder von denjenigen, die sich den erbitterten Kampf gegen die populärste Droge der Welt auf die Fahnen geschrieben haben, wollte ich mich dem Phänomen Alkohol unvoreingenommen und vorurteilsfrei, kritisch und so objektiv wie möglich nähern. Mein Fazit zur Frage, ob Ethanol tatsächlich auch eine Art von wunderbarer Medizin oder eben nur eine gefährliche Droge respektive gar ein teuflisches Suchtmittel ist, lautet: Es ist in gewisser Weise das eine wie das andere und noch sehr viel mehr.

Der vorliegende erste Band der geplanten Trilogie enthält abertausende Fakten – allein das Personenverzeichnis umfasst fast 700 Namen –, die anhand unzähliger Quellen recherchiert und überprüft worden sind. Die im Literatur- und Quellenverzeichnis genannten Bücher, Studien, Artikel und Websites stellen dabei nur eine kleine Auswahl der benutzten Materialien dar. Trotz aller Sorgfalt werden sich bestimmt Fehler eingeschlichen haben. Davon ist leider auszugehen, zumal Fehler eben passieren und obendrein die Menge an Falschinformationen, die Gegner wie Befürworter der Droge in Umlauf bringen, groß ist. Zudem werden manche Sachverhalte dem einen Leser zu detailreich und dem anderen zu oberflächlich abgehandelt erscheinen. Das sollte jedoch nicht wirklich ein Problem darstellen: Wer findet, es reicht, der blättert einfach weiter, und wer noch mehr wissen möchte, konsultiert Werke, die sich eingehender mit der betreffenden Materie beschäftigen.

Noch ein wichtiger Hinweis zum Gebrauch des Buches: Die allermeisten Angaben beziehen sich, sofern kein anderer Hinweis erfolgt, auf die Jahre 2003 bis 2012. Selbst wenn aus Gründen der Lesbarkeit nicht immer das konkrete Jahr und die Quelle angeführt sind, handelt es sich dabei praktisch durchwegs um Zahlen und Fakten, die zum Zeitpunkt der Fertigstellung dieses Buches aktuell waren. Für eventuelle Unzulänglichkeiten ersuche ich vorab um Nachsicht und bitte darum, mich auf Verbesserungswürdiges hinzuweisen.

Übrigens: Wer trinkt und Auto fährt, handelt natürlich völlig verantwortungslos. Er setzt sein Leben damit genauso leichtfertig aufs Spiel wie das anderer Menschen. Erleidet allerdings jemand mit Promille im Blut einen schweren Unfall, mit dem Auto, im Berufsleben, beim Sport, wo auch immer, dann ist nach aktuellem Forschungsstand tatsächlich nicht ganz auszuschließen, dass er eher mit dem Leben davonkommt als völlig nüchterne Zeitgenossen. Und das, obwohl Alkohol Verletzungen normalerweise schlimmer macht. Manche Studien scheinen die Theorie vom Glück im Unglück zu bestätigen, andere nicht.

Bewiesen ist damit nur eines: Die Beschäftigung mit dem Thema Alkohol verspricht auch in Zukunft spannend zu bleiben. Ich wünsche viel Vergnügen beim Schmökern und Lesen!

Wolkersdorf im Weinviertel, im April 2013
Wolfgang P. Schwelle

## $C_2H_5OH$: Die Chemie des Alkohols

Beim vom Menschen konsumierten Alkohol handelt es sich um die chemische Verbindung Ethanol (Äthanol) beziehungsweise Ethylalkohol (Äthylalkohol). In älteren Quellen findet man mitunter als Alternativen auch noch die Begriffe Weingeist (*Spiritus vini*) oder *Spiritus aethylicus*. In Labors wird zudem der Ausdruck EtOH verwendet und in der Medizin mitunter von $C_2$ gesprochen.
Bei Ethanol, das zur Stoffgruppe der sogenannten Alkanole gehört, sind zwei Kohlenstoffatome ($C_2$) mit fünf Wasserstoffatomen ($H_5$) und einer Hydroxygruppe (OH) verbunden. Seine korrekte Summenformel ist $\mathbf{C_2H_6O}$, seine oft verwendete und aussagekräftigere Halbstrukturformel lautet $\mathbf{C_2H_5OH}$. Die letztere können sich sogar an der Chemie wenig Interessierte recht leicht merken, und zwar mit dem Spruch «**H**err **O**ber, **5 H**elle, **2 C**orn». Man darf dabei allerdings nicht vergessen, dass man sie auf diese Weise rückwärts liest.
Bei reinem Alkohol handelt es sich um eine völlig farblose respektive wasserhelle, brennend schmeckende, würzig riechende, keimtötende und sehr gut lösliche Flüssigkeit. Sie hat ihren Siedepunkt bei 78,37 Grad Celsius (°C) und ihren Flammpunkt bei nur zwölf Grad Celsius. Ihr Schmelz- und Gefrierpunkt liegt bei rund −114 °C, also bei einer Temperatur, die außer im Weltall in der Natur gar nicht vorkommt. Ihre Dichte beträgt bei 20 °C rund 0,789 Gramm pro Kubikzentimeter ($g/cm^3$). Aus den genannten physikalischen Eigenschaften leiten sich dann auch die ungewöhnlich vielfältigen Einsatzmöglichkeiten von Alkohol ab; der niedrige Flammpunkt wird beispielsweise bei Brennspiritus genützt und der niedrige Gefrierpunkt wiederum bei Frostschutzlösungen.
In der Chemie bezeichnet man als Alkohole übrigens eine eigene Stoffklasse. Den Plural verwendet man in diesem Zusammenhang, weil es eben nicht nur einen Alkohol, sondern eine ganze Reihe davon gibt, wie zum Beispiel das hochgiftige Methanol, Propanol und Butanol, die ihrerseits allesamt in Spuren auch in Wein, Whiskey und Co. enthalten sind.

*The whole world is about three drinks behind.**

Humphrey Bogart (1899–1957),
US-amerikanische Schauspiel-Ikone und Hollywood-Star

## Alkohol
# Die mächtigste Droge der Welt

Rund zwei Milliarden Menschen trinken alkoholische Getränke, und ihre Zahl steigt und steigt. Und zwar tagtäglich um viele Tausende. Wenn man zudem bedenkt, dass von den deutlich über sieben Milliarden Menschen, die einander auf dem Blauen Planeten mittlerweile gegenseitig auf den Füßen herumtrampeln, circa 1,8 Milliarden Kinder und noch sehr viele mehr unter 18 Jahre alt sind, ergibt das eine *Conclusio*, die wohl nicht nur so manchen fanatischen Abstinenzler in Erstaunen versetzen wird. Offenbar unterhalten weltweit betrachtet nicht weniger als etwa 40 Prozent aller Erwachsenen ein mehr oder weniger intimes Verhältnis zum Alkohol.

Da die große Mehrheit der rund 1,6 Milliarden Menschen, die sich zum Islam bekennen, das Alkoholverbot ihrer Religion durchaus sehr ernst nimmt und die meisten Anhänger des Hinduismus (rund 900 Millionen) sowie des Buddhismus (an die 400 Millionen) der Droge ebenfalls immer noch sehr skeptisch gegenüberstehen und da es obendrein viele Menschen gibt, die sich aus gesundheitlichen Gründen nichts mehr hinter die Binde kippen, etwa trockengelegte ehemalige Säufer, kann man das grundlegende Verhältnis der Menschheit zur Substanz Ethanol alternativ folgendermaßen zusammenfassen: Die meisten, die Alkohol trinken dürfen, trinken ihn auch.

---

* Die ganze Welt hinkt rund drei Drinks hinterher.

Und zwar so gut wie überall auf der Welt. Genippt, geschluckt, gezecht und gebechert wird nämlich in staubigen Roadhouses im australischen Outback, in österreichischen Kellergassen und in Flüchtlingscamps im afrikanischen Dschungel genauso gern wie in den trendigsten Bars und angesagten Restaurants zwischen Rio de Janeiro, New York und Tokio. Ganz gleich, ob in französischen Landgasthöfen oder russischen Restaurants, auf zünftigen Volksfesten in Bayern oder während dem *Spring Break* in Florida, auf Kreuzfahrtschiffen oder Fähren, hinter Klostermauern, in Fußballstadien oder in unzähligen Küchen und Wohnzimmern rund um den Erdball – überall dort, wo Alkohol nicht verboten ist, wird er konsumiert. Und überall dort, wo er das ist, ebenso.

**Die Welt, die trinkt.** Dass etwa selbst in streng bewachten Villen superreicher Muslime mitunter Champagner, Cognac und Whiskey in Strömen fließen, ist in Diplomatenkreisen zwischen Rabat und Islamabad ein offenes Geheimnis. Dem Vergnügen scheinen in der Tat keine unüberwindbaren Grenzen gesetzt: Sogar in den Weiten des Weltalls hat man bereits einschlägige Erfahrungen gesammelt. Nach Angaben des ehemaligen russischen Astronauten **Alexander Lasutkin** haben sich die Besatzungsmitglieder der Raumstation MIR in früheren Zeiten mit dem Segen der Gesundheitsbehörden mitunter nämlich sogar ein paar hundert Kilometer über der Erdoberfläche den einen oder anderen Cognac gegönnt. Es galt schließlich, so die offizielle Sprachregelung, die «schädliche Einwirkung der Atmosphäre zu neutralisieren».

Berauschende Getränke werden quer durch alle sozialen Schichten, von Menschen mit unterschiedlichsten Berufen und von Männern wie Frauen fast aller Altersstufen getrunken. Ganz oben, etwa in vornehmen Herrenclubs in London, in Fünf-Sterne-Hotels in Mumbai oder in den Chefetagen von Weltkonzernen rund um den Globus prostet man sich zu – und ganz unten, in Betriebskantinen und an Imbissständen oder in billigen Kaschemmen, natürlich auch. Auf ihre Lieblingsdroge wollen sie allesamt nicht verzichten: abgestürzte Obdachlose und frustrierte Arbeitslose genauso wenig wie neureiche Villenbesitzer und karrieregeile Workaholics. Pflichtbewusste Beamte, fleißige Malocher, bodenständige Bauern – den Weg ins nächste Gasthaus oder in die Alkoholika-Abteilung im Supermarkt kennen sie alle. Gelangweilte Hausfrauen greifen nicht weniger gern zur Flasche als gestresste Karrierefrauen, abgehobene Werbefuzzis saufen, durchgeknallte Rockstars und solche, die das noch werden wollen, saufen – und ob *Twen* oder *Best Ager*, das macht keinen Unterschied. Erzkonservative Kirchgänger kippen sich sonntags nach der Messe gern einen hinter die Binde, überzeugte Atheisten, wann immer ihnen danach ist. Promis lassen sich volllaufen, Prolos ebenso, und während sich Teenies beim Clubben, auf Raves und in Partyzügen die Kante geben, tun Hochbetagte dies auf dem Rentnerausflug, Behinderte im Rollstuhl, Touristen im Urlaub und Politiker wie Penner, wenn auch zumeist in unterschiedlichen Mengen, das ganze Jahr über. Geburtshelferinnen und Totengräber, Ärzte und Serienmörder, Bildungsbürger und Analphabeten, Professoren und Studenten, Diktatoren und Demokraten, Väter und Mütter und Kinder und Enkelkinder, Ledige, Verheiratete, Geschiedene und Verwitwete: die Welt, die trinkt.

***Solange eine trinkbare Flüssigkeit die Substanz Ethanol enthält, wird sich unter den richtigen Umständen jemand finden, der sie sich zu Gemüte führt.***

Kaum zu glauben, aber wahr: Selbst in der Tierwelt ist man einem guten Schluck generell nicht abgeneigt. So langen etwa Ratten, Affen und Elefanten durchaus gern mal zu, und selbst Vögel zwitschern gerne einen, wenn ihnen gerade danach ist.

Getrunken wird dabei zumeist maßvoll, oft aber auch maßlos, von manchen fast schon stündlich, von vielen täglich, von den meisten wöchentlich und von gar nicht so wenigen – zur Freude aller Puritaner dieser Welt –

nur alle heiligen Zeiten, sprich selten oder kaum; man trinkt einsam oder gemeinsam, heimlich, still und leise oder öffentlich, lautstark und grölend, ohne Anlass oder eben aus diesem oder jenem Grund. Aber man trinkt. Und das mehr als genug.

**Edle Whiskies und Frostschutzmittel.** Konsumiert wird dabei eine äußerst breite Palette an Flüssigkeiten. Ein Blick auf die Karte jedes durchschnittlichen Restaurants zeigt: Dort, wo Alkohol nicht verpönt ist, übersteigt das Angebot an berauschenden Getränken dasjenige an alkoholfreien Alternativen üblicherweise bei weitem. Es gibt tausende Rebsorten, hunderttausende Lagen und letztlich Millionen verschiedene Weine. Mit Bieren und Schnäpsen verhält es sich im Prinzip nicht viel anders. Die werten Konsumenten haben praktisch überall die Qual der Wahl.

Sündteure Edelgewächse aus dem Bordeaux finden ebenso willige Abnehmer wie billige Massenware aus Übersee, weltweit praktisch gleich schmeckende internationale Lager- nicht weniger als regionstypische Spezialbiere, aufwendig destillierte, lang gelagerte und edle Whiskies gleichermaßen wie selbstgebrannte und lebensgefährliche Wodkas, Jahrgangs-Champagner und Prosecco zu Dumpingpreisen, Cocktails, Longdrinks und Alcopops, vergorene Stutenmilch oder destillierte Kakteenherzen.

Zur Not können es sogar Reinigungs- und Frostschutzmittel, Aftershaves und medizinische Tinkturen sein. Fest steht: Solange eine trinkbare Flüssigkeit die Substanz Ethanol enthält – und von der ist gemeinhin die Rede, wenn man von Alkohol spricht – wird sich zur richtigen Zeit, am passenden Ort und unter den richtigen Umständen jemand finden, der sie sich zu Gemüte führt.

**Im Sumpf der Sucht.** Wobei die allermeisten Menschen die Droge zum Glück für sie selbst und ihre Umgebung nur ziemlich selten oder wenigstens in einem halbwegs moderatem Ausmaß konsumieren. Aber immerhin noch geschätzte 76 Millionen Menschen haben nach aktuellen Angaben der Weltgesundheitsorganisation WHO ein massives Alkoholproblem. Und noch mehr Millionen gelten zumindest als schwer gefährdet, ein solches in Bälde zu kriegen, sollten sie nicht endlich die Finger von der Flasche lassen.

Während also circa drei Viertel der Konsumenten davon ausgehen dürfen, dass ihr Trinkverhalten zumindest ihnen selbst im Normalfall langfristig nicht wirklich schwer schadet und sie höchstwahrscheinlich nicht deutlich vorzeitig ins Grab bringen wird, geraten fünf bis zehn Prozent von ihnen irgendwann bis über die Halskrause in den Sumpf der Sucht. Und damit dorthin, wo unter anderem soziale Verwahrlosung und Isolation und letztlich Siechtum und Tod auf sie warten. Notorische Schluckspechte verlieren nämlich im Durchschnitt nicht nur etliche Lebensjahre, sondern zudem schon lange vor ihrem finalen Abgang sehr viel von ihrer Lebensqualität.

***De facto* ist der Alkohol unzweifelhaft die mit sehr großem Abstand am häufigsten konsumierte sowie zugleich unterm Strich auch die gefährlichste Droge der Welt.**

Alkoholabhängige und -missbraucher fügen, in praktisch allen Fällen und wohlgemerkt ganz im Gegensatz zur Masse der maßvollen Konsumenten, sich selbst und anderen massiven Schaden zu – der eigenen Familie, dem sozialen Umfeld, dem Arbeitgeber sowie der Gesellschaft. Dass sie aber – wie in diesem Fall so mancher durchschnittliche Trinker auch – im Suff obendrein noch dazu gar nicht so wenige ihrer Mitmenschen über den Jordan oder zumindest ins Krankenhaus befördern, als zugedröhnte Autofahrer ebenso wie als Gewalttäter im klassischen Sinne, ist die wohl schlimmste Facette des Problems. Obwohl einer Dämonisierung an dieser Stelle keinesfalls Vorschub geleistet werden soll, ist es dennoch wahr: *De facto* ist der Alkohol unzweifelhaft die mit sehr großem Abstand am häufigsten konsumierte sowie zugleich unterm Strich auch die gefährlichste Droge der Welt.

Ihn deswegen bedingungslos zu verdammen, wäre aber zu kurz gegriffen. Es gab nämlich im Verlauf der Geschichte sehr viele gute und nachvollziehbare Argumente, mit denen man seinen Konsum rechtfertigen konnte, und es gibt sie weiterhin.

**Soziales Schmiermittel erster Güte.** «Geh in einen Raum mit 20 Fremden. Solange alle nüchtern sind, wird kaum einer mit den anderen reden. Gib ihnen Alkohol, und sie werden eine wilde Party feiern», sagte der Autor des Kultbuchs *Die feine Art des Saufens*, der US-Amerikaner **Frank Kelly Rich**, vor ein paar Jahren einmal in einem Interview. Und nannte damit einen der wohl wichtigsten Gründe dafür, warum es die chemische Verbindung Ethanol geschafft hat, schon vor Jahrtausenden zur weitverbreitetsten Droge der Welt zu werden und das unangefochten bis heute zu bleiben: Kaum etwas kann die Kommunikation zwischen den Menschen so vortrefflich befördern wie das richtige Quantum Bier, Wein oder Co. zur richtigen Zeit am richtigen Ort.

*König Alkohol*, wie der US-amerikanische Autor **Jack London** die gleichermaßen verteufelte wie vielgepriesene Substanz einst in einem Buchtitel sogar bezeichnet hat, ist freilich sehr viel mehr als bloß ein hervorragendes soziales Schmiermittel. Er ist *das* soziale Schmiermittel schlechthin… und noch viel mehr.

Von außerordentlich großer Bedeutung für seinen historisch einzigartigen Siegeszug war etwa seine Rolle als kalorienreiches Nahrungsmittel. Immerhin hat ein Gramm reiner Alkohol stolze 7,07 Kalorien oder 29,6 Joule, womit sein Brennwert etwa deutlich über dem von reinem Zucker mit rund 4 Kalorien liegt und nur von Fett mit 9,3 Kalorien übertroffen wird. Wer beispielsweise einen Liter normales Bier am Tag trinkt, schafft so jährlich zusammengezählt circa 165 000 Kalorien. Was einem, wenn man seinen Lebensstil beibehält und morgen damit durchstartet, unterm Strich ein stattliches Plus von 23 Kilo Körpergewicht garantiert.

Dass vom Altertum bis weit ins 20. Jahrhundert viel mehr gebechert wurde als heutzutage, hatte aber noch andere gewichtige Gründe. Einer davon: Wer Alkohol trank, war im Vergleich zu Abstinenzlern auf der sicheren Seite. Deren Hauptgetränk Wasser war oft mit Krankheitserregern verseucht, die einen schneller ins Grab bringen konnten als der heute so übel beleumundete Hochkonsum von Wein und Bier. Und bis das exzessive Saufen theoretisch zu einer Leberzirrhose hätte führen können, war man in der guten alten Zeit aufgrund der deutlich geringeren Lebenserwartung im Regelfall ohnehin schon tot. Wie vielen Menschen der Alkohol durch seine konservierenden und desinfizierenden Eigenschaften das Leben gerettet hat, lässt sich nicht sagen; es waren aber gewiss viele, viele Millionen.

**Betäubungsmittel und Muntermacher.** Natürlich war und ist der Alkohol seit Jahrtausenden *per se* auch ein wichtiges Kult- und Kulturgut. Als solches ist er selbst heute noch ein fester Bestandteil religiöser Zeremonien, etwa im Judentum und im Christentum. Und bei vielen anderen Ritualen natürlich ebenso. Jemanden mit Selterswasser hochleben zu lassen, mutet beispielsweise nach wie vor bei vielen Gelegenheiten recht seltsam an.

Dass er obendrein seit grauen Vorzeiten als ein gutes Betäubungs-, Schmerz-, Beruhigungs- und Einschlafmittel sowie zugleich als Stresskiller, Locker- und Muntermacher gesehen wird, war seinem historischen Erfolg mit Sicherheit ebenfalls nicht abträglich. Zur Veranschaulichung: Wer bis ins 19. Jahrhundert hinein eine Operation oder gar eine Amputation erleiden musste, dem blieb nichts als das Einnehmen von Pflanzenextrakten, einer ordentlichen Ration Alkohol und das Vertrauen auf Gebete, um die Schmerzen zu lindern. Sowie die Hoffnung, der Eingriff möge schnell wieder vorbei sein. Was die meisten bevorzugten, erübrigt sich zu erwähnen.

Fest steht zudem: Die abendländische Kultur- und Geistesgeschichte, und nicht nur sie, wäre ohne die Hervorbringungen von Alkoholikern und schweren Trinkern um sehr vieles ärmer. In welchem Ausmaß die Droge jeweils tatsächlicher oder nur vermeintlicher Beförderer der Kreativität war, mag umstritten sein; die genannte Feststellung ist es nicht.

Ihre Bedeutung als Realitätsvernebler, als Stimmungsaufheller und als Antidepressivum, als Angstverscheucher und als Anbaggerhilfe ist jedenfalls ebenso gewaltig wie zeitlos. Die Menschen trinken, um Spannungen abzubauen, um geselliger zu werden und um Spaß zu haben, um ihren Kummer zu vergessen und den Alltagssorgen zu entfliehen, um mutiger zu werden und Ängste zu verscheuchen und aus vielen, vielen anderen Gründen. Das war schon immer so und wird wohl so bleiben.

**Fusel versus Grand Cru.** Ohne jeden Zweifel ist Alkohol natürlich zudem ein Suchtmittel, ein Rausch-Gift im wahrsten Sinne des Wortes und ein Zellgift, das im Extremfall, langfristig oder innerhalb von wenigen Stunden, sogar tödlich wirken kann. Darüber hinaus ist er, für viele und in vielfältiger Gestalt, auch noch ein Statussymbol und ein Prestigeobjekt. Die einen trinken *Grand Cru*, die anderen billigen Fusel. Und damit ist schon sehr viel gesagt.

Und natürlich ist er ein Genussmittel. Man braucht keine Umfrage durchzuführen, um festzustellen: Die meisten Menschen nehmen alkoholhaltige Getränke zum Zwecke des Lustgewinns zu sich. Ein Glas gutes Bier oder Wein zu trinken wird von ihnen schlichtweg als sinnliches Erlebnis verstanden. Ob es dabei als Essensbegleiter dient oder nicht, spielt zumeist keine Rolle. Dem war allerdings nicht immer so: Als Genussmittel im wahrsten Sinne des Wortes, so wie heute, werden berauschende Getränke nämlich noch nicht allzu lange betrachtet. Vielmehr handelt es sich dabei um ein Phänomen der modernen Zeit. Das braucht einen nicht zu verwundern; das Gesöff, das die Menschen früher in sich reingekippt haben, war sehr häufig von einer mittlerweile unvorstellbar schlechten Qualität.

Last but not least ist der Alkohol obendrein ein höchst gewichtiger Wirtschaftsfaktor. So bringt er nicht nur seit grauen Vorzeiten die Gehirne zahlreicher Künstler auf Touren, allen voran die von Schriftstellern und Musikern, sondern seit Jahren schon zudem Fahrzeuge aller Art, als klopffester Kraftstoff für Otto-Motoren. Fast alle Neuwagen, die heute in Brasilien verkauft werden, sind beispielsweise sogenannte *Flex-Fuel*-Modelle, die wechselweise mit Normalbenzin, mit dem als «Alcool» verkauften Ethanol sowie mit einer Mischung dieser beiden Treibstoffe betankt werden können. Und als Industriealkohol oder technischer Alkohol kommt er überhaupt gleich in deutlich über 400 verschiedenen Bereichen zum Einsatz. Als Brennspiritus oder als Frostschutzmittel ebenso wie als geruchstragende Substanz von Parfums und Deodorants oder als Lösungsmittel, unter anderem für Kosmetika, Arzneien, Harze und Farbstoffe. Selbst zum Enteisen von Flugzeugen vor dem Start bei klirrender Kälte wird er eingesetzt. Oder zur Erzeugung von Kunstseide, von Seifen und von Tabak sowie zur Herstellung von pilztötenden Mitteln. Zudem wird er zur Essigproduktion herangezogen und als Zusatz, um andere Lebensmittel haltbar zu machen; ja sogar im Pizzateig findet man Alkohol.

***Vor der Erfindung von Radio, Kino, Fernsehen und Internet war für die meisten Menschen das Trinken eines von wenigen Vergnügen überhaupt.***

Obendrein gilt er immer noch, vor allem in der Medizin, als sehr gutes Konservierungs- und Desinfektionsmittel. Von der Geburtshilfe bis zur Pathologie begleitet er den Menschen daher gleichsam von der Wiege bis zur Bahre. Zu guter Letzt ist er auch eine hervorragende Reinigungssubstanz und ein sehr gutes Messmittel, etwa in Thermometern oder Wasserwaagen.

Alkohol ist damit die am weitesten verbreitete, die gefährlichste, die beliebteste und letztlich zudem die vielseitigste (Alltags-)Droge der Welt – und noch dazu eine der ganz wenigen, die in den meisten Ländern legal sind. Was ihn unterm Strich zur mächtigsten berauschenden Substanz der Welt und aller Zeiten macht, ist die Summe all dieser Eigenschaften.

Zum mittlerweile Jahrtausende lang andauernden Erfolg hat überdies ein Umstand beigetragen, der gern und oft vergessen wird: Vor der Erfindung von Radio, Kino, Fernsehen und Internet war für die meisten Menschen das Trinken eines von wenigen Vergnügen überhaupt. Wenig überraschend und durchaus nachvollziehbar tat man es daher auch entsprechend exzessiv.

**Gegen- und Rückenwind.** Seit ein paar Jahren scheint der Superstar Alkohol allerdings dort, wo er traditionell gern getrunken wird, mehr und mehr in Verruf zu geraten. Vor allem das sogenannte *Binge Drinking*, hierzulande etwas deftiger als Komasaufen bezeichnet, hat in diesem Zusammenhang die Schlagzeilen mitbestimmt. Es vergeht mittlerweile jedenfalls kaum mehr eine Woche, in der nicht aus irgendeiner Ecke dieser Welt neue Maßnahmen zur Eindämmung des Alkoholkonsums berichtet werden. So wurde bereits vor ein paar Jahren etwa in Frankreich die Altersgrenze für den Erwerb von Bier und Wein angehoben und in Baden-Württemberg ein nächtliches Verkaufsverbot für berauschende Getränke an Tankstellen, in Kiosken und Supermärkten erlassen, und so hat Schottland erst 2013 einen Mindestpreis für Alkohol eingeführt. Der Kampf gegen das beliebte Laster wird jedoch auch auf EU-Ebene sowie international mit zunehmender Härte geführt. Aus gutem Grund besonders engagiert zeigt sich übrigens das bislang völlig alkoholvernebelte Russland. Dort wurde, sehr zum Missfallen vieler beherzter Säufer, unter anderem die Null-Promille-Grenze für Autofahrer wieder eingeführt und zuletzt etwa der Preis für Wodka mehr als verdoppelt. Aber selbst dort, wo ohnehin kein oder kaum Alkohol getrunken wird, wird die Gangart zunehmend verschärft. So ist etwa ein paar tausend Kilometer weiter, in Dubai, seit 2010 sogar das Kochen mit Alkohol untersagt.

Fazit: Der Gegenwind, mit dem Bierbrauer, Weinbauern, Spirituosenhersteller, Gastronomen und Co. in vielen Ländern zu kämpfen haben, dürfte tatsächlich an Stärke gewinnen. Wobei es nichts ändert, wenn in einzelnen Ländern sogar alkoholfreundliche Maßnahmen beschlossen werden. Wenn etwa in Kenia, ebenfalls 2010, ein Gesetz über die Legalisierung von einheimischen Brauerei- und Destillerie-Produkten in Kraft getreten ist, dann ist das die berühmte Ausnahme, nicht die Regel.

Gefährdet, wirklich unter die Räder zu kommen und vielleicht sogar das Schicksal der Tabakindustrie zu erleiden, sind die Vertreter der Alkoholbranche freilich trotzdem nicht. Denn auf internationaler Ebene wird die Zahl der Trinker mit an Sicherheit grenzender Wahrscheinlichkeit eben auch künftig jeden Tag unerschütterlich weiter ansteigen. Was in erster Linie damit zu tun hat, dass die Bevölkerung in vielen Ländern nach wie vor stark wächst und damit Jahr für Jahr ganze Heerscharen von Jugendlichen ins Erwachsenenalter kommen, aber eben nicht nur. Die stark zunehmende Zahl von Alkoholkonsumenten in Ländern wie China und Indien hat nämlich auch mit dem Anstieg des Wohlstands und der zunehmenden Verstädterung in diesen Staaten zu tun: Viele Aufsteiger in Schwellenländern pflegen zunehmend einen verwestlichten Lifestyle, zu dem ein Drink zur richtigen Zeit einfach dazuzugehören scheint; in den boomenden Städten wird, anders als von der Landbevölkerung, das Trinken nicht mehr als Wurzel allen Übels gesehen.

***In den hochentwickelten Gesellschaften der Ersten Welt sinkt der Verbrauch pro Kopf seit vielen Jahren langsam, aber stetig.***

Das Potenzial, welches die Alkoholindustrie hier aller Wahrscheinlichkeit nach in den nächsten Jahren und Jahrzehnten noch ausschöpfen wird, ist jedenfalls riesig. Zur Illustration: Das weltberühmte Unternehmen Campari verkaufte in Österreich im Jahr 2009 ungefähr gleich viele Aperitifs und Spirituosen wie in China, das freilich rund 160-mal so viele Einwohner wie die kleine Alpenrepublik hat. Und während in Indien 2012 immer noch deutlich unter zwei Liter Bier pro Kopf getrunken wurden, gönnten sich die Österreicher im selben Jahr durchschnittlich 107,7 Liter. Berücksichtigt man, dass Indien 142-mal mehr (und zum großen Teil junge) Einwohner hat und auf dem Subkontinent der Durst schon aufgrund des Klimas sicher nicht kleiner ist als in Mitteleuropa, sprengen die möglichen Dimensionen schier jede Vorstellungskraft. Zumal sich die weltweite Bierproduktion zwischen 1961 und 2011 ohnehin schon auf 177 Milliarden Liter verdreifacht hat und selbst dann, wenn man alle relativierenden Faktoren religiöser und sonstiger Natur mit ins Kalkül zieht.

In den hochentwickelten Gesellschaften der Ersten Welt hingegen sinkt der Verbrauch pro Kopf seit vielen Jahren langsam, aber stetig. Vor allem Restaurants und Bars müssen – ganz im Gegensatz zum Einzelhandel – Umsatzeinbußen hinnehmen, weil sich der Konsum noch dazu mehr und mehr in die eigenen vier Wände verlagert. Der Untergang des Abendlandes oder gleich der ganzen Welt – und als dessen Vorboten werden Maßnahmen zur Reduktion des Alkoholverbrauchs von vielen durstigen Verbrauchern nun einmal gesehen – wird aber trotzdem noch länger auf sich warten lassen.

***Die völlig rauschfreie Gesellschaft, Traum vieler effizienzfanatischer Bürokraten, war immer schon eine Illusion und wird wohl immer eine bleiben.***

Zum einen, weil das Trinken von Bier, Wein und Schnaps in vielen Kulturen im Alltagsleben einfach zu stark verankert ist. Der eigene Alkoholkonsum wird dort üblicherweise als persönliche Angelegenheit gesehen, in die sich der Staat möglichst wenig einmischen soll. Wer als Politiker auf Wählerstimmen schielen muss, weiß das, und wer in repressiven Systemen das Sagen hat, weiß das ebenfalls. Kein Wunder also, wenn hier meist Zurückhaltung an den Tag gelegt wird und die werte Obrigkeit da wie dort der Versuchung erliegt, den Bogen nicht zu überspannen. Zum anderen stehen einschneidenden Restriktionen – zumindest kurzfristig – zudem ganz massive wirtschaftliche Interessen entgegen, die des Staates natürlich inbegriffen. Und das ist natürlich ebensowenig ein Geheimnis.

Zu beruhigen vermag in diesem Zusammenhang wohl auch, dass das Dionysische als Reaktion auf die Diktatur der Vernunft schon in der Vergangenheit immer wieder eine Renaissance gefeiert hat. Die völlig rauschfreie Gesellschaft, Traum vieler effizienzfanatischer Bürokraten, war immer schon eine Illusion und wird wohl immer eine bleiben.

**Grundlegendes Verlangen.** Wenn etwa auf dem alten Kontinent heute sehr viel weniger Alkohol getrunken wird als in früheren Jahrhunderten und immer noch deutlich weniger als noch vor ein paar Jahrzehnten, so ist das durchaus erfreulich und unter anderem eine Folge steigenden Gesundheitsbewusstseins; daraus aber zu schließen, der entsprechende Trend werde sich fortsetzen, bis die Europäer allesamt zu reinen Wassertrinkern mutiert sein werden, ist allerdings eine Schnapsidee. Die gegensätzlichen Zugänge verschiedener Kulturen zum Thema Alkohol scheinen sich vielmehr neuerdings international anzugleichen, und die Verbrauchszahlen pendeln sich offenbar da wie dort einem vergleichsweise vernünftigen Niveau ein.

«Die Allgegenwärtigkeit des Drogenkonsums ist derart offenkundig, dass er wohl ein grundlegendes menschliches Verlangen repräsentiert», schrieb der amerikanische Arzt und Autor **Andrew Weil** schon Mitte der 1970er Jahre, und er steht mit dieser Ansicht nicht alleine da. Für seinen Landsmann und Kollegen, den Pharmakologen **Ronald K. Siegel**, ist das Verlangen nach Berauschung sogar nichts anderes als ein Trieb, der ebensowenig auf Dauer unterdrückt werden kann wie das Verlangen nach Sex und Nahrung.

Tatsache ist: Seitdem Menschen wissen, wie sie ihr Dasein durch die Einnahme von berauschenden und damit bewusstseinsverändernden und -erweiternden Substanzen zumindest vorübergehend (vermeintlich) erträglicher machen können, nehmen sie Drogen. Und es ist genau dieser Wunsch nach einer gelegentlichen Auszeit von all den Problemen, von der oft als brutal empfundenen Wirklichkeit und von der durchrationalisierten Nüchternheit des modernen Lebens, den man nicht so einfach per Dekret zum Verschwinden bringen kann. Selbst wenn der Alkohol also seine Bedeutung als Nahrungsmittel, als Desinfektionsmittel, als Kultgut oder was auch immer irgendwann einmal rein gänzlich verlieren sollte, ein preiswerter, legaler und im Vergleich mit anderen Substanzen gesundheitlich harmloser Fluchthelfer wird er wohl bis auf weiteres bleiben.

Mehr noch: Zwar wurden von den verschiedenen Kulturen immer wieder andere Drogen geduldet oder verboten, aber «es gibt keine Belege, dass es jemals in der Geschichte eine voll entwickelte menschliche Gesellschaft gegeben hätte, die völlig ohne den Gebrauch psychoaktiver Substanzen ausgekommen wäre». Schreibt der englische Journalist und Autor **Stuart Walton** im Vorwort zu seinem Klassiker *Out of it. A Cultural History of Intoxication.*

Doch, eine gab es, und die erwähnt er auch sogleich: Die Inuit haben bis zum Eintreffen der europäischen Eroberer tatsächlich ohne Drogen gelebt. Freilich nicht, weil sie so diszipliniert und gesundheitsbewusst waren, sondern weil dort, wo sie leben, auf Grönland und im hohen Norden Kanadas, einfach nichts wächst, was als Droge hätte herhalten können.

# 1.

## Die Geschichte des Alkoholkonsums

*Alkohol ist keine Lösung, sondern ein Destillat.*

Unbekannter Verfasser

## Woher das Wort Alkohol kommt

# Vom Feinsten

Das Wort Alkohol stammt aus dem Arabischen. Da heute in allen muslimischen Ländern entweder ein totales Alkoholverbot herrscht oder der Verkauf und der Genuss von berauschenden Getränken zumindest stark eingeschränkt sind, sorgt das immer wieder für Verwunderung. Des Rätsels Lösung: Der Begriff *(al-)kuhl* stand ursprünglich für etwas völlig anderes, nämlich für «ein aus feinstem Pulver zubereitetes Mittel für die Augen». Und zwar unabhängig davon, ob es sich dabei um wertvolle Schminke zum Färben der Lider und Wimpern oder um eine Heilsalbe handelte. Die damit bezeichneten Produkte bestanden in den allermeisten Fällen aus Antimon. Das Wort war daher auch ein Synonym für dieses (Halb-)Metall.

Mit dem, was man heute unter Alkohol versteht, hatte es jedenfalls gar nichts gemein. Möglich gewesen wäre das allerdings durchaus. Denn obwohl der Begriff *(al-)kuhl* erst ab dem Jahr 700 n. Chr. dokumentiert ist, sind sich die Forscher einig, dass er bereits in vorislamischen Zeiten verwendet wurde. Und damals ist eben auch im arabischen Raum noch kräftig gebechert worden: Trauben-, Dattel- und Honigweine ebenso wie aus diversen Getreidesorten hergestellte alkoholische Getränke.

Der recht ähnlich klingende akkadische respektive assyrische Terminus *guhlu* ist noch viel älter. Er wurde bereits im zweiten Jahrtausend vor Christus verwendet und bezeichnete mehr oder weniger dasselbe. Augenmittel aus fein zerriebenen und oft mit Ruß abgemischten Mineralien waren im Altertum allgemein weit verbreitet und wurden auch von den Ägyptern sowie von den Griechen und Römern verwendet, nur hießen sie dort anders.

Nach Europa gelangte das Wort über die Iberische Halbinsel und durch die muslimischen Mauren. In der spanischen und in der italienischen Sprache ist der *Alcohol* dann erstmals gegen Ende des 13. Jahrhunderts aufgetaucht. Nach wie vor stand er für «feinstes Pulver für die Augen», allerdings nur mehr im medizinischen Sinn. Die Sitte, sich die Augen zu schminken, war im spätmittelalterlichen Europa nämlich schon lange nicht mehr in Mode und konnte sich auf dem alten Kontinent erst wieder Jahrhunderte später durchsetzen.

**Vom Augenpulver zur Essenz.** Irgendwann ging schließlich der Zusammenhang mit den Augen ganz verloren, und aus dem feinsten Pulver wurde ein bloß feines Pulver beziehungsweise ein feines Substrat, eine feine Essenz, eine feine Grundsubstanz. Womit sich die Wortbedeutung entscheidend gewandelt hatte und der Weg zu dem, was man heute unter Alkohol versteht, nicht mehr allzu weit war.

***Man sagte, hochprozentige Essenzen würden gegen die Pest helfen, als Aphrodisiakum wirken und sogar das Leben verändern.***

Ab wann genau dann die Bezeichnung *Alco(h)ol* dem «Feinstem des Weins», der «Essenz des Weins», also dem *Alco(h)ol vini*, gleichsam exklusiv vorbehalten blieb, ist ebenfalls unklar. Und genauso wenig weiß man, wann der bis heute verwendete Terminus *Spiritus vini*, Weingeist, aufgetaucht ist. Zuvor waren die Destillate des Weins ja noch ausschließlich als *Aqua ardens*, sprich als Wasser, das brennt, oder als *Aqua vitae*, als Lebenswasser, beschrieben worden (siehe auch Seite 75). Ganz unabhängig von der Bezeichnung standen die hochprozentigen Essenzen bei Alchemisten und Medizinern damals jedenfalls gleichermaßen hoch im Kurs. Kein Wunder:

Immerhin sagte man ihnen unter anderem nach, sie würden gegen die Pest helfen, als Aphrodisiakum wirken und sogar das Leben verändern.

Wer in der ersten Hälfte des 16. Jahrhunderts das Wort *Alco(h)ol* respektive *Alkool* erstmals in der deutschen Sprache verwendete, weiß man hingegen schon. Das war kein Geringerer als der berühmte Arzt, Naturforscher und Philosoph **Philippus Aureolus Theophrastus Bombastus von Hohenheim**, vielen wohl besser bekannt unter dem Namen **Paracelsus**. Er hat durch seine Arbeiten und seine Erfolge den Boden dafür bereitet, dass sich der Begriff langfristig in seiner Heimat, aber auch international durchsetzen konnte.

Noch bis weit ins 17. Jahrhundert wurden freilich ausschließlich die Destillate des Weins als *Alcohol (vini)* bezeichnet. Und ebenso lange hatte der Begriff einen stark medizinischen Beigeschmack, zumal die so benannten Erzeugnisse nach wie vor in Apotheken erzeugt und vertrieben wurden. Erst im 18. Jahrhundert setzte sich dann die zusatzlose Bezeichnung *Alkohol* durch, und erst seit dem 19. Jahrhundert versteht man unter dem Begriff mehr oder weniger dasselbe wie heute – nämlich im allgemeinen Sprachgebrauch alle Arten von berauschenden Getränken. Und in der Chemie, sofern man den Plural dazunimmt, eben eine Stoffklasse.

Übrigens: In der arabischen Sprache bedeutet *al-kuhl* heute ebenfalls schlicht und einfach – Alkohol.

*Civilization began with destillation.**

William Faulkner (1897–1962),
US-amerikanischer Schriftsteller und Literatur-Nobelpreisträger

## Wann und warum der Mensch begann, Alkohol zu trinken

# Kult und Nahrung

Erstaunlich, aber wahr: Die Substanz Ethanol ist das einzige Sucht- und Genussmittel, das fast überall in der freien Natur vorkommt. Und schon sehr, sehr lange. Genauer gesagt, so der aktuelle Stand der Wissenschaft, seit rund zwei Milliarden Jahren.

Die mächtigste Droge der Welt entsteht durch die Gärung von verschiedenen Zuckerarten, also wenn Zucker durch Hefen, sprich einzellige pflanzliche Mikroorganismen, bei günstigen Temperaturen in Ethanol und Kohlendioxid aufgespaltet wird. Woran sich der Mensch so gerne berauscht, sei in Wahrheit praktisch nichts anderes als Hefenkacke, schreibt der amerikanische Journalist **Ian Lendler** in seinem Buch *Alcoholica Esoterica*. Und selbst wenn dieser Befund nicht gerade appetitanregend ausfällt: Richtig ist er allemal.

Immerhin sind die beteiligten Pilze ja nichts anderes als mikroskopisch kleine und meist harmlose Lebewesen, die sich von Zucker ernähren und die dabei, wenn kein Sauerstoff zur Verfügung steht, als Ausscheidungen Alkohol und Kohlensäure produzieren. Aus Traubensaft wird so beispielsweise Wein, aus Getreideabkochungen Bier, aus Obstsaft Most. Die Hefezellen,

---

* Die Zivilisation begann mit der Destillation.

von denen es abertausende verschiedene Stämme gibt, wirken dabei ganz im Verborgenen, jedoch mit einer gewaltigen Energie. Ehe **Louis Pasteur** Mitte des 19. Jahrhunderts die entsprechenden Mechanismen entdeckte, war die alkoholische Gärung für die Menschen daher aus gutem Grund ein großes Faszinosum.

Weil es Hefepilze sowie Kohlenhydrate praktisch überall auf der Welt gibt und sie nur etwas Wärme brauchen, um ihre Wirkung entfalten zu können, findet man Alkohol so gut wie überall rund um den Globus – aber eben nur fast überall. In wirklich kalten Gegenden waren berauschende Getränke die längste Zeit der Menschheitsgeschichte nämlich unbekannt. So hatten etwa die Inuit in Alaska, Kanada und Grönland bis zum Beginn des 19. Jahrhunderts in der Tat kein Problem mit dem Alkoholismus, dafür nach dem Auftauchen von Walfängern und Pelzhändlern mit jeder Menge Fässern und Flaschen im Gepäck ein umso größeres – woran sich bedauerlicherweise bis zum heutigen Tag nichts wirklich Entscheidendes geändert hat.

***Irgendwann hat irgendwer irgendwo vergorene Früchte gefuttert und dann festgestellt, dass ihm das erstens geschmeckt hat und dass er sich zweitens plötzlich ziemlich gut fühlte.***

Wann der *Homo sapiens* oder seine Vorfahren begonnen haben, alkoholhaltige Flüssigkeiten zu sich zu nehmen, ist nicht bekannt. Und zwar nicht einmal ungefähr. Es ist aber mit Sicherheit schon in grauer Vorzeit und rein zufällig passiert. Irgendwann hat irgendwer irgendwo vergorene Früchte gefuttert, und das nicht zu knapp, und hat dann festgestellt, dass ihm das erstens geschmeckt hat und dass er sich zweitens plötzlich ziemlich gut fühlte. Um da bei nächster Gelegenheit wieder ordentlich zuzulangen, war mit Sicherheit kein hochentwickeltes Gehirn notwendig. Immerhin wissen nachweislich ja sogar viele Säugetiere den Verzehr von vergorenen Früchten zu schätzen. Affen ebenso wie Nager oder sogar Vögel (siehe Seite 379ff.).

Wann die Menschen der Frühzeit damit angefangen haben, Alkohol bewusst selbst herzustellen, weiß man ebenfalls nur ungefähr. Es dürfte jedenfalls schon zu Zeiten der prähistorisch-nomadischen Kulturen geschehen sein. Die systematische Produktion von berauschenden Getränken setzte allerdings erst ein, nachdem aus herumziehenden Sammlern und Jägern sesshafte Bauern und Viehzüchter geworden waren (siehe Seite 41ff.). Als unbestritten gilt in diesem Zusammenhang übrigens auch, dass schon lange vor der Erfindung des Rades in hunderten Gesellschaften allerlei Alkoholika erzeugt und natürlich getrunken worden sind.

Den Beginn der gezielten Herstellung von Alkohol irgendeiner Gegend oder gar irgendeinem Ort zuzuordnen, ist überhaupt ein Ding der Unmöglichkeit. Diverse Getreidearten, von der Gerste bis zum Reis, Trauben, Datteln, Kaktusfrüchte, Bananen, Pflaumen und Stutenmilch – irgendwelche pflanzlichen und tierischen Rohstoffe, die man zum Vergären bringen konnte, gab es ja überall und immer wieder auch im Überfluss. Eines der beliebtesten Ausgangsmaterialien war übrigens seit jeher der Honig, der gewässert und offen gelagert aufgrund seines hohen Zuckergehaltes ungewöhnlich leicht zu gären beginnt und dadurch recht rasch zu Met wird, also zu Honigwein.

**Rauschtrank der Götter.** In Jiahu im Norden Chinas ist es nachweislich schon vor rund 9000 Jahren gelungen, ein mit einem Alkoholgehalt von zehn Volumenprozent sogar recht starkes Gebräu herzustellen. Das beweisen die Überreste des ältesten einschlägigen Fundes aller Zeiten. Auch da war, nebst Reis und Früchten (darunter Trauben und Weißdorn), Honig im Spiel respektive im Topf. Rein technisch betrachtet dürften die Chinesen ihre Met-Variante hingekriegt haben, indem sie Reis gekaut, im Mund eingespeichelt und schließlich in die Maische aus den anderen Zutaten gespuckt haben. Nur so ist es ihnen vermutlich gelungen, die Stärke im Getreide in Zucker umzuwandeln und einen Vergärungsprozess überhaupt erst auszulösen. Es mag für viele unappetitlich klingen, ist aber eine Tatsache:

In einigen Gegenden des bevölkerungsreichsten Landes der Erde wird das noch immer so gehandhabt, ja selbst der berühmte japanische Sake wurde bis weit ins 20. Jahrhundert so hergestellt.

Die Suche nach einem möglichst schmackhaften und zugleich wirkungsvollen Drink dürfte seit der Jungsteinzeit so etwas wie ein globales Anliegen gewesen sein. Einer der Hauptgründe, warum Alkohol bereits damals eine sehr wichtige Rolle gespielt hat, war dabei natürlich auch seine berauschende Wirkung. Vor allem Schamanen haben sich gern und oft darin versucht, unterschiedlichste Sorten von Obst, Kräutern, Gewürzen und Getreide in allen erdenklichen Kombinationen miteinander zu vermischen und mit wechselndem Erfolg auf jede mögliche Art zum Gären zu bringen. In vielen alten Kulturen war man nämlich der Überzeugung, es seien höhere Mächte, die – den richtigen Rahmen vorausgesetzt – durch den Alkohol zu den Menschen sprechen würden. Oder man setzte die Droge überhaupt mit Gott gleich. Anders als heute war der Endzweck der einschlägigen Anstrengungen somit im Regelfall nicht profaner, sondern oft sozusagen überirdischer, gewissermaßen heiliger Natur. Der Rausch im Rahmen von kultischen Handlungen galt jedenfalls als eine Art Erleuchtung und war von höchster Wichtigkeit. Seine Legitimation stand völlig außer Frage. Die während mehrtägiger Riten veranstalteten Gelage hatten es übrigens gewaltig in sich und dürften häufig sogar mit der Bewusstlosigkeit der Teilnehmer geendet haben.

**Energielieferant und Arznei.** Alkohol war seit Menschengedenken aber auch bei vielen weniger oder gar nicht religiösen Zeremonien und Festen im Spiel: bei den Feiern anlässlich einer Geburt genauso wie bei Hochzeiten und Begräbnissen, bei der Besiegelung von Verträgen ebenso wie bei Kriegserklärungen und Friedensabkommen und als Zeichen der Gastfreundschaft. Seine soziale Funktion ist somit so alt wie das Trinken selbst.

Dazu kamen, als weitere gewichtige Argumente pro Ethanol, und zwar in der Urzeit genauso wie weit in die Neuzeit hinein, zwei wichtige gesundheitliche Aspekte. Der eine davon hat mit dem Nährstoffgehalt von Getränken wie Met oder Bier zu tun. Aufgrund ihres Energiereichtums, den sie dem in ihnen enthaltenen Zucker und Alkohol verdanken, konnte mit diesen Getränken in einer feindlichen und rohstoffarmen Umgebung nämlich ein erheblicher Teil des täglichen Kalorienbedarfs abgedeckt werden. Und zum anderen waren alkoholhaltige Flüssigkeiten deutlich weniger mit krankheitserregenden Keimen belastet als etwa das Wasser in siedlungsnahen Flussläufen oder Brunnen; wer sie trank, tat sich anno dazumal also tatsächlich viel eher etwas Gutes, als dass er sich Schaden zufügte.

***Außerhalb des gesellschaftlich akzeptierten Rahmens war es in den frühen Zeiten der Menschheitsgeschichte kein leichtes Unterfangen, sich voll die Kanne zu geben.***

Überall dort, wo Wein, Bier und Co. auf den Tisch kamen, wurden die alkoholhaltigen Getränke zudem auch – pur ebenso wie mit Heilpflanzen versetzt – als Arznei verwendet. Und tatsächlich erzielte man schon sehr früh recht beeindruckende medizinische Erfolge, etwa im Kampf gegen Darmerkrankungen. Am wichtigsten war aber seit jeher die Wirkung der populären Droge gegen Schmerzen. Wein mit Haschisch vermischt war bereits im alten China ein beliebtes und verlässliches Betäubungsmittel, das etwa bei Operationen eingesetzt wurde.

Außerhalb des gesellschaftlich akzeptierten Rahmens war es in den frühen Zeiten der Menschheitsgeschichte übrigens kein leichtes Unterfangen, sich voll die Kanne zu geben oder gar suchtkrank zu werden. Erstens enthielten die entsprechend anregenden Getränke im Vergleich zu jenen, die heute getrunken werden, normalerweise deutlich weniger Alkohol. Und wenn sie doch einmal etwas stärker waren, dann hat man sie fast immer verdünnt. Destillate gab es noch gar keine. Zweitens standen sie normalerweise nicht gerade in rauen Mengen zur Verfügung. Und drittens war das Gebräu obendrein in aller Regel nicht wirklich haltbar.

Sich gleichsam im Vorbeigehen umzunieten, war somit schon rein physiologisch eine Herausforderung, wenn nicht gar eine Unmöglichkeit. Und zum Alkoholiker zu werden, war wohl eine eigene Kunst. Es gibt aber Quellen, die darauf schließen lassen, dass manche das dennoch sehr erfolgreich hingekriegt haben.

*Fermentation may have been a greater discovery than fire.**

David Rains Wallace (*1945),
US-amerikanischer Autor und Essayist

## Bier, das wichtigste Getränk der frühen Zivilisationsgeschichte

# Entdeckt, nicht erfunden

Mit dem Übergang von den Jäger- und Sammlerkulturen zu sesshaften Gesellschaften begann der Mensch nicht nur Siedlungen zu begründen, sondern auch Ackerbau zu betreiben und Vieh zu züchten. Wichtige Erfindungen und neue Kulturtechniken änderten und verbesserten sein Leben. Dank der Bewässerung konnte er etwa höhere Ernteerträge erzielen, dank der Töpferei Keramikgefäße anfertigen und dank der Braukunst Bier herstellen. Wobei er letzteres streng genommen ja nicht erfunden, sondern bloß entdeckt hat. Wann und wo das genau der Fall war, lässt sich nicht einmal mehr ungefähr sagen. Sicher ist nur: Das kulturhistorische Großereignis, und um ein solches handelte es sich in der Tat, fand höchstwahrscheinlich irgendwann zwischen 10 000 und 4000 v. Chr. irgendwo im Vorderen Orient statt. Um 3000 v. Chr. war ein Getränk, das man durchaus schon als Bier bezeichnen darf, dort bereits nachweislich bekannt und weit verbreitet.

Warum gerade dort? Das Gebiet des sogenannten Fruchtbaren Halbmonds, zu dem das heutige Ägypten, Syrien, der Südosten der Türkei, der Irak sowie der südwestliche Teil des Irans zählen, hatte seinen Namen aus gutem Grund: Aufgrund ausreichender Niederschläge wuchsen dort

* Die Gärung war vielleicht eine größere Entdeckung als das Feuer.

verschiedene wilde Getreidearten einfach sehr viel besser als in den meisten anderen Gegenden. Und natürlich dauerte es nicht lange, bis die umherziehenden Jäger und Sammler den neben ihrer Verfügbarkeit wohl wichtigsten Vorteil dieser Nahrungsmittel erkannt hatten – ihre Lagerfähigkeit. Wenig überraschend, so denken zumindest viele Historiker, begannen sie daher, Häuser zu errichten, in denen sie Vorräte anlegen und in schlechteren Zeiten nutzen konnten. Dass feucht gewordenes Getreide bald zu keimen anfängt und süßlich schmeckt, fiel den Menschen dieses Zeitalters ebenfalls sehr bald auf. Und dass ein Getreidebrei, den man noch ein paar Tage länger stehen lässt, zu gären anfängt und angenehm berauscht, besonders wenn er aus gemälzter Gerste zubereitet wird, blieb auch nicht lange ein Geheimnis. Mit anderen Worten: Von derartigen Erkenntnissen bis zur Bierherstellung war es dann nicht mehr allzu weit.

In anderen Teilen der Welt wurde das Bier zumeist später erfunden beziehungsweise entdeckt. In Ostasien kam das Hirse- und Reisbier etwa im vierten Jahrtausend vor Christus auf. In Amerika, genauer gesagt in Mexiko, wurde es wohl im dritten Jahrtausend vor Christus erstmals gebraut, und zwar aus Mais. Und in Afrika dürfte das erste Hirsebier im zweiten Jahrtausend vor Christus gebraut worden sein. Weil sich Männer schon seit jeher weniger mit der Zubereitung von Speisen beschäftigt haben als Frauen, liegt zudem ein Schluss nahe, der wahre Machos durchaus irritieren dürfte: Die Entdeckung der Grundlagen der Braukunst ist höchstwahrscheinlich eine weibliche Errungenschaft.

**Getränk der Priesterkönige.** Die Erzeugnisse der damaligen Zeit waren allerdings noch von schlechter Qualität und kaum haltbar. Ein wirkliches Drama war das freilich nicht. Der wichtigste Vorteil von Bier gegenüber Wein und anderen fermentierten Getränken war nämlich von Anfang an klar: Man konnte es das ganze Jahr über brauen. Und da es völlig zu Recht zudem als wichtiges Nahrungsmittel gesehen wurde, entwickelte es sich sehr bald zu dem, was es dann Jahrtausende lang bleiben sollte – zum bedeutendsten Getränk der frühen Zivilisationsgeschichte.

Manche Wissenschaftler gehen sogar noch weiter: Nicht der Mangel an jagdbarem Wild und ein damit verbundenes Ernährungsproblem sowie günstige klimatische Bedingungen für den Ackerbau brachten die Menschen nach dem Ende der letzten Eiszeit dazu, Felder zu bestellen. Sondern – verkürzt gesagt – der Wunsch, endlich einmal Bier in rauen Mengen brauen und trinken zu können.

***Die gesamte neolithische Revolution vor rund 11 000 Jahren war letztlich das Ergebnis des Drangs des Menschen nach Trunk und Rausch.***

Für den amerikanischen Archäologen **Patrick E. McGovern** von der University of Pennsylvania gibt es beispielsweise überhaupt keine Zweifel: Die gesamte neolithische Revolution vor rund 11 000 Jahren war letztlich das Ergebnis des Drangs des Menschen nach Trunk und Rausch.

Bis man einigermaßen genießbares Bier im größeren Stil herzustellen vermochte, sollte es allerdings noch eine Weile dauern. In den frühen Hochkulturen am Nil, zwischen Euphrat und Tigris und am Indus war es dann aber soweit. Im Ägypten der Pharaonen übernahm diese Aufgabe sogar der Staat. Und in Mesopotamien, im Zweistromland, in dem zuerst die Sumerer und später die Babylonier das Sagen hatten, zeigt sich die überragende Bedeutung des Biers unter anderem darin, dass zeitweise deutlich mehr als ein Drittel der Getreideernte in Brauereien landete. Das Getränk durchdrang in den Priesterkönigtümern praktisch alle Lebensbereiche: Mit ihm wurden da wie dort Soldaten, Arbeiter, Beamte und Priester entlohnt beziehungsweise bei den Sumerern sogar alle Mitglieder des Gemeinwesens bedacht, es fand in Eheverträgen – etwa in jenen der Pharaonen – Erwähnung, und wer im alten Ägypten starb, dem gab man es sogar mit ins Grab.

Das älteste Dokument der Welt, das sich mit der Zubereitung von Bier beschäftigt, stammt von den Sumerern. Es dürfte etwa 5000 bis 6000 Jahre alt sein. Das sogenannte *Monument Bleu* besteht aus mehreren Tontafeln, auf denen zu sehen ist, wie man aus Getreide Bier macht – im konkreten Fall Opferbier für die Göttin **Nin-Harra**. Aber auch in anderen Quellen der damaligen Zeit finden sich bereits Hinweise auf die Herstellung alkoholischer Getränke, etwa auf ägyptischen Schriftrollen aus der Zeit der III. Dynastie sowie in der Bibel, dort freilich fast ausnahmslos solche auf Wein.

**Bier und Zivilisation.** In der wohl ältesten Heldengeschichte überhaupt, dem im dritten Jahrtausend vor Christus ebenfalls im Zweistromland verfassten *Gilgamesch-Epos*, wird Bier sogar eindeutig als zivilisatorische Errungenschaft beschrieben. In der entsprechenden Passage erhält ein wilder, zotteliger und verwahrloster Mann namens **Enkidu**, der wie ein Tier in der Steppe lebt, auf Befehl des Halbgotts Gilgamesch Besuch von **Ischtar**, einer Prostituierten. «Brot legten sie ihm vor. Bier stellten sie ihm hin Enkidu aß das Brot nicht. Ratlos schaute er in die Runde. Denn Brot zu essen, hatte er nie erlernt, und Bier zu trinken, blieb ihm unbekannt. Die Dirne sagte zu Enkidu: ‹Iss doch, Enkidu, vom Brot, das zu den Menschen gehört. Trink doch, Enkidu, vom Bier, das dem Kulturland bestimmt ist.›» Und der gute Enkidu leerte schließlich das halbe Dutzend Biere, das ihm die Hure gegeben hatte, und «in diesem Zustand wusch er sich und wurde ein menschliches Wesen».

Abwechslung machte auch schon im Altertum Freude. Die sumerischen Bierpioniere erfreuten sich beispielsweise entweder an einer herberen Variante aus Gerste oder an einer milderen aus Emmer, einer dem Dinkel ähnlichen Getreideart. Letztere wurde unter anderem mit Zimt gewürzt und war vorwiegend den Damen zugedacht. Getrunken wurde die trübe und oft mit Honig gesüßte Brühe, um die es sich üblicherweise handelte, mit langen Trinkhalmen und Tonröhrchen, an deren Ende oft noch ein Sieb angebracht war. Im Verlauf der Zeit wurden immer mehr (natürlich durch die Bank obergärige) Sorten erfunden. Bei den Babyloniern sollen es schon rund zwanzig gewesen sein. Einschließlich diverser Zutaten ist man angeblich sogar auf rund 70 Geschmacksrichtungen gekommen. Die Ägypter, die üblicherweise ein leichtes Gerstenbier tranken, brachten ebenfalls eine erstaunlich breite Palette an unterschiedlichen Erzeugnissen auf den Markt. Im Iran hat man auch Spuren von recht verschiedenen Bieren gefunden, die aus der damaligen Zeit stammen; darunter solche, die man heute wohl am ehesten als ein süßes, nach Karamell schmeckendes Dunkelbier, als ein bernsteinfarbenes Pils und ein süffiges Export beschreiben würde. In jedem Fall hatten diese frühen Biere einen deutlich geringeren Alkoholgehalt als moderne Sorten, da die Wildhefen ab einer bestimmten Alkoholkonzentration einfach ihre Arbeit einstellten.

***Weil nicht nur die Brauer, sondern auch die Bäcker ständig dazulernten und ihre Erzeugnisse verbesserten, erwuchs dem Bier im Brot eine immer schärfere Konkurrenz.***

Der wohl wichtigste Grund für die überragende Bedeutung des Biers war natürlich auch in den Priesterkönigtümern seine Rolle als Energielieferant. Nicht umsonst haben selbst die Sklaven, welche die Pyramiden errichten mussten, tägliche Bierrationen zugeteilt bekommen. Dennoch hatte sich im Verlauf der Zeit etwas Entscheidendes verändert. Weil nicht nur die Brauer, sondern auch die Bäcker ständig dazulernten und ihre Erzeugnisse verbesserten, erwuchs dem Bier im Brot eine immer schärfere Konkurrenz, wenn es um die Verwertung der Getreideernten und damit letztlich um die Versorgung der Bevölkerung mit Kalorien ging.

Die Herstellung und der Verkauf von alkoholischen Getränken wurden von der Obrigkeit schon vor Jahrtausenden umfangreich reguliert. Natürlich ging es dabei in erster Linie um (Steuer-)Einnahmen, aber eben nicht nur. Im ältesten Gesetzestext der Welt, dem babylonischen *Kodex Hammurabi*, ist zum Beispiel eine Reihe von Bestimmungen enthalten, welche die Bierqualität und das Schankwesen betreffen. Auffällig ist hier vor allem die Strenge, mit der man Verfehlungen ahndete. Selbst vergleichsweise harmlose Verstöße wurden schon mit drakonischen Strafen belegt. So konnten etwa Kellnerinnen und Wirtinnen, die ihren Gästen halbleere Krüge servierten, kurzerhand zum Tod verurteilt werden. Wenn sie Gauner aller Art nicht anzeigten, die es sich in ihrer Schenke gemütlich machten, konnten die Inhaber der Gaststätten ebenfalls hingerichtet werden. Priesterinnen wiederum konnten verbrannt werden, wenn sie eine Schenke nur betraten. Auch Brauern, die ihre Kunden übervorteilten, drohte der Tod. Und wer schlechtes Bier herstellte, für den gab es sogar eine Strafverschärfung – man ertränkte ihn in seinem eigenen Gesöff.

Mit den positiven Auswirkungen des Alkoholkonsums auf die Gesundheit hat man sich in den frühen Hochkulturen bereits recht eingehend und systematisch beschäftigt. Sumerische Ärzte und Apotheker haben schon um das Jahr 2000 v. Chr. bei allerhand Beschwerden den Konsum von oftmals mit Heilmitteln versetztem Bier verordnet, ebenso ihre ägyptischen Kollegen. Vor den Folgen des übermäßigen Genusses alkoholischer Getränke hat man in den Frühzeiten der Zivilisation freilich ebenfalls schon gewarnt. Der Pharao **Ramses II.** (1292–1225 v. Chr.) versuchte sogar eine Art Prohibition durchzusetzen. An Festtagen war der Rausch bis hin zur als heilig angesehenen Bewusstlosigkeit jedoch auch unter seiner Herrschaft eine kulturelle Pflicht. Zumindest für die Priester und Priesterinnen, die Hofbeamten und natürlich für ihn selbst.

*All right, but apart from the sanitation, the medicine, education, wine, public order, irrigation, roads, a fresh water system, and public health, what have the Romans ever done for us?**

Reg, dargestellt von John Cleese (*1939),
Führer der Judäischen Volksfront,
im Spielfilm «Das Leben des Brian», 1979

## Die weindominierten Kulturen der Griechen und Römer

# Von Dionysos zu Bacchus

Dass Fruchtsaft, wenn man ihn unverschlossen herumstehen lässt, recht bald zu gären anfängt, haben die Menschen – und ihre Vorfahren – vermutlich schon sehr früh entdeckt. Allerspätestens dann, als sie begonnen haben, Obstvorräte anzulegen. Ohne einigermaßen vernünftig abschließbare Gefäße, die erst später aufkamen, waren die im frühen Altertum hergestellten Weine freilich nicht wirklich haltbar. Und ehe man sich's versah, hatte man Essig in seinen Schläuchen beziehungsweise Amphoren. Trotz dieser recht beachtlichen Hürde haben sich im Verlauf der Zivilisationsgeschichte nicht nur vom Bier, sondern auch vom Wein dominierte Kulturen schon vor Jahrtausenden etablieren können. Und zwar in jenen Gegenden, wo die klimatischen Verhältnisse das zugelassen haben.

Die Wiege der Weinkultur vermutet man mittlerweile am ehesten in Transkaukasien, also dort, wo heute Armenien sowie große Teile Georgiens und Aserbaidschans liegen. Umfangreiche Funde, vor allem Überreste von antiken Weinpressen und Weingefäßen sowie diverse Malereien, belegen es:

---

* Also gut. Mal abgesehen von sanitären Einrichtungen, der Medizin, dem Schulwesen, dem Wein, der öffentlichen Ordnung, der Bewässerung, den Straßen, der Wasseraufbereitung und den allgemeinen Krankenkassen, was, frage ich euch, haben die Römer je für uns getan?

In diesem Teil der Welt wurde schon vor über 8000 Jahren einigermaßen professionell Weinbau betrieben. Mit dem, was man heute unter einem guten Tropfen versteht, dürften die gekelterten Weine allerdings noch recht wenig zu tun gehabt haben.

Im Gebiet des heutigen Iran und Irak, in Syrien, Ägypten, Israel und Jordanien sowie in Teilen der Türkei – und da vor allem in Südostanatolien –, wurde ebenfalls schon lange vor Christi Geburt Wein angebaut. In Mesopotamien dürfte er dabei erstmals so um 6000 v. Chr. gekeltert worden sein und in Ägypten etwas später, so um 5000 v. Chr. Manche Quellen setzen die Anfänge des Weinbaus sogar noch wesentlich früher an. Mitunter werden sie sogar parallel zu denen des Ackerbaus mit 12 000 bis 10 000 v. Chr. angegeben. Wer nun wirklich recht hat, ist noch nicht klar.

Die Weinrebe hat es damals, in grauen Vorzeiten, jedenfalls sicher schon gegeben. Und Wildformen davon nachweislich noch viel früher: Fossile Funde, die in tertiären Braunkohleflözen gemacht wurden, weisen deren Existenz schon für die Kreidezeit vor rund 65 Millionen Jahren nach. Damals war die Pflanze sogar im hohen Norden, etwa in Grönland, zu finden. Die letzte Eiszeit überlebte sie in diesen Regionen allerdings nicht mehr.

***Wer den Inhalt seines Bechers unverdünnt hinunterstürzte, galt als Säufer. Nicht ohne Grund, denn die damaligen Erzeugnisse waren oft erstaunlich stark.***

Wein hat in vielen Zivilisationen eine wichtige Rolle gespielt. Sich einen guten Schluck zu Gemüte zu führen, war freilich nicht immer allen vergönnt. Bei den alten Ägyptern, die hervorragende Rotweine produziert haben dürften, war er lange Zeit den Reichen und den Priestern vorbehalten. In Palästina, bei den semitischen Völkern, war der Wein hingegen ein Alltagsgetränk, das selbst bei vielen einfachen Leuten täglich zu den Mahlzeiten auf dem Tisch stand. Und im antiken Griechenland wurde er ebenfalls sowohl von Mitgliedern der Oberschicht als auch vom gemeinen

Volk getrunken. Fazit: Überall dort, wo ein fruchtbarer Boden und das Klima höhere Erträge ermöglichten, war in guten Jahren genug Rebensaft für alle da, und sein Preis daher eben niedriger.

Die beiden bekanntesten vom Wein geprägten Kulturen, die zugleich als Ursprung des europäischen Weinbaus bezeichnet werden können, waren die der Griechen und die der Römer. Die Menschen in Griechenland versuchten sich dabei schon weit früher als Winzer als die in Italien. In Kreta war Wein etwa bereits um 2000 v. Chr. sehr beliebt, in Italien werden die Anfänge des Weinanbaus um das Jahr 1000 v. Chr. datiert – also vergleichsweise spät, aber immer noch lange vor der Gründung des römischen Reiches.

In Hellas wurde das Getränk als Genuss- und als Nahrungsmittel gleichermaßen geschätzt und üblicherweise verdünnt getrunken. Ein Teil Wein und je nach Anlass zwei oder drei Teile Wasser waren dabei gebräuchliche Mischungsverhältnisse. Wer den Inhalt seines Bechers unverdünnt hinunterstürzte, galt hingegen als Säufer. Nicht ohne Grund, denn die damals üblichen Erzeugnisse waren häufig erstaunlich stark. Ihr Alkoholgehalt war hoch und betrug rund 15 Volumenprozent. Oft enthielten sie obendrein diverse psychoaktive Substanzen.

**Symposien und Dionysien.** Die Ausnahme bestätigte wieder einmal die Regel: Im Rahmen ritualisierter Trinkgelage beziehungsweise Gastmähler durften sich – allerdings nur männliche – Angehörige der Oberschicht durchaus voll die Kante geben. Der Rausch galt nämlich, so wie in früheren Zeiten, immer noch als ein Mysterium, und man war überzeugt davon, erst entsprechend betrunken mit der spirituellen Welt Kontakt aufnehmen zu können. Und genau das konnte man ja keinem anständigen Bürger auf Dauer ernsthaft verwehren. Die Symposien, wie diese Zusammenkünfte genannt wurden, hatten also immer noch einen stark religiösen Charakter, zugleich wurde an ihre Teilnehmer aber auch ein gewisser intellektueller Anspruch gestellt: Es wurden Reden gehalten, man diskutierte und debattierte oder versuchte sich im gemeinsamen Lösen von Rätseln. Allerdings nur, wenn nicht gerade gegessen, getrunken oder gesungen wurde. Die Annahme, dass letztere Vergnügungen meist wohl nicht zu kurz kamen und so manches hochgeistige Symposium oft recht rasch zu einer ziemlich profanen und feuchtfröhlichen Angelegenheit wurde, ist bestimmt nicht falsch.

***Das gemeine Volk nahm es mit den Benimmregeln das ganze Jahr hindurch nicht so genau und vergnügte sich nach Lust und Laune in billigen Spelunken und Gaststätten.***

Einmal im Jahr ging es bei den Griechen dann so richtig zur Sache, und zwar bei mehrtägigen Festspielen, die zu Ehren von **Dionysos** gefeiert wurden. Der «rasende Gott» war seines Zeichens ja nicht nur Gott des Weins und der Trauben, sondern nebst anderem obendrein für die Ekstase, den Rausch, die Fruchtbarkeit und die Verwandlung zuständig. Sakrale Umzüge mit Phallussymbolen, Chorgesänge von Männern und Knaben, das Darbringen von Tieropfern und die Aufführung einer Reihe von Tragödien und Komödien gehörten dabei ebenso zum Standardprogramm wie der reichliche Genuss von Alkohol. Aus den legendären *großen Dionysien*, wie diese Feierlichkeiten genannt wurden, hat sich übrigens schließlich das klassische Theater entwickelt.

Das gemeine Volk nahm es mit den Benimmregeln das ganze Jahr hindurch nicht so genau und vergnügte sich nach Lust und Laune in billigen Spelunken und Gaststätten. Und zwar Männer wie Frauen gleichermaßen. Selbst bei den sittenstrengen Spartanern, bei denen der Konsum von Alkohol lange Zeit verpönt war, durften irgendwann einmal sogar die Mädchen mittrinken.

Zwischen 1000 und 500 v. Chr. begann man auch in Italien, mehr und mehr Weinreben auszupflanzen. Zuerst nur in den griechischen Kolonien im Süden des Landes, später dann in anderen Landesteilen. Als richtige Weinbaugegend galt etwa die Heimat der Etrusker zwischen Florenz und

Rom. Soweit es die klimatischen Bedingungen zuließen, eroberte die neue Kulturtechnik dann im Verlauf der Jahrhunderte weite Teile Mittel- und Nordeuropas sowie Nordafrika. Zuerst waren es Händler gewesen, die Wein sogar in die entlegensten Gegenden des Römischen Reichs gebracht hatten. Weil der Transport selbst teuer war, blieb das Getränk fern der Heimat damit wieder einmal lange Zeit den Eliten vorbehalten. Erst später kamen mit den Soldaten auch Weinstöcke in die Provinzen.

Bier galt bei den Römern übrigens als Nationalgetränk der Gallier, der Kelten und der Germanen und somit eigentlich als barbarisches Gesöff (siehe Seite 56). Wenn allerdings zu wenig Wein da war, wurde nicht lange gefackelt und trotzdem *Cervisia* getrunken, wie das Bier auf Lateinisch heißt.

**Wildes Treiben bei den Bacchusfesten.** Was den Umgang mit Alkohol angeht, gab es eine Reihe von Parallelen sowie auch deutliche Unterschiede zwischen den Trinkkulturen der Griechen und der Römer. Die Einrichtung normaler Gast-, Rast- respektive Trinkstätten hat man beispielsweise einfach übernommen und unter dem Namen *Taberna* im ganzen Reich verbreitet. Dort vergnügten sich nach wie vor die einfachen Bevölkerungsschichten. Aber zugleich kam es doch auch zu bedeutenden Veränderungen.

Die wichtigste davon: Aus dem eher übellaunigen Dionysos wurde der fröhlichere **Bacchus**, und aus den intellektuellen Symposien und den kultischen Dionysien wurden die sogenannten *Bacchanalien*, bei denen es in Wahrheit um überhaupt nichts anderes mehr ging als um das maßlose Vergnügen. Sprich: Der Wein verlor seine religiöse Bedeutung, und ein Rausch war plötzlich eben nur mehr ein Rausch und nichts sonst. Der Geheimkult, denn um einen solchen handelte es sich, wurde immer populärer, und die Feiern wurden zu exzessiven Orgien, bei denen die Teilnehmer in ihrer Zügellosigkeit auch so manches Verbrechen verabredet haben sollen. Im Jahr 186 v. Chr. kam es dann zum großen Knall: Die römische Obrigkeit machte dem wilden Treiben ein Ende und ließ tausende

Menschen, die an Bacchanalien teilgenommen hatten, festnehmen und die meisten davon sogar hinrichten. Obendrein wurde die Ausübung der Riten fortan unter strengste staatliche Aufsicht gestellt.

Erst viel später, in der Kaiserzeit, lebten die Bacchanalien mit allen ihren Auswüchsen wieder auf. Sie erfreuten sich dann allerdings selbst unter den Imperatoren höchstpersönlich großer Beliebtheit. Aber eben nicht nur bei ihnen; weil in der späten Republik das ursprünglich für Frauen geltende Weinverbot aufgehoben worden war, zechten mittlerweile auch die hochoffiziell kräftig mit. Hauptverantwortlich dafür, dass die Bacchusfeste oft derart ausarteten, war übrigens die Tatsache, dass dabei neben gewaltigen Mengen an Alkohol gern psychedelische Substanzen wie etwa halluzinogene Pilze oder Tollkirschen konsumiert wurden, und dies nicht selten als Bestandteil der gereichten Getränke.

Auch von den Römern wurde der Wein vorwiegend mit Wasser verdünnt getrunken. Und zwar je nach Sorte und Anlass im Verhältnis 1:1 bis 1:5. Was man letztlich die Kehle hinunterrinnen ließ, dürfte jedenfalls nur mehr zirka 3 bis allerhöchstens 7–8 Volumenprozent Alkohol enthalten haben.

**Wein für die Sklaven.** Die Bedeutung des Weins als Nahrungsmittel wurde im Römischen Reich – und hier gibt es wieder eine deutliche Parallele zum alten Griechenland – zu jeder Zeit als wichtig angesehen. Erstmals in der Geschichte wurden über den Weinanbau und die Verarbeitung der Trauben sogar ganze Bücher geschrieben. Selbst der Gesetzgeber mischte sich aus diesem Grund immer wieder einmal ein; so wurden etwa Beschränkungen erlassen, welche Zusatzstoffe zur Verbesserung der Lagerfähigkeit zugesetzt werden durften.

Die Angebotsvielfalt war gewaltig. Insgesamt wurden im *Imperium Romanum* schon über 180 verschiedene Sorten Wein gepflanzt. Im Winter trank man Glühwein, den Sommer über eisgekühlte Erzeugnisse und das ganze Jahr hindurch eine Reihe von Dessert- und Gewürzweinen. Ganz gezielt wurden von den Winzern zudem unterschiedliche Qualitäten produziert. Etwa durch Aufgießen von Wasser auf den Trester – das Ergebnis war zwar ein minderwertiges und eher saures, aber zugleich billigeres Getränk.

Auch von den anderen Völkern kam die eine oder andere weinbautechnische Errungenschaft. Die Kelten hatten etwa irgendwann begonnen, ihren guten Tropfen in Fässern zu lagern. Als dann überdies noch irgendwer die Idee hatte, diese mit Korken zu verschließen, war der Jahrgangswein geboren. Bis dahin war der Wein in der Antike ja mehrheitlich frisch getrunken worden und der Genuss von älteren, in mehr oder weniger luftdichten Amphoren gelagerten Gewächsen nur bei Festen und Gastmählern der Reichen üblich gewesen. Wirklich lange reifen ließ man freilich weiterhin nur herausragende Sorten, den berühmten *Surrentiner* sogar mehr als 25 Jahre; billigere Erzeugnisse blieben weiterhin zum vergleichsweise schnellen Verzehr bestimmt.

***Unter Julius Cäsar musste jeder Soldat beispielsweise nicht weniger als einen Liter Wein täglich als Vorsorge gegen Durchfall und andere Erkrankungen trinken.***

Von der positiven Wirkung des in Maßen genossenen Getränks auf die Gesundheit war man im alten Rom ebenfalls schon felsenfest überzeugt. Wie bei den Griechen und vorher schon in den frühen Hochkulturen erhielten sogar Sklaven eine tägliche Portion Wein, weil man so deren Arbeitskraft und Wert besser zu erhalten vermochte. Den römischen Legionären war der Konsum von Wein oder von Essig vermischt mit Wasser sogar ausdrücklich vorgeschrieben. Unter **Julius Cäsar** musste jeder Soldat beispielsweise nicht weniger als einen Liter täglich als Vorsorge gegen Durchfall und andere Erkrankungen trinken. Der Erfolg gab dem Feldherrn recht. Aufgrund der desinfizierenden Wirkung des Alkohols gab es auf den strapaziösen Kriegszügen trotz oftmals schlimmer hygienischer Verhältnisse in der Tat kaum entsprechende Ausfälle zu verzeichnen, was die Schlagkraft der Truppe erhöhte und dem Wein so indirekt eine wichtige Rolle bei der Eroberung des gewaltigen Weltreichs verschaffte.

Nach Meinung mancher Historiker war der Rebensaft freilich am Untergang Roms ebenso beteiligt wie an dessen Aufstieg. Auf mehr als zehn verschiedene Arten sei das Wasser in Rom immer wieder mit Blei vergiftet worden, durch die verwendeten Trink- und Vorratsgefäße ebenso wie dadurch, dass man ihm oft bleihaltigen Traubensirup zusetzte. Die Folge, unter anderem: Roms Aristokratie wurde zunehmend unfruchtbar und starb aus. Und die von unten nachrückenden Schichten ereilte jeweils in kürzester Zeit wieder dasselbe Schicksal. So lange, bis der Verfall der Gesellschaft nicht mehr aufzuhalten war. Wobei das allerdings nach wie vor eine interessante Theorie, aber eben nur eine Theorie ist.

*Two beer or not two beer.*

Unbekannter Verfasser

## Der Bierkonsum der Germanen

# Der Himmel als Braukessel

Eine besonders große Rolle spielte der Bierkonsum – oder besser gesagt der Konsum des zumeist süßlichen Gesöffs, das man damals so nannte – bei den Kelten und bei den Germanen. In einem Grab im bayrischen Kulmbach gefundene Bieramphoren beweisen: 800 v. Chr. hat man dort tatsächlich schon Bier getrunken.

Woher die Bewohner Mittel- und Nordeuropas so früh das entsprechende Know-how hatten, ist bis heute nicht bekannt. Man weiß jedoch, dass auch bei den Germanen das Biertrinken vorwiegend Männer- und das Bierbrauen Frauensache war. Und dass sie das Getränk ursprünglich aus vergorenem Brot und erst später aus Getreide herstellten. Ebenfalls bekannt ist: Um es genieß- und haltbarer zu machen, wurde das Endprodukt obendrein sehr oft mit pflanzlichen Stoffen und Kräutern wie Anis, Eichenrinde, Ingwer und Co. versetzt.

Darüber hinaus erfreute sich noch der Met, jene Weinvariante, die aus in Wasser gesottenem Honig gemacht wurde, recht großer Beliebtheit. Traubenwein hingegen wurde nicht getrunken, jedenfalls nicht von den Menschen. Der unglaublich populäre Gott **Wotan** soll sich hingegen ausschließlich davon ernährt haben.

Da die Siedlungsgebiete der Germanen zu einem großen Teil aus Urwald und Sumpfland bestanden und die Ernten noch dazu üblicherweise recht mager ausfielen, war Getreide aber meist nicht gerade im Überfluss vorhanden. Und das Bier, obgleich Alltagsgetränk, deswegen zu allen Zeiten vergleichsweise kostbar. Aus dem gleichen Grund erlangte es auch als Nahrungsmittel nicht jene herausragende Bedeutung, die es etwa bei den frühen Hochkulturen im Orient hatte.

**Trinken zu ehren der Götter.** Wirklich maßlos gesoffen haben die Germanen daher normalerweise wohl nur bei großen und oft tagelang andauernden Festen, die vorzugsweise zu Ehren der Götter abgehalten wurden. Zumal die dem Alkohol ja auch alles andere als abgeneigt waren. Die kultische Bedeutung des Biers war jedenfalls herausragend: So galt etwa der ganze Himmel als ein einziger riesiger Braukessel, so flossen der gängigen Vorstellung nach in *Walhall*, der Ruhestätte der in einer Schlacht gefallenen Krieger, das Bier und der Met allabendlich in Strömen, und gleich eine ganze Reihe von Figuren der germanischen Mythologie war dem Alkohol auf die eine oder andere Weise verbunden – vom Meeresriesen und Wirt **Ägir** bis hin zum Donnergott **Thor**, dem Hammerwerfer und Kampftrinker (siehe auch Seite 123).

***Wenn jeder die gleiche Menge an Trinkhörnern zu leeren hatte, würde niemand Vorteile aus dem Zustand des anderen ziehen können, weil alle mehr oder weniger gleich betrunken wären.***

Trotz aller Exzesse gab es natürlich auch bei den Germanen strikte Trinkregeln, an die man sich zu halten hatte. Manche davon mögen aus heutiger Sicht recht seltsam anmuten, gedacht hat man sich dabei aber natürlich schon etwas. Weil wichtige Beschlüsse üblicherweise während ritualisierten und exzessiven Gelagen und damit im Rausch gefasst wurden, gab es beispielsweise einen Trinkzwang. Die Idee dahinter: Wenn jeder die gleiche Menge an Trinkhörnern zu leeren hatte, dann würde niemand Vorteile aus dem Zustand des anderen ziehen können, weil schließlich ja alle immer mehr oder weniger gleich betrunken wären.

Den Römern war die Begeisterung der Germanen für ihr Bier nicht ganz geheuer. So notierte etwa 98 n. Chr. der Gelehrte **Publius Cornelius Tacitus**, ein bedeutender römischer Historiker und Senator: «Die Teutonen haben einen schrecklichen Trank, den sie aus Gerste oder Weizen fermentieren, einen Trank, der sehr weit von unseren ausgezeichneten Weinen entfernt ist.» Und an anderer Stelle: «Tag und Nacht durchzechen sie, und man könnte sie ebenso gut durch eine Lieferung berauschender Getränke besiegen wie durch Waffengewalt.»

Wobei hier wohl eher der Wunsch Vater des Gedankens war: Dass die Germanen eine entscheidende Schlacht oder selbst nur ein Scharmützel verloren hätten, weil sie zu betrunken zum Kämpfen waren, davon wird nämlich nur recht selten berichtet.

*Ergo bibamus!**

Papst Martin IV. (1210–1285),
Oberhaupt der römisch-katholischen Kirche

## Exzessives Mittelalter

# Das größte Besäufnis der Geschichte

Mit der Ausbreitung des christlichen Glaubens in Europa gerieten die wilden Trinksitten früherer Zeiten mehr und mehr in Verruf und schließlich in Vergessenheit. Mäßigung war plötzlich angesagt, und darüber, dass niemand mehr zum Rausch gezwungen werden sollte, herrschte bald mehr oder weniger Einigkeit. Vom Beginn des fünften Jahrhunderts an spielten Wein und Bier auf dem ganzen Kontinent daher eine vergleichsweise weit geringere Rolle als zuvor.

Doch die trockene Zeit hatte ein Ablaufdatum. Der König des Fränkischen Reiches, **Karl der Große**, und andere Herrscher begannen ab dem Ende des achten Jahrhunderts die Produktion von alkoholischen Getränken nämlich wieder zu fördern. Und damit natürlich ebenso den einschlägigen Handel. Nicht aus persönlichem Interesse – so galt etwa «Charlemagne» als entschiedener Gegner der Trunksucht –, sondern aus gesundheitspolitischen und aus wirtschaftlichen Gründen. Vor allem war man zur Ansicht gelangt, auf Wein und auf Bier als Energielieferanten auf Dauer doch nicht verzichten zu können.

Neue Erkenntnisse in puncto Bierbrauen und Weinbau verstärkten den Trend, und so konnte der Alkohol seinen Siegeszug quer durch Europa nach der langen Pause wieder fortsetzen. Ab dem achten Jahrhundert wurde

* Also lasset uns trinken!

dem Sud beispielsweise erstmals Hopfen beigemengt. Was das Bier bekömmlicher und haltbarer und dadurch eben noch populärer machte.

Die Zeit überdauert hatten die entsprechenden Kulturtechniken in erster Linie hinter den Mauern von Männerklöstern. Zwar gab es etwa auch eine Äbtissin namens **Hildegard von Bingen**, die sich mit der Materie durchaus auskannte und Bier unter anderem gegen Schwermut empfohlen hat. Aber die Braukunst war damit erstmals in der Geschichte nicht mehr nur Frauensache. Und die Kirche wusste diesen Wettbewerbsvorteil durchaus zu nutzen.

**Katholische Braukunst.** Später, im Hochmittelalter, sollen sich etwa allein in Deutschland rund 500 Brauereien im Besitz von Klöstern befunden haben. Die ehemalige Benediktinerabtei *Weihenstephan* in Freising bei München, die im Jahr 1040 die Lizenz zur Bierherstellung erhalten hat, war eine davon. Sie gilt heute als älteste noch bestehende Braustätte der Welt und ist für viele Bierfreunde fast so etwas wie ein Wallfahrtsort.

Die katholischen Ordensleute hatten damals guten Grund, sich so intensiv mit der Braukunst auseinanderzusetzen. Die Regel *Liquida non frangunt ieunum* (Flüssiges bricht das Fasten nicht) bot ihnen nämlich die Möglichkeit, dem vorgeschriebenen Verzicht auf Speisen an bestimmten Tagen des Jahres den Schrecken zu nehmen. Zwar durften sie während der Fastenzeit tatsächlich kaum etwas essen, aber um die frommen Männer dennoch einigermaßen bei Laune zu halten, hatte ihnen die Kirche zumindest beim Trinken praktisch keine Einschränkungen auferlegt. Und so versuchte man mit viel Hingabe, ein möglichst schmackhaftes und nahrhaftes Getränk zu entwickeln, das einen über die schlimmsten Wochen des Jahres bringen würde. Das derart stetig verbesserte Gebräu war natürlich bald auch in der restlichen Zeit des Jahres ein wichtiger Bestandteil des klösterlichen Speiseplans.

Die Mengen an Bier, die von den Mönchen angeblich konsumiert wurden, muten abenteuerlich an. Angeblich war es jedem von ihnen gestattet, am Tag bis zu fünf Maß zu trinken, wobei die Maß zwischen einem und zwei Litern schwankte. Selbst wenn das Bier deutlich weniger Alkohol enthielt als heute, sind diese Angaben schwer nachzuvollziehen. Die Annahme, dass der eine oder andere Liter unter der Hand weitergereicht wurde, ist wohl nicht abwegig. Dem nicht genug: Äbte und Obere sowie deren Gäste bekamen sicher nicht weniger und normalerweise bessere Qualitäten vorgesetzt als die einfachen Mönche oder gar das gemeine Volk.

Im Bereich des Weinbaus leisteten viele Orden ebenfalls Pionierarbeit. Den für den Gottesdienst unverzichtbaren Messwein brauchte man ja ohnehin. Was lag also näher, als ihn gleich vor Ort selber zu produzieren, und zwar so, wie man ihn haben wollte? Dass die Ergebnisse der klösterlichen Bemühungen dann ganz profan auch beim Mittag- und Abendessen verkostet wurden – und zwar Tag für Tag aufs Neue –, erübrigt sich fast zu erwähnen. Als Winzer hervorgetan haben sich dabei insbesondere die Benediktiner, die Kartäuser und die Zisterzienser.

***Wer zu Bier und Wein griff, um seinen Durst zu löschen, stillte damit zugleich seinen Hunger, er wurde recht preisgünstig satt und lebte in aller Regel gesünder und damit länger.***

Außerhalb von Klostermauern wurde im Verlauf der Zeit ebenfalls immer mehr Bier hergestellt. Vor allem das Hausbrauen innerhalb der Familie erfreute sich zunehmender Beliebtheit. Zusätzlich errichtete man unter grundherrschaftlicher Anleitung in den Dörfern zahlreiche Braustuben und in den Städten eine Reihe von Brauhäusern, in denen einmal mehr vorwiegend Frauen beschäftigt waren. Das Ergebnis waren Unmengen von Bier, das natürlich getrunken werden musste.

Zum größten und *de facto* Jahrhunderte andauernden Besäufnis der Geschichte führte letztlich allerdings nicht das Bedürfnis nach Berauschung allein, wobei dieser Faktor unzweifelhaft eine wichtige Rolle gespielt hat. Das Mittelalter gilt schließlich nicht ganz zu Unrecht als dunkle Epoche, auch wenn Historiker es heute differenzierter betrachten als früher. Die Zeiten waren unbestreitbar nicht die einfachsten. Krankheit, Not und Unterdrückung gehörten zum Alltag, und vorübergehend aus der Realität abzutauchen erschien vielen doch recht verlockend, wenn nicht sogar als pure Notwendigkeit.

Der wohl wichtigste Grund für den sehr lockeren Umgang mit der Volksdroge Nummer eins war freilich nach wie vor noch viel pragmatischer: Wer zu Bier und Wein griff, um seinen Durst zu löschen, stillte damit zugleich auch seinen Hunger, er wurde recht preisgünstig satt und lebte noch dazu in aller Regel gesünder und damit länger – jedenfalls gesünder und länger als jene Zeitgenossen, die sich mit Wasser begnügen mussten. Die konservierende und desinfizierende Wirkung des Alkohols brachte es nämlich mit sich, dass das gebraute Bier und der gekelterte Wein mit Sicherheit weniger mit Krankheitskeimen belastet waren als das selbst in Europa sehr lange verpönte, weil oftmals verunreinigte Wasser.

Die Folge war: Alkoholhaltige Getränke wurden im Mittelalter, wie schon bei den prähistorischen Kulturen und im Altertum, immer noch und vollkommen zu Recht als gesunde Nahrungs- und Stärkungsmittel betrachtet. Vor allem in den Städten galten Gebräue jeder Art dabei lange Zeit als sicherste Getränke überhaupt, sicherer noch als Wein. Das zu deren Herstellung benötigte Wasser musste nämlich nicht keimfrei sein, weil es beim Erhitzen während des Sudvorgangs ja ohnehin sterilisiert wurde. Und damit waren die unterschiedlichen Bierarten sowohl dem meist verunreinigten Trinkwasser als auch dem sehr oft verdünnten Wein eindeutig überlegen.

**Verseuchtes Wasser.** Vor allem dort, wo sich viel zu viele Menschen auf engstem Raum zusammendrängen mussten, herrschten landauf und landab katastrophale hygienische Verhältnisse. Und das war vielerorts der Fall. Mangelnde Zukunftsaussichten auf dem Land und die Hoffnung auf Freiheit trieben nämlich immer mehr Bauern in die Städte, die ihr Gebiet aber nicht so einfach erweitern konnten: Die aufgrund ständiger Kriege errichteten Stadtmauern standen schließlich dort, wo sie standen, und ließen sich nicht nach Belieben verschieben. Der Abstand zwischen Latrinen und Brunnen war aufgrund des großen Gedränges daher oft sehr gering. Zwangsläufig kam es zu entsprechenden Verunreinigungen – das Wasser war dadurch nicht nur voll von Bakterien, sondern stank oft auch bestialisch – und in der Folge zu zahlreichen Erkrankungen.

---

***Eine weitere entscheidende Ursache dafür, dass im Mittelalter so unglaublich viel gebechert wurde, war rein ökonomischer Natur.***

---

Wasser aus Flüssen oder stehenden Gewässern zu entnehmen war keine Alternative, zumal diese ebenfalls oft mit Fäkalien, Schlachtabfällen und dergleichen mehr verunreinigt waren. Einzig und allein Regenwasser galt als sicher, weswegen man es auch zum Brauen von Bier und zum Verdünnen von Wein verwendete.

**Lohn für Leibeigene.** Sogar schreckliche Seuchen waren aufgrund der mangelnden Hygiene gleichsam vorprogrammiert. Die Cholera und der Typhus etwa ebenso wie die Pocken und natürlich der gefürchtete *Schwarze Tod*, die Pest. Allein der Großen Pest ab 1347 fielen Schätzungen zufolge 15 bis 25 Millionen der damals zirka 80 Millionen in Europa lebenden Menschen zum Opfer.

Eine weitere entscheidende Ursache dafür, dass im Mittelalter so unglaublich viel gebechert wurde, war rein ökonomischer Natur. Denn wie schon im Altertum wurden die kalorienhaltigen Alkoholika schlichtweg als Teil der Entlohnung betrachtet. Sprich: Leibeigene und Tagelöhner bekamen ihre Dienste unter anderem mit entsprechenden Mengen an Wein und Bier abgegolten. Oder aber es wurde ihnen zumindest die Erlaubnis erteilt, selber berauschende Getränke herstellen zu dürfen. Diese Praxis war sogar noch bis in die Neuzeit und in das Industriezeitalter üblich.

Nicht zuletzt haben die damaligen Ernährungsgewohnheiten den Alkoholverbrauch über einen eher ungewöhnlichen Umweg in die Höhe getrieben. Zum Konservieren von Speisen wurde nämlich häufig Salz verwendet, und das macht bekanntlich durstig.

**Ein Volk im Dauerrausch.** Viele alkoholische Erzeugnisse wurden bis zum Ende des Mittelalters durch oftmals kurios anmutende und regional verschiedene Rezepturen verändert. Manchmal ging es darum, wie schon in früheren Zeiten, sie süßer zu machen und ihren Geschmack zu verbessern, oft aber auch darum, die ihnen innewohnenden Heilkräfte zu verstärken. Eine besondere Spezialität war ein mit Kräutern, Gewürzen und Honig sowie später überdies mit Zucker abgeklärter schwerer Rotwein, der *Hypocras*, oder sein helleres Pendant, der gern in Apotheken verkaufte *Lutertranc* beziehungsweise *Claret*. Beide wurden üblicherweise nur von den Reichen getrunken, da manche der zur Herstellung verwendeten Ingredienzien im Mittelalter recht teuer waren.

***Die Epoche des Mittelalters darf mit Fug und Recht als das grösste kollektive Besäufnis aller Zeiten bezeichnet werden.***

Im Bier fanden sich bis ins Mittelalter ebenfalls immer noch gewöhnliche bis ungewöhnliche Zutaten, von einfachsten Kräutern bis hin zu Psilocybin-Pilzen und Bilsenkraut. Letzterem soll die berühmte tschechische Brauereistadt *Pilsen* ihren Namen verdanken, nach der wiederum das bis heute weltweit gern getrunkene Pils(ener) benannt ist.

Tatsache ist: Von ein paar eher lokalen oder regionalen Phänomenen einmal abgesehen, wurde damals pro Kopf und Jahr sehr viel mehr Bier und Wein vernichtet als je zuvor und je danach in der Geschichte. Und zwar nicht nur hinter Klostermauern. Die Epoche darf daher mit Fug und Recht als das größte kollektive Besäufnis aller Zeiten bezeichnet werden.

Getrunken haben praktisch alle. Und zwar unabhängig von Stand, Geschlecht, Alter und Gesundheitszustand. Männer wie Frauen, Adelige wie Bauern und Handwerker, Erwachsene wie Kinder, Gesunde wie Kranke: Für die allermeisten Menschen gehörte der Alkoholkonsum zum Alltag. Und auch wenn sich die einschlägigen Gewohnheiten im Lauf der Zeit geändert haben und es in Bezug auf die Etikette zwischen den einzelnen Bevölkerungsgruppen durchaus große Unterschiede gab: Exzessive Gelage und festliches Zechen bis zum Umfallen galten etwa bis ins 16. Jahrhundert da wie dort nicht als unschicklich, sondern ganz im Gegenteil als Selbstverständlichkeit. Ebenso einige andere raue Trinksitten: So wurde es etwa als Beleidigung empfunden, wenn man die Einladung, gemeinsam einen zu heben, ablehnte, und es galt als unmännlich, ein gemeinsames Besäufnis im Alleingang und noch nüchtern zu beenden.

Es mag erstaunen, aber zwischen den Geschlechtern waren im Mittelalter beim Trinken tatsächlich kaum Unterschiede auszumachen. Die Frauen becherten in aller Regel nicht sehr viel weniger als die Männer. Zu den erwähnten Gelagen traf man sich zwar üblicherweise getrennt, aber das war es dann auch schon mit den geschlechtsspezifischen Besonderheiten. Mehr noch: Selbst Kinder tranken im Mittelalter fleißig mit. Bier vor allem und davon weniger sowie leichtere Sorten als die Erwachsenen. Wein wurde von manchen ebenfalls schon getrunken, aber üblicherweise erst ab dem 14. Lebensjahr empfohlen.

**Bier für Wöchnerinnen.** Dass sogar für Kranke im Spital und für Wöchnerinnen, sprich stillende Mütter unmittelbar nach einer Geburt, der Konsum von Alkohol die normalste Sache der Welt war, ist in einem solchen Umfeld nicht wirklich verwunderlich. Sie tranken ja schließlich nur die großzügigen Rationen Bier, die man ihnen in bester Absicht zuteilte, damit sie so schnell wieder zu Kräften kommen würden. Einzig und allein Milch galt allenfalls noch als gesunde Alternative, jedenfalls für Frauen und Kinder.

Gegen Ende des Mittelalters lag der Weinverbrauch in oberdeutschen Städten beispielsweise im Durchschnitt jedenfalls bei rund einem Liter pro Kopf und Tag. Manche Historiker gehen sogar von Mengen bis zu 2,5 Liter aus. Die auf den ersten Blick unglaublichen Zahlen sind freilich zu relativieren. Die ärmeren Bevölkerungsschichten, sprich die große Mehrheit, konnten sich nämlich nur Erzeugnisse aus zweiter oder dritter Pressung leisten. Und die wiesen einen entsprechend geringeren Alkoholgehalt auf. Was die Zahlen ein wenig, aber nicht sehr viel harmloser macht.

Wie viel Bier vom gemeinen Volk durchschnittlich getrunken wurde, kann nicht genau beziffert werden. Weil man schlicht und einfach nicht weiß, wie viel die unfreie Landbevölkerung damals im Durchschnitt konsumierte. Wenn man aber von einem immer wieder kolportierten Tagesverbrauch von durchschnittlich rund zwei Litern pro Erwachsenen ausgeht, liegt man mit Sicherheit nicht ganz falsch. Manche Experten geben sich sogar überzeugt davon, dass damals mancherorts unvorstellbare 900 Liter Bier pro Kopf und Jahr durch die Kehlen flossen.

Nichtsdestotrotz sollen sich der Adel und wohlhabende Bürger angeblich noch deutlich mehr genehmigt haben. Zahlreichen Quellen zufolge galt bei den Eliten des 15. und 16. Jahrhunderts ein Quantum von 1000 Liter Bier pro Jahr als gesund und standesgemäß; verschiedentlich werden noch höhere Mengen genannt. Wie sich das mit dem in besser gestellten Kreisen ebenfalls nicht gerade unerheblichen Weinkonsum vertrug, bleibt offen und war offenbar eine Frage der individuellen Präferenz. Drei Liter am Tag zu trinken, wie es von Ärzten und Ernährungsberatern heutzutage empfohlen wird, war für viele Menschen der damaligen Zeit jedenfalls kein Problem – solange es sich dabei um alkoholhaltige Getränke handelte.

**Bier versus Wein.** Gesoffen haben also alle. Bei dem, was man getrunken hat, gab es freilich sehr wohl Unterschiede. Wer arm war, musste sich in aller Regel mit Bier zufriedengeben, und das gab es für Hinz und Kunz ebenso wie den gelegentlichen Schluck Wein zudem meist nur in schlechterer

Qualität und in geringeren Mengen. Ein klares Gefälle zeigte sich überdies zwischen Stadt und Land. In den Dörfern wurden nämlich eindeutig weniger Alkoholika getrunken. Wer dort Durst hatte, konnte diesen schließlich auch meist mit keimfreien Quell-, Grund- und Regenwasser löschen.

***Dort, wo Wein und Bier ungefähr gleich beliebt waren, wurde in guten Zeiten auch einiges an Wein, in schlechten Zeiten dagegen weitgehend Bier konsumiert.***

In kühleren Gegenden griff man zudem vorzugsweise zum Bier, und in den wärmeren Gefilden des Südens lieber zu vergorenem Trauben- als zu Gerstensaft. Gebrautes aller Art war etwa in England ebenso das Hauptgetränk der einfachen Bevölkerung wie in den Niederlanden, Deutschland, Böhmen, Polen und Russland. Wein erreichte in diesen Ländern hingegen lange Zeit nicht einmal annähernd die Bedeutung der Brauprodukte, weder als Nahrungs- noch als Genussmittel.

Der Grund: Er war schlicht und einfach zu teuer. Schuld war natürlich in erster Linie das Klima. Obwohl die Zeit vom 9. bis zum 14. Jahrhundert durch vergleichsweise milde Verhältnisse gekennzeichnet war, welche die Ausbreitung des Weinbaus in Europa eigentlich sehr begünstigt hätten: Gegen das Bier, das sich praktisch überall brauen ließ, hatte man preislich dennoch kaum eine Chance.

Zum Vergleich: Kostete Wein in Südeuropa zu bestimmten Zeiten schon dreimal so viel wie Bier, musste man im Norden des Kontinents mitunter sogar bis zum Zwanzigfachen berappen. Dort, wo Wein und Bier ungefähr gleich beliebt waren, wurde in guten Zeiten daher durchaus auch einiges an Wein, in schlechten Zeiten dagegen weitgehend Bier konsumiert. Verschärft wurde die Kostenfrage im Verlauf der Zeit dadurch, dass man sich den Wein außerhalb des mediterranen Raums immer öfter pur und nicht mehr verdünnt zu Gemüte führte, wie es die südeuropäischen Kulturen damals immer noch praktizierten.

Es gab auch in diesem Bereich Fortschritte, aber nach wie vor waren durchschnittlicher Wein und normales Bier weder wirklich haltbar noch über weitere Strecken transportfähig. Was die bestehenden Preisunterschiede in gewisser Weise zementierte. Die Holzfässer, in denen man Wein aufbewahrte, waren oft nicht luftdicht abgeschlossen, und das Bier wurde nach wie vor zumeist mit *Grut* gebraut, einer Mischung aus Anis, Gagel, Eichenrinde, Fichtenkraut, Johanniskraut, Porst, Schafgarbe, Schlehe, Wermut und weiteren Kräutern. Zutaten wie Tollkirsche und Bilsenkraut kamen häufig ebenfalls mit in den Kessel. Dadurch hatte das Ergebnis oft den Charakter einer leicht halluzinogenen Droge und war mit den heutigen Erzeugnissen in puncto Haltbarkeit in keiner Weise vergleichbar. Erst im Verlauf der Zeit lernte man dazu – unter anderem dadurch, indem man das Grut mehr und mehr durch den heute verwendeten, harmlosen Hopfen ersetzte. Was zur Haltbarkeit des Biers in jeder Hinsicht enorm viel beigetragen hat, immerhin sind dessen Bitterstoffe ein hervorragendes Konservierungsmittel.

**Saufen als Sünde.** Bestrebungen, das kollektive Besäufnis irgendwie in den Griff zu kriegen, gab es immer wieder. Allein ihr Erfolg blieb im Regelfall ziemlich bescheiden. Der Kampf galt dabei dem Rauschtrinken, nicht aber dem Wein oder dem Bier als Bestandteil des täglichen Speiseplans. Egal, ob die Aufrufe zur Mäßigung von der Kanzel herab erfolgten und Höllenqualen für unbotmäßige Sünder androhten oder ob man mittels weltlichen Verordnungen und Verboten dem maßlosen «Voll- und Tolltrinken» Einhalt gebieten wollte, es wurde kräftig weiter gesoffen. Zumal der Klerus und der Adel kein gutes Beispiel gaben, konnte man das auch dem gemeinen Volk nicht wirklich verübeln.

Dazu kam: Das Krankheitsbild des Alkoholismus war noch gänzlich unbekannt. Selbst wenn nach heutigen Maßstäben praktisch die gesamte damalige Bevölkerung als abhängig einzustufen ist, galt das Saufen schlimmstenfalls als schwere Sünde oder gar nur als Laster. Immerhin hat das maßlose Bechern in der damaligen Zeit üblicherweise nicht einmal jene, die sich wirklich exzessiv die Kanne gegeben haben, vorzeitig unter die Erde gebracht. Die meisten Menschen starben damals nämlich noch vor Erreichen des 50. Geburtstags. Viele sogar noch weit früher. Schwere Trinker waren für gewöhnlich also schon tot, ehe es durch den Missbrauch zu schlimmen organischen Schädigungen hätte kommen können.

Nicht zuletzt verstand man im Mittelalter unter Zurückhaltung beim Bechern etwas ganz anderes als heute. So wird von einem Adligen berichtet, der sich einem der damals gegründeten und recht populären Vereine zur Mäßigung anschloss. Mit dem heroischen Vorsatz, sich drei Jahre lang nur mehr höchstens drei Flaschen Wein am Tag zu gönnen und vom Bier nur mehr soviel, wie zum Durstlöschen zusätzlich notwendig sei.

**Muslimische Abstinenz, russische Trinkfreude.** Ein paar tausend Kilometer weiter, auf der Arabischen Halbinsel, hatte zu Beginn des Frühmittelalters eine völlig andere Entwicklung eingesetzt. Ein Mann namens **Mohammed**, seines Zeichens Prophet und Religionsstifter des Islam, hatte dort aus verschiedenen Gründen in der ersten Hälfte des siebten Jahrhunderts den Alkohol kurzerhand zum Teufelszeug erklärt. Und weil er und seine Nachfolger, die Kalifen, die neue Lehre sehr ernst nahmen, sie mit Feuereifer und Schwertern über die ganze Welt zu verbreiten trachteten und bei ihren Eroberungszügen recht lange erfolgreich blieben, drohte zwischenzeitlich sogar Bier- und Weinfreunden im trinkfreudigen Europa Ungemach.

Im Jahr 711 schafften es die muslimischen Mauren, in Spanien und Portugal einzufallen. Beim Versuch, sich nördlich der Pyrenäen festzusetzen, wurden sie zwar bald darauf, nämlich anno 732, von **Karl Martell** besiegt. Die Iberische Halbinsel blieb allerdings jahrhundertelang zum Großteil in ihrer Hand, und es war ein Glück für die Besiegten, dass der Islam beziehungsweise dessen Verkünder damals wohl weit toleranter waren, als sich das viele im Westen heute vorstellen können.

Um den Alkoholkonsum stand es in den Jahrhunderte lang von den Mauren kontrollierten Gebieten Europas jedenfalls nicht so schlecht. Die Herrschenden selbst lebten zwar abstinent, ihre christlichen Untertanen durften im beschränkten Umfang aber weiterhin Wein anbauen und auch trinken. Mehr noch: Da die Sarazenen, wie die muslimischen Invasoren seit dem Spätmittelalter gerne genannt wurden, zudem die Kunst der Destillation mit auf die Iberische Halbinsel gebracht hatten, wurden unter ihrer Herrschaft sogar erstmals Weinbrände gebrannt, die als Medizin getrunken wurden.

Am anderen Ende Europas kamen die Verfechter des Islam indessen gar nicht weiter. Dabei hätten sie dort sogar die historisch einmalige Chance gehabt, kampflos und sozusagen im Vorbeigehen ein ganzes Großreich zu missionieren. Der Überlieferung nach hatte der damalige Herrscher über den Kiewer Rus, Fürst **Wladimir I. Swjatoslawitsch**, nämlich kurz vor der Jahrtausendwende beschlossen, dass seine heidnischen Untertanen künftig alle ein- und derselben Religion angehören sollen. Und daher Abgesandte zu jüdischen, christlichen und muslimischen Autoritäten geschickt, um sich über deren Glauben zu informieren. Was er von letzteren zu hören bekam, soll ihm dabei am wenigsten gefallen haben, das, was ihm die Christen erzählten, hingegen noch am besten. Der immer wieder kolportierte Hauptgrund dafür: «Das Trinken ist die Freude der Russen. Wir können ohne dieses Vergnügen nicht existieren.»

**Vom Götzenanbeter zum Heiligen.** So ungefähr soll Wladimir der Große alten Chroniken zufolge die ab dem Jahr 988 vorangetriebene Christianisierung seines Herrschaftsbereichs begründet haben. Dass dabei letztlich machtpolitische Interessen – genau genommen die Vermählung des Fürsten mit der Tochter des christlichen byzantinischen Kaisers, für die seine Taufe Vorbedingung war – eine zentrale Rolle spielten, steht allerdings ebenfalls außer Zweifel.

Der einstmals übereifrige Götzenanbeter, der vor seiner Bekehrung sieben Hauptfrauen und 800 Mätressen gehabt haben soll, wird heute in der orthodoxen Kirche jedenfalls als Heiliger verehrt. Womit die Droge Alkohol einmal mehr ein Stück Welt- und Religionsgeschichte (mit)geschrieben hat – und der Siegeszug des Islams im Osten Europas zu Ende war, ehe er überhaupt begonnen hatte.

***Die Ordensleute verstanden ihr Handwerk, und die Leute mochten ihr Bier und kauften es weiterhin.***

Aber auch anderswo hatten die Muslime im wahrsten Sinne des Wortes einen schweren Stand. Gegen Ende des 11. Jahrhunderts mussten sie, die zwischenzeitlich bis in die Schweiz vorgedrungen waren und dort eine Zeitlang einen Teil des Landes besetzt hatten, nach 250-jähriger Herrschaft selbst Sizilien wieder aufgeben und den Normannen überlassen. Und ab 1099 fielen sogar Jerusalem und Teile ihres eigenen Kernlandes in der Levante in die Hände der Christen, die als Kreuzfahrer das sogenannte Heilige Land befreien und dabei in erster Linie wohl nur ihre eigenen Taschen füllen wollten. Selbst die Mauren auf der Iberischen Halbinsel verloren zunehmend an Terrain. Sie wieder ganz aus Europa zu vertreiben, gelang allerdings erst vergleichsweise spät, nämlich im Jahr 1492.

Im christlich beherrschten restlichen Europa stieg der Alkoholkonsum indessen beständig an. Damit gewannen auch die Herstellung und der Handel mit Bier und Wein im Verlauf der Jahrhunderte mehr und mehr an wirtschaftlicher Bedeutung. Wer von dieser Entwicklung profitieren sollte, war naturgemäß heftig umstritten. Der König, die Adeligen, das Bürgertum, die Kirche? Welches Fürstentum, welche Grafschaft, welche Stadt? Anfang des 15. Jahrhunderts wurden beispielsweise Verbote zum öffentlichen Verkauf von Klosterbier erlassen, um die überragende Bedeutung der Kirche im Brauergewerbe einzuschränken. Genützt hat das aber wenig. Die Ordensleute verstanden ihr Handwerk, und die Leute mochten ihr Bier und kauften es weiterhin. Die Klöster blieben daher bis ins 19. Jahrhundert eine starke Konkurrenz für die zunehmend leistungsfähigere weltliche Brauereiwirtschaft.

Geografisch betrachtet war der erste und älteste einschlägige Handelsplatz großen Stils in Deutschland die küstennahe Stadt Bremen. Sie lieferte bereits um 1300 große Mengen an Exportbier nach Holland, Flandern, England und Skandinavien. Später gewann Hamburg eine immer wichtigere Rolle. Die Stadt, die im 16. Jahrhundert 600 Brauereien zählte, wurde daher bald «Brauhaus der Hanse» genannt. Bayern, heute weltberühmt für seine Erzeugnisse, blieb da hingegen vergleichsweise lange zurück. Man produzierte dort über Jahrhunderte nämlich vorwiegend bloß für den Eigenbedarf. Erst mit dem deutschen Reinheitsgebot für Bier, das 1516 von Herzog **Wilhelm IV.** erlassen wurde und dem zufolge nur Wasser, Hopfen und Gerste (später auch Weizen; Hefe wird allerdings nicht erwähnt) zum Brauen zugelassen waren, konnte das Kurfürstentum seinen bis heute so hervorragenden Ruf begründen. Der Hof selbst bezog sogar noch bis zur Gründung des Hofbräuhauses Ende des 16. Jahrhunderts sein Bier aus dem hohen Norden. Und zur führenden Braunation sollte sich Bayern überhaupt erst nach dem Dreißigjährigen Krieg entwickeln.

Die Entstehung von zahlreichen weiteren Städten, die Verbesserung der Verkehrswege und die bereits erwähnten günstigen klimatischen Verhältnisse ließen in vielen europäischen Ländern, darunter Deutschland, auch die Nachfrage nach Wein bis zum 16. Jahrhundert weiter ansteigen. Gekeltert wurde das Getränk, das den europäischen Kulturraum damals wohl mehr geprägt hat als jedes andere, von Klöstern, Fürstenhöfen und Grundherren gleichermaßen. Und das gegen Ende des Mittelalters sogar bis vergleichsweise weit in den Norden des Kontinents. In Mittelengland wurden damals etwa ebenso Reben ausgepflanzt wie in Dänemark. Und in Deutschland war die Rebfläche um das Jahr 1400 mit über 300 000 Hektar sogar mehr als dreimal so groß wie heute.

*Dosis sola facit venenum.**

Philippus Theophrastus Aureolus Bombastus von Hohenheim,
genannt Paracelsus (1493–1541),
deutscher Arzt, Alchemist, Mystiker und Philosoph

## Der Branntwein und sein Siegeszug rund um die Welt

# Von der Wundermedizin zum Teufelszeug

In der von Alkohol durchtränkten Welt des Hochmittelalters und der beginnenden Neuzeit spielten Wein und Bier nach wie vor eine sehr große Rolle. Eine neue Gruppe von berauschenden Getränken sollte ihnen dennoch mehr und mehr massiv Konkurrenz machen oder sogar den Rang ablaufen, nämlich die hochprozentigen Spirituosen.

Woher sie gekommen sind, sprich wer sie wann erstmals herzustellen vermochte, ist bis heute nicht genau geklärt. Mehr noch: Auch wenn das Gegenteil immer wieder gerne und mit Nachdruck behauptet wird, man weiß nicht einmal mit Bestimmtheit, wer die grundlegende Technik zu ihrer Herstellung, also die Destillation, eigentlich erfunden hat. Und zwar nicht einmal ungefähr.

Genannt werden da viele und gerne gleich ganze Völker. Die erstmalige thermische Trennung von verschiedenen, ineinander löslichen Stoffen wird wechselweise etwa den Chinesen, den Indern, den Ägyptern oder den Babyloniern zugeschrieben. Und was den ungefähren Zeitpunkt betrifft, zu dem dieser Schritt erstmals gelungen sein soll, sind sogar noch weit mehr Varianten im Umlauf. Bei archäologischen Ausgrabungen im heutigen Irak

* Allein die Dosis macht das Gift.

wurden beispielsweise über 5000 Jahre alte mesopotamische Tontafeln gefunden, auf denen entsprechende Gerätschaften bereits eindeutig zu erkennen sind.

Was man hingegen sehr wohl weiß: In der Antike konnte man mittels Destillation nur Stoffe gewinnen, deren Siedepunkt höher liegt als der von Wasser, also höher ist als 100 Grad Celsius. Bei schweren, ätherischen Flüssigkeiten wie etwa bei Rosenöl zur Herstellung von Riech- und Duftstoffen war man daher schon sehr früh erfolgreich. Und bei der Gewinnung von Trinkwasser aus Meerwasser ebenso. Man hat einfach Wasser in einem Topf so lange erhitzt, bis sich dessen Dampf am Deckel niederschlug, und dieses Kondensat dann mit Schwämmen oder Wollbüscheln aufgesaugt und ausgepresst.

***Ernsthaft hochprozentigen Alkohol zu brennen, gelang unbekannten Alchemisten erst im Hochmittelalter, auf der Suche nach der Quinta Essentia.***

Ethanol besitzt nun aber einen Siedepunkt von bloß 78 Grad Celsius. Wenn man also etwa Wein unkontrolliert erhitzt, verdampfen der in ihm enthaltene Alkohol und das in ihm enthaltene Wasser gleichermaßen. Und das richtige Behältnis vorausgesetzt, kondensieren sie auch wieder gemeinsam – womit man nichts gewonnen hätte. Nur wenn es gelingt, eine Temperatur über dem Siedepunkt des Ethanols und unter dem des Wassers zu erreichen, und zudem das Ablaufrohr so kühl gehalten werden kann, dass sich zwar der Alkoholanteil, nicht aber das Wasser wieder verflüssigt, bleibt man erfolgreich.

**Die reine Quintessenz.** Einer, der ganz konkret mit der Entdeckung der Destillation von Alkohol immer wieder in Verbindung gebracht wird, ist der berühmte persische Arzt, Naturwissenschaftler, Philosoph und Schriftsteller **Abu Bakr Mohammad Ibn Zakariya ar-Razi** (864–925). Das legendäre

Multitalent hat sich jedoch nicht etwa als Erfinder des Schnapsbrennens einen Namen gemacht, sondern vielmehr als Pionier der Medizingeschichte (vorwiegend auf dem Gebiet der Geburtshilfe und der Augenheilkunde). Unter anderem war er angeblich der Erste, der die sterilisierende Eigenschaft des Alkohols erkannt und diesen im Rahmen seiner Arbeit immer wieder entsprechend verwendet hat.

Die Geschichte mag stimmen, ist aber nicht die einzige ihrer Art. Da oder dort dürften jedenfalls schon vor der Wende zum zweiten Jahrtausend im Experiment höherprozentige Alkohollösungen erzeugt worden sein. Aber das ist wohl weder systematisch geschehen noch sind die Ergebnisse quantitativ und qualitativ zufriedenstellend ausgefallen.

Ernsthaft und wohlüberlegt hochprozentigen Alkohol zu brennen, gelang vielmehr erst im Hochmittelalter. Also irgendwann zwischen dem 12. und dem 14. Jahrhundert. Und zwar unbekannten Alchemisten, die auf der Suche nach der *Quinta Essentia* waren, dem «fünften Seienden», also dem sagenumwobenen fünften Element (nach Erde, Wasser, Feuer und Luft). Indem sie die notwendigen Kühleinrichtungen endlich soweit verbessert hatten, dass durch wiederholtes Brennen immer höhere Konzentrationen erreicht werden konnten, haben sie sich dem, was man heute unter reinem Alkohol versteht, mehr und mehr angenähert. Nach aktuellem Wissensstand soll der entscheidende Durchbruch an der Universität von Salerno in Süditalien gelungen sein, die zu ihrer Zeit als die bedeutendste medizinische Hochschule Europas galt. Hundertprozentig sicher ist freilich auch das nicht.

Die damals gern verwendete Bezeichnung *Aqua ardens*, also «brennendes Wasser», bezieht sich übrigens nicht auf das scharfe Brennen, das unverdünnt getrunkene Destillate in der Kehle verursachten. Sie kommt vielmehr von einer Methode, mit der man in den Frühzeiten der Spirituosenherstellung deren Alkoholgehalt bestimmte. Dabei wurde ein einfacher Lappen in die Flüssigkeit getaucht und dann angezündet. Brannte der Fetzen schlecht, war der Alkoholgehalt niedrig. Verbrannte die Flüssigkeit, nicht aber der Lappen, war er mittel. Und nur wenn der Alkoholgehalt über 90 Prozent betrug, verbrannten der Lappen und die Flüssigkeit zur Gänze.

Da sich die Alchemisten eher der Heilkunst als dem Saufen verpflichtet fühlten und die Kunst des Destillierens ein schwieriges Handwerk war, blieb der hochprozentige Alkohol in seinen Anfangszeiten tatsächlich vorwiegend medizinischen Zwecken vorbehalten. Ärzte lobten die heilenden und schützenden Kräfte der Branntweine im Allgemeinen und die des Weingeists im Besonderen oft überschwänglich. Und sie bezogen sich dabei natürlich nicht nur auf deren bald erkannte desinfizierende Wirkung bei äußerer und innerer Anwendung.

**Jungbrunnen und Medizin.** Hochwertige Destillate, die lange Zeit auch in Apotheken verkauft wurden, galten vielmehr jahrhundertelang als Wundermittel gegen eine ganze Reihe, wenn nicht gar praktisch alle Arten von Krankheiten, ja sogar zur Seuchenbekämpfung schienen sie der damaligen Ärzteschaft durchaus geeignet.

***Wenig überraschend waren landauf, landab immer mehr Menschen bemüht, möglichst viel vom vermeintlichen Wunderwasser herzustellen und zu trinken.***

Vor allem während der bereits erwähnten ersten großen Pestepidemie im 14. Jahrhundert, der letztlich bis zu einem Drittel der europäischen Bevölkerung zum Opfer fallen sollte, glaubte man irrigerweise, in mit allerhand Zutaten versetztem Weingeist eine Medizin gegen den Schwarzen Tod gefunden zu haben. Selbst wenn man letztlich keinen einzigen der Todgeweihten durch ein paar Schlucke aus der Pulle retten konnte, sondern diese damit oft nur noch mehr schwächte, wirkte ein gewisser Promille-Level freilich sehr wohl schmerzlindernd und gemütsaufhellend.

Man schrieb den Spirituosen in ihrer Frühzeit sogar die Eigenschaft zu, ein wahrer Jungbrunnen zu sein. Es hieß, sie würden die ewige Jugend, wenn nicht gar die Unsterblichkeit befördern. Destillierter Wein wurde daher gern auch als *Aqua vitae*, also als «Lebenswasser» bezeichnet. In Frankreich heißen aus Obst oder Weintrester gebrannte Spirituosen übrigens selbst heute noch so, nämlich *Eau de vie*. Für wie wirkungsvoll und kostbar man hochprozentige Getränke hielt, zeigt sich unter anderem daran, dass der Konsum anfänglich auf reiche Bürger sowie mancherorts mengenmäßig auf einen Liter pro Kopf und Jahr beschränkt war.

Wenig überraschend waren landauf, landab immer mehr Menschen bemüht, möglichst viel vom vermeintlichen Wunderwasser herzustellen und zudem auch möglichst viel davon zu trinken. Das eine brachte mehr Geld in die Haushaltskasse, das andere versprach neben einem schnellen Rausch praktischerweise zusätzlich noch eine bessere Gesundheit. Alles, was greifbar und vergärungsfähig war, wurde gebrannt, und trotzdem war die Nachfrage nach Hochprozentigem in aller Regel deutlich höher als das Angebot.

Die Obrigkeit war in der Frage, wie man mit dem Thema Spirituosen umgehen sollte, gespalten. Einerseits wusste man zumindest teilweise um ihre Gefährlichkeit. Dass so mancher Untertan vom vielen Schnaps den Verstand zu verlieren schien, und das weit schneller, als wenn er beim Wein oder Bier geblieben wäre, war offensichtlich. Andererseits waren die Destillate unzweifelhaft viel besser als die althergebrachten alkoholischen Getränke zur Desinfektion von Trinkwasser geeignet.

Mal setzte es daher Beschränkungen, mal wurden diese wieder aufgehoben. Letztendlich konnten zwischenzeitliche Bedenken den weiteren Siegeszug des Alkohols aber nicht mehr aufhalten. Innerhalb weniger Jahrzehnte erfreute sich Hochprozentiges quer durch die Bevölkerung und über den Kontinent großer Beliebtheit.

**Die Insel, auf der wir uns alle betrunken haben.** Praktisch zur Grundausrüstung gehörte der Schnaps vor allem bei zwei Gruppen, nämlich bei den Soldaten und bei den Seefahrern (siehe Seite 107ff. und Seite 112ff.). Letztere beziehungsweise deren Passagiere haben die Spirituosen dann auch nach Übersee gebracht. Die legendäre *Mayflower* etwa, mit der die puritanischen Pilgerväter 1620 in eine ungewisse Zukunft segelten, war ursprünglich ein Schiff gewesen, das Wein vom Festland nach England transportiert hatte. Auf ihrem Weg in eine ungewisse Zukunft war sie dann ebenfalls sattsam mit Alkohol bestückt. Sattsam, aber offenbar nicht ausreichend: Bei Plymouth Rock landeten die frommen Auswanderer angeblich nur deswegen, weil die Biervorräte an Bord zur Neige zu gehen drohten und die Seeleute ihre Schätze nicht mehr länger mit den ebenfalls durstigen Auswanderern teilen wollten.

***Die Indianerhäuptlinge wurden von den Weißen bei Verhandlungen jeder Art gezielt abgefüllt und danach gnadenlos über den Tisch gezogen.***

Bald nach der Entdeckung der Neuen Welt kamen auch deren Ureinwohner erstmals mit hochprozentigem Alkohol in Kontakt. Und zwar in Nordamerika genauso wie in Mittel- und Südamerika. Die spanischen Eroberer hatten raue Mengen an Schnaps mit dabei, und die ihnen folgenden Händler und Siedler aus aller Herren Länder ebenfalls.

Bis dahin hatten sich die indigenen Völker ja ausschließlich an vergorenen Getränken berauschen können. Da die ursprünglich aus Ostasien stammenden Indianer Alkohol wesentlich schlechter vertrugen als die Neuankömmlinge aus Europa und es ihnen obendrein an jeglicher Erfahrung im Umgang mit den hochprozentigen Destillaten mangelte, war das Desaster gleichsam vorprogrammiert. Ihre Häuptlinge und Repräsentanten wurden von den Weißen bei Verhandlungen jeder Art gezielt abgefüllt und danach gnadenlos über den Tisch gezogen. Und wenn ein Indianer im Vollrausch dann einen Akt der Aggression beging, war das für viele Einwanderer oft ein willkommener Anlass, mit brutaler, wenn nicht gar tödlicher Gewalt zurückzuschlagen und die eigenen Interessen rücksichtslos voranzutreiben.

In erster Linie war das mitgebrachte Gesöff, zumindest in Nordamerika, allerdings Handelsware, die vorzugsweise gegen Felle und Pelze eingetauscht wurde. Als etwa der berühmte französische Seefahrer und Entdecker **Jacques Cartier** in den 1530er Jahren Neufrankreich erkundete, hatte er bereits jede Menge Whiskey mit an Bord, um damit gute Geschäfte zu machen. Und als der englische Entdecker **Henry Hudson** im Auftrag der *Dutch East India Company* zu Beginn des 17. Jahrhunderts an der Ostküste Nordamerikas landete, verhielt es sich nicht anders.

Selbstverständlich endeten nicht alle Begegnungen in einer Katastrophe. Mehr noch: Manchmal zeitigten sie sogar witzige Ergebnisse, die sogar heute noch von großer Relevanz sind. So sollen ein Häuptling der Delaware und seine Leute die Insel, auf der sie sich mit Hudson seinerzeit hochgeistig verbrüderten, *Manahachtanienk* genannt haben. Übersetzt heißt das «Die Insel, auf der wir uns alle betrunken haben». Auch wenn andere, nicht weniger glaubwürdige Quellen behaupten, es wäre *Mannahata* gewesen und würde somit «Insel mit vielen Hügeln» bedeuten: Dass der bekannteste Bezirk der bekanntesten Stadt der USA, eben *Manhattan*, einem großen Besäufnis seinen Namen verdanken könnte, ist zumindest nicht auszuschließen.

***Hochprozentiger Alkohol hat sich nicht nur in Nordamerika als schreckliche Waffe erwiesen.***

Der Umgang vieler Nachfahren von **Sitting Bull** und Co. mit Alkohol ist übrigens selbst heute noch sehr problematisch. Zwar ist der Anteil der Abstinenzler unter amerikanischen Ureinwohnern doppelt so hoch wie in der restlichen Bevölkerung. Wer von den Indianern aber trinkt, der trinkt sehr oft gleich mehr als nur ordentlich. Ein moderater Konsum ist unter ihnen jedenfalls viel eher die Ausnahme als die Regel. Einzigartig ist dieses Muster jedoch nicht: Es gilt beispielsweise auch für die Ureinwohner Taiwans.

Hochprozentiger Alkohol hat sich – neben tatsächlicher Gewalt und eingeschleppten verheerenden Infektionskrankheiten, die Millionen Menschen das Leben kosteten – nicht nur in Nordamerika als schreckliche Waffe erwiesen. Ob es sich um die Kolonisation von Mittel- oder Südamerika, Afrika, Asien, Australien oder von Inseln im Pazifik handelte: Es war zu einem großen Teil der Schnaps, der den indigenen Völkern enormen Schaden zufügte und sie in eine von vornherein benachteiligte Rolle drängte.

**1000 Rebstöcke für 100 tote Indianer.** Übrigens haben damals nicht bloß die Spirituosen von Europa aus die Welt erobert. Das Trinken von Wein, das im christlichen Europa im Zeitverlauf immer populärer geworden war, etablierte sich durch den Export der europäischen edlen Weinreben (der *Vitis vinifera subsp. vinifera*) Zug um Zug auch in Übersee. Der spanische Konquistador **Hernán Cortés** brachte sie in der ersten Hälfte des 16. Jahrhunderts etwa mit nach Mexiko. Man brauchte dort angeblich dringend Messwein, und der katholische Eroberer erließ daher folgende Regel: Für jeweils 100 tote Indianer durften jeweils 1000 Rebstöcke ausgepflanzt werden. Nicht viel später tauchten die ersten Weinreben in Peru, Chile und Argentinien auf.

In Südafrika machten sich die Buren dann so um 1650 herum ans Auspflanzen. In Kalifornien gingen die ersten Winzer nochmals um über hundert Jahre später ans Werk, nämlich so zirka ab 1770. Und Australien sowie Neuseeland, wo sich jeweils die Briten als Pioniere auf diesem Gebiet versuchten, wurden sogar noch später kultiviert.

In Europa selbst blieb der Alkoholkonsum die ganze Zeit über hoch. Selbstverständlich war das nicht, immerhin gab es zahlreiche Entwicklungen, die eigentlich zu einem Rückgang hätten führen müssen. So kamen etwa im Zuge des stark wachsenden weltweiten Warenaustausches in der Neuzeit erstmals die alkoholfreien Heißgetränke Kaffee und Tee auf den alten Kontinent.

Den Kaffee haben wohl die Türken nach Europa gebracht, den Tee vermutlich die Niederländer. Wann genau das war, weiß man nicht, es dürfte aber jeweils noch im 16. Jahrhundert gewesen sein. Durchgesetzt haben sich die Getränke freilich nicht von heute auf morgen. Bis das erste Kaffeehaus auf europäischem Boden – von Istanbul einmal abgesehen – 1647 auf dem Markusplatz in Venedig eröffnete, vergingen beispielsweise nochmals Jahrzehnte. Dennoch: Zumindest für die Oberschicht gab es nun erstmals durchaus schmackhafte und gesunde Alternativen zu Wein, Bier und Co. Wer Alkoholika nicht mehr trinken wollte, musste sie also auch nicht mehr trinken. Ihrer Popularität geschadet hat das freilich nicht.

**Kälteperiode und Kriegszeiten.** Infolge der extremen Witterungsbedingungen im Rahmen der Kleinen Eiszeit vom Ende des 15. Jahrhunderts an erfroren vor allem in den nördlicheren Gebieten Europas im Verlauf der Jahre viele Weinstöcke. Es kam zu Ernteausfällen und wieder zu einem Rückgang des Weinbaus, der sich noch wenige Jahrzehnte zuvor immer weiter Richtung Norden ausgebreitet hatte.

Der Wein wurde daher zunehmend durch Bier und Most ersetzt und wieder mehr zum Genussmittel sowie zum Getränk für die besseren Leute, erst recht, da zu dieser Zeit auch die Reallöhne langfristig zurückgingen. Das Aufkommen von Glasflaschen mit Korken, die ihn lagerfähig machten, war dabei ein wesentlicher Fortschritt in der Weinkultur, der diese Entwicklung hin zum höherwertigen Produkt gleichsam noch unterstrich.

Ab Beginn des 17. Jahrhunderts verarmten überdies breite Bevölkerungsschichten, vor allem natürlich in den von den Kampfhandlungen des Dreißigjährigen Krieges (1618–1648) betroffenen Ländern. Die Brauindustrie hatte beispielsweise unter anderem im Norden Deutschlands unter Kriegsschäden gewaltig zu leiden, und es sollte zwei Jahrhunderte dauern, bis sie sich davon wieder völlig erholen konnte. Im Hausbräu wurde da wie dort zwar weiterhin Bier hergestellt, aber qualitativ meist recht schlechtes, womit die große Zeit des Gerstensaftes fürs erste ebenfalls vorbei war.

Nur ein paar Regionen, darunter etwa Böhmen und Salzburg, konnten sich dem Trend widersetzen und weiterhin gutes Bier brauen und an den Mann bringen. Was nicht leicht war, denn durch die Kriegswirren und die kleinstaatliche Gliederung Deutschlands war zu allem Überdruss auch der Transport von Alkohol wieder schwieriger geworden und der Bierhandel im alten Reich praktisch zum Erliegen gekommen.

Der einzigartige Aufstieg Bayerns zu einem der berühmtesten Bierländer überhaupt wurde durch Zollgrenzen und Restriktionen allerdings befördert. Denn damit, dass die eigenen Weinberge im Krieg zerstört worden waren und obendrein das Bier aus dem Norden ausblieb, wollten sich die durstigen Süddeutschen nicht abfinden. Und weil es Jahre gedauert hätte, bis frisch ausgepflanzte Weingärten wieder Erträge gebracht hätten, verlegten sie sich eben noch stärker aufs Bierbrauen. Der Erfolg gab ihnen recht: Hundert Jahre später, um 1750 herum, soll es im Kurfürstentum dann jedenfalls schon rund 4000 gewerbliche Brauereien gegeben haben.

Alles in allem haben die genannten Faktoren vorübergehend jedenfalls zu einer Verknappung des traditionellen Alkoholangebotes in weiten Teilen Europas geführt, und ein Rückgang des Konsums wäre eigentlich die logische Folge gewesen. Davon gab es aber unterm Strich keine Spur. Der Hauptgrund: Die Zeiten waren schlecht, und genau deswegen war der Bedarf an Betäubung ungebrochen groß. Und da der mit Wein und Bier allein nicht mehr befriedigt werden konnte, begann man eben damit, in immer größerem Ausmaß Spirituosen herzustellen.

Die Alternative, vollkommen nüchtern durch den oft entbehrungsreichen und harten Alltag zu gehen, erschien vielen Menschen dieser Zeit jedenfalls offenbar nicht sehr verlockend.

*When we drink, we get drunk.*
*When we get drunk, we fall asleep.*
*When we fall asleep, we commit no sin.*
*When we commit no sin, we go to heaven.*
*So, let's all get drunk and go to heaven!**

Brian O'Rourke (1540–1591),
irischer Adeliger und Rebell

## Das Zeitalter der industriellen Revolution
# Alkoholismus als Volkskrankheit

Zu Beginn des 18. Jahrhunderts kam es in England zum alkoholischen Overkill. Und das im wahrsten Sinne des Wortes. Der sogenannten Gin-Epidemie sollten unterm Strich nämlich abertausende Menschen zum Opfer fallen. Erstmals in der Geschichte entfaltete die mächtigste Droge aller Zeiten ihre schreckliche Wirkung in einem Ausmaß, das die Grundfesten der Gesellschaft zutiefst erschüttern sollte.

Schuld an dem Debakel war in erster Linie wohl **Wilhelm III.** von Oranien-Nassau. Der hatte 1689 den englischen Thron bestiegen und dort dem ursprünglich aus seiner Heimat Holland stammenden Gin, den Soldaten vom Kontinent auf die Insel mitgebracht hatten, zu einem einzigartigen Siegeszug verholfen.

Dass er und seine Entourage gern selbst zum Wacholderschnaps griffen und so ein schlechtes Beispiel abgaben, spielte dabei durchaus eine wichtige Rolle. Immerhin verhalfen die Aristokraten dem Getränk, das bis

---

* Wenn wir trinken, werden wir betrunken. Wenn wir betrunken werden, schlafen wir ein. Wenn wir einschlafen, begehen wir keine Sünde. Wenn wir keine Sünde begehen, kommen wir in den Himmel. So lasst uns alle uns betrinken und in den Himmel kommen!

dahin als billiger Fusel für den Pöbel gegolten hatte, auf diese Weise zu einem ordentlichen Imagegewinn. Entscheidend für das Versinken Englands im Alkoholsumpf war aber vor allem eine Reihe von neuen Gesetzen, die der König während seiner Amtszeit erließ. Eine böse Absicht stand dabei natürlich nicht dahinter, ganz im Gegenteil. Jede seiner Reformen war für sich genommen durchaus sinnvoll; zusammen haben sie allerdings eine verhängnisvolle, nicht gewünschte und kaum kontrollierbare Kettenreaktion an katastrophalen Entwicklungen ausgelöst.

**Ein durstiges Volk.** Ein aus politischen Gründen erlassenes Importverbot von teurem, aber sehr beliebtem Brandy aus Frankreich machte den Anfang. Zugleich erleichterte Wilhelm III. die Einfuhr von billigem Schnaps aus Holland, der damaligen Hochburg der Destillation. Das durstige Volk sollte schließlich nicht unnötig vergrämt werden. In einem nächsten Schritt erlaubte er jedem Engländer, sich seinen Schnaps selber zu brennen. Mächtige Landeigentümer, die ihr Überangebot an Getreide (vor allem auch das aus den riesigen Besitzungen in der Neuen Welt) loswerden wollten, hatten ihn dazu gedrängt. Dass dieses Angebot von sehr vielen seiner Untertanen angenommen wurde, hat wohl nur den König selbst wirklich überrascht.

***Im Jahr 1750 trank jeder erwachsene Londoner im Durchschnitt schier unvorstellbare 63 Liter Gin im Jahr. Oder noch mehr.***

Allein diese Maßnahmen hatten unterm Strich einen gewaltigen Anstieg des Alkoholkonsums zur Folge. Worauf sich die wohlmeinende Obrigkeit wiederum zum Gegensteuern gezwungen sah. Sie erhöhte daher die Steuern auf das nach wie vor beliebteste Getränk des Volkes, das Bier. Zwei Fässer davon, zu je 81 Litern, waren etwa 1688 allein von den öffentlichen Brauereien pro Kopf und Jahr verkauft worden. Kinder mit eingeschlossen, und deren Anzahl war damals bekanntlich sehr hoch.

Tatsächlich tranken die Untertanen ihrer Majestät sehr bald weniger. Weniger vom traditionellen, schwächeren Ale und vom weniger mit Hopfen hergestellten Gerstensaft. Freilich blieb das nicht die einzige Folge der Verteuerung: Weil die Margen gesunken waren, wandten sich nach den Konsumenten auch immer mehr Produzenten vom Bier ab und widmeten sich stattdessen der Gin-Herstellung.

Ein paar besonders seltsame Gesetze verschlimmerten die Lage zusätzlich. Etwa jene Regelung, wonach Schnapsbrenner im Gegensatz zu allen anderen keine Soldaten beherbergen mussten. Wer also bis dahin keinen Hochprozentigen gebrannt und Töchter im Haus hatte, fing spätestens jetzt damit an.

**Drogenkrise mit «Mother's Ruin».** England wurde mit Gin jedenfalls nahezu überschwemmt. So sehr, dass das Zeug eines Tages sogar billiger als Bier war, eine Kalorie der Spirituose weniger kostete als eine Kalorie Brot und der Pro-Kopf-Verbrauch bis zum Zehnfachen des ursprünglichen Konsums angestiegen war.

Im Jahr 1750 trank jeder erwachsene Londoner im Durchschnitt schier unvorstellbare 63 Liter Gin im Jahr. Oder noch mehr. Denn laut amtlichen Aufzeichnungen wurden damals in der Hauptstadt des Königreichs unglaubliche 41 Millionen Liter des Gesöffs produziert und wohl auch zu einem großen Teil vor Ort konsumiert. Bei bloß 600 000 Einwohnern, und mehr hatte London damals nicht, käme man damit sogar auf einen noch höheren Pro-Kopf-Verbrauch. Allerdings dürfte ein Teil des Destillats den Weg in die Provinz gefunden haben oder von Besuchern der Hauptstadt getrunken worden sein.

Andererseits beziehen sich diese Zahlen nur auf Gin. Nicht auf Bier, nicht auf Wein, nicht auf Whisky. Was das Ausmaß der Katastrophe nur noch deutlicher erahnen lässt. Wenn Historiker in diesem Zusammenhang also von der ersten veritablen Drogenkrise der europäischen Geschichte sprechen, dann ist das mit Sicherheit nicht einmal ansatzweise übertrieben.

Was die Lage zusätzlich verschärfte: Die für die Menschen damals im wahrsten Sinne des Wortes ungewohnt hohe Alkoholkonzentration im Gin führte zu einer neuen Art der Trunkenheit, die viel exzessiver ausfiel als die, die man bis dahin gekannt hatte. Und sie barg überdies ein enormes Suchtpotenzial.

**Wildes Treiben mit schlimmen Folgen.** Zu allem Überdruss waren erstmals auch Frauen im großen Stil gefährdet gefährdet, alkoholkrank zu werden. Denn anders als Bier, das vorwiegend in den fast ausschließlich von Männern frequentierten Pubs getrunken wurde, war «Ladies Delight» oder «Mother's Ruin», wie der Gin wechselweise zynisch genannt wurde, praktisch überall erhältlich – mit entsprechend desaströsen Folgen. Trinkende Frauen prostituierten sich, um sich Schnaps kaufen zu können. Schwangere versuchten mit Gin abzutreiben und brachten zum Teil schwerstbehinderte Kinder zur Welt. Junge Mütter flößten ihren Babys billigen Fusel ein, um sie zu beruhigen. Und nur eines von vier getauften Kindern erreichte in London das fünfte Lebensjahr. Irgendwann war dann in der Hauptstadt die Sterblichkeitsrate sogar höher als die Geburtenrate.

***Zum ersten Mal in der Geschichte kam es zu einer Unterscheidung zwischen einem «guten» und einem «schlechten» Rausch.***

Dem Bürgertum, das sich weiterhin Bier und besseren Branntwein leisten konnte, galt Gin daher schon bald wieder als «Gesöff des Pöbels». Zum ersten Mal in der Geschichte des Alkoholkonsums kam es zu einer klaren Unterscheidung zwischen vermeintlich gutem und vermeintlich schlechtem Alkohol und damit zugleich zwischen einem «guten» und einem «schlechten» Rausch.

1751 wurde der herrschenden Klasse in England das wilde Treiben dann endgültig zu viel. Schon einmal hatte man versucht, die ausufernde Trunksucht einzudämmen. Das entsprechende Gesetz hatte aber nicht nur die Gin-Preise um das Mehrfache hochgetrieben, sondern zudem das Volk auf die Barrikaden steigen lassen. Um des lieben Friedens willen hatte man es daher wieder zurückgenommen. Mit weiteren drastischen Maßnahmen, allen voran einer Erhöhung der Branntweinsteuer, wollte man nun das Problem ein für allemal in den Griff kriegen.

Der erhoffte durchschlagende Erfolg ließ freilich auch dieses Mal auf sich warten. Der Gin-Verbrauch ging zwar zurück, aber weniger stark als erhofft. Erst als es Ende der 1750er Jahre obendrein zu einer großen Dürre kam, die zu einem starken Anstieg der Getreidepreise und damit einer weiteren Verteuerung der Spirituosen führte, brachen die Absatzzahlen deutlich ein.

**Flucht in die Glitzerwelt.** Davon, dass die Menschen nun zur Vernunft gekommen wären und das kollektive Massenbesäufnis ein Ende gefunden hätte, konnte freilich keine Rede sein. Wer sich den Schnaps nicht mehr leisten konnte, griff anstatt zum Branntwein einfach wieder vermehrt zum nun wieder günstigeren Bier. Was sich unter anderem an der stark steigenden Anzahl entsprechender Schenken ablesen ließ. In Chester gab es etwa so viele davon, dass auf gerade einmal 92 Einwohner rechnerisch ein Bierlokal kam. Und natürlich wurde auch immer noch mehr als genug Schnaps gesoffen.

Diejenigen, die mit dem Gin gute Geschäfte gemacht hatten, wussten, dass ihnen etwas Neues einfallen musste, wenn sie wirtschaftlich nicht völlig unter die Räder gelangen wollten. In der Tat hatten sie bald eine Idee, die ihr Überleben zumindest für weitere Jahrzehnte sichern sollte: Sie eröffneten da wie dort sogenannte *Gin-Palaces*, Gin-Paläste. Dabei handelte es sich um oft sehr große, kitschige Etablissements mit riesigen Spiegeln und Glasfenstern, imposanten Kronleuchtern, heller Gasbeleuchtung, edel anmutenden Holzvertäfelungen und langen Tresen. Sie boten dem Publikum Alkoholika in rauen Mengen sowie Musik, Unterhaltung und Tanz. Menschen aus der Unterschicht konnten dort für ein paar Stunden und vergleichsweise wenig Geld ihrem Elend in eine Art Las-Vegas-Glitzerwelt entfliehen. In London sollen sich zeitweise 270 000 Gäste pro Woche in derartigen Lokalen vergnügt haben.

Mit dem Aufkommen des nächsten Lokaltyps, den *Music Halls*, war die große Zeit der Gin-Palaces dann aber auch schon wieder vorbei. Dass dort ebenfalls wieder kräftig getrunken wurde, erübrigt sich fast zu erwähnen.

**Branntweinpest und Whiskey-Boom.** Nicht gerade eine Gin-Epidemie, aber eine sehr ähnliche Entwicklung machte auch eine Reihe von anderen Ländern durch. Unter anderem etwa Irland, Skandinavien und Deutschland. Die Ursachen und die Folgen glichen sich, waren immer verheerend und konnten jeweils erst wieder halbwegs unter Kontrolle gebracht werden, nachdem der betroffene Staat die Zügel entschieden fester angezogen hatte. Was üblicherweise erst recht spät geschah, schließlich trugen die Steuern auf Alkohol da wie dort erheblich zum Staatseinkommen bei.

In Deutschland wurde damals etwa der Begriff *Branntweinpest* geprägt. Allein von 1800 bis 1830 erhöhte sich der Schnapsverbrauch zwischen Berlin und München auf mehr als unglaubliche 40 Liter pro Erwachsenen und Jahr. Die zentralen Gründe für die Volksseuche waren denen der Gin-Epidemie in England sehr ähnlich. Unter anderem war etwa durch die Erteilung von mehr und mehr einschlägigen Lizenzen und ein Überangebot an Kartoffeln in Deutschland das Brennen von Schnaps ebenfalls billiger geworden als das Brauen von Bier.

In der Neuen Welt war Alkohol in Form von hochprozentigen Getränken damals auch schon allgegenwärtig. Und zwar selbst in den hintersten Winkeln des Landes. Mehr noch: Er hatte dort vorübergehend sogar wieder einmal weltgeschichtliche Relevanz. Weil die immer zahlreicheren und oft sehr durstigen amerikanischen Siedler aus Kostengründen im 18. Jahrhundert begonnen hatten, billige Melasse zur Herstellung von Rum auch aus spanischen und französischen Kolonien zu importieren, belegte das unter chronischer Geldnot leidende englische Mutterland diese vermeintliche

Unsitte sehr bald mit hohen Steuern. Was wiederum den Kolonisten ganz und gar nicht in den Kram passte. Sie beschlossen daher, das Gesetz mehr oder weniger zu ignorieren. Dieser Akt des zivilen Ungehorsams war eine Art Vorstufe der berühmten *Boston Tea Party*, die der Unabhängigkeitserklärung der Vereinigten Staaten von Amerika im Jahr 1776 vorausging.

Dass der Bruch mit London dann seinerseits wieder den Niedergang des Rums in der Neuen Welt beförderte, war eine Ironie des Schicksals. Im Zuge der folgenden kriegerischen Auseinandersetzungen kam nämlich der Seehandel auf vielen Strecken weitgehend zum Erliegen. Die Amerikaner waren damit gezwungen, ihren Schnaps aus einem Rohstoff zu brennen, den sie zur Genüge im Land hatten. Und das war eben nicht Zuckerrohr, sondern Getreide. Das Ergebnis ist bekannt: Amerika wurde zu einer Whiskeynation. Und zwar durch und durch.

Als man daher 1791 als erste landesweite Steuer der USA ausgerechnet Whiskey mit einer Abgabe belegte, um so einen Teil der Schulden des Unabhängigkeitskrieges loszuwerden, kam es gleich wieder zu einer Rebellion, diesmal allerdings gegen die eigene Regierung. Zum Glück endete der Aufstand, an dem abertausende Siedler teilnahmen, letztlich unblutig.

Das erste landesweit gültige Gesetz zum Schutz der Verbraucher war übrigens ebenfalls dem Whiskey gewidmet. Es wurde allerdings erst 1897 erlassen und regelte von da an dessen Qualität. Aus gutem Grund, denn um die war es insbesondere im Wilden Westen oft sehr schlimm bestellt. Und selbstverständlich provozierte die Einführung dieses Gesetzes keinen Aufruhr.

**Eine Nation von schweren Trinkern.** So oder so spielte die Droge Alkohol im 18. und im 19. Jahrhundert in der amerikanischen Gesellschaft eine ungeheuer wichtige Rolle. US-Präsident **James Madison** dachte im Jahr 1809 sogar ernsthaft darüber nach, eine staatliche Brauerei zu gründen und einen eigenen Bierminister zu ernennen. Dadurch und durch höhere Zölle wollte er der Brauerwirtschaft seines Landes dringend nötige Schützenhilfe gegen die damals sehr beliebten Import-Ales aus Übersee leisten. Weil der Kongress aber nicht mitzog, musste Madison seine engagierten Pläne wieder begraben.

Die wenigen zuverlässigen Verbrauchsdaten, die es aus dieser Zeit gibt, sprechen ebenfalls eine sehr deutliche Sprache. Sie verraten: Auch die USA waren nachweislich lange Zeit eine Nation von schweren Trinkern. Für das Jahr 1830 gibt es etwa eine recht seriöse Berechnung, wonach jeder über 15-jährige Amerikaner im Durchschnitt pro Jahr 18,2 Liter reinen Alkohol konsumiert haben soll.

Um 1850 soll es in manchen Gegenden sogar noch deutlich schlimmer gewesen sein. Jeder Erwachsene soll da angeblich pro Jahr schon zwischen 22 und 26 Liter reinen Alkohol getrunken haben. Das entspricht rund 60 Litern 40-prozentigem Schnaps. Diese Zahlen sind umso bemerkenswerter, weil anderenorts schon die Abstinenzler-Bewegung erste Erfolge feierte und der landesweite Durchschnittskonsum deswegen schon stark im Sinken begriffen war (siehe Seite 99ff.).

***In Deutschland blieb eine nahrhafte und sättigende Suppe aus Dünnbier bis ins 19. Jahrhundert das übliche Familienfrühstück.***

Mit anderen Worten: Diejenigen, die getrunken haben, haben also offenbar weiterhin kräftig zugelangt. In den 19 Saloons, die man 1876 allein in Dodge City mit seinen nur 1200 Einwohnern zählte, genauso wie im Rest des Landes. Dabei becherte man mangels Alternativen lange Zeit vorwiegend Whiskey. Der Weinbau war zur Mitte des 19. Jahrhunderts in den USA nämlich immer noch auf ganz wenige Gebiete beschränkt, und Brauereien gab es landesweit gerade mal 400. Allerdings sollte sich deren Zahl dann innerhalb von nur 20 Jahren verzehnfachen, was das Land langsam auch zu einer Nation von Biertrinkern werden ließ.

Dafür, dass es ab dem späten 17. Jahrhundert in der alten wie in der neuen Welt vielerorts zum alkoholischen Super-GAU kam, waren mehrere Faktoren verantwortlich. So konnten durch die Erteilung von immer mehr Brennlizenzen, immer bessere Ernteerträge und die zunehmende Industrialisierung der Alkoholproduktion etwa immer größere Mengen an immer billigerem Schnaps hergestellt werden. Schnaps, der dann natürlich getrunken werden wollte.

Darüber hinaus war Alkohol im Vergleich zu anderen Nahrungsmitteln nach wie vor ein sehr günstiger Kalorien- und Energielieferant. In Deutschland blieb etwa genau aus diesem Grund eine nahrhafte und sättigende Suppe aus Dünnbier bis ins 19. Jahrhundert das übliche Familienfrühstück, sprich das, was Toast und Kaffee für viele heute sind. Man trank sie schlicht und einfach, um satt zu werden und um wieder zu Kräften zu kommen. Ein gewisser Gewöhnungseffekt, der im Verlaufe der Jahre und Jahrzehnte einen verhängnisvollen Automatismus begründete, spielte wohl ebenfalls eine Rolle. Irgendwann wurde selbst ein gewaltiger Vollrausch nicht mehr als Schande gesehen, zumal der Anblick von schwer Betrunkenen alltäglich geworden war.

Und natürlich stehen auch die industrielle Revolution beziehungsweise das Aufkommen des Kapitalismus einerseits und der Anstieg des Alkoholkonsums andererseits in einem direkten Zusammenhang. Das wird heute von keinem ernstzunehmenden Wissenschaftler mehr in Abrede gestellt. Wie dieser Zusammenhang im Detail ausgesehen hat, dafür liefern allerdings verschiedene Theorien teils sehr unterschiedliche Erklärungsansätze.

**Unter der Herrschaft des Alkohols.** Völlig unstrittig ist: Die Arbeits- und Lebensbedingungen des aufkommenden neuen Proletariats waren oft katastrophal schlecht. Von der unglaublich hohen physischen Belastung und Arbeitsmonotonie, denen viele Menschen in den neuen Fabriken ausgesetzt waren, bis hin zu den erschreckenden sanitären und platzmäßigen

Verhältnissen in den meisten Wohnsiedlungen und zur regionalen Entwurzelung vieler zugezogener *Working Poor* – an Gründen, der brutalen Lebenswirklichkeit entfliehen zu wollen, mangelte es mit Sicherheit nicht. Betrunken oder zumindest beschickert glaubten viele Menschen den Hunger, die Erschöpfung und all die anderen Qualen einfach besser ertragen zu können. Alle zechten mit. Männer, Frauen und Kinder.

***Wer die meiste Zeit über betrunken ist, kann sich weniger gut zur Wehr setzen als jemand, der nüchtern die Ungerechtigkeit des Systems betrachtet und daraus seine Schlüsse zieht.***

Über die gesundheitlichen Folgen des Trinkens machte man sich keine Gedanken. Zu Recht, wie etwa ein Blick auf die Sterbetafeln von typischen Industriestädten zeigt. Im englischen Leeds betrug die mittlere Lebenserwartung eines Arbeiters zur schlimmsten Zeit gerade einmal 19 Jahre. Wie schlimm die Zeiten waren, zeigt auch, dass manche Eltern sogar ihrem Nachwuchs Schnaps in die Milch schütteten, weil sie dachten, dass die Kleinen so besser schlafen würden.

Ob der oft minderwertige Fusel nur eine bereits bestehende Nachfrage befriedigt hat oder ob und in welchem Ausmaß er diese erst hervorgerufen hat, wird je nach gesellschaftspolitischer Position unterschiedlich interpretiert. Ebenso wie die Antworten auf die Frage, ob der unglaublich hohe Alkoholkonsum eine Folge des Elends der Industrialisierung war oder ob er dieses Elend vielmehr erst ausgelöst hat, je nach weltanschaulicher Ausrichtung sehr verschieden ausfallen. Linke Theoretiker behaupten, die Arbeitgeber hätten Alkohol als Herrschaftsinstrument eingesetzt und die bei ihnen Beschäftigten deswegen zum Teil gern mit Schnaps bezahlt und abgefüllt, um sie besser unter der Knute halten zu können. Wer die meiste Zeit über betrunken ist, kann sich schließlich weniger gut zur Wehr setzen, organisieren und seine Rechte einfordern als jemand, der nüchtern die Ungerechtigkeit der Welt und des Systems betrachtet und daraus seine Schlüsse zieht.

Die Gegner der sogenannten Theorie des Elendsalkoholismus haben aber ebenfalls recht gute Argumente auf ihrer Seite. Sie sagen: Schon in früheren Zeiten sei in Handwerksbetrieben und Manufakturen gerne und viel getrunken worden, nur eben damals Wein und Bier und nicht Schnaps. Und das Problem liege einzig und allein darin, dass das gemeine Volk im Verlauf der Zeit und anders als die Ober- und Mittelschicht schlichtweg keine Anpassung seiner Trinkmuster vollzogen habe.

Während diese hochprozentigen Alkohol häufig in Form von Mischgetränken konsumierten, hätten die meisten einfachen Leute und unter ihnen vor allem die Arbeiter ihre alten Gewohnheiten tragischerweise unbeirrt beibehalten. Ihre Becher wurden so oft gefüllt, wie man das seit grauen Vorzeiten gehandhabt hatte, nur eben mittlerweile mit Schnaps anstelle von Bier und Wein – mit allen entsprechend schlimmen Folgen, wofür man letztlich nur die Missbraucher selbst verantwortlich machen könne.

**Flaschenbier für die Proleten.** Die negativen Auswirkungen unbotmäßigen Alkoholkonsums auf die Produktivität werden in diesem Zusammenhang ebenfalls gern ins Feld geführt. Denn die waren, so der Tenor, vernünftigen Arbeitgebern natürlich auch damals schon bewusst. Dass die Bosse ihre Arbeitssklaven – und nichts anderes waren viele Arbeiter und Angestellte damals – zum Saufen hätten verleiten wollen, wäre somit nicht nur unlogisch, sondern sogar widersinnig.

Ungeachtet des Erfolgs der Spirituosen gelang im weiteren Verlauf der industriellen Revolution erstaunlicherweise auch dem Bier wieder ein Comeback. Einerseits, weil gewaltige Fortschritte bei den Produktionsbedingungen die Herstellung immer besserer und zugleich immer billigerer Biere ermöglichten. Die fabrikmäßige Beherrschung des Gärungsprozesses, die Erfindung der richtigen Kühltechniken (wodurch untergärige Sorten erstmals das ganze Jahr über gebraut werden konnten) und nicht zuletzt die der Bierflasche (vermutlich irgendwann zu Beginn des 18. Jahrhunderts) gelten hier als wichtige Meilensteine, die zur erneut stark ansteigenden

Beliebtheit des Volksgetränks entscheidend beigetragen haben. Selbst das Aufkommen der Eisenbahn spielte in diesem Zusammenhang eine bedeutende Rolle. Schließlich konnte man dank ihr nun endlich große Mengen an Bier und Wein kostengünstig und schnell durchs ganze Land zu den Abnehmern bringen. Dass die erste Fracht, die in Deutschland mit der Eisenbahn transportiert wurde, aus vergorenem Gerstensaft bestand, war daher alles andere denn ein Zufall. Es waren zwar nur zwei Fässer, die 1836 auf diese Weise von Nürnberg nach Fürth gebracht wurden, aber immerhin.

Zum anderen entwickelte sich im 19. Jahrhundert zunehmend das, was man heute als proletarische Trinkkultur bezeichnet. Der Alkoholkonsum verlagerte sich zunehmend von der Arbeit in die Freizeit und wurde immer mehr als Vergnügen und als Medium des sozialen Austausches betrachtet. Die Leute tranken immer häufiger deshalb, weil sie gemütlich zusammensitzen und sich gemeinsam amüsieren wollten, und nicht etwa wie in früheren Zeiten, weil sie Hunger hatten, zu Kräften kommen oder ihren Schmerz und ihr Unglück betäuben wollten.

Und so wurde sogar das einstige Grundnahrungsmittel Bier nach und nach immer mehr als Genussmittel gesehen. Was zur Folge hatte, dass die stark wachsende Bevölkerung und insbesondere die überall entstehenden Armeen von Industriearbeitern auch aus diesem Grund immer mehr davon tranken. Parallel dazu ging erfreulicherweise der Verbrauch an harten Getränken endlich ein wenig zurück.

**Die Reblaus-Plage.** Selbst der Weinverbrauch stieg zwischenzeitlich wieder deutlich an, wenngleich nicht annähernd so stark wie der von Bier. Ende des 19. Jahrhunderts war es damit dann freilich schon wieder vorbei. Der Grund: Die aus Nordamerika über London nach Frankreich eingeschleppte Reblaus *Phylloxera vastatrix* verbreitete sich innerhalb von wenigen Jahren über den gesamten Kontinent und zerstörte den Großteil der europäischen Rebflächen. Damit wurde der Wein zwar nicht zum Luxusgut, aber wieder vergleichsweise knapp und teuer. Außerhalb der Anbaugebiete, wo er immer schon als Alltagsgetränk gegolten hatte, haftete ihm damit sehr rasch erneut sein über die Jahrhunderte herausgebildetes Image als Getränk der besseren Leute an. Bis das Weintrinken wieder so richtig populär wurde, sollte es sehr lange dauern, nämlich bis nach dem Zweiten Weltkrieg.

Was die getrunkenen Mengen an reinem Alkohol insgesamt betraf, verlief die Entwicklung in vielen Ländern ähnlich, wenngleich mitunter zeitversetzt. In den sogenannten Unterkategorien gab es aber sehr wohl große Unterschiede, und zwar vor allem zwischen Staaten, in denen vorwiegend Bier und solchen, in denen in erster Linie Wein getrunken wurde.

***Auch wenn die ärgsten Exzesse zu Beginn des 20. Jahrhunderts der Vergangenheit angehört haben, wurde damals immer noch wesentlich mehr Alkohol getrunken als heute.***

In Belgien wurden etwa im Jahr 1900 beeindruckende 220 Liter Gerstensaft pro Kopf und Jahr getrunken und in England 140 Liter. In Dänemark waren es demgegenüber bloß 95 Liter und in Schweden gar nur 60 Liter. Dafür tranken die Dänen damals, sozusagen zum Ausgleich, wesentlich mehr Schnaps, nämlich rund 20 Liter pro Kopf und Jahr, während man sich in Ländern wie Deutschland, Frankreich, den Niederlanden und etwa auch Österreich mit nur 10 Litern begnügte. In Preußen, wo in der ersten Hälfte des 19. Jahrhunderts noch unter 20 Liter Bier pro Kopf und Jahr getrunken worden waren, stieg im Zuge der Industrialisierung der Verbrauch wieder rasant an. Im Jahr 1900 betrug er stolze 120 Liter. In manchen Gegenden und von manchen Berufsgruppen wurde natürlich immer noch wesentlich mehr getrunken. Aus England wird etwa ein bemerkenswerter Rekord berichtet: Mäher sollen dort während der schweißtreibenden Ernte mit Sensen bis zu 17 Pints Bier – also über 9 Liter – am Tag getrunken haben.

Wo weniger Bier getrunken wurde, war dafür der Weinkonsum höher. Im klassischen Weinland Italien lag der Pro-Kopf-Konsum von Bier damals etwa bei bloß einem mickrigen Liter pro Jahr, und auch in Spanien war er sehr niedrig. Dafür lag der Weinkonsum um 1920 dort bei rund 100 Litern, in Frankreich sogar bei 175 Litern, in Deutschland, wo mehr als genug Bier und immer noch genügend Schnaps getrunken wurden, hingegen bei nur fünf Litern.

Fest steht: Auch wenn die ärgsten Exzesse zu Beginn des 20. Jahrhunderts bereits der Vergangenheit angehört haben, wurde damals immer noch wesentlich mehr Alkohol getrunken als heute. Ein Beispiel von vielen: In der Schweiz hat sich etwa der Konsum vom Jahr 1900 bis zum Jahr 2011 von 17 Liter reinem Alkohol auf genau 8,5 Liter pro Kopf und Jahr halbiert.

*An abstainer is a weak person who yields to the temptation of denying himself a pleasure.**

Ambrose Bierce (1842–1914),
US-amerikanischer Schriftsteller und Lebenskünstler

## Von der Abstinenzler-Bewegung zur Prohibition und noch weiter

# Das Pendel schlägt zurück

Im 19. Jahrhundert zeitigte der ausufernde Konsum von Hochprozentigem weltweit nach wie vor schlimme Folgen. Immer noch gerieten viele Menschen, sofern sie sich nicht gleich um Verstand, Leib und Leben soffen, durch ihr maßloses Trinken ins berufliche, gesellschaftliche und private Abseits. Familien wurden zerstört, viele verwahrlosten und verloren als Folge der Trunksucht ihre Jobs und damit ihre Existenzgrundlage. Kein Wunder, dass aus anfänglich nur vereinzelten Gegenstimmen gegen die verhängnisvolle Entwicklung im Verlaufe der Jahre breite und mächtige Protestbewegungen wurden.

Vor allem in den USA und Großbritannien, aber auch in Kontinentaleuropa wurden immer mehr Vereine und Organisationen gegründet, die das vernünftige Maßhalten oder gar die strikte Abstinenz im Umgang mit Alkohol propagierten. Weil man wusste, die große Mehrheit der Säufer würde ihrem selbstzerstörerischen Treiben wohl kaum freiwillig ein Ende setzen, verlangte man immer energischer nach strengeren Gesetzen gegen die grassierende Trunksucht. Das war die Geburt der sogenannten

* Ein Abstinenzler ist eine charakterschwache Person, die der Versuchung erliegt, sich selbst ein Vergnügen zu versagen.

Temperenzbewegung – *Temperance* ist das englische Wort für Mäßigung beziehungsweise Enthaltsamkeit.

Verstärkt wurde die gesellschaftliche Gegenbewegung durch eine ganze Reihe neuer wissenschaftlicher Erkenntnisse. Erstmals in der Medizingeschichte wurde ab Beginn des 19. Jahrhunderts der chronische Alkoholkonsum als Sucht und Krankheit wahrgenommen. Zwei Meilensteine stachen dabei besonders hervor: Eine erste genaue Beschreibung des *Delirium tremens*, des Alkoholdeliriums, geliefert vom englischen Arzt **Thomas Sutton** im Jahre 1813. Und das 1849 publizierte Buch *Alcoholismus chronicus* des schwedischen Arztes **Magnus Huss**, der den Begriff Alkoholismus prägte.

**Volksseuche Alkoholismus.** Die Völker und Regenten Europas sahen den zunehmend ausufernden Alkoholkonsum und seine Folgen dabei meist wesentlich entspannter als die Amerikaner. Gegen die Volksseuche Alkoholismus musste etwas unternommen werden, dessen war man sich etwa auch in Deutschland, in den Niederlanden oder in Frankreich bewusst. Zumindest gaben sich viele Politiker und noch mehr Ärzte aus diesen und anderen Ländern in der Öffentlichkeit recht einsichtig, was das betraf.

Aber noch mehr Politiker und vor allem auch die meisten Wähler wollten diesen Kampf eher sachte angehen. Weil sie nämlich, wie schon ihre Vorfahren zu Zeiten der Gin-Epidemie, nach wie vor zwischen angeblich gutem und angeblich schlechtem Alkohol unterschieden – also zwischen Bier und Wein einerseits und Branntwein andererseits. Dass das nicht mehr dem aktuellen Stand der Wissenschaft entsprach, wurde geflissentlich ignoriert.

Dabei waren die Zahlen, Daten und Fakten durchaus so beschaffen, dass einem als Nichtalkoholiker in Europa zu Recht angst und bang werden konnte. Beispielhaft genannt: Zu Beginn des 20. Jahrhunderts soll etwa bei rund 25 bis 40 Prozent der Insassen deutscher Irrenanstalten die Droge Alkohol für deren Geisteskrankheit zumindest mitverantwortlich gewesen sein. Auch für ein Drittel aller im Deutschen Reich begangenen Straftaten wurde der Suff als Hauptübeltäter ausgemacht. Oder, in einem wirtschaftlichen Kontext betrachtet: Insgesamt sollen die «Ausgaben für geistige Getränke» damals an die 3,5 Milliarden Mark im Jahr betragen haben. Womit das Volk im Vergleichszeitraum fürs Saufen angeblich das Dreifache des Gesamtaufwands für das kaiserliche Heer und die kaiserliche Marine zusammen ausgegeben hatte. Und obendrein das Siebenfache jener Kosten, die in der guten alten Zeit pro Jahr für den Betrieb der öffentlichen Schulen angefallen waren.

Wenig überraschend wurden auch im deutschen Kaiserreich immer mehr Abstinenzler-Vereine gegründet, die sich über mangelnden Zulauf nicht beklagen konnten. Die Mitglieder stammten dabei aus allen Bevölkerungsschichten und Berufsgruppen.

Die Bandbreite an einschlägigen Organisationen reichte etwa vom *Deutschen Verein gegen den Missbrauch geistiger Getränke* und der *Großloge des Internationalen Guttemplerordens* über Vereinigungen für abstinente Schauspieler, Mädchen, Frauen, Lehrer, Priester, Naturbummler und Kaufleute sowie für enthaltsame Verkehrsbeamte, Eisenbahner und Forstleute bis hin zum *Deutschen Verband zur Bekämpfung des afrikanischen Branntweinhandels.*

***Legionen fanatischer Abstinenzler und Abstinenzlerinnen standen wahre Heerscharen von festen Trinkern und schweren Säufern mit offener Feindseligkeit gegenüber.***

Die so erstarkte Lobby der Gegner des Suffs war jedoch trotzdem nicht mächtig genug, um eine radikale Kursänderung in Sachen Alkoholpolitik herbeizuführen. Weder in Deutschland noch in den meisten anderen Ländern. Die Mehrheit der Europäer wollte von drastischen Maßnahmen wie staatlichen Verboten einfach nichts wissen. Und in der Tat beließ man es dann zumeist dabei, Schanklizenzen einzuziehen, die Produktionsmengen zu drosseln und andere vergleichsweise wenig strenge Lenkungsmaßnahmen zu ergreifen. Um die davon betroffenen Fabriken im Gegenzug vor der

Schließung zu bewahren, begann man übrigens zugleich, die Herstellung von Brennspiritus zu subventionieren.

In der Neuen Welt war die Entwicklung seit dem Aufkommen der Spirituosen ähnlich desaströs verlaufen wie in Europa. Und die Zustände hatte sich sogar verschlimmert, nachdem das ursprünglich beliebteste Getränk in den Kolonien, der Rum, mehr und mehr vom bald allgegenwärtigen Whiskey verdrängt worden war. Es ist also wenig verwunderlich, dass sich in den USA ebenfalls immer mehr Menschen bemüßigt sahen, gegen die Geißel Alkohol ins Feld zu ziehen. Anders als in Europa wurde dort jedoch die Volksdroge von immer breiteren Bevölkerungsschichten regelrecht als Gift für die Gesellschaft betrachtet.

Wohl fanden sich in der amerikanischen Temperenzbewegung durchaus auch solche, die nur die Spirituosen verboten sehen wollten und Wein und Bier als Getränke anständiger Bürger durchgehen ließen, doch ihre Zahl sank im Verlauf der Zeit immer mehr. Dafür gab es Legionen fanatischer Abstinenzler und Abstinenzlerinnen, denen wiederum wahre Heerscharen von festen Trinkern und schweren Säufern mit offener Feindseligkeit gegenüberstanden. Dass in diesem Gegensatz das bis heute überaus zwiespältige Verhältnis der USA zu Alkohol wurzelt, steht außer Zweifel.

**Die Prohibition in den USA.** Der Beginn des Kampfes gegen das Laster Nummer eins war unterm Strich aber auch in der Neuen Welt recht mühevoll. Es hat sogar ziemlich lange gedauert, ehe sich erste Erfolge einstellten. Dann aber ging es Schlag auf Schlag. Ab den 1820er Jahren waren die Abstinenzler in Neuengland massiv auf dem Vormarsch. Die Bewegung wurde zum Massenphänomen und war in der Tat überaus erfolgreich: Noch vor der Jahrhundertmitte sollte der Alkoholkonsum in den gesamten Vereinigten Staaten innerhalb von nur rund zehn Jahren auf rund die Hälfte sinken. Nicht gerade im Wilden Westen, aber eben landesweit. Hunderttausende Männer unterschrieben Erklärungen, dass sie fortan nichts mehr trinken würden, und noch mehr Frauen und Kinder tranken tatsächlich weniger und weniger.

**Mit Bibel und Axt gegen die Säufer.** Es kam sogar zu einer Reihe von Gesetzesänderungen. 1855 wurden etwa in Maine erste Bestimmungen zur Alkoholprohibition erlassen, die sich freilich vorerst ausschließlich gegen hochprozentige Getränke richteten. Weitere Bundesstaaten folgten. 1869 wurde sogar eine Prohibitionspartei gegründet. 1873 und 1874 kam es schließlich zum landesweiten «Kreuzzug» der Frauen gegen den Alkohol, in dem ganze Kohorten von Abstinenzlerinnen gegen das ihrer Überzeugung nach schlimme Übel energisch Stellung bezogen. Mit vergleichsweise frommen Aktionen wie gemeinsamen Gebeten vor Saloons, aber auch mit Blockaden und Besetzungen und notfalls mit dem Vorschlaghammer wollten die von ihrer Sache äußerst überzeugten und beherzten Ladys die Welt in eine bessere verwandeln.

Eine wichtige Rolle spielte dabei die *Women's Christian Temperance Union*, der «Christliche Frauenbund für Abstinenz», und gegen Ende des 19. Jahrhunderts die *Anti-Saloon-League (ASL)*, der «Kampfbund gegen die Kneipen». Eine Frau mit dem sinnigen Namen **Carry Nation** verlieh dieser Bewegung ein Gesicht und verhalf ihr damit zu einer Popularität, von der andere Antialkoholiker-Organisationen nur träumen konnten. Sie war mitverantwortlich dafür, dass der Kampf gegen die beliebte Droge im Lauf der Zeit mit immer härteren Bandagen geführt wurde, und ging dabei mit leuchtendem Beispiel voran. Wenn sie es für notwendig befand, stürmte die Fanatikerin – mit einer Bibel in der einen und einer Axt in der anderen Hand – sogar die eine oder andere Bar, um Kleinholz aus ihr zu machen.

Während des Ersten Weltkrieges erließen einzelne Bundesstaaten, auch aufgrund der Lebensmittelknappheit, weitere Alkoholverbote. Der Widerstand der einschlägigen Wirtschaft, die massiv unter den neuen Gesetzen leiden sollte, fiel dennoch nur sehr verhalten aus. Da die meisten Brauereien damals deutschen oder österreichischen Auswanderern gehörten, waren deren Eigentümern kriegsbedingt die Hände gebunden. Sie hatten, da sie unter Generalverdacht standen, vielleicht gar für den Feind Sympathien zu hegen, praktisch keine Chance, ihre Interessen zu wahren. Die Nachkommen von Bier-Pionieren wie **Frederick Miller**, **Joseph Schlitz**, **Eberhard Anheuser**, **Adolphus Busch** und Co. mussten also in Deckung bleiben, zumal die Abstinenzler mit nationalistischen Parolen immer gern und schnell zur Hand waren.

Die ursprünglich vorwiegend aus Italien stammenden amerikanischen Weinbauern und die aus Irland und Polen eingewanderten Whiskey-Brenner hatten dem allgemeinen Trend ebenfalls wenig entgegenzusetzen. Bei ihnen lag die Zurückhaltung freilich nicht an ihrer Herkunft, sondern an ihrer Religion. Sie waren nämlich allesamt Katholiken, während die Hauptbetreiber der Anti-Alkohol-Kampagnen protestantische Fundamentalisten waren, die höchst misstrauisch und mit großem Rückhalt bei der Mehrheit der Bevölkerung das ihrer Meinung nach verwerfliche Treiben ihrer Glaubensbrüder zweiter Klasse beobachteten.

***Durch die Einführung der Prohibition hatte man die Trinksitten von großen Teilen der Bevölkerung über Nacht landesweit kriminalisiert.***

Ihre größten Erfolge erzielten die Alkoholgegner freilich erst nach dem Krieg. Am 16. Januar 1919 wurde der 18. Zusatzartikel zur amerikanischen Verfassung von drei Vierteln der Bundesstaaten ratifiziert. Und genau ein Jahr später, am 16. Januar 1920, trat er um eine Minute nach Mitternacht in Kraft. Mit anderen Worten: Die Prohibition war da, und mit ihr waren die Herstellung, der Verkauf, der Import und der Export von berauschenden Flüssigkeiten landesweit und von einem Tag auf den anderen verboten. Was berauschende Flüssigkeiten waren, stand im sogenannten *Volstead Act*, der ebenfalls 1919 verabschiedet wurde: so gut wie alle Getränke mit einem Alkoholgehalt von mehr als 0,5 Volumenprozent. Darüber hinaus hatten die Bundesbehörden über Nacht auch noch die Befugnis erhalten, Verstöße gegen die neuen Gesetze zu untersuchen und zu verfolgen.

**Mehr Verbrechen, weniger Steuereinnahmen.** Durch die Einführung der Prohibition hatte man die Trinksitten von großen Teilen der Bevölkerung über Nacht landesweit kriminalisiert. Ob sich das unterm Strich bezahlt gemacht hat oder nicht, darüber schieden sich schon bald die Geister. Zwar verringerte sich der Alkoholkonsum recht rasch auf etwas weniger als ein Drittel, was es der Regierung ermöglichte, zumindest in den ersten Monaten sensationelle Erfolgszahlen zu vermelden. Und natürlich kam es mittelfristig auch zu einem deutlichen Rückgang der alkoholbedingten Erkrankungen, vor allem der Leberzirrhosen. Was man sich von dem Verbot in erster Linie versprochen hatte, blieb jedoch aus: Der erhoffte heilsame gesellschaftspolitische Effekt trat in der erwünschten Form nie ein. Und die positiven Trends waren nachweislich nicht von Dauer. Im Verlauf der Jahre stieg der Alkoholverbrauch wieder auf rund 60 bis 70 Prozent der ursprünglichen Menge an, und nach dem Ende der Prohibition war man sogar sehr bald wieder bei den alten Zahlen aus der Zeit vor Beginn derselben angelangt.

Darüber hinaus zeitigte das allgemeine Alkoholverbot zweifellos eine Reihe negativer Auswirkungen, die bei einer Gesamtschau ebenso berücksichtigt werden müssen und die mit Sicherheit nicht im Sinne ihrer Erfinder waren. So führte etwa die Kriminalisierung des Alkoholkonsums zu einem deutlichen Anstieg der Verbrechen und zu einem noch deutlicheren Rückgang an Steuereinnahmen. Zudem wurde anstatt der vergleichsweise harmlosen Getränke Bier und Wein wieder vermehrt Schnaps getrunken. Und die ärmeren Bevölkerungsschichten konnten sich überhaupt nur noch billigen, häufig unreinen und damit gesundheitsschädlichen Fusel leisten, was unter anderem die Zahl der tödlichen Alkoholvergiftungen stark ansteigen ließ.

Selbstverständlich wurden die neuen Gesetze umgangen, wo man nur konnte. Ansatzpunkte gab es genug. Für Kommunionswein und Wein als

Stärkungstonikum (dem allerdings ein Mittel zugesetzt war, das bei zu heftigem Konsum Brechreiz verursachte) hatte man Ausnahmeregelungen geschaffen: Die Verwendung von alkoholischen Flüssigkeiten für religiöse und medizinische Zwecke, so stand es im *Volstead Act*, war von einer Strafverfolgung ausgenommen.

***Wer die Gelegenheit dazu hatte, brannte sich seinen Schnaps selber. Woraus auch immer.***

Selbst Hochprozentiges konnten sich manche völlig legal hinter die Binde kippen: Ärzte durften nämlich innerhalb von drei Monaten jeweils hundert Rezepte für medizinisch notwendigen Whiskey ausstellen. Dass derartige Regelungen bis zum letzten Tropfen ausgereizt wurden, ist klar. Bereits 1924 gingen laut amtlichen Angaben etwa 2 944 700 Gallonen Wein für religiöse Zwecke über die Ladentische. Das waren 800 000 Gallonen, also über drei Millionen Liter, mehr als zwei Jahre zuvor, und somit eine Steigerung, die außer durch Missbrauch durch nichts zu erklären war. In die gleiche Kategorie dürften wohl ein guter Teil jener 40 Millionen Dollar fallen, für die 1928 aus angeblich rein medizinischen Gründen Whiskey verschrieben wurde.

**Grape Brick und Speakeasys.** Auch sonst erwiesen sich die Amerikaner als recht einfallsreich, was die Umgehung des Alkoholverbots betraf. So verkauften etwa zahlreiche Weingüter Tafeltrauben, die offiziell zum Verzehr bestimmt waren, in Wirklichkeit aber oft zu Wein verarbeitet wurden.

Sehr skurril mutet in diesem Zusammenhang etwa das Produkt *Grape Brick* an, das aus zu einem Block gepresstem und getrocknetem Traubenkonzentrat, einem Päckchen Hefe und einer Zubereitungsanleitung bestand. Letztere enthielt sinnigerweise die Warnung: «Geben Sie keine Hefe zum Traubensaftkonzentrat, da sonst die Fermentierung einsetzt!» Und wenn viele Hotel- und Motelbesitzer in den 1920ern ihre Gäste darum baten, die mitgebrachte Medizin doch bitte im Badezimmer einzunehmen (wo ein an der Wand befestigter Flaschenöffner zu finden war), drückten sie damit weniger ihre Sorge um die Gesundheit der Reisenden als vielmehr die um den Erhalt ihres Mobiliars aus. Unzählige Schluckspechte hatten nach der Einführung der Prohibition in ihrer Verzweiflung nämlich kurzerhand die Zimmereinrichtung benutzt, um ihre Pulle Whiskey doch noch irgendwie aufzukriegen.

Wer die Gelegenheit dazu hatte, brannte sich seinen Schnaps selber. Woraus auch immer. Dafür, dass das Land nicht austrocknete, sorgten allerdings in erster Linie raue Mengen von Schmuggelware. Getrunken wurde die vornehmlich in unzähligen, über das ganze Land verstreuten getarnten Lokalen, den sogenannten *Speakeasys*. Die Dimensionen, um die es dabei ging, waren gewaltig: Mitte der 1920er Jahre schätzte die Polizei die Zahl illegaler Kneipen allein in New York auf schier unglaubliche 32 000. Zum Vergleich: Vor der Prohibition hatte es im Big Apple gerade mal halb so viele legale Gaststätten gegeben. In Chicago wiederum soll Ende der 1920er Jahre ein einziger Mann circa 10 000 Speakeasys kontrolliert haben. Sein Name: **Alphonse Gabriel «Al» Capone**. Seine Geschäfte scheinen übrigens sehr gut gegangen zu sein. In einem einzigen Jahr soll der wohl berühmteste Gangsterboss aller Zeiten 60 Millionen Dollar verdient haben – was heute der unvorstellbaren Summe von deutlich mehr als zwei Milliarden Dollar entsprechen würde.

Dass die Entstehung des organisierten Verbrechens eng mit der Prohibition verbunden war, wissen nicht bloß Cineasten. Warum sich in den wilden Zwanzigerjahren auch die Cocktails durchzusetzen begannen, ist hingegen weit weniger bekannt: Die verwendeten Aromen und Zutaten waren schlicht und einfach nötig, um den oft scharfen Geschmack des illegal gebrannten und meist nicht gerade hochwertigen Alkohols zu überdecken.

Diejenigen, die genügend Geld hatten, flüchteten übrigens, so oft es ging, zum Cocktailtrinken nach Kuba. Die Insel war für durstige Amerikaner der nächstgelegene und noch dazu ein vergleichsweise preisgünstiger

Hotspot für uneingeschränkten Alkoholgenuss. Dort gab es nicht nur keine Prohibition, sondern obendrein ein paar relativ neue Mixgetränke, die sich großer Beliebtheit erfreuten. Absurd, aber wahr: Cuba Libre, Daiquiri und Co. verhalfen so dem lange Zeit verpönten Rum zumindest in den besseren Kreisen imagemäßig wieder zu einem durchaus gelungenen Comeback.

**Steuern und Monopole statt Verbote.** Je länger das strikte Alkoholverbot andauerte, umso mehr Menschen hatten es schließlich satt. Eines von vielen Indizien dafür: Die Zahl der illegalen und von Agenten ausgehobenen Hausbrennereien war von 95 933 im Jahr 1921 auf 282 122 im Jahr 1930 angestiegen. Mit Wirksamkeit vom 5. Dezember 1933 wurde daher um exakt 18.55 Uhr die Prohibition mit dem 21. Zusatzartikel zur amerikanischen Verfassung wieder aufgehoben und die Zuständigkeit für den Alkoholkonsum erneut den Bundesstaaten übertragen. Dabei ging es schlicht und einfach ums Geld. Denn auch die Regierenden waren es leid, mitansehen zu müssen, wie dem Staat gewaltige Steuereinnahmen entgingen, während das organisierte Verbrechen Angst und Schrecken verbreitete und zugleich sagenhafte Gewinne einsackte. Nach 13 Jahren, zehn Monaten, 19 Tagen, 17 Stunden, 32 Minuten und 30 Sekunden war der Spuk mit der Prohibition daher wieder vorbei.

Freilich nicht ganz: Erst Mitte der 1960er Jahre wurden die letzten einschlägigen Bestimmungen auch auf Ebene der Bundesstaaten abgeschafft. Und bis heute erinnern unzählige Verordnungen auf regionaler und lokaler Ebene daran, dass der Konsum von Alkohol in den USA immer noch weit kritischer gesehen wird als etwa in Westeuropa. In den meisten Bundesstaaten dürfen Wein und Schnaps weiterhin allein in speziellen Stores verkauft werden, und in 17 davon wurden diese sogar noch 2011 ausschließlich von der Regierung betrieben. Selbst sogenannte *dry counties*, also trockene Landkreise beziehungsweise Bezirke, in denen Alkohol überhaupt nicht oder nur stark eingeschränkt verkauft, ausgeschenkt oder transportiert werden darf, gibt es vor allem im Süden und im Mittleren Westen nach wie vor noch vergleichsweise viele.

Die USA waren allerdings nicht der einzige Staat, der den Alkoholmissbrauch zu Beginn des 20. Jahrhunderts mit strikten Verboten unter Kontrolle bringen wollte. In Kanada gab es von 1917 bis 1927 eine Prohibition (Wein war dort jedoch vom Alkoholverbot ausgenommen), ebenso in Island (1915–1922), in Finnland (1919–1933) und in Norwegen (1914–1927), allerdings mit jeweils verschiedenen Regelungen. Schier unglaublich, aber wahr: Sogar in Russland war Alkohol ab 1914 bis weit in die 1920er Jahre offiziell und streng verboten.

Nachdem sich gezeigt hatte, dass der Weg der Prohibition nicht wirklich erfolgversprechend war, versuchten die einzelnen Länder das Problem mit einer Reihe von anderen Maßnahmen in den Griff zu kriegen. Schweden etwa monopolisierte schon recht früh den Import, den Export und den Vertrieb von Alkohol. Und beschränkte dann obendrein den Zugang zu Wein und Co. auf über 25jährige Männer und auf unverheiratete Frauen, die noch nicht durch Trunkenheit aufgefallen waren.

***Wenn es um die Bekämpfung des Saufens ging, schreckte man in der ersten Hälfte des 20. Jahrhunderts vor keinen Schandtaten zurück.***

Die *Sektsteuer* in Deutschland im Jahr 1902 wurde übrigens nicht in der Absicht eingeführt, den Leuten das Saufen zu vergällen. Vielmehr hatte Kaiser **Wilhelm II.** keine Ahnung, wie er sonst den Bau des Kaiser-Wilhelm-Kanals (der seit 1948 Nord-Ostsee-Kanal heißt) hätte finanzieren sollen. Als das Bauwerk fertig war, wurde die Steuer freilich trotzdem nicht abgeschafft, sondern sogar noch erweitert. Man wollte beziehungsweise musste schließlich einen Teil der enormen Kosten des Ersten Weltkriegs wieder hereinholen, und die Besteuerung von Alkoholika bot sich da als moralisch durchaus vertretbare Variante an. Eine ähnliche Funktion erfüllte übrigens auch das 1918 eingeführte Branntweinmonopol.

Wenn es um die Bekämpfung des Saufens ging, schreckte man in der ersten Hälfte des 20. Jahrhunderts selbst vor veritablen Schandtaten aller Art nicht zurück. So wurden da wie dort die Namen von schweren Säufern auf öffentlich einsehbare Listen gesetzt und Alkoholiker mit einem Heiratsverbot belegt, zwangsweise entmündigt oder gegen ihren Willen in Trinkerheilstätten und Arbeitshäuser gesteckt. Zur Eindämmung der desaströsen Auswirkungen des Alkoholismus wurden starke Trinker ab den 1930er Jahren sogar zwangssterilisiert, eine mit dem heutigen Verständnis von Menschenwürde völlig unvereinbare Methode. Insbesondere die skandinavischen und baltischen Länder gingen eine Zeitlang diesen Weg, aber auch in der Schweiz und in den USA wurden einschlägige Erbgesundheitsgesetze erlassen, die sich (unter anderem) gegen Alkoholiker richteten.

Dass es noch schlimmer werden konnte, zeigte sich nach der Machtergreifung **Adolf Hitlers** in Deutschland. Dort wurden Alkoholkranke im Rahmen des «Gesetzes zur Verhütung von erbkrankem Nachwuchs» nämlich nicht nur unfruchtbar gemacht, sondern als sogenannte «Asoziale» sogar in Konzentrationslager gesteckt und damit in vielen Fällen zum Tod verurteilt.

In den Jahren nach dem Zweiten Weltkrieg zählte der Kampf gegen den Alkoholismus nicht wirklich zu den politischen Agenden, mit denen sich Menschen und Wahlen gewinnen ließen. Schuld daran waren zum einen die mehr oder weniger durch die Bank gescheiterten Prohibitionsversuche sowie eben auch die Auswüchse des Rassenhygienewahns der Nazi-Diktatur.

Ein starkes Indiz dafür, wie sehr sich hier etwa in Deutschland die Stimmung gewandelt hatte, liefert die Brockhaus-Enzyklopädie. Die hatte zwar schon im 19. Jahrhundert das Phänomen Alkoholismus einigermaßen vernünftig beschrieben, es in ihrer Ausgabe von 1953 allerdings mit keinem Wort mehr erwähnt. Und den Begriff schlichtweg durch das Wort «Alkoholgenuss» ersetzt.

*Here's to our wives and sweethearts – may they never meet!**

Toast, der von Offizieren der British Royal Navy
jeweils Samstag jeder Woche nach dem Essen ausgebracht wurde

## Soldaten und Alkohol
# Wie im Krieg

Soldaten haben immer schon getrunken. Jedenfalls viele oder sogar die meisten von ihnen. Und zwar in Friedens- wie in Kriegszeiten. Dass sie aus eigenem Antrieb oder ermuntert von ihren Kameraden, Vorgesetzten und Heerführern seit dem Altertum zum Krug und später zur Flasche gegriffen haben, dafür gab und gibt es viele Gründe. Etwa um die Härte des Soldatenalltags und die Brutalität des Krieges besser ertragen zu können, um Schmerzen zu lindern, um die Furcht und die Verzweiflung zu besiegen sowie das eigene Gewissen zu betäuben, aus gesundheitlichen Überlegungen, zur Stärkung der Kampfmoral und des Korpsgeistes oder als Belohnung nach erfolgreichen Kampfhandlungen.

Schon der legendäre **Odysseus** hat **Achill** geraten, seinen Kriegern vor der Schlacht Brot und Wein zu geben. Wobei in Hellas nicht bloß die Helden aus der Mythologie einen guten Tropfen zu schätzen wussten. Die griechischen *Hopliten*, die Mitglieder der schweren Infanterie des Altertums, haben ihren Mut vor einer Schlacht jedenfalls immer wieder gern mit Wein gestärkt. Trotzdem ging es in früheren Zeiten zumeist nicht darum, die angstlösende, sondern die desinfizierende Wirkung des Alkohols zu nützen. Denn wer mit von Durchfall geplagten und entkräfteten Kämpfern in die Schlacht ziehen musste, hatte diese oft schon vor Beginn verloren.

---

* Auf unsere Frauen und Geliebten – dass sie nie aufeinander treffen mögen!

Bei den Römern war das nicht viel anders. Wie bereits erwähnt war es ja den Legionären sogar ausdrücklich vorgeschrieben, Wein gemischt mit Wasser zu trinken. Unter Julius Cäsar galt etwa ein Liter pro Tag und Mann als angemessen. Und das eben nicht nur vor Kampfhandlungen, sondern immer. An die 500 Soldaten der Garnison, die im südlich des Hadrianswalls gelegenen Kastell Vindolanda in England stationiert war, wurden beispielsweise täglich rund 630 Liter ausgegeben. Bei einem Liter sollte es freilich auf Dauer nicht bleiben. Im Verlauf der Zeit wurde mehr und mehr getrunken. Im 17. Jahrhundert erhielten Schwedens Soldaten als gebührenden Sold für ihre Dienste ziemlich viel Geld – und vier Liter Bier am Tag.

Ab dem 18. Jahrhundert trieb ein weiterer entscheidender Faktor den Alkoholkonsum unter den Soldaten nochmals in die Höhe: die eiserne Disziplin, die man ihnen zunehmend abforderte und die vielen heftig aufs Gemüt schlug. Kein Wunder, wurde die Persönlichkeit des Einzelnen durch den schier unerträglichen Drill oft regelrecht gebrochen.

Ein eher neuzeitliches Phänomen ist in diesem Zusammenhang die Alkoholsucht. Die mag es vereinzelt auch früher schon gegeben haben; zu einem richtigen Problem wurde sie freilich erst, als sich der Branntweinkonsum auf breiter Front durchzusetzen vermochte.

**Das tägliche Quantum Offensivgeist.** Niemand wäre die längste Zeit der Menschheitsgeschichte auf die Idee gekommen, Soldaten ihre Alkoholration gänzlich abzusprechen. Wie viel diese aber konkret trinken durften oder sogar sollten, bei dieser Frage schieden sich die Geister. **Napoleon Bonapartes** Männer erhielten 1810 zum Beispiel täglich $\frac{1}{16}$ Liter Schnaps und 0,25 Liter Wein als Tagesration. Bereits die Frühstückssuppe wurde von Branntwein begleitet. Die Begründung war dieselbe wie in früheren Zeiten: Es galt, Magen-Darm-Infektionen vorzubeugen sowie den Kampfgeist und den Körper zu stärken.

Die Truppen, die das *British Empire* eroberten und verteidigten, haben weit mehr getrunken. Ganz besonders dann, wenn es fern der Heimat

Kummer und Angst zu ertränken sowie Strapazen und Leid zu ertragen galt. Von einer 710 Mann umfassenden und in Indien stationierten Einheit ist etwa der Verbrauch des Jahres 1833 dokumentiert: 5320 Gallonen Arrak, 209 Gallonen Brandy, 249 Gallonen Gin entsprechen fast 37 Liter Schnaps pro Kopf und Jahr. Die paar Liter Bier, die noch dazukamen, fielen demgegenüber kaum ins Gewicht.

***Im Zweiten Weltkrieg sahen sogar die den Alkohol offiziell verdammenden Sowjet-Apparatschiks ein, dass sich ein paar Schlucke zur richtigen Zeit als vorteilhaft erweisen können.***

Deutsche Soldaten bekamen im Ersten Weltkrieg 0,1 Liter Branntwein pro Kopf und Tag. Wer an Orten wie der Schlacht von Verdun kämpfen musste, erhielt sogar täglich zwischen 0,2 und 0,25 Liter. Und vor Angriffen erhielten sie zusätzliche Rationen an Bier und Schnaps, wobei letztere sinnigerweise *Offensivgeist* genannt wurden. Man darf davon ausgehen, dass die Großzügigkeit der Heeresführung nüchternem Kalkül entsprungen ist. Denn der Stress, die Strapazen und die gesundheitliche Belastung wären für viele Soldaten an der berüchtigten Front ohne Alkohol wohl nicht zu ertragen gewesen, psychisch wie physisch. Die Hölle von Verdun hatte viele Schrecken. Eine völlig unwirtliche Umgebung inmitten einer zerbombten Kraterlandschaft, über der oft Leichengestank lag und in der pausenloses Geschützfeuer für unerträglichen Lärm sorgte, gehörten ebenso dazu wie katastrophale hygienische Verhältnisse und eine desolate Versorgungslage, in der sich Männer vor lauter Durst oft gezwungen sahen, verseuchtes Regenwasser oder gar den eigenen Urin zu trinken.

Im Zweiten Weltkrieg sahen sogar die den Alkoholkonsum offiziell verdammenden Sowjet-Apparatschiks ein, dass sich ein paar Schlucke zur richtigen Zeit als vorteilhaft erweisen können. Ab 1942 bekamen die Rotarmisten daher – zur Stärkung der Kampfmoral und als Energielieferant – 100 Gramm Wodka pro Kopf und Tag zugeteilt. Aufgrund des traditionell eher exzessiven Trinkverhaltens der Russen erwies sich die grundsätzlich richtige Überlegung freilich schon bald als kontraproduktiv. Viele Soldaten und Offiziere genehmigten sich nämlich nicht nur die ihnen zugeteilten Rationen, sondern vernichteten überdies alles, was ihnen sonst noch an einschlägigem Treibstoff unterkam, von Frostschutzmitteln bis hin zu jenen Alkoholvorräten, welche die Deutschen auf ihrem Rückzug absichtlich zurückgelassen hatten. Diese vermeintliche Kriegslist erwies sich aber als Rohrkrepierer: Die aufgrund ihrer massiven Überlegenheit an Menschen und Material dennoch siegreich auf Berlin vorrückenden Russen vergewaltigten nämlich unter anderem zwei Millionen deutsche Frauen und sehr viele davon wohl im Suff.

Die Italiener haben im Zweiten Weltkrieg ihren Armeeangehörigen das tägliche Quantum Alkohol übrigens stilvoll in Form von Rotwein gegönnt. Weshalb diese auch nachweislich von Darm-Infektionen wie Ruhr und Typhus, die noch bis Mitte des 20. Jahrhunderts oftmals tödlich verliefen, weitgehend verschont geblieben sind.

**Fahnenflucht im Vollrausch.** Eine nicht weniger wichtige Rolle spielte der Alkohol seit jeher bei der Anwerbung von Soldaten. Vor allem die stehenden Heere in früheren Zeiten brauchten ständig Nachschub, und viele junge Männer unterschrieben betrunken sehr viel eher als nüchtern. Hier zeigt sich übrigens eine eindeutige Parallele dazu, wie man damals Matrosen anzuheuern pflegte.

Ironischerweise und sozusagen als ausgleichende Gerechtigkeit geschah es freilich auch oft, dass sich Soldaten wiederum im Suff von ihrer Armee verabschiedeten. Und zwar oftmals ohne Einwilligung der Vorgesetzten. Das Pech der Deserteure: Sie waren weit weniger beliebt bei Heerführern als Rekruten – und Fahnenflucht wird bis zum heutigen Tag als schweres Delikt betrachtet. Der entsprechende Strafenkatalog reicht in Kriegszeiten oft immer noch bis zur Hinrichtung.

In vielen Armeen gehört Alkohol selbst heute noch praktisch mit zur Marschverpflegung. Wobei das Thema üblicherweise und aus nachvollziehbaren Gründen recht diskret behandelt wird. Erst recht dann, wenn es sich um Einsätze von westlichen Verbänden in muslimischen Ländern handelt. Die deutsche Bundeswehr hat beispielsweise an ihre in Afghanistan stationierte und 3500 Mann starke Truppe im Jahr 2007 rund 990 000 Liter Bier sowie rund 69 000 Liter Wein und Sekt liefern lassen. Die offiziell genehmigte Ration war ein Liter Bier pro Tag. Getrunken werden durfte sie freilich nur, wenn keinerlei dienstlichen Belange dem entgegenstanden.

Selbst in Ländern, in denen man das nicht unbedingt erwarten würde, wird von Heeresangehörigen gern getrunken. So steht etwa nach wie vor auch jedem indischen Soldaten eine begrenzte Menge staatlich subventionierter Alkohol zu. Schlimmer noch: Wie die *New York Times* berichtete, sollen die sehr unislamischen Übel Saufen und Drogenkonsum sogar innerhalb der irakischen Sicherheits- und Polizeikräfte im Jahr 2010 regelrecht epidemische Ausmaße erreicht haben. In manchen Gegenden des Landes würden sich bis zu 50 Prozent der entsprechenden Kader im Dienst die Kante geben. Hunger, Müdigkeit, Stress und Monotonie werden dabei als Hauptgründe für den Missbrauch angegeben.

Last but not least soll der oftmals sehr problematische Alkoholkonsum von Soldaten erwähnt werden, die im Krieg waren und dort traumatisiert wurden oder schwer behindert heimgekehrt sind. Unter Vietnam-Veteranen beispielsweise ist der Anteil an Alkoholikern jedenfalls sehr viel höher als unter der Normalbevölkerung. Die Alkoholsucht als psychische Störung kommt bei ihnen sogar noch sehr viel häufiger vor als die ohnehin weit verbreiteten Depressionen und das generalisierte Angstsyndrom.

*Trinker sind Menschen, die sich mit Alkohol über Wasser halten.*

Werner Mitsch (1936–2009),
deutscher Aphoristiker

## Der große Suff auf hoher See

# Meer und mehr

Sternhagelvolle Piraten, maßlos saufende Matrosen und trinkfeste Kapitäne: Kaum eine Berufsgruppe wird seit Beginn der Neuzeit so sehr mit dem Trinken in Verbindung gebracht wie die Seeleute. Und das, obwohl sie sich – ausgenommen jene, die in der Fluss- oder Küstenschifffahrt ihre Brötchen verdienten – üblicherweise die meiste Zeit ihres Berufslebens hunderte oder gar tausende Kilometer von der nächsten Taverne entfernt befinden. Dass es auf hoher See wohl kaum einen Matrosen gab, der auf seinen täglichen Krug Wein, seinen Becher Bier oder seinen Schöpfer Rum verzichten wollte, hatte ähnliche Gründe wie die Tatsache, dass auch die Soldaten aller Zeitalter gern gebechert haben. Im Wesentlichen ging es darum, den arbeits- und entbehrungsreichen Alltag etwas erträglicher zu gestalten, und natürlich einmal mehr um die bereits sattsam bekannten gesundheitlichen Vorteile. Die spielten auf hoher See sogar eine noch größere Rolle als auf dem Land.

Ihren guten Ruf und ihre Beliebtheit hatten die Alkoholika dabei den Heilkräften, die man ihnen lange Zeit zuschrieb, ihrem hohen Nährwert sowie ihrer Haltbarkeit zu verdanken. Schließlich heißt es nicht ohne Grund, auf dem Meer wären nicht weniger Menschen verdurstet als in der Wüste. In Butter- oder Sauerkrautfässern aufbewahrtes reines Wasser begann bald schal zu werden und verwandelte sich oft schon nach wenigen

Wochen in eine stinkende, fast ungenießbare Brühe. Bier blieb da dank Gärung und Alkoholgehalt schon wesentlich länger frisch und Wein erst recht, selbst wenn er mit Wasser gemischt war. Weil das natürlich auch die jeweiligen Obrigkeiten vom Marineminister abwärts wussten, hatten diese im Regelfall daher gegen den großen Suff auf hoher See wenig bis gar nichts einzuwenden und die Seeleute praktisch freie Fahrt.

**Eine Armada voll Wein.** Wie viel wovon wann von wem so durchschnittlich getrunken wurde, weiß man ungefähr. Zumindest seit dem Zeitalter der Entdeckungen wurden entsprechende Aufzeichnungen geführt, von denen viele erhalten geblieben sind. In südlichen Gefilden dominierte einmal mehr der Wein. Italienische und französische Matrosen bekamen im 16. und 17. Jahrhundert davon etwa täglich 0,5 bis 1 Liter zugesprochen. Und auch die Rationen der Spanier dürften dem um nichts nachgestanden sein: Als etwa die legendäre Armada 1588 im Auftrag von König **Philipp II.** Richtung England segelte, sollen sich auf den insgesamt 130 Kriegsschiffen zur seelischen Erbauung nicht nur 180 Priester, sondern überdies 14 000 Barrels (rund 2,3 Millionen Liter) Wein befunden haben. Genützt hat beides nichts. Die Streitmacht wurde vernichtend geschlagen, und der Plan, **Elisabeth I.** zu stürzen, war damit gescheitert.

***Auf manchen Schiffen reichte man schon zum Frühstück auf nüchternen Magen einen doppelten oder dreifachen Branntwein, weil der angeblich gegen Würmer helfen sollte.***

In nördlicheren Breiten, etwa bei den Engländern, waren Wein und Port damals noch einzig und allein den Offizieren vorbehalten. Die durften dafür umso heftiger zulangen, die Tagesration pro Kopf betrug knapp über zwei Liter. Einfache Seeleute mussten sich hingegen mit Bier begnügen. Was die Menge betraf, mussten die Matrosen freilich ebenfalls nicht darben. Die Speiserolle der *Royal Navy* von 1691 legte beispielsweise die tägliche Ration Bier pro Mann auf beeindruckende 4,5 Liter fest. Allerdings, und das relativiert die Sache wieder, handelte es sich dabei um Dünnbier mit lediglich rund 1 bis 1,5 Volumenprozent Alkoholgehalt.

**Zuckerrohrschnaps gegen Skorbut.** Dass man alkoholische Getränke als wichtigen Teil der täglichen Ernährung von Seeleuten betrachtete, beweist auch eine ganze Reihe von alten Dokumenten. Vom kalorienreicheren Wein hielt man dabei zu Recht deutlich mehr als vom Bier. Auf Danziger Schiffen galten etwa gemäß dem Seerecht 1522 und 1611 folgende Regelungen: Wenn Wein ausgeschenkt wurde, gab es für jeden Mann der Besatzung pro Tag nur eine Mahlzeit, waren hingegen bloß Wasser und Bier an Bord, bekamen die Seeleute zweimal feste Nahrung.

Stärkere Alkoholika wie Korn, Wodka, Whisky, Rum oder Gin tauchten in größeren Mengen erst an Bord auf, nachdem im 17. Jahrhundert die Brennverfahren deutlich effizienter geworden waren, was die Herstellung von Hochprozentigem nochmals deutlich verbilligte. Und wieder waren es unter anderem die heilsamen Wirkungen des Alkohols, mit denen der Konsum gerechtfertigt wurde. Auf manchen Schiffen reichte man sogar schon zum Frühstück und auf nüchternen Magen einen doppelten oder dreifachen Branntwein, weil der angeblich gegen Würmer helfen sollte.

Einmal mehr waren es die Engländer und ihre die Weltmeere beherrschende Royal Navy, die hier eine Vorreiterrolle einnahmen und hochprozentigen Alkohol als Ergänzung zu den üblichen Bierrationen (und später sogar als Ersatz derselben) erlaubten. Irgendwann gegen Ende des 17. beziehungsweise zu Beginn des 18. Jahrhunderts – die Historiker sind sich da uneins, was das genaue Jahr betrifft – wurde ein halbes Pint Rum zur allgemeinen Tagesration der Matrosen erklärt, also immerhin 0,285 Liter. Wer Wein bevorzugte, bekam davon das Doppelte.

1756 wurde dann das Tageskontingent pro Mann Besatzung sogar auf ein Pint Rum erhöht. Unter anderem, weil man dachte, der Zuckerrohrschnaps sei neben seiner Funktion als unentbehrliches soziales

Schmiermittel an Bord zudem eine Art Wundermittel im Kampf gegen die Vitamin-Mangelkrankheit Skorbut. In Wahrheit war das freilich eine Wirkung des Zitronensafts, der zur Geschmacksverbesserung häufig mit in den Krug kam. Bis man das erkannte, sollte es allerdings noch eine geraume Zeit dauern. Die durstigen Seeleute wird es gefreut haben.

Obwohl bereits die genannten Zahlen zum Verbrauch enorm hoch erscheinen, war die Gesamtmenge, die im Durchschnitt so getrunken wurde, natürlich noch weit höher – schließlich wurde ja im Hafen beim Landgang in aller Regel ebenfalls nicht Wasser oder Milch getrunken.

***Als selbst drastische Bestrafungen wie das Auspeitschen nicht mehr genügten, ging man dazu über, den Rum nur verdünnt auszugeben.***

Welchen hohen Stellenwert die Droge Alkohol in der Seefahrt einnahm, zeigen auch folgende Beispiele: Als der Portugiese **Ferdinand Magellan** 1519 seine Weltumsegelung plante, gab er mehr Geld für Sherry als für Waffen aus. Und als der legendäre Captain **James Cook** 1768 zu seiner zweijährigen Weltumsegelung aufbrach, hatten er und seine 125 Mann Besatzung 45 Tonnen mit Wasser, 19 Tonnen mit Bier, 642 Gallonen (rund 2920 Liter) Wein und 1397 Gallonen (also zirka 6350 Liter) Rum mit an Bord. Und wann immer es möglich war, wurden die entsprechenden Vorräte aufgestockt. Schon auf Madeira kamen gleich einmal 4000 Gallonen (etwa 18 190 Liter) Wein für die Offiziere dazu. Als Tagesration für einen Mann war eine unbegrenzte Menge schwaches Bier sowie ein Pint Wein vorgesehen.

**Der alte Grog.** Natürlich blieben die üblen Auswirkungen vor allem des Schnapskonsums auf Dauer ebenfalls nicht aus. Die Arbeitsleistung und die Disziplin der Matrosen waren häufig massiv beeinträchtigt. Als selbst drastische Bestrafungen wie das Auspeitschen nicht mehr genügten, ging man dazu über, den Rum nur mehr verdünnt auszugeben – womit man praktischerweise zugleich den berühmten Grog erfunden hatte.

Geschehen ist das angeblich erstmals 1740 auf den Schiffen und auf Befehl des englischen Vize-Generals **Edward Vernon**, dem man den Spitznamen *Old Grog* verpasst hatte, weil er meist einen Umhang aus dem groben Stoff *Grogram* trug. Die Geschichte hört sich schön an, wie so viele Legenden, dürfte aber so leider nicht stimmen. In der Karibik ist nämlich schon Jahrzehnte früher ein sehr ähnlicher Drink populär gewesen. Vernon hatte mit seinen Anordnungen wohl lediglich eine Art Standardrezept festgelegt und der Mischung damit einen ungeheuren Popularitätsschub verschafft.

Die Piraten und Freibeuter jener Zeit tranken übrigens ebenfalls eine Art Grog, allerdings unter einem anderen Namen: Ihr Gesöff, das sogar besser gewesen sein soll als das der Navy und neben Muskatnüssen auch diverse Fruchtsäfte enthielt, hieß *Bumbo(o)*. An Land und da natürlich vor allem in kälteren Gegenden wurde es später Sitte, den Grog heiß zu trinken, und in dieser Form ist das legendäre Gemisch auch heute noch bekannt. Nämlich als Getränk aus Rum, heißem Wasser und Zucker und nichts sonst.

Im Verlauf der Jahre und Jahrzehnte wurden die Rationen da wie dort weiter verringert. Was vielen Seeleuten natürlich nicht gefiel und sich manche von ihnen auch nicht gefallen ließen. So sollen U-Boot-Matrosen im Zweiten Weltkrieg Getreidealkohol, der eigentlich für den Antrieb der Torpedomotoren gedacht war, abgezweigt, mit Wasser verdünnt, mit Dosenfrüchten geschmacklich verbessert und so in eine trinkbare Spirituose umgewandelt haben.

**Rumfässer über Bord.** Die Holländer, die bis ins 18. Jahrhundert auf ihren Schiffen täglich Bier ausgeschenkt hatten und dann auf Genever umstiegen, schafften die tägliche Ration schon 1905 ab. Auf englischen Kriegsschiffen war mit der Alkoholausgabe freilich erst am 31. Juli 1970 Schluss. An diesem Tag wurden die letzten Rumfässer in *Union-Jack*-Flaggen gewickelt und unter musikalischer Begleitung feierlich bestattet, sprich über Bord geworfen. Das Datum ging als *Black Tot Day* in die Geschichte der Seefahrt ein. Die Franzosen, ihres Zeichens bekanntlich Meister des Savoir-vivre, halten ihren Weinrationen auf hoher See hingegen bis heute die Treue.

Seit Jahren gibt es zudem massive Bestrebungen, das Saufen an Bord international zu regeln. Natürlich einzig und allein in der Absicht, es einzuschränken. Schifffahrtskatastrophen und Unfälle, die mit dem Alkoholmissbrauch von Kapitän oder Mannschaft in Verbindung gebracht wurden, sollen endgültig der Vergangenheit angehören. Und tatsächlich gibt es Fortschritte: 2012 trat eine von der *International Maritime Organization IMO* beschlossene Neuregelung in Kraft, wonach für alle, die auf einem Schiff Verantwortung tragen, eine weltweit verbindliche Grenze von nur mehr 0,5 Promille gilt.

Bis geklärt ist, wie die Einhaltung der neuen Bestimmungen, mit denen man die Gefahren von Alkohol am Ruder in den Griff kriegen will, erfolgreich kontrolliert werden soll, wird es aber vermutlich noch eine Weile dauern.

# 2.

## Alkohol und Religion

*Vinum bonum deorum donum.**

Lateinisches Sprichwort

## Hathor, Dionysos, Tepoztecatl und Co.
# Göttliche Trunkenheit

Einige Religionen lehnen Alkohol ganz entschieden ab, andere nur halbherzig. Einige tolerieren ihn. Und bei einigen ist er sogar bis heute ein wesentlicher Bestandteil von wichtigen Ritualen und Zeremonien. Nur eines gibt es nicht: eine Religion, in der die Droge keine oder nur eine unwichtige Rolle spielt. Das war zwar schon immer so, allerdings haben sich die Gewichtungen im Verlauf der Jahrtausende doch ziemlich verschoben.

Wohl hat auch die Verbindung von Heiligkeit und Abstinenz eine nicht gerade unbedeutende Tradition. Von **Zarathustra** und dem nach ihm benannten Zoroastrismus über Religionen im alten China bis hin zum Islam der Gegenwart wurde und wird entsprechende Enthaltsamkeit gepredigt. Das Trinken, die Berauschung und die Ekstase als Tor zur Welt der Spiritualität und des Göttlichen (oder alternativ zu der des Dämonischen) zu sehen, war die längste Zeit der Menschheitsgeschichte allerdings noch verbreiteter.

Der vermutlich wichtigste Grund dafür: Solange man nicht wusste, was Alkohol im Körper und vor allem im Kopf der Menschen wirklich anstellt, erklärte man sich die angenehmen wie die unangenehmen Folgen des maßvollen und exzessiven Trinkens damit, dass eben höhere Mächte mit im Spiel waren. Wer sich in grauen Vorzeiten absichtlich und bis zur Besinnungslosigkeit die Kanne gegeben hat, tat das also in aller Regel aus ehrenwerten Motiven: um die Götter zu ehren, um ihnen im Rauschzustand

---

* Ein guter Wein ist ein Geschenk der Götter.

näher zu sein und um mit ihnen besser kommunizieren zu können. Den Zustand zugleich zu genießen, war nicht verboten.

In vielen polytheistischen Religionen, von denen es früher bekanntlich sehr viel mehr gegeben hat als heute, sind eigene Götter für alle möglichen Belange rund um das Thema Alkohol zuständig. Und zwar solche männlichen als auch weiblichen Geschlechts. Den Frauen, die in puncto Gleichberechtigung selbst in Europa bis weit ins 20. Jahrhundert hinein alles andere denn verwöhnt waren, hat man hier schon vor Jahrtausenden eine wichtige Rolle zuerkannt. Weil sie in vielen Gesellschaften auch auf Erden für das Bierbrauen zuständig waren und das gut hingekriegt haben, nahm man kurzerhand an, dies könne im Himmel wohl nicht viel anders sein. Die sumerische Göttin des Bieres und des Brauens, **Ninkasi**, gehört dabei zu den bekanntesten Vertreterinnen dieser Gruppe.

Andererseits: Das Saufen und damit der Rausch sind dennoch fast immer eine Domäne des sogenannt starken Geschlechts gewesen. Die diesbezüglichen Zuständigkeiten den Frauen zu überantworten, hätte wohl kaum männliche Fürsprecher gefunden. Wieder galt offenbar: Was im Diesseits richtig ist, kann im Jenseits so falsch nicht sein.

***Bei den Azteken gab es zwar keinen Biergott, aber dafür gleich 400 verschiedene Pulque-Götter.***

Bei den alten Ägyptern gab es allerdings einen Rollentausch. Hier galt **Osiris**, der Herrscher des Totenreichs und Gott der Fruchtbarkeit, als Erfinder des Bierbrauens und des Weinbaus. Und als Wohltäter der Menschheit obendrein, immerhin behielt er sein Wissen um die beiden Kulturtechniken nicht für sich. Die Herrin der Trunkenheit und die Göttin der Liebe, des Rausches und des Tanzes war jedoch eine Frau, nämlich **Hathor**.

Die im Westen heute wohl nach wie vor bekanntesten Götter, die im Zusammenhang mit dem Thema Alkohol eine Rolle spielen, finden sich jedoch bei den alten Griechen und Römern. **Dionysos**, der Sorgenbrecher, beziehungsweise **Bacchus**, der Erlöser, waren da jeweils nicht nur für den Wein, sondern zugleich auch für den Rausch und noch ein paar andere Dinge wie etwa das Thema Fruchtbarkeit zuständig (siehe Seite 46ff.). In den einschlägigen Mythologien des Altertums finden sich übrigens schon viele Elemente des Christentums, so etwa der Auferstehungsgedanke bei Dionysos oder die Verwandlung von Wasser in Wein bei Bacchus. Dem soll das, der Legende nach, nämlich schon lange vor Jesus bei der Hochzeit in Kanaan gelungen sein.

In der nordischen Mythologie war der weise **Ägir**, der Riese der Seen, für das Brauen von Bier zuständig. Zumindest für das der Götter. Erwähnenswert ist zudem *Heidrun*, eine Ziege. Aus deren Euter soll ein nie endender Fluss von Met für die gefallenen Krieger in Walhall geströmt sein. In der slawischen und baltischen Mythologie wiederum war ein Ehepaar für die Herstellung von Bier verantwortlich: **Raugupatis**, der Gott der Vergärung, und seine Gemahlin **Raugutiene**.

Bei den Azteken gab es zwar keinen Biergott, aber dafür gleich 400 verschiedene *Pulque*-Götter. Deren oberster Chef war **Tepoztecatl**. So wie viele seiner Kollegen in himmlischen Gefilden war er für das Kapitel Trunkenheit ebenso zuständig wie für die Fruchtbarkeit. Der Umgang mit der Droge war im mittelalterlichen Mexiko allerdings eine heikle Angelegenheit. *Pulque* galt nämlich als heilig. Wer sich das alkoholische Gärgetränk aus Agavensaft einfach nur so reinzog, um sich daran zu berauschen, beging ein schweres Verbrechen. Wer allerdings während religiöser Zeremonien nüchtern blieb, ebenso.

**Kontakt mit der Geisterwelt.** Durchaus ähnlich und zugleich sehr verschieden sah und sieht man den Umgang mit Alkohol auf einem anderen Kontinent, nämlich in Afrika. **Ogoun**, der oberste Krieger unter den Geistwesen beziehungsweise Gottheiten im Voodoo-Glauben, gibt sich immer wieder gern mal selber die Kanne, und das bis heute. Wer mit ihm oder anderen aus seiner Welt in Verbindung treten will, muss jede Menge Rum trinken. Und sich dabei tanzend in Ekstase versetzen. Dann könnte er freilich sogar das Zeug anzünden und seine Hände darin waschen, ohne sich zu verletzen. Das behaupten zumindest die Anhänger dieser mythenumrankten Religion, die vor allem in Westafrika und in der Karibik nach wie vor ausgiebig praktiziert wird. Bei den Zulu in Südafrika wiederum gibt es die Fruchtbarkeitsgöttin **Mbaba Mwana Waresa**. Sie ist für die Landwirtschaft, den Regen, den Regenbogen und eben auch das Bier zuständig. In manchen anderen afrikanischen Kulturen heißt die oberste Instanz in Sachen Bier **Yasigi**; praktischerweise gilt sie obendrein unter anderem als Göttin des Tanzes.

***Trinkt ein Mensch gemeinsam mit den Göttern Sake, so geht ein Teil von deren Energie auf ihn über.***

In Asien werden ebenfalls bis heute einschlägige Gottheiten verehrt. Zu den bekanntesten zählt dabei wohl der in Japan verehrte Schutzgott der Sake-Herstellung, **Matsuo-sama**. Der Reiswein spielt freilich ganz allgemein im Shintoismus immer noch eine nicht unwesentliche Rolle. Der Hauptgrund: Er gilt als reines Getränk, das man den Göttern opfern kann und opfern soll. Die geweihten Sake-Fässer, die man aufgestapelt an Shinto-Schreinen findet, sind ein Indiz dafür. Trinkt ein Mensch gemeinsam mit den Göttern Sake, so geht ein Teil von deren Energie auf ihn über. Und Priester, die genügend Reiswein intus haben, können angeblich obendrein mit den Gottheiten in Kontakt treten und ihren Segen erbitten.

Dass dies in einer der modernsten Gesellschaften der Welt immer noch sehr viele Menschen glauben, mag verwundern, ist aber selbst im 21. Jahrhundert noch Realität.

*I'm Catholic and I can't commit suicide,*
*but I plan to drink myself to death.**

Jack Kerouac (1922–1969),
US-amerikanischer Schriftsteller der *Beat Generation*

## Das Christentum und der Alkohol
# Entspanntes Verhältnis

Auch wenn das viele Vertreter der Amtskirchen gar nicht gerne hören: Einer der wichtigsten Gründe, warum sich das Christentum zur erfolgreichsten Religion der Menschheitsgeschichte entwickeln konnte, ist sein recht lockeres Verhältnis zum Alkohol.

Die Bibel erweist sich in diesem Zusammenhang als wahre Fundgrube. Von der Genesis bis zur Offenbarung des Johannes drehen sich viele Geschichten um das Thema Alkohol. Allein im Alten Testament sind beispielsweise weit über 500 Stellen zu finden, die sich mit der Herstellung und mit dem Trinken von berauschenden Getränken beschäftigen. Der Weinstock beziehungsweise die Rebe wird im Buch der Bücher dabei öfter als jede andere Pflanze erwähnt. Apropos: In den 1920er Jahren gaben Prohibitionsbefürworter in den USA eine Bibelfassung in Auftrag, in der tatsächlich jede Erwähnung von Alkohol gestrichen oder umschrieben wurde.

In Wirklichkeit dürfte das allerdings so ähnlich funktioniert haben wie die Prohibition selbst, nämlich nur äußerst mangelhaft. Der unumstrittene Beweis: Weder das Alkoholverbot noch die zensierte Bibel haben die Zeit überdauert.

---

* Ich bin Katholik, ich kann mich daher nicht umbringen, aber ich beabsichtige, mich zu Tode zu trinken.

Die Droge wird im Buch der Bücher allerdings nicht nur besungen oder verteufelt, sondern vor allem auch immer wieder recht ungewöhnlich realistisch dargestellt. So gibt es etwa eine Reihe von Stellen, die explizit dazu ermutigen, Alkohol ganz zu meiden beziehungsweise ihm fernzubleiben. Und es gibt ebenso solche, die ausdrücklich einen verantwortungsvollen Umgang mit ihm anmahnen, sprich solche, die predigen, man solle sich zumindest nicht betrinken.

***«Noah wurde der erste Ackerbauer und pflanzte einen Weinberg», steht etwa in der Genesis.***

Aus anderen Texten ist wiederum unzweifelhaft abzuleiten, dass es Christen nicht wirklich verboten ist, Wein, Bier oder andere alkoholhaltige Getränke zu genießen, und dass Alkohol an und für sich nicht von Sünde behaftet ist. Mehr noch: Wiederholt wird er sogar regelrecht als Geschenk Gottes gesehen und als solches über alle Maßen gepriesen.

«Noah wurde der erste Ackerbauer und pflanzte einen Weinberg», steht etwa in der Genesis 9, 20. Womit er automatisch auch der erste Winzer war. Damit hat er sich aber nicht begnügt, das kann man ebenfalls nachlesen, nämlich im darauffolgenden Vers 9, 21. Da hat er von seinem Wein dann nämlich getrunken, und zwar im Übermaß. Dieser kleine Sündenfall dürfte ihm allerdings nicht wirklich geschadet haben, immerhin soll er ja trotzdem 950 Jahre alt geworden sein (Vers 9, 29).

**Jesus, der Weinstock.** Im Neuen Testament spielt der Alkohol in Gestalt des Rebensaftes erneut eine sehr prominente Rolle. Die Hochzeit von Kanaan, bei der **Jesus Christus** Wasser in Wein verwandelt haben soll, gehört in diesem Zusammenhang zu den wohl bekanntesten Episoden und Jesus' Satz «Ich bin der Weinstock, ihr seid die Reben» (Johannes 15, 5) zu den positivsten und bekanntesten Bildern, die überliefert sind.

Dass der Wein bei den Autoren des Buchs der Bücher vergleichsweise gut weggekommen ist, hatte mit seiner Bedeutung im wirklichen Leben zu tun. Immerhin stellte er ja schon im Altertum eine durchaus gesunde Alternative zur Deckung des täglichen Flüssigkeitsbedarfs dar. Weil er eben, wie schon wiederholt erwähnt, deutlich weniger Krankheitskeime als das häufig verunreinigte Trinkwasser enthielt und weil die Menschen damals meist einfach nicht genug getrunken haben, um diesen positiven Effekt durch allfällige Langzeitschäden an Leib und Leber wieder aufzuheben. Um die Lebenserwartung war es in jenen Tagen nämlich nicht allzu gut bestellt. Man starb im Kindbett, im Kampf, an einer Lungenentzündung oder einer Darminfektion. Aber so alt, dass sie an den Folgen des unbotmäßigen Saufens hätten krepieren können, wurden nur die wenigsten.

Dazu kommt, dass die in der Bibel oder in anderen Texten der damaligen Zeit erwähnten und durchaus beeindruckenden Mengenangaben fast allesamt zu relativieren sind – die Schreiber waren Dichter, und man befand sich in einer Weltgegend, wo die Kunst der Ausschmückung bis heute eine gewisse Tradition hat.

***Vor allem die katholische Kirche hat Wein, Bier und Co. nicht nur nicht verdammt, sondern oftmals und explizit sogar als Geschenk Gottes betrachtet.***

Außer vielleicht noch dem Judentum (siehe Seite 140) hat anno 2013 jedenfalls keine der großen Weltreligionen ein ähnlich entspanntes Verhältnis zum Alkoholkonsum wie das Christentum. Was wohl durchaus im Sinne der überwältigenden Mehrheit der rund 2,35 Milliarden Gläubigen ist. Vor allem die katholische Kirche gibt sich in dieser Hinsicht seit jeher fast schon unglaublich tolerant und hat Wein, Bier und Co. zu allen Zeiten nicht nur nicht verdammt, sondern oftmals und explizit sogar als Geschenk

Gottes betrachtet. Wie aufgeschlossen die ansonsten so gestrenge Obrigkeit diesbezüglich ist, lässt sich ein wenig wohl auch daraus ablesen, dass seit Jahrhunderten sogar hinter den Mauern des Vatikans in Rom ein ganz spezieller Wein gekeltert wird. Verwendung findet dieser, in einer absolut naturbelassenen Variante, etwa bei den Messen in der *Basilica Papale San Pietro*. Und auf Wunsch sogar leicht aromatisiert, beispielsweise zu Tisch bei den höheren Rängen der Kirchenhierarchie, vom einfachen Bischof bis hinauf zu seiner Heiligkeit, dem Papst.

Allerdings: Bei weitem nicht in allen der weltweit angeblich über 40 000 verschiedenen christlichen Glaubensgemeinschaften wird das so entspannt gesehen. Eine beachtliche Anzahl an Sekten und fundamentalistischen Splittergruppen lehnt das Trinken von Alkohol sogar mehr oder weniger heftig ab.

Der geschilderten Großzügigkeit der mit großem Abstand immer noch am weitesten verbreiteten Religion der Welt gegenüber der mit ebenso großem Abstand immer noch beliebtesten Droge auf diesem Planeten widerspricht das unterm Strich trotzdem nicht. Die Mitgliederzahlen dieser Bekenntnisgemeinden halten sich nämlich in vergleichsweise doch recht engen Grenzen. Zu den größeren Sekten, deren Anhänger den Konsum von Alkohol meiden sollen, gehören etwa die Siebenten-Tags-Adventisten sowie die Mormonen, sprich die Mitglieder der Kirche Jesu Christi der Heiligen der Letzten Tage. Die hat heutzutage nach eigenen Angaben freilich nur knapp 14,5 Millionen Mitglieder, die römisch-katholische Kirche hingegen fast 1,2 Milliarden.

**Das Blut Christi.** Wenn man sich mit Alkohol und Christentum beschäftigt, dann landet man früher oder später immer auch bei der Eucharistiefeier. Also bei jenem Teil der Messe, in der das letzte Abendmahl nachvollzogen wird. Nach Ansicht glaubensfester Katholiken wird dabei ja aus Wein das Blut und aus Brot der Leib Christi. Und das, obwohl Aussehen, Geruch und Geschmack natürlich völlig gleich bleiben.

Dieser Zusammenhang wird *Realpräsenz* genannt und mutet für Nichtchristen aus verständlichen Gründen zumeist sehr gewöhnungsbedürftig an. Selbst dem großen Reformator **Martin Luther** war das nicht ganz geheuer. Er war zwar ebenfalls der Ansicht, dass in der Messfeier Jesus Christus in Wein und Brot gegenwärtig werde. Allerdings würden dabei, vereinfacht gesprochen, der Wein trotzdem zugleich noch Wein und das Brot trotzdem noch Brot bleiben. Er beschritt damit eine Art Mittelweg, blieb aber dem tradierten Verständnis ziemlich nah.

Die evangelisch-reformierten Kirchen hingegen, die den Lehren von **Johannes Calvin** und **Ulrich Zwingli** folgen, nähern sich der Sache ein gehöriges Stück abgeklärter: Ihrer Überzeugung nach deuten Brot und Wein die Gegenwart von Jesus Christus bloß an. Das Abendmahl wird bei ihnen also zu einer Art Gedächtnisfeier; an eine Wandlung der Nahrungsmittel zu Leib und Blut Christi glauben sie hingegen nicht.

Agnostikern und Atheisten wird diese symbolhafte Interpretation vergleichsweise wohl noch am vernünftigsten vorkommen. An der Tatsache, dass die Wandlung den engen Kontext von Christentum und Alkohol selbst bei reformierten Kirchen noch deutlich dokumentiert, ändert das allerdings nichts.

*Der Teufel hat den Schnaps gemacht, um uns zu verderben.*
*Ich hör schon, wie der Teufel lacht, wenn wir am Schnaps einmal sterben.*

Michael Kunze (*1943),
deutscher Liedtexter, Schriftsteller und Librettist.
Aus dem gleichnamigen Lied von Udo Jürgens

## Das Alkoholverbot im Islam
# Gräuel und Satanswerk

In der vorislamischen Zeit wurden in der arabischen Welt Wein und andere alkoholische Getränke durchaus geschätzt. Trinken galt, anders als Betrunkensein, sogar als ehrenwert. Mit dem Siegeszug der Lehre des Propheten Mohammed war es aber recht bald vorbei mit den einschlägigen Vergnügungen. Freilich nicht nur mit denen – die negativen Folgewirkungen übermäßigen Becherns für die Gesellschaft und den Einzelnen waren damit natürlich ebenfalls Geschichte.

Bei allem nachvollziehbaren Unverständnis, welches das in einer ganzen Reihe von Ländern äußerst streng vollzogene Alkoholverbot bei vielen aufgeklärten Menschen im Westen hervorruft: An diesem an und für sich doch sehr erfreulichen Befund hat sich bis heute nicht viel geändert. So wie sich im Westen auch einige Irrtümer über das Verhältnis zwischen dem Islam und der populärsten Droge aller Zeiten überaus hartnäckig halten.

So gibt es etwa im gesamten Koran keinen einzigen Vers, der den Gläubigen den Genuss von Wein und Co. ausdrücklich verbietet. Den gibt es zwar, was das Essen von Schweinefleisch betrifft, nämlich in der *Sure 5:3*, aber eben nicht für das Trinken von Alkohol. Mehr noch, man findet sogar Textstellen, die durchaus gegenteilig interpretiert werden können.

Gott lässt, so steht es etwa in *Sure 16:10-1*, neben Getreide, Ölbäumen und Dattelpalmen auch Weinstöcke wachsen. Und laut *Sure 16:67* ist es ein «Zeichen von Verstand», aus den Früchten der Dattelpalmen und den Beeren einen Rauschtrank zu machen. Dass im Jenseits andere Regeln gelten werden als auf Erden, stellt die *Sure 47:15* in Aussicht. Dort werden den Gläubigen im Paradies nämlich nicht nur Früchte und Fleisch versprochen, sondern zudem wahre «Ströme von Wasser, Milch, Wein und Honig». Der Rebensaft wird im Islam damit zwar buchstäblich zu einem Getränk für die Verstorbenen, wie eine Verteufelung klingt diese Textstelle aber ganz und gar nicht.

***Alkohol ist zu meiden, wenn man die Absicht hat zu beten, zumal man betrunken ja nicht weiß, was man spricht.***

Wenn es darum geht, die trotzdem unumstritten entschieden ablehnende Haltung der meisten Muslime gegenüber dem Konsum von Alkohol zu begründen, werden im Regelfall drei andere Koranstellen zitiert.

In der vergleichsweise harmlosen *Sure 4:43* steht im Wesentlichen, Alkohol sei zu meiden, wenn man die Absicht hat zu beten, zumal man betrunken ja nicht wüsste, was man spricht. Der *Vers 219* der zweiten Sure wird da noch weit deutlicher, obgleich der genaue Wortlaut natürlich jeweils von der konkreten Übersetzung abhängt. In etwa klingt er so: «Man fragt dich nach dem Wein und dem Losspiel. Sag: In ihnen liegt eine schwere Sünde. Und dabei sind sie für die Menschen manchmal auch von Nutzen. Die Sünde, die in ihnen liegt, ist aber größer als ihr Nutzen.» Und in der *Sure 5:90-91* schließlich, der im Jahre 626 letzten zum Thema veröffentlichten Koranstelle, wird Wein (unter anderem wieder nebst dem Glücksspiel) dann schon explizit als Gräuel und Satanswerk bezeichnet, das nur Feindschaft und Hass aufkommen lässt.

Konservative muslimische Theologen und Rechtsgelehrte leiten daher auch genau von dieser Stelle das bestehende strenge Alkoholverbot des

Islam ab. Die dritte Offenbarung ersetzt ihrer Überzeugung nach nämlich die genannten älteren Verse. Zur religiösen Begründung und Untermauerung ihrer strikt ablehnenden Haltung gegenüber Alkohol dienen jedoch in erster Linie die sogenannten *Hadithe*. Das sind die Überlieferungen von Empfehlungen, Anweisungen, Verboten und Warnungen, die Mohammed persönlich ausgesprochen haben soll, sowie ergänzend von seinen nachahmenswerten Handlungen. Sie wurden rund 150 Jahre nach dem Tod des Propheten (570–632) zusammengetragen und aufgeschrieben und wenden sich in der Tat zum Teil sehr radikal gegen den Alkoholkonsum.

Dieser wird laut der *Scharia*, dem religiösen islamischen Recht, daher nach wie vor als Kapitalverbrechen betrachtet. Und zwar als eines, das – zumindest theoretisch – mit 40 bis 80 Schlägen überaus streng zu bestrafen ist. Wer Alkohol schmuggelt, muss sogar um Kopf und Kragen fürchten: Ihm droht die Enthauptung durch das Schwert. Die entsprechenden Bestimmungen werden aber üblicherweise nirgendwo in der islamischen Welt in vollem Umfang angewendet, ja selbst in der Vergangenheit hat sich hier zwischen theoretischem Anspruch und praktischer Umsetzung immer eine gewisse Kluft aufgetan. Im Koran selbst ist übrigens kein Strafmaß angegeben.

**Wein auf Reisen.** Durch geschickte Neuinterpretationen und einigermaßen gewagte Auslegungen wurde immer wieder versucht, die ablehnende Haltung des Islam gegenüber Bier, Wein und Co. zumindest ein klein wenig aufzuweichen. Manche islamischen Würdenträger vertreten etwa die Ansicht, dass Bier und Branntwein immer strikt untersagt sind, der gelegentliche Konsum von Wein auf Reisen jedoch durchaus toleriert werden kann. Andere wiederum behaupten sogar, nicht der Wein sei an sich verboten, sondern nur der Genuss desselben im Übermaß. Etwa die Mitglieder der alevitischen Glaubensgemeinschaft, die in der Türkei bis zu 30 Prozent der Bevölkerung stellen und die üblicherweise sehr wohl als Muslime gesehen werden. Mehrheitsfähig sind derartige Positionen in der islamischen Welt freilich nicht; ganz im Gegenteil, sie sind und bleiben innerhalb der Religion ein klares Minderheitenprogramm.

Die Argumentation, das Trinken von Wein sei nicht klipp und klar untersagt, sondern bloß als verwerflich anzusehen, erfreut sich da schon weit breiterer Zustimmung. Weil in keinem einzigen Koranvers der arabische Rechtsbegriff *haram* («verboten») verwendet wird, klingt diese Auffassung zudem nicht ganz unlogisch. Millionen von Muslimen in aller Welt sehen das offenbar genauso, wenn es darum geht, ihren – in den allermeisten Fällen freilich sehr gemäßigten und gelegentlichen – Alkoholgenuss zu rechtfertigen.

***Wer sich bloß mit Franzbranntwein einreibt, sündigt nicht.***

Eine Ausnahme wird von führenden islamischen Autoritäten auch gemacht, wenn es um die Gesundheit geht. Wird Alkohol nämlich ganz eindeutig nicht mit der Absicht eingenommen, sich zu berauschen, sondern etwa als unvermeidlicher Bestandteil von Medikamenten, dann ist das nach Meinung vieler ebenso wenig verdammenswert wie die rein äußerliche Anwendung von Hochprozentigem. Wer sich also bloß mit Franzbranntwein einreibt, sündigt nicht. Dass sich ein guter Muslim auch einmal einen Schluck Wein genehmigen kann, solange er ihn nur als Medizin betrachtet, entspringt hingegen leider wohl eher reinem Wunschdenken.

*Si nous entendions dire des Orientaux qu'ils boivent ordinairement d'une liqueur qui leur monte à la tête, leur fait perdre la raison et les fait vomir, nous dirions: Cela est bien barbare.**

Jean de La Bruyère (1645–1696), französischer Schriftsteller

## Der Alkoholkonsum in der islamischen Welt
# Hinter den Kulissen

Der Islam ist die einzige der großen Weltreligionen, deren Vertreter den Genuss von Alkohol heute grundsätzlich sehr eindeutig, wenn nicht gar extrem strikt ablehnen. Getrunken wird in der muslimischen Welt aber trotzdem. Im Vergleich zu den Zahlen im Westen nimmt sich der durchschnittliche Verbrauch an Wein, Bier und Co. ebendort zwar sehr bescheiden aus, doch gebechert wird, daran besteht kein Zweifel. Und wie man etwa den (allerdings nicht ganz unumstrittenen) Reiseberichten des venezianischen Händlers **Marco Polo** aus dem 13. Jahrhundert und anderen alten Quellen entnehmen kann, war das in früheren Jahrhunderten nicht viel anders.

Bei der Betrachtung der offiziellen Statistiken muss man mittlerweile in manchen Ländern wie etwa in Tunesien, Marokko oder Dubai allerdings Vorsicht walten lassen. Ein ansehnlicher Teil der Gesamtkonsumation entfällt dort nämlich auf Touristen aus dem Westen – aber eben bei weitem nicht alles. Und natürlich muss man auch ins Kalkül ziehen, dass sich in muslimischen Ländern üblicherweise nur wenige dazu bekennen, sich ab

* Wenn uns jemand erzählen würde, dass die Orientalen regelmäßig ein alkoholisches Getränk zu sich nehmen, das ihnen zu Kopf steigt, sie des Verstandes beraubt und erbrechen lässt, würden wir sagen: Wie barbarisch!

und zu volllaufen zu lassen. Laut offiziellen Zahlen der Weltgesundheitsorganisation aus dem Jahr 2012 trinken diejenigen, die trinken, beispielsweise auf den Komoren oder in Mali am meisten. Weltweit sogar. Bei allem Respekt vor dem Zahlenwerk der WHO dürfte das so wohl nicht ganz stimmen (siehe auch Seite 158ff.).

In Gesellschaften, in denen der Alkoholkonsum verpönt ist, spielt sich vieles eben hinter den Kulissen ab. Vor religiösen Feiertagen, wie etwa dem Geburtstag des Propheten oder im heiligen Fastenmonat Ramadan, also dann, wenn Alkohol in praktisch allen islamischen Staaten weder verkauft noch ausgeschenkt werden darf, merkt man das am deutlichsten.

***Nicht wenige stein- und einflussreiche Muslime dürften sich hinter den dicken Mauern ihrer Villen mitunter ganz profan ziemlich exzessiv die Kante geben.***

Da erzielen jene Bars und Geschäfte zwischen Tanger und Jakarta, in denen man Bier, Wein und sogar Spirituosen bekommen kann, meist höhere und mitunter durchaus beachtliche Umsätze. Die selbstverständlich nicht nur von ausländischen Besuchern und den Angehörigen nichtmuslimischer Minderheiten getätigt werden, auch wenn das gern behauptet wird.

**Wilde Partys und Saufen aus Frust.** Alkoholkonsum ist in der islamischen Welt üblicherweise vor allem in besser verdienenden Kreisen und städtischen Milieus zu beobachten. Von den Eliten der betreffenden Länder wird jedenfalls mit Sicherheit deutlich mehr getrunken als von der Durchschnittsbevölkerung. Schlimmer noch: Gar nicht so wenige stein- und einflussreiche Muslime dürften sich hinter den dicken Mauern ihrer Villen und Paläste mitunter sogar ganz profan ziemlich exzessiv die Kante geben. Die Internet-Plattform Wikileaks berichtete im Dezember 2010 jedenfalls von wilden Partys im erzkonservativen Saudi-Arabien bei denen die gestrengen und ansonsten allgegenwärtigen Religionspolizisten beide

Augen zugedrückt haben, sobald ein Mitglied der Herrscherfamilie mit von der Partie war. Ein US-Diplomat hat es so formuliert: «Die volle Bandbreite weltlicher Laster ist verfügbar: Alkohol, Drogen, Sex – aber alles hinter verschlossenen Türen.» Übrigens: Wer über weniger Kleingeld, Macht und Einfluss verfügt, muss im sittenstrengen Königreich dennoch nicht verzweifeln: Das unmittelbar benachbarte Bahrain gilt mittlerweile als Ballermann des Orients, Flatrate-Saufen inklusive. Allerdings, so viel Anstand muss sein, nur in Clubs mit blickdichten Fensterscheiben oder in höheren Stockwerken gelegenen Discos.

***Wer als Moslem im Iran beim Saufen ertappt wird, muss eine Geldbuße entrichten oder wird brutal ausgepeitscht.***

Eine Studie der Atatürk-Universität in Erzurum von 2006 hat landesweit unter insgesamt 7500 Studenten unter anderem deren Alkoholkonsum erhoben. Die Ergebnisse sorgten für einige Aufregung. Insgesamt haben nämlich stolze 18,1 Prozent der weiblichen und 28,4 Prozent der männlichen studierenden Muslime zugegeben, mehr oder weniger regelmäßig Alkohol zu trinken. Am häufigsten zur Flasche gegriffen wurde dabei an den Fakultäten der «Schönen Künste», am wenigsten, nicht wirklich überraschend, von den angehenden islamischen Theologen. Wobei es aber auch da immerhin noch sechs Prozent der Studenten waren, die das Alkoholverbot missachteten.

Ganz am anderen Ende der sozialen Hackordnung, in den untersten Schichten, wird in der islamischen Welt ebenfalls häufiger zur Flasche gegriffen. Da dient der Alkohol freilich weniger dem Vergnügen und dem Genuss, sondern in bewährter Manier eher als Mittel des Verdrängens und Vergessens. Unbestritten ist aber zugleich: Die überwältigende Mehrheit der strenggläubigen Landbevölkerung lehnt den Alkoholkonsum bis zum heutigen Tag unmissverständlich und entschieden ab. Und zwar ohne Wenn und Aber.

Für den Verkauf und Verbrauch von Alkohol gibt es in der muslimischen Welt übrigens keine einheitlichen rechtlichen Regelungen. In einigen Ländern ist er offiziell etwa nur Touristen vorbehalten, in anderen wiederum der Allgemeinheit zugänglich. Keine oder kaum Einschränkungen gibt es etwa in Jordanien, Syrien oder der Türkei. Per Gesetz generell verboten ist er hingegen unter anderem in Saudi-Arabien und im Sudan.

Im theokratischen Iran muss man auf seinen Whiskey oder Wodka im privaten Raum ebenfalls nicht in jedem Fall verzichten – Christen und Juden dürfen dort nämlich innerhalb der eigenen vier Wände sehr wohl Alkohol konsumieren. Eine besonders skurrile Situation gibt es in den palästinensischen Autonomiegebieten: Während es im von der Fatah kontrollierten Westjordanland durchaus Lokale gibt, die Wein, Bier und sogar Schnaps ausschenken, ist in dem von der Hamas beherrschten Gaza-Streifen seit dem Sommer 2007 der Alkoholkonsum strikt verboten.

Aber selbst dort, wo auf das Trinken von Wein, Bier und Co. drakonische Strafen stehen, wird getrunken. Wer etwa als Moslem im Iran beim Saufen ertappt wird, muss eine Geldbuße entrichten oder wird brutal ausgepeitscht. Im Sommer 2012 wurden zwei Männer, die man zum dritten Mal erwischt hatte, zum Tode verurteilt. Trotzdem werden Millionen Liter ins Land geschmuggelt oder heimlich hergestellt. Nach offiziellen Polizeiangaben soll es in der Islamischen Republik 200 000 Alkoholiker geben.

***Vor allem der Anbau und das Keltern von Wein haben in vielen islamischen Staaten eine lange Tradition und große Bedeutung.***

Ein in diesem Zusammenhang ebenfalls bemerkenswertes Phänomen stellt in manchen Ländern des Nahen Ostens das Millionenheer an Gastarbeitern aus dem asiatischen Raum dar. Viele dieser sehr oft in äußerst trostlosen Verhältnissen lebenden Arbeitsmigranten brauen sich vor Ort ihren eigenen Fusel und verkaufen ihn bei Bedarf gerne weiter.

Selbst wenn das konservative Muslime gar nicht gerne sehen, Alkohol wird in der islamischen Welt nicht nur getrunken, sondern auch produziert. Ungeachtet dessen, ob das streng verboten ist. Im erzkonservativen Königreich Saudi-Arabien hebt die Polizei etwa immer wieder mal illegale Brennereien aus. Der Großteil des Alkohols wird freilich hochoffiziell hergestellt. Vor allem der Anbau und das Keltern von Wein haben in vielen islamischen Staaten eine lange Tradition und eine große Bedeutung. Die Angaben der in einigen Staaten sehr beachtlichen Rebflächen können dabei freilich leicht falsch verstanden werden. Für den Iran wurden diese 2011 beispielsweise auf stolze 300 000 Hektar geschätzt. Aber selbstverständlich, so weit reicht die da wie dort praktizierte Scheinheiligkeit nun doch auch wieder nicht, wurde nur ein ganz kleiner Teil der geernteten Trauben zu Wein (vorwiegend zu Shiraz) verarbeitet, und das noch dazu im Ausland. Der große Rest der Ernte wurde als frische Tafeltrauben verkauft oder zu Traubensaft und zu Rosinen verarbeitet. In der Türkei waren im selben Jahr sogar auf rund 500 000 Hektar Weinreben angepflanzt, aber auch dort wird nur aus sehr wenigen geernteten Trauben Wein produziert. Abermillionen Liter sind es dennoch Jahr für Jahr.

**Millionen Liter Wein.** Eine durchaus beachtliche Weinproduktion gibt es überdies in Ägypten, Algerien, im Libanon, in Syrien, Jordanien, Usbekistan, Tunesien und in Marokko. 2005 wurden etwa im Maghrebinischen Königreich 375 000, in Tunesien 331 000 und in Usbekistan sogar 450 000 Hektoliter Wein gekeltert. Der größte Weinbaubetrieb in Marokko, die *Celliers de Meknes*, produzierte 2011 auf einer Fläche von rund 2000 Hektar Wein. Damit stellt der Großbetrieb praktisch alle europäischen Produzenten in den Schatten.

Die Herstellung von alkoholischen Getränken ist in der islamischen Welt aber nicht nur auf Wein beschränkt. Es gibt zudem eine beachtliche Anzahl von Brauereien und obendrein sogar Destillerien. In denen werden alle möglichen Arten von Bieren hergestellt und alle möglichen Arten von

Spirituosen hergestellt. Und zwar mitunter sogar solche von hervorragender Qualität. Die 1860 gegründete *Murree Brewery* in Rawalpindi im Punjab (Pakistan) erzeugt beispielsweise Energy-Drinks und Limonaden, braut zudem Bier (natürlich auch alkoholfreies) und brennt Wodka, Gin, Rum sowie einen ganz hervorragenden Malt Whisky. Letzterer wird angeblich überall in der islamischen Welt geschätzt – und nach Angaben des Herstellers zu 99 Prozent von Muslimen getrunken.

*Walter Mehring: «Roth, warum trinken Sie so viel?*
*Sie ruinieren sich doch!»*

*Joseph Roth: «Und warum trinken Sie nicht, Mehring?*
*Glauben Sie, dass Sie davonkommen werden?*
*Auch Sie werden zugrunde gehen.»**

Walter Mehring (1896–1981), deutscher Schriftsteller und Satiriker, und Joseph Roth (1894–1939), österreichischer Schriftsteller und Journalist, im Jahr 1939

## Das Judentum und der Alkohol
# Koscher oder gojisch

Der jüdische Glaube kennt als grundsätzlich weltbejahende Religion bis auf wenige Ausnahmen keine asketische Praxis im eigentlichen Sinn. Wein, Bier und Co. dürfen also getrunken werden, aber man muss bestimmte Regeln einhalten, damit man das als gläubiger Mensch auch mit gutem Gewissen tun kann. Eine der wichtigsten dieser Regeln besagt: Obwohl der Alkohol nicht prinzipiell verpönt ist, der Rausch ist das sehr wohl. Er wird als «gojisch» gesehen, also als etwas, das viel eher Nichtjuden zugeschrieben wird. Eine einzige große Ausnahme bestätigt dabei die Regel, nämlich das *Purim*-Fest (siehe Seite 143). Dass es in Israel dennoch immer wieder zu Saufexzessen kommt, liegt angeblich meistens am Trinkverhalten von Einwanderern aus Osteuropa. Die hätten sich, so eine häufig vorgebrachte Erklärung, in vielen Fällen schlichtweg noch nicht den Landessitten angepasst.

Das Judentum kennt eine Reihe von Speisegesetzen, die auch den Konsum von Alkohol mit einschließen. Die Hintergründe ihrer Entstehung

---

* Der Dialog fand im Frühjahr 1939 in Paris statt, wo Mehring Roth betrunken und verwahrlost auf dem Rinnstein sitzend auf der Straße aufgelesen hat.

werden unterschiedlich interpretiert. Religiöse Aspekte werden ebenso genannt wie etwa hygienische oder gesundheitliche Überlegungen. Außer Zweifel steht aber die identitätsstiftende Funktion dieses Regelwerks.

Von besonderer Bedeutung ist in diesem Zusammenhang der Begriff *koscher*. Wenn etwas «für den Verzehr geeignet» ist, und nichts anderes heißt *koscher* übersetzt, dann ist es das deswegen, weil bei der Vor- und Zubereitung von Lebensmitteln facettenreiche Rituale eingehalten worden sind. Die entsprechenden Bestimmungen finden sich im *Talmud* und in der *Tora*, also in den beiden wichtigen heiligen Schriften des Judentums. Sie sind bei der Herstellung von Weinen sowie bei der von allen anderen aus vergorenen Trauben erzeugten Getränken wie beispielsweise Sekt, Champagner, Cognac, Brandy, Martini oder Campari zu beachten. Da müssen dann etwa die Trauben unter Aufsicht geerntet und verarbeitet werden. Und da dürfen nur fachkundige und berechtigte Personen unmittelbar mit der Ernte und der Verarbeitung zu tun haben.

***Nach zwei Gläsern wird man gewalttätig und stolz wie ein Löwe, nach drei geschwätzig und albern wie ein Affe und nach vier Drinks unflätig wie ein Schwein.***

Einzig und allein Rebensaft, der unter Berücksichtigung dieser und einer Reihe weiterer Vorschriften hergestellt wurde, ist für strenggläubige Juden überhaupt Wein, den man trinken darf. Dass sich daran sehr viele Juden nicht halten, ist klar. Und für andere alkoholische Getränke wie Bier oder die meisten Spirituosen, von Wodka bis Whisky, gibt es überhaupt keine besonderen einschlägigen Bestimmungen.

Im Talmud findet sich eine interessante und in recht bildlicher Sprache abgefasste Stelle, die sich darauf bezieht, wie viel man trinken soll oder darf. Wer einen Becher kippt, so steht es in der überaus umfangreichen wichtigsten Sammlung von religiösen Gesetzen und Vorschriften unmissverständlich geschrieben, wird angeblich zahm wie ein Lamm. Nach zwei Gläsern wird man gewalttätig und stolz wie ein Löwe, nach drei geschwätzig und albern wie ein Affe und nach vier Drinks unflätig wie ein Schwein. Die Idee dahinter ist offensichtlich und keine jüdische Eigenheit: Von der griechischen Poesie bis zu Schriften aus der Neuzeit, etwa **Hans Christians Andersens** Märchen *Turmwächter Ole*, kann man immer wieder lesen, dass allerhöchstens drei hintereinander getrunkene Gläser eines alkoholischen Getränks in Ordnung sind. Oder anders formuliert: Trinken ist okay, Saufen nicht.

Interessant in diesem Zusammenhang: Angeblich ist das sogar der Grund, warum sich letztlich in Europa und damit zudem in weiten Teilen der Welt die 0,75-Liter-Flasche als die Standardgröße schlechthin durchgesetzt hat – die enthält nämlich genau drei Drinks für zwei Personen und keinen Milliliter mehr.

Wein findet im Judentum übrigens auch rituelle Verwendung. Bis zu einem gewissen Grad ist er daher nicht nur nicht verboten, sondern bei bestimmten Zeremonien sogar geboten. So etwa am *Sabbat*, dem wöchentlichen Fest-, Feier- und Ruhetag der Juden. Am Samstag nach der christlichen Wochenplanung darf ja nach jüdischem Glauben nicht gearbeitet werden. Und am Beginn des Sabbats – also am Freitagabend, am sogenannten *Erev Sabbat* – versammelt sich die religiöse Familie Woche für Woche zu einer kleinen Zeremonie. Dabei werden unter anderem Wein und Brot gesegnet und natürlich auch gegessen beziehungsweise getrunken. Am *Seder*-Abend, dem Auftakt des *Pessach*-Festes, wird ebenfalls nach einem bestimmten Ritual mehrmals Wein gereicht. Vier volle Becher sind Vorschrift.

**Feucht-fröhliches Purim.** Eine wichtige Rolle spielt der Wein zudem bei der jüdischen Hochzeit. Das Brautpaar steht dabei meist im Freien unter einer *Chuppa*, einem von vier Stangen gehaltenen Baldachin aus edlen Stoffen. Der Rabbiner segnet die beiden und reicht ihnen einen Becher Wein, den Braut und Bräutigam gemeinsam austrinken. Danach werden die Ringe getauscht (zumindest in liberalen Kreisen, ansonsten bekommt nur die Braut einen Ring an den Finger gesteckt) und der Rabbiner verliest den Ehevertrag. Es folgen die sieben Segenssprüche, die *Schewa Brachot*, und wieder wird den Brautleuten ein Becher Wein gereicht, der den «Kelch des Lebens» symbolisiert, den sie fortan gemeinsam leeren werden. Ganz am Ende der Zeremonie wird vom Bräutigam ein Glas mit dem Fuß zertreten.

Dass das Saufen unstatthaft ist, gilt zwar meistens, aber nicht immer. Die große Ausnahme ist das sogenannte *Purim*-Fest. Weil die Juden sich zu diesem Anlass gern verkleiden, wird es immer wieder gerne mit dem europäischen Brauch des Karnevals verglichen. In Wahrheit hat es damit aber rein gar nichts zu tun. Purim erinnert vielmehr an eine Geschichte aus dem Buch Esther und an die Rettung der persischen Juden aus großer Gefahr im fünften Jahrhundert vor Christus. Einmal jährlich wird dieses Ereignis bis heute gefeiert, und zwar in aller Regel feucht-fröhlich. Der Genuss von Wein selbst in rauen Mengen ist an diesem Tag nicht nur angebracht, sondern fast schon Pflicht. Sogar im Talmud finden sich in diesem Zusammenhang Empfehlungen, die man als Ermunterung verstehen kann, ordentlich einen draufzumachen.

Der Vollständigkeit halber sei freilich angemerkt: Die Sichtweise, es gehe beim Purim-Fest darum, nicht vom Alkohol, sondern von Glück und Freude trunken zu werden, gibt es auch, obwohl sie aus verständlichen Gründen nicht ungeheuer populär ist. Gegen ein paar Gläser Wein haben aber selbst Puritaner für gewöhnlich nichts einzuwenden. Immerhin lautet der bekannteste jüdische Toast *Le'Chaim*, was übersetzt «Auf das Leben!» heißt. Und darauf im wahrsten Sinne des Wortes alle heiligen Zeiten genussvoll zu trinken, kann wohl gewiss nicht ganz falsch sein.

*Durch Alkohol bringt man sich auf Stufen der Kultur zurück, die man überwunden hat.*

Friedrich Nietzsche (1844–1900), deutscher Philosoph und Dichter

## Der Hinduismus, der Buddhismus und das Trinken
# Tendenz zur Abstinenz

Der Hinduismus und der Buddhismus legen ihren Anhängern natürlich ebenfalls ein bestimmtes Verhalten nahe, was den Umgang mit Alkohol betrifft. Das Trinken berauschender Getränke wird von den beiden großen asiatischen Weltreligionen im Unterschied zum Christentum und zum Judentum nicht begrüßt, allerdings auch lange nicht so entschieden abgelehnt wie etwa im Islam. Wer sich nicht an die diesbezüglichen Empfehlungen zur Abstinenz hält, der zeigt zwar eindeutig ein Fehlverhalten, mit schlimmsten Konsequenzen wie Peitschenhieben im Diesseits oder gar gleich mit ewiger Verdammnis im Jenseits müssen irregeleitete Gläubige allerdings nicht rechnen, wenn sie sich mal ein Glas Wein oder Bier gönnen.

Selbst wenn beide Religionen natürlich bei weitem nicht in allen Belangen übereinstimmen und es obendrein da wie dort noch verschiedene Richtungen gibt, gilt generell Folgendes: Wer als normaler Gläubiger Alkohol vermeidet, handelt auf jeden Fall sehr verdienstvoll, und wer ihn trinkt, eben nicht. Punktum.

Überzeugten Hindus gilt Alkohol unter anderem schlichtweg als unrein, so wie vieles andere übrigens auch. Das Trinken war, wenn es denn überhaupt praktiziert wurde, die längste Zeit eher eine Sache niedrigerer

Gesellschaftsschichten; ganz oben in der Hierarchie, etwa bei den Brahmanen, sprich den Priestern, bleibt man für gemeinhin bedingungslos trocken. Freilich dürfte sich hier im Zuge der zunehmenden Verwestlichung städtischer Milieus vor allem in der Mittelschicht gerade doch einiges ändern. Zumal es für einfache Gläubige jedenfalls nicht explizit verboten ist, sich mal einen guten Schluck zu gönnen, und viele Inder in dieser Hinsicht gegenüber dem Verhalten anderer recht tolerant sind, sogar mit großer Wahrscheinlichkeit.

Obwohl es im Buddhismus sogar definitiv heißt, man solle keine berauschenden Mittel zu sich nehmen, weil diese den Geist verwirren würden, bleibt die Entscheidung, ob jemand die Gefahr eingeht, seinen Verstand zu benebeln oder nicht, dabei letztlich auch dort jedem Einzelnen selber überlassen. Vorausgesetzt freilich, er ist kein Mönch: Weil diese als Novizen bei ihrem Eintritt in einen buddhistischen Orden das Gelübde ablegen, die fünf *Silas*, also die grundlegenden Sittlichkeits- und Tugendregeln der Religion, fortan tatsächlich einzuhalten – und zu denen gehört eben die Maxime, nichts zu trinken, zu schlucken oder zu rauchen, was das Bewusstsein trüben könnte –, gelten für sie viel strengere Maßstäbe in puncto Lebensführung.

***Wenn jemand meint, unbedingt Alkohol trinken zu müssen, dann sollte er das in jedem Fall zurückhaltend tun.***

Übrigens: Wer denkt, der Hauptgrund für dieses Gebot könnte der sein, dass man dann im Rausch die anderen vier Silas wohl eher missachtet als im nüchternen Zustand, liegt vermutlich nicht ganz falsch.

Freilich, und hier endet der vermeintliche Freibrief für einfache Gläubige auf jeden Fall: Die Dosis macht den Unterschied. Wenn also jemand meint, unbedingt Alkohol trinken zu müssen, dann sollte er das in jedem Fall zurückhaltend tun. Begriffe wie Enthaltsamkeit und Verzicht sowie Zurückhaltung und Mäßigung sind unter respektablen

Hindus und Buddhisten üblicherweise nämlich nicht ohne Grund weit positiver besetzt als für die meisten Menschen im modernen Westen.

Eine Ausnahme bilden im Hinduismus manche Splittergruppen, die Alkohol in Ritualen verwenden. Zu recht zweifelhafter Bekanntheit haben es diesbezüglich die *Aghori* gebracht, eine alte, sehr radikale und sehr geheimnisvolle Sekte, deren Anhänger besonders asketisch leben und die das Brechen von Tabus als wirksamen Weg zur Erleuchtung betrachten. Sie sollen Praktiken anhängen, die sich vorsichtig formuliert zumindest sehr seltsam anhören. Und zwar nicht unbedingt nur für westliche Ohren. So heißt es etwa, sie würden rohes Fleisch von Tieren essen und unter bestimmten Bedingungen sogar das von Menschen sowie Exkremente; und so sollen sie unter anderem nicht nur ihren eigenen Urin, sondern eben zudem auch hochprozentigen Alkohol trinken, den sie sich vor allem im Rahmen von Beschwörungs- und Totenritualen genehmigen. Dass sie dazu an Stelle von Bechern Totenschädel verwenden, ist sogar eindeutig erwiesen.

# 3.

## Alkohol und Gesellschaft

*It is the unbroken testimony of all history that alcoholic liquors have been used by the strongest, wisest, handsomest, and in every way best races of all times.**

George Saintsbury (1845–1933),
englischer Historiker

## Wie man in verschiedenen Kulturen mit dem Thema Alkohol umgeht

# Zwischen Verbot und Exzess

Kulturen und Gesellschaften werden in bezug auf ihren Umgang mit Alkohol in verschiedene Gruppen beziehungsweise Kategorien unterteilt. In welche, hängt vom wissenschaftlichen Ansatz ab, mit dem man sich dem Thema nähert.

So ist etwa die simple Zweiteilung in *überwiegend abstinente und nicht-abstinente Kulturen* durchaus weit verbreitet. Also in Gesellschaften, in denen prinzipiell die meisten Menschen nichts oder nur wenig trinken, und in solche, in denen üblicherweise recht viele zum Glas oder zur Flasche greifen. Ebenso geläufig ist die Dreiteilung in *Abstinenzkulturen, Trinkkulturen* und *gestörte Trinkkulturen*. In letzteren gibt es keine klaren gesellschaftlichen Normen und verbindlichen Regeln für den Umgang mit Alkohol, was die missbräuchliche Verwendung sehr viel wahrscheinlicher macht.

Auch die vierteilige Unterscheidung in *Abstinenz-, Ambivalenz-, Permissiv- und extreme Permissivkulturen* ist durchaus geläufig. Bei dieser Systematik versteht man unter Abstinenzkulturen solche, in denen der

* Es gehört zu den ewigen Wahrheiten der Zeitgeschichte, dass die jeweils stärksten, klügsten, schönsten und auch sonst überlegenen Völker alkoholische Substanzen zu sich zu nehmen pflegten.

Alkoholkonsum untersagt ist, also in erster Linie islamische Länder. Die Ambivalenzkulturen wiederum haben ihre Wurzeln in den asketisch-puritanischen Auffassungen des anglikanischen Protestantismus und stehen, wie schon ihr Name recht nachdrücklich anzeigt, für ein im Regelfall ziemlich zwiespältiges Verhältnis zur wohl mächtigsten Droge der Welt. Man liebäugelt mit der Prohibition, setzt sie aber nicht durch.

***In permissiv-funktionsgestörten Kulturen wird, vereinfacht gesagt, nicht nur der normale Alkoholkonsum, sondern selbst der Exzess gebilligt.***

Das Trinken von Bier, Wein, Schnaps und Co. wird dabei im Wesentlichen (zeitlich, regional etc.) beschränkt toleriert, viel mehr aber nicht. In den katholisch geprägten Permissivkulturen ist demgegenüber der Alkoholkonsum zwar generell weitgehend erlaubt, Wein und Bier gelten vielen sogar fast schon als Grundnahrungsmittel, Trunkenheit und exzessives Saufen werden jedoch in aller Regel entschieden abgelehnt. Und in permissiv-funktionsgestörten Kulturen wird, vereinfacht gesagt, nicht nur der normale Alkoholkonsum, sondern selbst der Exzess gebilligt.

Die Einteilung in Länder, in denen eher Bier, eher Wein oder eher Hochprozentiges getrunken wird, findet sich in der Literatur ebenfalls. Sie ist heutzutage allerdings wohl eher nicht mehr wirklich zeitgemäß. Weil die Unterschiede deutlich geringer geworden sind als oft vermutet oder eben gar nicht mehr auszumachen sind. Zwei Beispiele von vielen, die das untermauern: Spanier nehmen Alkohol mittlerweile häufiger in Form von Bier als von Wein zu sich, und die Griechen trinken mehr Spirituosen als die Norweger oder Schweden.

Wie man mit Alkohol umgeht, das ist freilich nach wie vor von Land zu Land ziemlich bis sehr verschieden. Aber selbst innerhalb eines Staates gibt es beispielsweise abhängig von der gesellschaftlichen Schicht und regionalen Sitten und Gebräuchen sowie im Zeitablauf sehr unterschiedliche Zugänge. Eine grobe Zuordnung zu den genannten sowie zu anderen Grundtypen ist normalerweise dennoch möglich.

Sicher ist: Der religiöse Hintergrund hat bei der Herausbildung der unterschiedlichen Typologien ursprünglich eine wesentliche Rolle gespielt und spielt sie noch. Und die unterschiedlichen Positionen gegenüber dem Thema scheinen sich zumindest langfristig anzunähern. Mitunter nur langsam und wenig, in vielen Gesellschaften freilich vergleichsweise sogar rasch und stark. Dass der Zugang zu Alkohol und Berauschung künftig vielerorts strenger gehandhabt werden könnte als heute, erscheint jedenfalls nicht unwahrscheinlich. Und dass er vielerorts auch gelockert werden könnte, ebenfalls. Offenbar gilt, wie so oft im Leben: In der Mitte liegt die Wahrheit.

Der deutsche Sozialwissenschaftler **Wolf Wagner** unterscheidet in puncto Umgang mit Alkohol sogar zwischen fünf verschiedenen Arten von Kulturen. Und findet damit eine vergleichsweise sehr gute Unterteilung. Unschärfen in der Zuordnung sind jedoch selbst bei seiner in der Folge näher vorgestellten Systematik unvermeidbar.

**Tabuisierter Alkohol.** In *alkoholprohibitiven Kulturen* beziehungsweise Abstinenzkulturen ist der Konsum von berauschenden Getränken grundsätzlich verboten oder nur unter strengen Auflagen gestattet – und selbst das üblicherweise nur für bestimmte Bevölkerungsgruppen. Somit handelt es sich heutzutage dabei in erster Linie, aber nicht ausschließlich um Länder, in denen der Islam Staatsreligion ist. Saudi-Arabien, Libyen oder Iran, wo Verstöße gegen entsprechende Gesetze überaus rigide geahndet werden, sind hier exemplarisch ebenso zu nennen wie vergleichsweise tolerantere Regimes wie etwa das in Jordanien oder das in Marokko. Wobei eben durchaus auch in manchen muslimischen Gesellschaften manche – besonders Christen oder allgemein Touristen – Alkohol trinken dürfen und alle anderen nicht. Die hinduistisch geprägte Kultur Indiens und buddhistisch geprägte Gesellschaften funktionieren ähnlich und zählen grundsätzlich ebenfalls zu dieser Gruppe.

Jeder, der in einer derartigen Kultur Alkohol trinkt, fällt auf und gilt im wahrsten Sinne des Wortes als nicht normal. Und wer wiederholt mit einem guten Glas Bier, Wein oder gar Schnaps erwischt wird, wird sehr bald sogar für einen Säufer gehalten. Mögen die getrunkenen Mengen auch noch so bescheiden sein. Die Zahl der Alkoholkranken ist in diesen Ländern erwartungsgemäß sehr gering.

***Betrunken zu sein gilt zwischen Lille und Nizza zwar nicht unbedingt als in Ordnung oder gar als très chic, doch als Katastrophe wird es für gewöhnlich nicht betrachtet.***

In den *alkoholexzeptionellen Kulturen* ist es eigentlich ebenfalls nicht allgemein gestattet beziehungsweise ziemlich unüblich, Alkohol zu trinken. Völlig verteufelt wird der Konsum dann allerdings doch wieder nicht. Kleine Mengen sind zu in ganz bestimmten Ausnahmesituationen jedenfalls durchaus erlaubt. So etwa, um nur zwei Beispiele zu nennen, bei der jüdischen Hochzeitszeremonie oder bei der Feier des Abendmahls in einer Reihe von sehr christlich geprägten Gesellschaften.

**Trinken mit Mass.** In *alkoholpermissiven Kulturen* wird zu bestimmten Gelegenheiten mehr als genug Alkohol getrunken, wobei der Konsum dabei aber relativ strengen gesellschaftlichen oder gesetzlichen Restriktionen unterliegt. Hier werden erneut zwei Gruppen unterschieden.

Zur ersten Kategorie gehören als typische Vertreter etwa die großen Weinnationen Italien und Spanien. In diesen Ländern ist der regelmäßige, jedoch maßvolle Konsum von Alkohol weit verbreitet und gesellschaftlich anerkannt. So ist beispielsweise seit jeher das Trinken von Wein zu festen Mahlzeiten selbstverständlich; danach verschwindet die Flasche aber wieder vom Tisch. Die Droge ist also gleichsam alltäglich, Kinder und Jugendliche lernen aber im Idealfall schon frühzeitig über das Vorbild der Eltern, richtig mit ihr umzugehen. Ein Rausch gilt in diesen Gesellschaften in jedem

Fall als unerwünscht – und als Ausdruck einer Charakterschwäche oder etwa als Indiz für chronische Unzuverlässigkeit. Und sich nach mehr als höchstens einem Glas Wein oder Bier hinter ein Lenkrad zu setzen, als No-Go. Normales Trinken wird somit also sehr deutlich vom gefährlichen oder abhängigen Missbrauch unterschieden.

Frankreich gehört ebenfalls zu dieser Gruppe, aber der Umgang mit Alkohol wird dort deutlich freizügiger gehandhabt als bei den Nachbarn im Süden. Betrunken zu sein gilt zwischen Lille und Nizza zwar nicht unbedingt als in Ordnung oder gar als *très chic*, doch als Katastrophe wird es für gewöhnlich nicht betrachtet. Nicht einmal ansatzweise. Man nähert sich dem Thema einfach mit wesentlich mehr Gelassenheit als anderswo, positiv ausgedrückt, oder mit Ignoranz, um es negativ zu formulieren. Dementsprechend öfter trinken Franzosen auch heute noch gern mal einen über den Durst.

Die Zahl der schweren Alkoholiker ist in alkoholpermissiven Kulturen dieser Art üblicherweise recht gering. Zugleich sind Leber- und sonstige körperliche Schäden nichts Ungewöhnliches. Wie das zusammenpasst, ist leicht erklärt: Die Gesamtmenge des konsumierten Alkohols kann auch ohne Berauschung auf Dauer das gesundheitlich unbedenkliche Maß sehr leicht übersteigen. Dazu kommt, gleichsam als Spezialproblem, dass Menschen aus diesem Kulturkreis relativ leicht ein Alkoholproblem bekommen, wenn sie in ein Land mit freizügigeren Trinkgewohnheiten übersiedeln.

**Nicht unter freiem Himmel.** Zur zweiten großen Gruppe der alkoholpermissiven Gesellschaften zählen in Europa beispielsweise die skandinavischen Länder und Finnland. In ihnen ist der Vertrieb von Alkohol verschiedenen deutlich erkennbaren Beschränkungen unterworfen. So sind Bier, Wein und Hochprozentiges dort schon von Haus aus weit schwieriger zu bekommen als im restlichen Europa. Man kann sie üblicherweise nur in speziellen Läden kaufen und ausschließlich in Gaststätten mit einer speziellen Lizenz bestellen. Dass sie obendrein deutlich teurer sind als in den meisten anderen Ländern, kommt noch erschwerend hinzu. Darüber hinaus unterliegt der Gebrauch der Droge noch einer Reihe weiterer rechtlicher Beschränkungen, etwa was öffentlich akzeptierte Trinkzeiten, Trinkorte und Trinkmengen betrifft. Für mitteleuropäische Ohren muten manche dieser Regelungen sogar recht obskur an. So ist es beispielsweise in Finnland tatsächlich verboten, Alkohol unter freiem Himmel zu trinken.

In alkoholpermissiven Gesellschaften dieser Kategorie wird üblicherweise ebenfalls nur zu bestimmten Anlässen zu Bier, Wein und Schnaps gegriffen, wobei die aber schon etwas außergewöhnlicher sein müssen als ein normales Mittagessen. Getrunken wird hier mit Vorliebe im kleineren Kreis und das etwa nur am Wochenende, im Urlaub oder bei Festlichkeiten, dann dafür aber von einer gar nicht so kleinen Bevölkerungsgruppe oft maßlos und bis zum Umfallen. Gerät jemand außer Kontrolle, wird häufig großzügig darüber hinweggesehen.

Obwohl die Gesamtmenge des konsumierten Alkohols in diesen Ländern aufgrund der restriktiven Vorschriften und der großen Zahl an Abstinenzlern ziemlich gering ist, ist die Zahl der Menschen mit einem einschlägigen Sucht- oder Missbrauchsproblem doch recht beachtlich.

***Fast alles wird als willkommener Rechtfertigungsgrund für den Griff zur Flasche oder zum Glas gesehen und akzeptiert.***

Während an dieser Stelle die skandinavischen Länder zu den alkoholpermissiven Ländern gezählt werden, reiht man sie bei der weiter oben erwähnten vierteiligen Unterscheidung – so wie die Niederlande, die USA, Kanada und England – üblicherweise unter die sogenannten *Ambivalenzkulturen*. Spanien und Italien werden auch bei den vierteiligen Systematiken zu den auf eine gewisse Weise eher die Traditionen des Katholizismus widerspiegelnden Permissivkulturen gezählt, wohingegen Frankreich, einige slawische sowie diverse südamerikanische Staaten dort als sogenannte permissiv-funktionsgestörte oder als extrem permissive Kulturen betrachtet werden.

In *alkoholdeterminierten Kulturen* sind nicht nur besondere Ereignisse von der Hochzeit bis zum Tod, sondern zudem praktisch alle alltagskulturellen Begebenheiten vom Feierabend bis zum Geschäftsessen mit dem Trinken verbunden. Ein paar Gläser Wein da, ein oder zwei Bier dort, vom Kneipenbesuch bis zum Klassentreffen und vom Sportfest über die Techno-Party bis zu Omas Geburtstagsfeier im Kreise der Familie – getrunken wird jedes Mal, wenn es irgendeinen Anlass dafür gibt.

**Bechern ohne Grenzen.** Neben diesen kleinen Ritualen wird aber auch bei den sogenannten großen Ritualen kräftig gebechert, beim Münchner Oktoberfest genauso wie etwa beim Poysdorfer Winzerfest in Niederösterreich. Grenzen gibt es kaum, und klare Richtlinien für den Umgang mit Alkohol noch viel weniger. Viel vertragen zu können, ohne angeschlagen zu sein, gilt als Stärke. Man trinkt zur Begrüßung, und man trinkt zum Abschied. Man trinkt, weil man allein und traurig ist, und man trinkt, weil man in Gesellschaft und bestens gelaunt ist. Fast alles wird als willkommener Rechtfertigungsgrund für den Griff zur Flasche oder zum Glas gesehen und akzeptiert. Selbst wenn jemand zweifellos viel zu viel bechert, wird das toleriert, solange er nicht völlig aus der Norm fällt und damit anderen Menschen Probleme macht, sei es im Privat- oder im Berufsleben. Personen, die jahrelang ein riskantes und gesundheitsschädigendes Trinkverhalten praktizieren, werden daher oft auch nicht ernsthaft auf ihr Problem angesprochen.

Wenn sich allerdings schließlich doch eine Alkoholabhängigkeit mit all ihren schlimmen Folgen entwickelt hat, fällt die Kritik aber oft umso heftiger aus. Die Missbilligung gilt dann überdies nicht nur dem Alkoholkonsum, sondern sehr häufig gleich der ganzen Person, die als «Säufer» oder

«Alkoholiker» abgestempelt wird. Die Betroffenen kehren deswegen meist jedoch noch lange nicht zu einem normalen Trinkverhalten zurück, sondern beginnen vielmehr heimlich zu trinken.

Deutschland, Österreich und die Schweiz gehören mit ihrer hohen Zahl an chronisch Alkoholabhängigen beispielsweise eindeutig zur Gruppe der alkoholdeterminierten Kulturen.

Last but not least: In den sogenannten *alkoholpathologischen Kulturen* steht Alkohol im Zentrum der alltagskulturellen Aktivitäten. Russland, die Ukraine und die meisten anderen slawischen Länder gehören ebenso zu dieser Gruppe wie in einem gewissen Maße etwa auch Japan, Korea, Griechenland und manche südamerikanische Gesellschaften.

Der Umgang mit der weltweiten Volksdroge Nummer eins kann dabei durchaus als pathologisch, also unter anderem als maßlos oder eben als krankhaft bezeichnet werden. Positive Werte wie Gastfreundschaft, Großzügigkeit oder Männlichkeit sind in diesen Gesellschaften mit Alkoholkonsum bis zum Exzess verbunden. Getrunken wird zu allen Gelegenheiten und noch dazu meist Hochprozentiges, schwach alkoholische Getränke spielen traditionellerweise immer noch eine vergleichsweise geringe Rolle.

*You can't be a real country unless you have a beer and an airline. It helps if you have some kind of a football team, or some nuclear weapons, but at the very least you need a beer.**

Frank Zappa (1940–1993), Musiker und Komponist

# Der Alkoholkonsum im internationalen Vergleich
# Zwischen Besinnungslosigkeit und Abstinenz

Nach Angaben der Weltgesundheitsorganisation WHO trinken weltweit rund zwei Milliarden Menschen Alkohol. Die meisten davon allerdings nur gelegentlich und in Maßen. Aber immerhin noch über 76 Millionen Männer und Frauen gönnen sich eindeutig viel zu viel – sie gelten daher auch, Stand 2012, ganz klar als alkoholkrank. Womit sie, nüchtern betrachtet, durchschnittlich sehr viel früher sterben werden als der Rest der Menschheit.

Der jährliche Pro-Kopf-Verbrauch an reinem Alkohol aller über 15-jährigen Erwachsenen rund um den Erdball liegt irgendwo zwischen ganz knapp unter fünf und knapp über sechs Litern. Unterschiedliche Quellen liefern hier unterschiedliche Zahlen. Laut WHO sollen es 2005 etwa exakt 6,13 Liter gewesen sein, wovon geschätzte 1,76 Liter aus illegalen Quellen gestammt haben dürften. Das klingt unterm Strich nach erfrischend wenig. Wenn man allerdings ins Kalkül zieht, dass es neben rund 1,8 Milliarden Kindern unter 15 Jahren auch deutlich mehr als 3 Milliarden

* Ein Land ist kein richtiges Land, solange es kein eigenes Bier und keine eigene Fluglinie hat. Wenn man ein Football-Team hat oder ein paar Nuklearwaffen, dann hilft das, aber was man unbedingt braucht, das ist ein eigenes Bier.

Menschen über 15 gibt, die überhaupt nichts trinken, das zu einem Rausch führen könnte, dann dürften all jene, die tatsächlich dem Alkohol frönen, ziemlich flott unterwegs sein.

Kaum etwas ist so verwirrend oder gar irreführend wie das Zahlenwerk zum Thema Alkoholkonsum. Will man herausfinden, wie viel von welchem Getränk in welchem Land in welchem Zeitraum konsumiert wurde, gibt es im Wesentlichen zwei Möglichkeiten. Man kann einerseits alle verfügbaren Produktions-, Verkaufs-, Import- und Exportdaten sowie alle sonstigen amtlichen Zahlen – vom Zuckerverbrauch bis zu den Reisestatistiken – analysieren und daraus zum Teil direkt und zum Teil durch recht umständliche Berechnungen jede Menge Rückschlüsse ziehen.

Und man kann andererseits natürlich die Menschen auch ganz einfach zu ihren Trinkgewohnheiten befragen. Die offiziellen Daten bringen einen nämlich weit, alle offenen Fragen zu beantworten wird allerdings mit ihrer Hilfe nicht gelingen. Umfragen sind in diesem Zusammenhang daher eine hervorragende Ergänzung, vor allem, wenn es um denjenigen Alkoholkonsum geht, der nicht offiziell erfasst wurde.

**Schmuggelware und Frostschutzmittel.** Was zum amtlich nicht erfassten Verbrauch gehört, ist ziemlich klar definiert. Die Bandbreite reicht von den Mengen, die Urlaubsreisende mit nach Hause bringen (einschließlich Schmuggelware natürlich, im großen oder kleinen Stil) bis hin zu schwarz gebrannten Destillaten und illegal gekeltertem Wein; ob diese Mengen dann jeweils selber konsumiert oder verkauft werden, ist in diesem Zusammenhang egal. Und natürlich zählt auch jener Alkohol dazu, der getrunken wird, obwohl er eigentlich nicht für den Verzehr bestimmt ist, etwa wenn sich manche in ihrer vermeintlichen Not sogar Frostschutzmittel und dergleichen zu Gemüte führen.

Von den derart ermittelten Ergebnissen müssen dann freilich wieder jene Mengen abgezogen werden, die etwa nach offiziellen Angaben in einem bestimmten Land konsumiert wurden, obwohl sie in Wirklichkeit von Ausländern getrunken wurden. Mit anderen Worten: Die letztlich ermittelten Zahlen sind wohl nicht immer auf die dritte Stelle hinter dem Komma genau. Aber sie sind eben das Beste, was den nationalen und internationalen Behörden heutzutage zur Verfügung steht. Der Anteil des amtlich nicht dokumentierten Konsums war übrigens in Europa zuletzt mit rund 22 Prozent am kleinsten und in Ostasien mit 69 Prozent am größten.

***Fast 60 Prozent der Erwachsenen dürften zurzeit völlig trocken leben. Diejenigen, die trinken, trinken dafür umso mehr.***

Allzu aussagekräftig ist der durchschnittliche Pro-Kopf-Verbrauch aber ohnehin nicht. Nach Angaben der WHO haben sich rund 35 Prozent aller Männer und 55 Prozent aller Frauen und somit 45 Prozent aller erwachsenen Menschen weltweit ihr ganzes Leben lang noch nicht einmal einen einzigen kleinen Schluck Bier, Wein oder Schnaps gegönnt.

Andere Forschungsstellen beziffern den Anteil der Antialkoholiker sogar noch wesentlich höher. Wie viele Menschen in den letzten zwölf Monaten total abstinent gelebt haben, weiß man ebenfalls. Fast 60 Prozent der Erwachsenen dürften zurzeit völlig trocken leben. Das heißt aber auch: Diejenigen, die trinken, trinken dafür umso mehr.

Und das tun sie noch dazu eindeutig mit klar steigender Tendenz. Dafür verantwortlich sind vor allem vier Faktoren. Die Massenproduktion von Alkoholika wurde über die Jahre billiger und billiger. Die Getränkeindustrie konnte so die Endverbraucherpreise niedrig und damit attraktiv halten und trotzdem stattliche Gewinne einfahren. Dabei profitierte sie von der zunehmenden Professionalisierung und Globalisierung der Vermarktungsstrategien. Dass heute, um nur ein Beispiel zu nennen, in mitteleuropäischen Supermärkten Weine vom anderen Ende der Welt in der Regel günstiger angeboten werden als die aus den heimischen Weinbergen, ist dafür wohl der beste Beweis.

Die demografische und die wirtschaftliche Entwicklung treiben die Absatzzahlen von Alkoholika natürlich ebenfalls weiter und weiter in die Höhe. Es kommen nämlich nicht nur immer mehr Menschen zur Welt, sondern immer mehr erreichen zudem das Alter, in dem sie von Gesetzes wegen ungestraft ein Glas vom Besten genauso trinken dürfen wie eine Flasche vom Schlechtesten. Dass sie sich das zudem leisten können, ist zumindest für die Hersteller nicht weniger wichtig. Die Aussichten für die Industrie sind gut: Schätzungen zufolge werden in den Jahren 2010 bis 2030 über zwei Milliarden Menschen in den aufstrebenden Schwellenländern den Aufstieg in die Mittelschicht schaffen und damit erstmals über genug Geld für Wein, Whisky und Co. verfügen.

Was künftig mehr gebechert wird als heute, wird somit zum Großteil auf Asien, Lateinamerika und Teile Afrikas entfallen. In vielen westlichen Wohlstandsgesellschaften dürfte der Konsum hingegen höchstwahrscheinlich auf hohem Niveau stagnieren oder sogar leicht zurückgehen.

Eine Studie, die das Institut für Alkohol-Studien in London im Auftrag der EU-Kommission durchgeführt hat und die 2006 veröffentlicht wurde, bestätigt es ebenso wie viele ähnliche Studien: Mit Abstand am meisten gebechert wird in Europa. Dort trinkt jeder Erwachsene durchschnittlich elf Liter reinen Alkohol im Jahr. Für die EU-Länder allein wurde 2010 von der OECD der entsprechende Wert mit 10,8 Litern beziffert. Deutlich höher liegt die WHO. Ihren Angaben zufolge sollen sich 2009 alle über 15-jährigen Europäer jeweils 12,5 Liter genehmigt haben. Der Unterschied ist einfach erklärt. Während die OECD nur den offiziellen Verbrauch benennt, versucht die WHO, immer auch jene Mengen zu schätzen und in ihre Berechnungen mit einfließen zu lassen, die illegal hergestellt, ins Land geschmuggelt oder missbräuchlich verwendet wurden.

**Europa an der Spitze.** Unter den nach WHO-Angaben 25 Ländern mit dem weltweit höchsten Alkoholkonsum pro Kopf und Jahr (bezogen auf alle, die über 15 Jahre alt sind) findet sich mit Südkorea überhaupt nur ein einziger

**Die 25 Länder mit dem weltweit höchsten Alkoholkonsum pro Kopf und Jahr**

| Land | Liter | Land | Liter |
|---|---|---|---|
| Moldawien | 18,22 | Portugal | 14,55 |
| Tschechien | 16,45 | Irland | 14,41 |
| Ungarn | 16,27 | Frankreich | 13,66 |
| Russland | 15,76 | Dänemark | 13,37 |
| Ukraine | 15,60 | Großbritannien | 13,37 |
| Estland | 15,57 | Slowakei | 13,33 |
| Andorra | 15,48 | Polen | 13,25 |
| Rumänien | 15,30 | Österreich | 13,24 |
| Slowenien | 15,19 | Luxemburg | 13,01 |
| Belarus | 15,13 | Deutschland | 12,81 |
| Kroatien | 15,11 | Finnland | 12,52 |
| Litauen | 15,03 | Lettland | 12,50 |
| Südkorea | 14,80 | | |

Alle Angaben erfolgen in Litern reinen Alkohols pro Kopf und beziehen sich auf das Jahr 2005 und auf alle, die älter als 15 Jahre alt sind. *Quelle: WHO 2011*

Staat, der nicht in Europa liegt (siehe obenstehende Tabelle). Nimmt man nur den offiziell erfassten Konsum als Basis, ändert sich nicht allzu viel, auch da schafft es neben Südkorea gerade noch St. Lucia in die Top 25 (siehe Tabelle auf Seite 162).

Anders sieht es allerdings beim Ranking der Länder mit dem weltweit höchsten inoffiziellen Alkoholverbrauch pro Kopf und Jahr aus. Wohl liegen mit Moldawien und der Ukraine hier neuerlich zwei europäische Länder vorne, insgesamt stellen aber die nichteuropäischen Staaten in dieser Aufstellung sogar die Mehrheit (siehe Tabelle auf Seite 163).

In Zentral- und Osteuropa wird dabei am meisten gebechert. Sogar im weltweiten Vergleich. Moldawien liegt international an der Spitze,

**Die 25 Länder mit dem weltweit höchsten offiziellen Alkoholkonsum pro Kopf und Jahr**

| Land | Liter | Land | Liter |
|---|---|---|---|
| Tschechien | 14,97 | Südkorea | 11,80 |
| Andorra | 14,08 | Großbritannien | 11,67 |
| Estland | 13,77 | Dänemark | 11,37 |
| Irland | 13,39 | St. Lucia | 11,35 |
| Frankreich | 13,30 | Rumänien | 11,30 |
| Kroatien | 12,61 | Bulgarien | 11,24 |
| Österreich | 12,60 | Belarus | 11,22 |
| Portugal | 12,45 | Russland | 11,03 |
| Ungarn | 12,27 | Uganda | 10,93 |
| Slowenien | 12,19 | Schweiz | 10,56 |
| Litauen | 12,03 | Slowakei | 10,33 |
| Luxemburg | 12,01 | Spanien | 10,22 |
| Deutschland | 11,81 | | |

Alle Angaben erfolgen in Litern reinen Alkohols pro Kopf und beziehen sich auf den Durchschnitt der Jahre 2003 bis 2005 und auf alle, die älter als 15 Jahre alt sind. *Quelle: WHO 2011*

gefolgt von Tschechien, Ungarn, Russland und der Ukraine. Der Westen des Kontinents liegt in puncto Verbrauch in der Mitte, und die Süd- sowie vor allem die Nordeuropäer (mit Ausnahme der Balten) halten sich vergleichsweise noch am ehesten zurück. Doch auch sie gönnen sich nach Meinung vieler Mediziner und Gesundheitspolitiker immer noch zu viel.

Trotz aller nach wie vor bestehenden Unterschiede: In den letzten Jahren und Jahrzehnten haben sich die konsumierten Mengen europaweit mehr und mehr angenähert. In Irland lag der Pro-Kopf-Verbrauch aller über 15-Jährigen 1970 beispielsweise erst bei bescheidenen 7 Litern reinem Alkohol. Bis zum Jahr 2001 stieg er auf mehr als das Doppelte, um dann

Die 25 Länder mit dem weltweit höchsten inoffiziellen Alkoholkonsum pro Kopf und Jahr

| | | | |
|---|---|---|---|
| **Moldawien** | **10,00** | **Äthiopien** | **3,50** |
| Ukraine | 7,50 | Mexiko | 3,40 |
| **Ecuador** | **5,37** | **Aserbaidschan** | **3,30** |
| Kasachstan | 4,90 | Botswana | 3,00 |
| **Russland** | **4,73** | **Brasilien** | **3,00** |
| Rumänien | 4,00 | Kambodscha | 3,00 |
| **Peru** | **4,00** | **Lettland** | **3,00** |
| Tschad | 4,00 | Litauen | 3,00 |
| **Ungarn** | **4,00** | **Sierra Leone** | **3,00** |
| Belarus | 3,91 | Slowakei | 3,00 |
| **Namibia** | **3,75** | **Slowenien** | **3,00** |
| Lesotho | 3,65 | Südkorea | 3,00 |
| **Schweden** | **3,60** | | |

Alle Angaben erfolgen in Litern reinen Alkohols pro Kopf und beziehen sich auf das Jahr 2005 und auf alle, die älter als 15 Jahre alt waren. *Quelle: WHO 2011*

bis zum Jahr 2009 wieder auf 11,3 Liter pro Jahr zu sinken. Von 1980 bis 2009 ergibt das laut OECD-Angaben unterm Strich einen Anstieg von 17,7 Prozent.

Und in Großbritannien wird heute ebenfalls sehr viel mehr getrunken als noch 1970. Der Anstieg von 1980 bis 2009 beträgt allerdings nur mehr vergleichsweise bescheidene 8,5 Prozent. Die Finnen wiederum tranken 2009 wesentlich mehr als noch 1980, nämlich genau um 26,6 Prozent mehr. Bei den Isländern war der Anstieg mit plus 69,8 Prozent noch viel stärker. Die Nation blieb aber mit 7,3 Litern nach wie vor deutlich unter dem europäischen Durchschnitt.

In Ländern mit einem traditionell hohen Verbrauch verlief die Entwicklung hingegen praktisch umgekehrt. In Italien ist der einschlägige Konsum von 1980 bis 2009 beispielsweise um 52,1 Prozent gesunken; die Zahlen für Spanien mit einem Rückgang um 45,7 Prozent und für Frankreich mit einem Minus von 36,9 Prozent sind nicht weniger eindrucksvoll.

***Von der Pravda wurde der Pro-Kopf-Verbrauch in Russland inklusive des schwarzgebrannten Fusels im Jahr 2006 auf unglaubliche 27 Liter geschätzt.***

Die große Ausnahme sind die Russen. Die haben immer schon viel getrunken und ihren Verbrauch zwischen 1980 und 2009 trotzdem nochmals um 44,8 Prozent gesteigert. Und zwar auf 11,5 Liter. Was auf den ersten Blick im Vergleich zu anderen Nationen nicht wirklich viel zu sein scheint, ist es freilich doch. Zumal in Russland der Anteil des Alkohols aus illegalen Quellen, der von der OECD nicht berücksichtigt wird, weit höher ist als in den meisten anderen Staaten. Er soll nämlich zumindest bei 30 Prozent, wenn nicht gar bei 50 oder noch mehr Prozent des Gesamtverbrauchs liegen. Die WHO kommt daher pro über 15-jährigen Erwachsenen zwischen 2003 und 2005 schon auf einen Jahresverbrauch von 15,7 Liter, liegt damit aber noch am absolut untersten Ende der Skala aller einschlägigen Schätzungen und Berechnungen. Von der *Pravda* wurde der Pro-Kopf-Verbrauch inklusive des schwarzgebrannten Fusels im Jahr 2006 sogar auf unglaubliche 27 Liter geschätzt. Neugeborene, Hochbetagte, Bettlägerige und sonstige Kranke sowie Abstinente inklusive.

Die Wahrheit wird wohl irgendwo dazwischen liegen. Allein beim Wodka überstieg 2007 der Verbrauch die amtlich registrierte Produktion jedenfalls um fast 70 Prozent. Getrunken wird also erstens sehr viel, zweitens mit Vorliebe Hochprozentiges und drittens sehr oft illegal hergestellter und damit unreiner Alkohol. Kein Wunder, dass die gesundheitlichen Folgen des Saufens in Russland weit schrecklicher sind als in den meisten anderen Ländern und die Politik in Anbetracht dieses Albtraum-Szenarios immer wieder Anstrengungen unternimmt, den Alkoholkonsum endlich einzuschränken (siehe Seiten 187 und 198).

Der Verbrauch in Luxemburg ist in diesem Zusammenhang übrigens ebenfalls einen zweiten Blick wert. Dort liegen die tatsächlich getrunkenen Mengen nämlich deutlich unter jenen, die in offiziellen Statistiken ausgewiesen werden. Der Grund: Ein stattlicher Teil der dort verkauften Flaschen wird von Touristen mit nach Hause genommen. Um bis zu zwei Liter müsste man den durchschnittlichen Verbrauch eigentlich reduzieren, heißt es. Gebechert wird von den Luxemburgern freilich trotzdem mehr als genug.

Ähnliches gilt übrigens für die Tschechen und ihren legendären Bierkonsum – ziemlich viel von dem, was dort durch die Zapfhähne rinnt, wird von Amerikanern, Japanern und anderen Ausländern auf der Durchreise getrunken. Daraus zu folgern, dass die Tschechen selber einem guten Schluck abgeneigt sind, wäre allerdings mit Sicherheit ein Trugschluss.

**Trinkfreudige Deutsche.** In Deutschland hat, wiederum nach WHO-Angaben, zwischen 2003 und 2005 jeder über 15-Jährige durchschnittlich 12,87 Liter reinen Alkohol im Jahr getrunken. Das entspricht rund 780 Flaschen Bier. Damit liegt die Bundesrepublik mittlerweile zwar nur im europäischen Durchschnitt, im weltweiten Vergleich reichen die konsumierten Mengen freilich nach wie vor für eine Platzierung im Spitzenfeld. Nimmt man die gesamte erwachsene Bevölkerung als Basis, genehmigt sich jeder Bürger und jede Bürgerin zwischen München, Hamburg und Berlin durchschnittlich 28 Gramm reinen Alkohol täglich. Nimmt man als Basis nur jene, die nicht abstinent sind, kommt man schon auf 13,4 Liter im Jahr und 29,3 Gramm pro Tag. In der Schweiz hat sich im Zeitraum 2003 bis 2005 jeder über 15-Jährige mit 11,06 Litern pro Jahr deutlich weniger gegönnt, in Österreich mit 13,24 Litern etwas mehr. Die aktuellsten WHO-Zahlen betreffen das Jahr 2009 und zeigen nur geringe Veränderungen: Da tranken die erwachsenen Deutschen unverändert angeblich immer noch 12,87 Liter pro Kopf und Jahr, die erwachsenen Schweizer 10,76 und die erwachsenen Österreicher genau 13 Liter.

Will man derartige Verbrauchszahlen interpretieren, sollte man immer auch hinterfragen, auf welche Grundgesamtheit sie sich beziehen. Auf alle Menschen in einem Land? Nur auf die Erwachsenen? Und wenn von Erwachsenen die Rede ist, ab welchem Alter gilt man in der jeweiligen Studie als solcher? Ab einem Alter von 15 Jahren oder erst ab 16 oder gar erst ab 20? Die Zahlen der OECD beziehen sich beispielsweise in Italien auf alle über 14-Jährigen und in Japan auf alle, die älter als 20 Jahre alt sind. Und bis zu welchem Alter ist man mit von der Partie? Bis zu 64 oder bis zu 99 Jahren? Bei manchen Untersuchungen werden ja sogar Neugeborene und Kinder bei den Durchschnittswerten mit eingerechnet, und Abstinenzler sowie Kranke bei den Berechnungen nicht auszuschließen, ist sogar die übliche Praxis.

Wer ganz genau wissen will, was Sache ist, muss schließlich noch beachten, dass sich alle veröffentlichten Daten natürlich auf vergangene Perioden beziehen, und zwar teils auf bereits länger zurückliegende Zeiträume, und dass sie oft noch dazu aus verschiedensten Quellen mit unterschiedlicher Glaubwürdigkeit stammen.

**15 Liter pro Kopf.** Wenn man all die genannten Faktoren berücksichtigt, kommt man in Europa (wie das Londoner Institut für Alkohol-Studien) auf einen Durchschnittswert von rund 15 Litern reinem Ethanol pro nicht abstinenten Erwachsenen und Jahr, und ob es jetzt 14 oder 16 Liter sind, die jeder durchschnittlich trinkt, macht letztlich ja nicht wirklich einen Unterschied. Aber selbst damit ist man noch immer nicht beim Kern der Wahrheit. Der Löwenanteil an Wein, Bier und Spirituosen wird nämlich in den meisten Ländern von einem vergleichsweise sehr kleinen Teil der Bevölkerung verbraucht – von den Alkoholikern und schweren Trinkern.

In der Schweiz verbrauchen beispielsweise gerade mal 7 Prozent der Einwohner die Hälfte des gesamten konsumierten Alkohols. Und auf zirka die Hälfte der bechernden Eidgenossen im Alter zwischen 15 und 75 Jahren entfallen überhaupt gleich 95 Prozent des Gesamtkonsums.

Die Zahlen in anderen Industriestaaten sehen, wenn man sie richtig ins Verhältnis setzt, bis auf wenige Details recht ähnlich aus. In Deutschland sollen angeblich 10 Prozent der Alkoholtrinker 50 Prozent der Gesamtmenge trinken. In Österreich konsumieren 5 Prozent der Bevölkerung rund 37 Prozent der gesamten Alkoholmenge, und weitere 11 Prozent vernichten weitere 31 Prozent. Auf der anderen Seite entfallen auf jene 67 Prozent der Bevölkerung, die abstinent sind oder nur einen geringen Alkoholkonsum aufweisen, bloß 10 Prozent des gesamten Verbrauchs an Alkoholika.

**Die USA und der Rest der Welt.** Nach den Europäern liegen die Nord- und Südamerikaner auf dem zweiten Platz, wenn es um das Trinken geht. Sie kommen laut den WHO-Angaben aus dem Jahr 2011 in ihrer Gesamtheit freilich durchschnittlich nur mehr auf 8,67 Liter reinen Alkohol pro Erwachsenen und Jahr. In den Vereinigten Staaten hat nach Angaben des *National Institute on Alcohol Abuse and Alcoholism* mit Sitz in Bethesda (Maryland) beispielsweise 2007 jeder über 14-Jährige durchschnittlich bloß 8,74 Liter an reinem Alkohol getrunken.

Eine halbwegs realistische Vorstellung, wie es um den Stellenwert der Droge im Land der unbegrenzten Möglichkeiten bestellt ist, kann diese Zahl isoliert betrachtet allerdings einmal mehr nicht vermitteln.

Nach Auskunft des US-Landwirtschaftsministeriums trinken nämlich 45 Prozent der erwachsenen Amerikaner gleichzeitig überhaupt keinen Alkohol. Womit einer einfachen Schlussrechnung zufolge die anderen 55 Prozent pro Kopf sogar deutlich mehr als der Durchschnittseuropäer trinken. Von denen leben nämlich bloß 15 Prozent – anderen Quellen zufolge etwas mehr, aber immer noch eindeutig unter 20 Prozent – völlig enthaltsam.

In Asien, wo aufgrund der gewaltigen Anzahl Menschen und der Bevölkerungsentwicklung in absoluten Zahlen gerechnet mittlerweile weit mehr Alkohol als überall sonst auf diesem Planeten gebechert wird, muss man stark differenzieren. Der Kontinent befindet sich in einem gewaltigen Umbruch- und Aufholprozess, und das betrifft auch den Umgang mit der beliebtesten Droge der Welt. Es gibt Nationen, die sich in puncto Alkoholkonsum sogar schon ganz nach vorne bis zur Weltspitze gesoffen haben, etwa die Südkoreaner. Obwohl zirka jeder zweite Ostasiate Alkohol genetisch sehr viel schlechter verträgt als der Rest der Menschheit, liegt der Verbrauch in der *Eastern Pacific Region*, zu der unter anderen China, Japan, Australien und eben auch Südkorea gehören, mittlerweile bei durchaus beachtlichen 6,23 Litern pro Erwachsenem und Jahr.

Immer noch sehr wenig getrunken wird etwa in Südostasien, nämlich nur 2,2 Liter pro Kopf und Jahr, und praktisch gar nichts natürlich in Ländern mit einer muslimischen Bevölkerungsmehrheit, sprich vorwiegend im Nahen und Mittleren Osten sowie in Nordafrika.

Das Schlusslicht bei den WHO-Angaben, und zwar weltweit, bildet daher nicht ohne Grund die *Eastern Mediterrean Region*, die von Marokko bis Somalia und Afghanistan reicht. Ihre Bewohner gönnen sich pro Kopf und Jahr umgerechnet nur 0,65 Liter reinen Alkohol und keinen Schluck mehr. Ein gestandener zentraleuropäischer männlicher Alkoholiker trinkt ein Mehrfaches davon. Pro Tag, wohlgemerkt.

***Bis Europas Vormachtstellung beim Alkoholkonsum pro Kopf ins Wanken geraten könnte, wird es noch lange dauern.***

Besonders alarmiert zeigen sich Gesundheitsexperten durch die Entwicklungen in vielen wirtschaftlich aufstrebenden Ländern wie in China, Indien oder Thailand. Und das zu Recht. Laut OECD-Angaben hat etwa der Alkoholkonsum in Brasilien von 1980 bis 2009 um 188,4 Prozent und in China um 158,8 Prozent zugenommen. Und in Thailand, so eine 2009 im *Lancet* veröffentlichte Studie, wird heute sogar 33-mal mehr Alkohol konsumiert als noch vor 40 Jahren. Selbst wenn die Ausgangsbasis eine sehr niedrige war, ist das trotzdem ein alarmierender Wert.

Langfristig kann man davon ausgehen, dass sich das Trinkverhalten auch auf internationaler Ebene zunehmend angleichen wird. Zumindest überall dort, wo weder Gesetze noch religiöse Vorbehalte dem entgegenstehen. Bis Europas Vormachtstellung beim Alkoholkonsum pro Kopf ins Wanken geraten könnte, wird es freilich mit Sicherheit noch lange dauern.

**Moderat oder Problematisch?** Wie viele Menschen vernünftig mit der populärsten Droge der Welt umgehen und wie viele nicht, ist hervorragend untersucht und dokumentiert. Vor der EU-Osterweiterung im Jahr 2004 (neuere vergleichbare Zahlen gibt es zurzeit leider noch nicht) haben beispielsweise 266 Millionen erwachsene Bürger der Europäischen Union vergleichsweise moderat getrunken. Sprich, sie nahmen durchschnittlich weniger als 20 Gramm (die Frauen) beziehungsweise weniger als 40 Gramm (die Männer) reinen Alkohol pro Tag zu sich.

58 Millionen tranken mehr als das, also nach mittlerweile gesicherten medizinischen Erkenntnissen bereits riskant und eindeutig zu viel. Das war rund jeder sechste Erwachsene. Und von diesen becherten wieder 20 Millionen Menschen sogar Mengen, die über der sogenannten Gefährdungsgrenze liegen, die für Frauen von vielen Fachleuten bei 40 Gramm und für Männern bei 60 Gramm reinem Alkohol pro Tag gesehen wird. Gar nichts tranken damals nur 53 Millionen der erfassten Europäer.

Nimmt man nicht die konsumierte Menge, sondern die Alkoholabhängigkeit als Kriterium, so galten zirka 23 Millionen Europäer in der einen oder anderen Form als eindeutig alkoholkrank. Das waren rund 5 Prozent der Männer und 1 Prozent der Frauen, wobei bei den Frauen die Trendkurve steil nach oben zeigte. Dass sich die Zahlen durch die EU-Erweiterungen 2004 und 2007 verbessert haben, ist übrigens völlig auszuschließen, ganz im Gegenteil.

In Deutschland trinken unterm Strich über 10 Prozent der Frauen und über 20 Prozent der Männer zwischen 18 und 64 Jahren eindeutig zu viel Alkohol. In bestimmten Altersklassen und Bevölkerungsschichten liegen die Prozentsätze natürlich noch weit höher. So dürfte beispielsweise sogar jede fünfte Frau zwischen 45 und 54 Jahren regelmäßig zu tief ins Glas schauen, wobei ein recht hoher Anteil erstaunlicherweise der oberen Bildungsschicht zuzurechnen ist. Insgesamt sollen in der Bundesrepublik rund 9,5 Millionen Menschen Bier, Wein und Co. in Mengen konsumieren, die ihrer Gesundheit alles andere denn zuträglich sind. Die dieser Zahl zugrunde liegenden Grenzwerte sind mit 12 Gramm reinem Alkohol für Frauen und 24 Gramm reinem Alkohol pro Tag für Männer allerdings vergleichsweise niedrig angesetzt. Sprich: Wer mehr, aber nicht viel mehr trinkt, tut seiner Gesundheit mit Bestimmtheit nichts Gutes, aber ob er ihr damit auch schon schadet, darüber scheiden sich die Geister.

***Dass etwa die Amerikaner unter einem Menschen mit einem Alkoholproblem etwas ganz anderes verstehen als die Russen, versteht sich fast von selbst.***

Anders verhält es sich bei den zumindest 3,3 Millionen Deutschen, die als abhängig gelten (1,3 Millionen davon) oder zumindest ganz eindeutig Missbraucher sind. Sie trinken sich mehr oder weniger schnell vor der Zeit ins Grab. Als alkoholkrank gelten jedenfalls ziemlich genau 5 Prozent der Männer und 2 Prozent der Frauen. Alle genannten Zahlen sind übrigens Richtwerte, die von manchen Experten zum Teil durchaus höher geschätzt werden.

In Österreich ist der Umgang mit Alkohol noch bedenklicher. Da gelten nämlich sogar 7,5 Prozent der Männer und 2,5 Prozent der Frauen als Alkoholiker, was insgesamt 5 Prozent der 14- bis 99-Jährigen entspricht. Weitere 13,5 Prozent der Männer beziehungsweise 7,9 Prozent der Frauen haben zumindest einen problematischen Alkoholkonsum, sprich weitere 10,6 Prozent der über 14-Jährigen trinken über der eindeutigen Gefährdungsgrenze von durchschnittlich 60 Gramm reinem Alkohol pro Tag für Männer oder 40 Gramm reinem Alkohol für Frauen. Im Verlaufe ihres

Lebens alkoholkrank werden 14 Prozent der Männer und 6 Prozent der Frauen, das sind zehn Prozent der Bevölkerung.

Der Prozentsatz der schweren Trinker ist von Land zu Land übrigens sehr unterschiedlich. Sehr viele Alkoholkranke soll es beispielsweise in Kolumbien und in Georgien geben, auch wenn die offiziellen Statistiken zum Gesamtverbrauch in den beiden Ländern nur mit recht bescheidenen Zahlen aufwarten. In Großbritannien galten 2007 wiederum gleich 10 Prozent der über 16-jährigen Männer als abhängig und 33 Prozent zumindest als Risikotrinker.

Was einmal mehr beweist: Praktisch alle einschlägigen derartigen Zuschreibungen bedürfen zumindest einen zweiten Blicks, um den jeweiligen Sachverhalt treffend zu analysieren. Denn dass etwa die Amerikaner unter einem Menschen mit einem Alkoholproblem etwas ganz anderes verstehen als die Russen, versteht sich fast von selbst.

Die Zahl der Abstinenzler variiert ebenfalls von Land zu Land sehr stark. In dieser Kategorie ist die Vergleichbarkeit jedoch schon sehr viel eher gegeben. Während nach WHO-Angaben im Jahr 2009 etwa nur 0,6 Prozent der über 15-jährigen dänischen Männer von sich behauptete, noch niemals in ihrem Leben Alkohol getrunken zu haben, sind es unter den Frauen aus Bangladesch konstant an die 100 Prozent, die nach eigenen Angaben ihr ganzes Leben lang noch keinen einzigen Schluck einer berauschenden Flüssigkeit probiert haben.

**Die feinen Unterschiede.** Die in diesem Zusammenhang großen Unterschiede zwischen den einzelnen Ländern und in den einzelnen Ländern wiederum zwischen verschiedenen Bevölkerungsgruppen haben in erster Linie einen religiösen Hintergrund. Welche soziale Rolle der Alkohol in einer bestimmten Kultur spielt, ist in diesem Zusammenhang aber natürlich ebenfalls von großer Bedeutung.

Frauen trinken insgesamt weniger als Männer. Und zwar immer noch deutlich weniger. Nicht nur aus gesellschaftlichen und historischen, sondern auch aus biologischen Gründen. Es ist ungerecht, aber wissenschaftlich erwiesen: Körperliche Auswirkungen, von der akuten Berauschung bis hin zu chronischen Schädigungen durch jahrelangen Missbrauch, zeigen sich bei ihnen weit früher. Fast zwei Drittel der Männer, aber nur etwas über 30 Prozent der Frauen in Europa trinken regelmäßig, also täglich oder mehrmals pro Woche Alkohol. Freilich: Die Frauen, die unregelmäßig trinken, tun dies dann bei bestimmten Anlässen oft in vergleichsweise größeren und häufig auch in sehr bedenklichen Mengen. Vor allem das zum Teil exzessive Trinkverhalten der jüngeren Generation war dabei zuletzt immer wieder Gegenstand der Berichterstattung (siehe Seite 210). Nicht weniger besorgniserregend: Während der Verbrauch der Männer in den letzten Jahren erstaunlicherweise sogar gesunken ist, konsumieren Frauen im Westen immer mehr und mehr Alkohol.

Generell gilt, von Ländern mit einem religiös bedingten Alkoholverbot einmal abgesehen: Je höher das Bruttosozialprodukt eines Landes ist, desto höher ist sein Konsum an alkoholhaltigen Flüssigkeiten. Und tendenziell trinken Menschen, die in kälteren Regionen leben, offenbar lieber als die Bewohner tropischer Gefilde.

**Schnapsdrosseln und Frühstarter.** Auch das Einstiegsalter variiert im internationalen Vergleich recht erheblich. Das lässt sich unter anderem auf soziokulturelle Faktoren und unterschiedliche gesetzliche Rahmenbedingungen zurückführen. In Europa machen sehr viele Kinder beispielsweise bereits zwischen dem zehnten und vierzehnten Lebensjahr ihre ersten einschlägigen persönlichen Erfahrungen.

Laut Zahlen von *Eurostat* aus dem Jahr 2009 haben die allermeisten 15- und 16-jährigen Teens – nämlich genau 84 Prozent – in den letzten 12 Monaten Alkohol getrunken. In Dänemark gönnen sich 50 Prozent der 15-jährigen Burschen und 37 Prozent der gleichaltrigen Mädchen sogar schon jede Woche Alkohol. Zum ersten Mal betrunken sind die Europäer ebenfalls sehr früh, und zwar durchschnittlich bereits mit 13 bis 14 Jahren.

Die Österreicher gehen diesbezüglich mit schlechtem Beispiel voran, vergleichsweise am bravsten sind dagegen die Teenies in den Mittelmeerstaaten. Völlig anders ist die Situation in den USA. Dort hat mit 15 Jahren erst jeder Zweite zumindest einmal Alkohol probiert. Und selbst unter den 18-jährigen haben viele diese Erfahrung noch vor sich, nämlich 30 Prozent.

***In der Bretagne kamen in den 1950er Jahren angeblich auf jeden Erwachsenen unvorstellbare 54 bis 70 Liter reiner Alkohol im Jahr.***

Erfreulich aus Sicht der Gesundheitspolitik: So hoch einem die aktuellen Zahlen in puncto Pro-Kopf-Verbrauch in manchen Ländern und Weltgegenden auch erscheinen mögen, sie sind im Großen und Ganzen dennoch deutlich niedriger als noch vor ein paar Jahrzehnten (und erst recht als noch vor ein paar Jahrhunderten). 12,5 Liter Alkohol pro erwachsenem Europäer und Jahr ist beispielsweise zweifellos ein vergleichsweise hoher Wert, allerdings einer, der um über vier Liter niedriger liegt als noch Mitte der 1970er Jahre.

Frankreich ist ein gutes Beispiel, um diese Behauptung zu untermauern. Die *Grande Nation* war zu Beginn des 20. Jahrhunderts europaweit angeblich das Land mit dem höchsten Alkoholkonsum und liegt auch heute noch bei Vergleichen immer wieder im Spitzenfeld. Allerdings mit ganz anderen Zahlen. Noch in den 1950er Jahren hat etwa jeder erwachsene Franzose laut Statistik jährlich so um die 30 Liter reinen Alkohol getrunken. Das entsprach der gewaltigen Menge von 200 Litern Wein, 25 Litern Bier und 3,8 Litern Spirituosen.

In manchen Regionen, vor allem im Westen des Landes, war die Lage sogar noch weit schlimmer: In der Bretagne kamen damals angeblich auf jeden Erwachsenen unvorstellbare 54 bis 70 Liter reiner Alkohol im Jahr. Und zumindest in einigen Dörfern kam auf gerade mal 24 Einwohner eine Gaststätte. Selbst 1970 bewegten sich die Verbrauchszahlen noch in ähnlich schwindelerregenden Höhen. Laut OECD-Angaben waren es damals 20 Liter, die jeder über 15-jährige Franzose im Jahr gebechert haben soll. Rechnete man freilich jene geschätzten 8 Liter an illegalem Konsum hinzu, die ja schließlich ebenso getrunken wurden, war man weiterhin ungefähr bei den alten Werten.

Von da an ging es dann aber bergab, aus Sicht der Alkoholindustrie – oder bergauf, aus Sicht der Gesundheitspolitik. 2009 waren es jedenfalls nur mehr 12,3 Liter, die jeder erwachsene Franzose getrunken hat. Oder gemäß WHO eben nur mehr 13,7 Liter, inklusive des nicht offiziell erfassten Konsums. Zu verdanken ist diese Beinahe-Halbierung der Verbrauchszahlen vor allem der Einführung von Warnhinweisen auf Flaschen, massiven Werbebeschränkungen, umfangreicher Aufklärungsarbeit über die gesundheitlichen Folgen des Saufens und strengeren Kontrollen im Straßenverkehr. Und natürlich auch dem inzwischen deutlich veränderten gesellschaftlichen Wertekanon.

Ein Teil des Rückgangs könnte allerdings auf einen Faktor zurückzuführen sein, der die genannten Zahlen zumindest wieder ein wenig relativiert. Die ärmeren Schichten tranken früher nämlich erwiesenermaßen oft nur Weine aus einer zweiten und dritten Pressung mit einem entsprechend geringeren Alkoholgehalt. Und ob das damals in den amtlichen Statistiken bereits ausreichend berücksichtigt wurde, ist bis heute nicht ganz klar.

*Bei Nikotin und Alkohol*
*fühlt sich der Mensch besonders wohl.*
*Und doch, es macht ihn nichts so hin,*
*wie Alkohol und Nikotin.*

Eugen Roth (1895–1976),
deutscher Lyriker und Dichter

## Uganda, das Land mit dem höchsten Alkoholverbrauch der Welt

# Ein verhängnisvoller Teufelskreis

Unglaubliche 19,47 Liter reinen Alkohol soll laut dem *Global Status Report on Alcohol 2004* der Weltgesundheitsorganisation im Jahr 2001 jeder über 15-jährige Einwohner Ugandas durchschnittlich und sozusagen amtlich verbürgt gebechert haben. Schon allein diese Zahl katapultierte das Land, das Winston Churchill einst als «die Perle Afrikas» bezeichnete, seinerzeit ganz locker an die Spitze aller Säufernationen dieser Welt. Jeder Ugander trank damit nämlich im Durchschnitt etwa doppelt so viel wie ein US-Amerikaner und mehr als das Zweifache dessen, was sich die Erwachsenen in seinen Nachbarländern genehmigten.

Dazu kam freilich noch der ebenfalls immens hohe, offiziell nicht erfasste Verbrauch, also importierter Wein, geschmuggeltes und daheim gebrautes Bier oder selbstgebrannter Fusel. Von ersterem gab es in Uganda wie erwartet kaum etwas, von allem anderen dagegen sehr viel. Mit geschätzten 10,7 Liter sind die Ostafrikaner damals auch in dieser Kategorie in der internationalen Topliga gelandet, sprich unmittelbar nach Moldawien weltweit auf dem zweiten Platz.

Wenn man dann noch in Rechnung stellt, dass 54 Prozent der ugandischen Erwachsenen im Jahr 2003 überhaupt keine berauschenden Flüssigkeiten zu sich genommen haben (und zwei Jahre zuvor verhielt sich das wohl nicht viel anders), ergab das bei den über 15-jährigen Trinkenden pro Kopf die beeindruckende Menge von jährlich rund 42 Liter reinem Ethanol. Oder knapp über 100 Liter handelsüblichen Schnaps. Oder circa 800 Liter normales Bier. Was dem Land eben einen glasklaren Weltrekord und Platz eins unter allen 189 damals von der WHO verglichenen Staaten in puncto Alkoholkonsum bescherte. Etwas neuere, 2011 ebenfalls von der WHO veröffentlichte Zahlen weisen für das Land hingegen einen sehr viel niedrigeren Verbrauch aus. Der offiziell erfasste Konsum soll nur noch knapp 11 Liter und der illegale Verbrauch nur mehr 1 Liter reinen Alkohol pro Kopf und Jahr betragen haben. Der ungekrönte Champion von einst wäre damit innerhalb weniger Jahre sogar aus den Top 25 gefallen.

Als Datengrundlage würden jetzt andere Quellen dienen, heißt es lapidar. Und in der Tat dürften früher viele Zahlen ursprünglich aus Gegenden gekommen sein, in denen mehr getrunken wurde als in anderen. Eine derartige Umstellung gab es freilich nach der Jahrtausendwende bei einer ganzen Reihe von Ländern, ohne dass es zu derart auffälligen Brüchen gekommen wäre. Weshalb die nicht offiziellen Mengen um über 90 Prozent gesunken sein sollen, ist sogar keinesfalls nachvollziehbar. Zumal andere und durchaus glaubwürdige Stellen Zahlen nennen, die den bereits genannten Angaben fast diametral entgegenstehen.

***Davon, dass Uganda zu einer Hochburg der Abstinenz zu werden droht, ist man ohnehin noch Lichtjahre entfernt.***

Laut dem *Uganda National Bureau of Standards* sollen beispielsweise mittlerweile über 90 Prozent des Biers und rund 80 Prozent des *Waragi*, der landesweit populärsten Schnapssorte, aus nicht offizieller Produktion stammen. Der Verdacht, hier könnte man von offizieller Seite (sowie natürlich auch von Seiten der unter Druck gekommenen Alkoholindustrie) schlicht und einfach bestrebt gewesen sein, den übel beleumundeten Titel mit allen Mitteln und so schnell wie möglich wieder loszuwerden, liegt jedenfalls nahe. Davon, dass das Land zu einer Hochburg der Abstinenz zu werden droht, ist man aber ohnehin noch Lichtjahre entfernt: Umgerechnet auf die Alkohol trinkende Bevölkerung ergeben selbst die neuesten, sehr viel moderateren WHO-Schätzungen immer noch einen Jahreskonsum von 28,2 Liter pro Erwachsenem.

**Schummelnde Trinker.** Beim jährlichen Pro-Kopf-Konsum der über 15-Jährigen führte bei den 2011 veröffentlichten Zahlen der WHO mittlerweile Moldawien mit 18,22 Litern vor Tschechien mit 16,45 Litern und Ungarn mit 16,27 Litern reinem Alkohol (siehe die Tabelle auf Seite 161). Nimmt man allerdings nur den Teil der jeweiligen Bevölkerung, der tatsächlich trinkt, ändert sich das Ranking gleich wieder. Und zwar ganz entscheidend.

Plötzlich liegt Bosnien-Herzegowina mit unglaublichen 56 Litern pro Kopf und Jahr einsam an der Spitze, gefolgt von Ländern, in denen das Saufen mehr als nur verpönt ist: den Komoren mit 37 und Mali mit 36,9 Litern. Und wenn man nur die Zahlen der trinkenden Männer vergleicht, so liegt plötzlich wieder Mali vorn, mit 62,1 Litern, vor Bosnien-Herzegowina mit 60,3 und den Komoren mit 45,7 Litern. Dass es sich dabei durchwegs um muslimische Gesellschaften handelt, dürfte kein Zufall sein. Der Verdacht liegt nahe, dass in diesen Ländern viele, die Alkohol konsumieren, bei Befragungen einfach nicht die Wahrheit sagen – weswegen die wenigen, die ehrlich sind, statistisch betrachtet dann umso schlechter aussehen.

Unterm Strich sehen sich die Experten in Uganda jedenfalls damals wie heute mit einer völlig alkoholverseuchten Gesellschaft konfrontiert. Der Anteil der Missbraucher ist nach wie vor extrem hoch. Rund zehn Prozent der Bevölkerung gelten als Alkoholiker – und das, obwohl die Bevölkerung des Landes im Durchschnitt nur knapp über 15 Jahre alt und damit die zweitjüngste der Welt ist. Die ökonomischen und sozialen Kosten des Saufens werden verschiedentlich höher geschätzt als die der beiden oft tödlichen und weit verbreiteten Geißeln HIV und Malaria. Und dass Menschen ihre Möbel, ihre Autos und, wenn es sein muss, selbst ihre Kleider verkaufen, um sich mit der Droge zu versorgen, ist nichts Ungewöhnliches, sondern fast schon Alltag.

Warum gerade in Uganda so unglaublich viel getrunken wird, darüber wird immer noch heftig diskutiert. Das Land dürfte mittlerweile wohl in einer Art Teufelskreis gefangen sein, aus dem es kaum ein Entrinnen zu geben scheint. Alkoholkonsum führt zu Armut. Armut demoralisiert und führt ihrerseits zu einem erhöhten Alkoholkonsum. Dieses eherne, oftmals bewiesene Gesetz gilt natürlich auch dort und ist ein wesentlicher Teil des Problems, mehr aber nicht. Vielmehr handelt es sich bei der katastrophalen Trinkkultur um ein multikausales Phänomen, das fast schon zufällig genau hier und nicht anderswo in Erscheinung getreten ist.

**Nahrungsmittel und Einkommensquelle.** Einer der wichtigsten Gründe für den Megaverbrauch liegt wohl darin, dass der Alkohol in Uganda, historisch betrachtet und anders als in vielen anderen afrikanischen Gesellschaften, schon seit langer Zeit eine große Rolle spielt. Bei Geburten und bei Begräbnissen, bei Hochzeiten und anlässlich von Beschneidungen sowie bei allen möglichen vorstellbaren Anlässen wurde und wird damals wie heute kräftig gebechert.

Berauschende Getränke sind praktisch immer und überall verfügbar. Und zwar bei allen Stämmen, im ganzen Land und in der Bar eine Straße weiter ebenso wie in den eigenen vier Wänden. Zahlreiche Haushalte brauen sich ihr Bier nämlich selber oder destillieren Hochprozentiges, das sie nicht nur jederzeit selber konsumieren können, sondern zudem verkaufen, um das kärgliche Familieneinkommen aufzubessern. Das Nationalgetränk ist der bereits erwähnte *Waragi*, ein dem Gin ähnliches Getränk mit einem Alkoholgehalt von zeitweise über 40 Volumenprozent. Es wird meist aus Hirse, grünen Kochbananen und Maniokmehl sowie wahlweise aus Melasse gebrannt und von vielen praktisch als Nahrungsmittel betrachtet. *Tonto*, ein braunes Bier, das aus dem Saft spezieller Bananen gebraut wird, erfreut sich ebenfalls großer Beliebtheit. Selbst viele Frauen und Kinder arbeiten und trinken kräftig mit. Achtjährige, die regelmäßig Alkohol konsumieren, sind keine Seltenheit.

***Kleine Beutel mit 100 Milliliter Schnaps werden in Uganda für gerade mal ein paar Cent verkauft und sind nichts Ungewöhnliches.***

Weitere Gründe für die grassierende Trunksucht orten Experten etwa auch in den massiven Werbeaktivitäten der Alkoholindustrie sowie in den kleinen Verpackungsgrößen, in denen Hochprozentiges gerne angeboten wird: Kleine Beutel mit 100 Milliliter Schnaps werden für gerade mal ein paar Cent verkauft und sind nichts Ungewöhnliches. Obendrein gibt es im ganzen Land noch dazu sogenannte Trinkerclubs, wo man sich im Wesentlichen nur trifft, um gemeinsam möglichst viele Flaschen und Gläser zu leeren.

**Kaum Hoffnung auf Besserung.** Nach Meinung vieler Fachleute unternimmt Uganda nach wie vor viel zu geringe Anstrengungen, um das Desaster endlich in den Griff zu bekommen. Von einer vernünftigen Alkoholpolitik könne jedenfalls keine Rede sein, einschlägige Restriktionen gebe es eindeutig zu wenige, und die paar, die es gibt, würden nicht entsprechend vehement umgesetzt. Vielmehr schwanken die zuständigen Politiker und Behördenvertreter, wenn sie überhaupt Interesse an der Problematik zeigen, offenbar zwischen Verzweiflung, Verunsicherung und Resignation.

Wirklich verwunderlich ist das nicht: Immerhin ist die Hoffnung auf Besserung gering und das Land überdies in hohem Maß von der Alkoholwirtschaft abhängig, die Budgets vieler privater Haushalte genauso wie die der öffentlichen Hand. Eine Zahl von vielen, die dafür als durchaus starkes Indiz dienen kann: 2008 sorgte eine besonders starke Industrie mit der Herstellung und dem Verkauf von Bier, Schnaps und Co. für nicht weniger als zehn Prozent der Staatseinnahmen.

Last but not least: Manche Oppositionelle behaupten, die Obrigkeit würde auch deswegen nur in beschränktem Ausmaß gegen die Volksseuche Nummer eins vorgehen, weil eine Nation im Rausch weniger unangenehme Fragen stellt als nüchterne Staatsbürger. Ob dieser Verdacht gerechtfertigt ist, sei dahingestellt. Ganz unlogisch klingt er jedoch nicht.

*Es liegen im Wein allerdings produktiv machende Kräfte sehr bedeutender Art. Aber es kommt dabei alles auf Zustände und Zeit und Stunde an, und was dem Einen nützt, schadet dem Anderen.*

Johann Wolfgang von Goethe (1749–1832), Deutschlands größter Dichter

## Die Kosten-Nutzen-Rechnung des Alkoholkonsums

# Milliarden-Schäden, Milliarden-Profite

Eine exakte Berechnung der durch Alkohol verursachten volkswirtschaftlichen Kosten ist praktisch unmöglich, selbst wenn das mit zunehmend besseren Methoden natürlich immer wieder versucht wird. Sogar eine halbwegs realistische Schätzung ist schon ein sehr schwieriges Unterfangen. Und geht es um die gesamtgesellschaftliche Kosten-Nutzen-Rechnung, wird die Sache nochmals komplizierter, auf nationaler ebenso wie auf internationaler Ebene.

Der Hauptgrund dafür liegt in den sogenannten weichen Kostenfaktoren. Die spielen in diesem Zusammenhang nämlich eine sehr große Rolle, lassen sich zugleich aber nur schlecht quantifizieren, weshalb immaterielle Kosten in den entsprechenden Kalkulationen häufig nur unzureichend berücksichtigt werden. Wie soll man etwa das Unglück, den Schmerz und das Leid von Angehörigen eines Unfallopfers, das von einem berauschten Autofahrer getötet wurde, in Zahlen ausdrücken? Wie die verminderte Lebensqualität, die Sorgen, Ängste und Nöte von Menschen, die in ihrem direkten familiären Umfeld einen Alkoholkranken haben? Wie berechnet man die Kosten einer Ehescheidung, eines Wohnungs- oder

Führerscheinverlusts oder einer Kündigung? Wie die psychischen Schäden, die Trinker den eigenen Kindern zufügen, und wie die sozialen Katastrophen, die sie in ihrem Gemeinwesen verursachen? Dass es durch Alkoholmissbrauch zu massiven Schäden kommt, steht außer Zweifel, ebenso aber auch die Tatsache, dass deren monetäres Ausmaß kaum zu messen ist. 2003 reichte die Bandbreite der Schätzungen der immateriellen Kosten für die EU beispielsweise von 150 Milliarden bis 760 Milliarden Euro.

**Nutzen und Schaden.** Sehr viele Auswirkungen lassen sich dagegen aber sehr wohl recht präzise erfassen und in den entsprechenden Kalkulationen berücksichtigen. Beispielsweise die durch Fehlzeiten, Arbeitsunfähigkeit und geringere Leistungen bedingten Produktionsausfälle, die Ausgaben für Behandlungskosten, die Aufwendungen der Sozialversicherung für Behinderungen, Frühpensionierungen und Invalidität, die durch Sachbeschädigungen verursachten Kosten oder die Ausgaben für Strafverfolgung und Justizvollzug. Man unterscheidet dabei unter anderem zwischen direkten Kosten, zum Beispiel für die medizinische Versorgung nach einem Unfall, und indirekten Kosten, etwa denjenigen, die durch Arbeitslosigkeit verursacht werden.

Einigermaßen seriös auf den Punkt zu bringen, welchen Nutzen Alkohol für eine Volkswirtschaft hat, ist weit weniger schwierig. Zwar lassen sich eine tolle Stimmung oder jede Menge Spaß nicht quantifizieren, aber das ist auch gar nicht notwendig, weil sie auf Umwegen gleichsam automatisch in die Berechnungen mit einfließen. Denn wenn jemandem der Genuss eines Glases Wein Freude bereitet oder der Besuch eines Bierlokals gefallen hat, wird er oder sie schließlich länger bleiben und noch eins trinken oder gerne zurückkehren – und so die positiven Gefühle gleichsam mit dem Kauf des nächsten Getränks rückvergüten.

Das Schadenspotenzial der populärsten Droge aller Zeiten ist jedenfalls so oder gewaltig. Die negativen Auswirkungen auf die Gesundheit stehen dabei im Mittelpunkt der Betrachtungen. Laut WHO sind weltweit knapp

4 Prozent aller Todesfälle direkt auf Alkoholmissbrauch zurückzuführen. Und bei den durch vorzeitigen Tod verlorenen und mit Behinderung gelebten Lebensjahren (den sogenannten DALYs, den *disability-adjusted life-years*) sind es, direkt oder indirekt, sogar 4,5 Prozent. In absoluten Zahlen kostet der Suff jährlich rund um den Globus zirka 2,5 Millionen Menschen das Leben.

30 bis 50 Prozent dieser Todesfälle sind die Folge von Unfällen im Rausch und Gewalttaten – die Opfer fahren gegen einen Baum, sie ertrinken, stürzen die Kellertreppe hinunter, vergiften sich irrtümlich oder werden erschlagen. Der Rest stirbt an einer der über 60 Krankheiten, die nach heutigem Stand der Wissenschaft in einem direkten Zusammenhang mit zu hohem Alkoholkonsum stehen, oder an einer von weiteren 200 Erkrankungen, bei denen er eindeutig zumindest eine schädigende Rolle spielt.

***Einer von zehn Bewohnern des alten Kontinents stirbt aufgrund des Suffs zu früh oder wird deswegen zumindest ernsthaft krank.***

Die größten Probleme bereiten Herzkrankheiten und Krebserkrankungen, Depressionen und der Alkoholismus selbst, auch hinsichtlich der sozialen Folgen der Abhängigkeit. Laut WHO ist das Saufen unter anderem für 20 bis 30 Prozent aller Krebserkrankungen der Speiseröhre und der Leber, aller Leberzirrhosen und aller Epilepsieerkrankungen verantwortlich, aber eben auch für 20 bis 30 Prozent aller Morde und Verkehrsunfälle.

**Killer Nummer eins.** Geschlechtsbezogen gibt es dabei große Unterschiede: Mehr als dreimal so viele Männer wie Frauen sterben frühzeitig als Folge ihrer Abhängigkeit. Nach Angaben der WHO sind weltweit sogar 6,2 Prozent aller Todesfälle bei Männern und nur 1,1 Prozent aller Todesfälle bei Frauen auf Alkoholmissbrauch zurückzuführen. Bei Männern zwischen 15 und 59 Jahren ist die Droge international sogar der Killer Nummer eins.

Bezogen auf die weltweite Gesamtbevölkerung, ungeachtet des Alters, ist der Alkoholkonsum – nach einem zu hohem Blutdruck und dem Rauchen – mittlerweile schon der drittgrößte Risikofaktor für Krankheit und vorzeitigen Tod, noch vor Ursachen wie Hunger im Kindesalter in den ärmsten und Fettleibigkeit in den reichsten Gegenden der Welt. Bei Menschen zwischen 25 und 59 Jahren gilt er sogar als Hauptrisikofaktor für Gesundheitsschäden und verfrühten Tod, noch vor Tabak oder ungeschütztem Sex. In hochentwickelten Ländern ist der Alkoholkonsum obendrein der größte Risikofaktor für eine Behinderung. Bei der Interpretation aller genannten Zahlen und Zusammenhänge gilt es selbstverständlich zu berücksichtigen, dass weit mehr als die Hälfte der Menschheit völlig abstinent lebt.

***Nach Angaben der Europäischen Kommission ist bei 8 bis 10 Prozent aller Erkrankungen und Verletzungen von europäischen Bürgern Alkohol im Spiel.***

In Europa, wo mehr getrunken wird als irgendwo sonst auf der Welt, ist die Situation natürlich nicht besser, ganz im Gegenteil. Einer von zehn Bewohnern des alten Kontinents stirbt aufgrund des Suffs zu früh oder wird deswegen zumindest ernsthaft krank. In Osteuropa könnte durch einen vernünftigen Umgang mit Wein, Bier und Hochprozentigem sogar einer unter fünf vorzeitigen Todesfällen vermieden werden. Nach Angaben der Europäischen Kommission ist bei 8 bis 10 Prozent aller Erkrankungen und Verletzungen von europäischen Bürgern Alkohol im Spiel – damit verursacht er zugleich bis zu 10 Prozent aller entsprechenden Kosten.

Dass nach Schätzungen der WHO 2002 noch 11 Prozent der gesamten Krankheitslasten in Europa alkoholbedingt waren, ist da nur ein schwacher Trost. Wie auch der Hinweis, anderswo, etwa in Schwarzafrika, sei es noch viel schlimmer: Dort sollen nämlich sogar bis zu 30 Prozent aller Spitalaufnahmen auf Alkoholismus zurückzuführen sein.

In Deutschland sind übrigens, nach Angaben der Bundeszentrale für gesundheitliche Aufklärung aus dem Jahr 2010, rund 74 000 Menschen an den direkten oder indirekten Folgen ihres unvernünftigen Trinkverhaltens gestorben, in Österreich beklagt man rund 8000 und in der Schweiz erstaunlicherweise angeblich nur bis zu 3500 Tote pro Jahr.

**Gigantische Kosten.** Berechnungen, wie hoch die Folgekosten des Saufens für die Gesellschaft konkret sind, gibt es trotz aller Schwierigkeiten und aller berechtigten Skepsis viele. Für die gesamte Europäische Union wurden sie beispielsweise in einem von **Peter Anderson** erstellten Bericht des Londoner Instituts für Alkoholstudien mit 125 Milliarden Euro im Jahr 2003 beziffert, und zwar einschließlich jener 59 Milliarden Euro, die auf Produktivitätsverluste durch Fehlen am Arbeitsplatz, Arbeitslosigkeit und vorzeitigen Tod entfallen. Das wären immerhin 1,3 Prozent des Bruttosozialprodukts gewesen. Und in einem im Auftrag der WHO verfassten und 2012 veröffentlichten Report schätzt derselbe Anderson, dass die Sauferei die Gesellschaft mittlerweile sogar 2 bis 3 Prozent des Bruttosozialprodukts kostet. Das wären rund 300 Euro pro EU-Bürger – und 50 bis 70 Prozent dieser Kosten wären der verminderten Produktivität zuzuschreiben.

Auch in England hat man wiederholt genauer zu ergründen versucht, welche Kosten man dem Alkoholkonsum denn nun eigentlich ganz konkret zurechnen muss. Für 2007 beziehungsweise 2008 waren das angeblich unter anderem 125 000 Fälle von häuslicher Gewalt, fast 1 000 000 Fälle von Gewalt außerhalb der eigenen vier Wände, 39 000 Sexualdelikte, 8000 Angriffe auf Polizisten und 1 250 000 Vandalismus-Akte. Dazu kommen jede Menge anderer Verbrechen, asoziales Verhalten, Notfalleinsätze, die Kosten für die Arbeit der Justizbehörden, Arbeitsausfälle von Opfern und dergleichen mehr.

Für mit dem Trinken zusammenhängende Verbrechen und Vergehen sowie asoziales Verhalten wurden Kosten von 7,3 Milliarden Pfund angegeben, von den Ausgaben für Notdienste bis zu denen für das Justizsystem.

Dazu kamen landesweit noch 14 Millionen verlorene Arbeitstage, enorme Produktivitätsverluste und die Arbeitslosengelder, die zusammengezählt 6,4 Milliarden Pfund jährlich ausmachten. Alles in allem wurden die jährlichen Kosten des Alkoholmissbrauchs auf gigantische 25 Milliarden Pfund geschätzt.

Das staatliche Gesundheitssystem *NHS (National Health System)* musste 2001 1,7 Milliarden Pfund für die Säufer und die von ihnen verursachten Schäden aufwenden; 2007 waren es dann schon 2,7 Milliarden Pfund. Seitdem hat sich die Lage erneut verschlechtert. 2007/2008 wurden innerhalb von zwölf Monaten rund 800 000 Menschen wegen alkoholbedingter Verletzungen oder Krankheiten in Englands Krankenhäuser eingeliefert; 2010/2011 waren es bereits ungefähr 1 200 000 Fälle.

Für Deutschland bezifferte die *Deutsche Hauptstelle für Suchtfragen (DHS)* die direkten und indirekten Kosten alkoholbezogener Krankheiten für das Jahr 2002 mit 24,4 Milliarden Euro, was 1,16 Prozent des damaligen Bruttoinlandprodukts entspricht. Fast 70 Prozent dieser Gesamtkosten wurden angeblich durch Männer verursacht. Im Jahr 2010 schätzte die *Bundeszentrale für gesundheitliche Aufklärung* die durch alkoholbedingte Erkrankungen hervorgerufenen volkswirtschaftlichen Kosten auf jährlich rund 24 Milliarden Euro und damit auf eine sehr ähnliche Höhe. Welche Kosten jeweils dazugerechnet werden, ist von Fall zu Fall zu hinterfragen, zumal die Bandbreite an Möglichkeiten sehr groß ist. Ein Faktor unter vielen sind beispielsweise die jährlich rund 275 000 Straftaten, die im betrunkenen Zustand verübt werden.

Gewaltige Produktivitätsverluste. Der Wirtschaftsrechts-Experte **Michael Adams** von der Universität Hamburg bezifferte im Jahr 2010 die Folgekosten des Saufens noch höher, nämlich mit fast 27 Milliarden Euro jährlich. Direkten Kosten von 10 Milliarden Euro – also etwa ambulanten und stationären Behandlungskosten oder Sachschäden in Betrieben – standen in seinen Berechnungen dabei 16,7 Milliarden indirekte Kosten gegenüber, die unter anderem durch Produktivitätsverluste, Todesfälle und Frühverrentungskosten verursacht worden waren.

Apropos Produktivität: Nach Angaben der Bundeszentrale für gesundheitliche Aufklärung sollen sich 10 bis 30 Prozent aller Arbeitsunfälle unter Alkoholeinfluss ereignen, die Fehlzeiten von Säufern rund 16 Mal höher als bei anderen Arbeitnehmern liegen und erstere obendrein, wenn sie arbeiten, nur etwa 75 Prozent ihrer regulären Leistung erbringen. Es gibt übrigens auch eine britische Studie, die den Produktivitätsverlust pro verkatertem Tag mit 27 Prozent beziffert. Und eine andere, die etwa für Finnland, bei gerade mal 5,3 Millionen Einwohnern, über eine Million verlorene Arbeitstage im Jahr durch *Hangovers* errechnet.

**Wodka-Tod in Russland.** Besonders schlimm und zugleich recht gut erforscht ist die Lage in Russland. 85 Prozent der Männer trinken dort regelmäßig. Und viele von ihnen noch dazu gern und oft Wodka, und das häufig in wirklich rauen Mengen. **David Zaridze** vom Krebsforschungszentrum in Moskau hat 2009 gemeinsam mit einem internationalen Wissenschaftlerteam eine Studie veröffentlicht, die sich mit den Folgen des Saufens in drei typischen Industriestädten des Landes auseinandersetzt. Das erschütterndste Ergebnis: Mehr als die Hälfte aller Todesfälle bei russischen Männern im Alter zwischen 15 und 54 ist auf Alkoholmissbrauch zurückzuführen.

Wobei damit nicht immer das Ende jahrelangen Siechtums gemeint ist. Viele sterben innerhalb von Sekunden ihren durch Wodka und Co. verursachten Trinkertod – bei Unfällen nämlich. Oder bei Vergiftungen innerhalb von Minuten oder höchstens Stunden. Exzessives Trinken von hochprozentigem Schnaps und Intoxikationen durch dubiose Erzeugnisse aus Hinterhof-Brennereien sowie durch recht abartig klingende Ersatzstoffe wie *Eau de Cologne*, Frostschutz- und Reinigungsmittel oder Türschlossenteiser kosten zwischen St. Petersburg und Wladiwostok jedenfalls Jahr für Jahr abertausende von Menschenleben.

Wie viele genau, das bezifferte 2005 der damalige russische Präsident **Wladimir Putin**: Er hat die Zahl der einschlägigen Todesfälle mit 40 000 angegeben. Der Verdacht, der glühende Patriot Putin könnte ein zu positives Bild der Zustände im Land gezeichnet haben, liegt allerdings nahe. Es gibt nämlich auch Schätzungen, wonach fast jeder dritte Todesfall in Russland direkt oder indirekt eine Folge des unbotmäßigen Alkoholkonsums sein soll. Was mehr als 600 000 Opfer des Suffs pro Jahr bedeuten würde. Selbst wenn das wiederum doch deutlich zu hoch gegriffen sein mag: Man kann jedenfalls davon ausgehen, dass die bis heute unveränderte, desaströse Trinkkultur zwischen 1987 und 2009 im ganzen Land zumindest mehr als drei Millionen Menschenleben gefordert hat. Diese überaus erschreckende Zahl – schließlich sind das sehr viel mehr Opfer, als so mancher Krieg gefordert hat, in den das riesige Land verwickelt war – ist übrigens die absolute Untergrenze aller ernstzunehmenden Schätzungen. Die Lebenserwartung russischer Männer ist daher dementsprechend niedrig. Laut der russischen Statistikbehörde *Rosstat* starben sie im Jahr 2009 im Durchschnitt mit knapp unter 63 Jahren, während deutsche Männer 2010 nach Angaben des Statistischen Bundesamts zirka 77 Jahre alt wurden. Das klingt katastrophal, spiegelt in Wahrheit aber eine Verbesserung wider: Noch 1995 lag die Grenze bei nur 58 Jahren.

**Betrunkene Mörder, betrunkene Opfer.** Dass die volkswirtschaftlichen Kosten des Alkoholmissbrauchs viele Milliarden Euro betragen und weit höher sind als der traditionell ebenfalls sehr hohe Verdienst des Staates an den Steuern für Wodka und Co., weiß man übrigens auch in Moskau. Ein Fünftel der Ausgaben im Gesundheitswesen waren nach einer Schätzung der Zeitschrift *Kommersant* aus dem Jahr 2005 auf die Rauschbehandlung (!) zurückzuführen.

Aus dem gleichen Jahr stammen zwei andere Zahlen, die den Wahnsinn des Alkoholmissbrauchs in der Russischen Föderation ziemlich dramatisch zu illustrieren vermögen: 83 Prozent der Mörder waren zur Tatzeit betrunken. Weil zugleich 60 Prozent der Opfer in der Stunde ihres Todes mächtig einen in der Krone hatten, blieb man da allerdings offenbar oft unter sich.

***In der Produktion und im Vertrieb sowie in der Gastronomie werden weltweit Milliardenumsätze erzielt und viele Millionen Menschen beschäftigt.***

Vollmundige Lippenbekenntnisse seitens der Obrigkeit, dass sie den grassierenden Alkoholismus endlich massiv bekämpfen wolle, gab es schon in der Vergangenheit immer wieder. Deutlich messbare Ergebnisse hatten diese jedoch nicht zur Folge. Eher eine Verlagerung der Produktion in die Illegalität: So ist von 2008 auf 2009 laut Angaben des Marktforschungsinstituts Nielsen nicht nur der Wodkaverkauf um fünf Prozent weiter angestiegen, die vom Zentrum zur Untersuchung des russischen Alkoholmarktes geschätzte Menge an illegal produziertem Schnaps erhöhte sich ebenfalls, und zwar von 700 auf 750 Millionen Liter.

Eine Reihe von neuen Gesetzen, die ab 2010 in Kraft getreten sind, soll die Entwicklung nun endlich umkehren (siehe Seite 198).

In den USA wird bekanntlich deutlich weniger gesoffen, daher sind die Kosten im Vergleich auch weit niedriger: Jährlich zwischen 100 und 200 Milliarden Dollar soll die Schadenssumme dort betragen, wobei der größte Teil in Form von Lohn- und Gehaltsausfällen bei den Arbeitern und ihren Familien anfällt.

**Das grosse Geschäft mit dem Saufen.** Auf der anderen Seite steht die beliebteste Droge der Welt alles in allem natürlich zugleich für ein Geschäft von gewaltigen Dimensionen. Alkoholkonsum belebt die Wirtschaft, und das nicht zu knapp. Daran gibt es überhaupt keinen Zweifel. In der Produktion und im Vertrieb sowie in der Gastronomie werden weltweit Milliardenumsätze erzielt und viele Millionen Menschen beschäftigt.

Vor allem in Europa hat die Alkoholwirtschaft eine überragende Bedeutung. 2011 entfielen beispielsweise immer noch mehr als die Hälfte des weltweiten Weinkonsums und der weltweiten Rebenfläche sowie knapp 60 Prozent der internationalen Weinproduktion auf die EU. Unterm Strich war zu Beginn des dritten Jahrtausends ein Viertel des rund um den Globus hergestellten Alkohols dem alten Kontinent zuzurechnen. Darüber hinaus kamen zu dieser Zeit noch zirka 70 Prozent der weltweiten Alkoholexporte aus der EU, und fast die Hälfte aller Importe gingen und gehen ebenfalls dorthin. Selbst wenn ein großer Teil davon auf den Handel unter den Mitgliedsstaaten selbst entfällt und Asien mit hohem Tempo aufholt, ist die europäische Dominanz auf dem weltweiten Markt für Alkoholika nach wie vor eindeutig. Wobei etwa Großbritannien beim Hochprozentigen, Frankreich, Italien und Spanien beim Wein und Deutschland und die Niederlande wiederum beim Bier wahre Exportchampions sind.

Eine 2006 veröffentlichte Studie, die das Institut für Alkohol-Studien in London im Auftrag der EU-Kommission durchgeführt hat, nannte im vorliegenden Zusammenhang unter anderem folgende Zahlen: Der Handel mit alkoholischen Getränken trug 2001 zur Leistungsbilanz der Europäischen Union mit ihren damals erst 15 Mitgliedern bereits rund 9 Milliarden Euro bei. Das durch Alkohol verursachte Steueraufkommen (ohne Mehrwertsteuern) wurde für dasselbe Jahr mit rund 25 Milliarden Euro beziffert und die Zahl der Jobs, die mit der Produktion von Bier, Wein und Co. verbunden waren, lag laut Statistiken bei rund 750 000; weitere Millionen Arbeitsplätze wurden bei Zulieferern, im Handel und im Verkauf in Geschäften oder Lokalen gesichert. Klar ist zudem: Die entsprechenden Vergleichswerte für die Europäische Union heute, viele Jahre später und mit mittlerweile 27 Mitgliedsländern, liegen natürlich noch sehr viel höher.

**Starke Alkoholwirtschaften.** In Deutschland allein beliefen sich 2009 die Einnahmen des Bundes und der Länder durch Steuern auf Bier, Schaumwein, Alcopops und Spirituosen auf 3,3 Milliarden Euro (Wein wird nicht besteuert). Der Umsatz der gesamten Alkoholwirtschaft lag nach deren eigenen Angaben im Jahr 2007 bei rund 15,5 Milliarden Euro, und in ihren Unternehmen beschäftigte sie 50 000 Vollzeit- und 150 000 Teilzeitkräfte – dazu kamen 637 000 Erwerbstätige im Gaststättengewerbe, das mit alkoholischen Getränken entscheidende Anteile seines Umsatzes erzielt.

***Tote müssen begraben und Verletzte geheilt werden – das kurbelt die Wirtschaft an, schafft Arbeitsplätze und steigert das Bruttosozialprodukt.***

In Russland verdient der Staat sogar direkt an der Alkoholherstellung im großen Stil mit. So soll *Rosspirtprom*, ein Unternehmen, das sich im öffentlichen Besitz befindet, im Jahr 2009 nach wie vor rund 40 Prozent des Wodkamarkts in Russland kontrolliert und daraus überaus stattliche Einkünfte erzielt haben.

Das Prüfungs- und Beratungsunternehmen Ernst & Young hat im Auftrag von *The Brewers of Europe* 2009 eine Studie über den Beitrag des Biers zur europäischen Wirtschaft verfasst. Erhoben wurden die Daten aller EU-Mitgliedsstaaten und dazu die von Kroatien, Norwegen, der Schweiz und der Türkei. Die Ergebnisse hatten es einmal mehr in sich. Ende 2008 waren demnach allein in den 3733 Brauereien des Kontinents rund 150 600 Menschen beschäftigt. Zählt man die mit der Brauwirtschaft verbundenen Branchen dazu, also die Zulieferer auf der einen und die Gastronomie und den Handel auf der anderen Seite, waren es über 2,5 Millionen Jobs, die man dem Wirtschaftsfaktor Bier zurechnen konnte.

Im Vergleich zur letzten derartigen Studie, die drei Jahre zuvor verfasst worden war, musste man freilich einen leichten Rückgang verzeichnen. Die gesamthaft durch Produktion und Verkauf geschaffene Wertschöpfung wurde auf 59 Milliarden Euro beziffert, der Anteil der mit Bier verbundenen Steuereinnahmen, Abgaben und sonstigen Beiträge für die nationalen Budgets mit 57 Milliarden Euro angegeben.

Man kann sich sehr leicht vorstellen, in welche Dimensionen man kommt, wenn man auch noch die mit der Produktion und Herstellung von Wein, Sekt und Spirituosen verbundenen Arbeitsplätze, Umsätze und Budgetbeiträge zwischen Ostanatolien, Lappland und Gibraltar dazurechnet.

Wenn man die negativen Aspekte des Saufens berücksichtigt, also die berauschende Wirkung und deren Folgen sowie das Suchtpotenzial und dessen gesundheitsschädigende Folgen, gewinnt der Alkohol als Wirtschaftsfaktor bei näherer Betrachtung sogar nochmals an Gewicht. Der Grund liegt darin, wie man in modernen kapitalistischen Systemen Wachstum quantifiziert. Nach herrschender Ansicht trägt ja sogar jeder von einem Betrunkenen verursachte Unfall zur ökonomischen Entwicklung bei: Schließlich muss man die Autos, nachdem es so richtig gekracht hat, wieder reparieren, Tote müssen begraben und Verletzte geheilt werden – all das kurbelt die Wirtschaft an, schafft Arbeitsplätze und steigert das Bruttosozialprodukt. Analoge Überlegungen gelten beispielsweise für Brände, die im Rausch gelegt werden, oder jede Erkrankung, die behandelt werden muss. Ganz so einfach ist es allerdings dann doch nicht, denn immerhin verlieren die Volkswirtschaften durch den Tod und die Verletzungen von Unfallopfern sowie durch die gesundheitlichen Beeinträchtigungen infolge Krankheiten zugleich enorm viel potenzielle Arbeitsleistung und potenzielle Konsumkraft.

Ein weiterer Aspekt soll ebenfalls nicht unerwähnt bleiben: Wer alkoholkrank ist, verfällt zudem oft anderen Süchten und ist damit doppelt gefährdet, alles vor der Zeit zu verlieren: die Gesundheit, Haus und Hof oder gar das Leben. An erster Stelle stehen hier natürlich die Nikotinabhängigen, aber den chronischen Spielern kommt eine nicht weniger dramatische Rolle zu: Etwa 10 Prozent der deutschen Alkoholsüchtigen sind gleichzeitig mehr als nur passionierte Gambler, und umgekehrt hängen 38 Prozent der fanatischen Zocker in der Bundesrepublik zugleich an der Flasche. So werden Bier, Wein und Schnaps gewissermaßen auch noch zu sehr wichtigen Förderern der Tabak- und Glücksspielindustrie.

*If you resolve to give up smoking, drinking and loving, you don't actually live longer – it just seems longer!**

Clement Freud (1924–2009),
britischer Journalist, Politiker und Koch

## Helfen gesetzliche Restriktionen mit, den Alkoholmissbrauch in einem Land einzuschränken?

# Yes, we can! No, we could!

Auch wenn die Lobbyisten der Berufsverbände der Weinbauern, Bierbrauer, Schnapsbrenner und Gastronomen diese Tatsache immer wieder gern und wortreich zu relativieren versuchen: Dort, wo der Alkoholverkauf und -konsum strenger geregelt und das kleine Bier oder der doppelte Korn teurer sind, wird tatsächlich weniger gezecht als in Ländern mit einer liberaleren Alkoholpolitik. Das steht völlig außer Zweifel und wurde mittlerweile durch eine ganze Reihe von Studien hinlänglich bewiesen.

2007 untersuchten beispielsweise US-amerikanische und italienische Wissenschaftler den Zusammenhang zwischen dem Pro-Kopf-Verbrauch an Alkohol und diversen einschlägigen Parametern in 30 OECD-Ländern. Unter die Lupe genommen wurden dabei vor allem die allgemeine Verfügbarkeit von alkoholischen Getränken, Alters- und Werbebeschränkungen sowie die jeweiligen Preise für Bier, Wein und Co. Für Restriktionen und Verbote gab es jeweils Punkte, von denen insgesamt 100 erreicht werden konnten. Zwar wurde auch hier einmal mehr die Vergleichbarkeit der Daten und damit so manches Detailergebnis in Frage gestellt. Die zentrale

* Wenn man beschließt, das Rauchen, das Trinken und den Sex sein zu lassen, lebt man deswegen nicht länger – es kommt einem nur länger vor.

Schlussfolgerung der Studie ist freilich eindeutig: Je freizügiger der Gesetzgeber mit dem Thema Alkohol umgeht, desto mehr wird getrunken.

In Deutschland, in der Schweiz, in Österreich sowie in Luxemburg gab es demnach im Untersuchungszeitraum die wenigsten einschlägigen Einschränkungen und Verbote – und entsprechend hoch war dort der Pro-Kopf-Verbrauch an Alkoholika. Am anderen Ende der Tabelle fanden sich Länder wie Norwegen, Island und Schweden. Und damit fast nur Staaten mit einem traditionell niedrigen Konsum an berauschenden Getränken.

**Programmierte Probleme.** Wie die öffentliche Hand die Menschen am ehesten dazu bringen kann, weniger zu trinken, dieser Frage widmeten sich 2009 Peter Anderson und ein paar Koautoren an der Universität von Maastricht. Die Ergebnisse waren wenig überraschend.

***Der eigene Alkoholkonsum wird als private Angelegenheit gesehen, in die sich der Staat möglichst wenig einmischen soll. Wer das negiert, provoziert schnell Widerstand.***

Will man im Kampf gegen die verheerenden Auswirkungen des Alkoholkonsums Erfolge erzielen, muss man vor allem die Steuern erhöhen, strengere Maßnahmen gegen Alkohol am Steuer ergreifen, Werbeverbote erlassen, die Verfügbarkeit von Alkohol einschränken und zugleich die illegale Produktion unterbinden sowie schließlich jenen helfen, die gefährlich viel bechern. Erziehungsmaßnahmen allein, wie sie von der Getränkeindustrie immer wieder ins Treffen geführt werden, sind im Vergleich dazu weit weniger wirkungsvoll. Und bestenfalls dazu geeignet, dem Thema in der öffentlichen und politischen Diskussion ein höheres Maß an Aufmerksamkeit zuteil werden zu lassen.

Dass der Gesetzgeber den Alkoholverbrauch durch Regelungen, Vorschriften und Verbote massiv einschränken und zurückdrängen kann, ist also ein Faktum; weniger klar ist aber, ob und vor allem in welchem Ausmaß die einzelnen Regierungen das auch wirklich wollen. Das Trinken von Bier, Wein und Schnaps ist für viele Menschen nämlich ganz einfach Teil des normalen gesellschaftlichen Lebens. Der eigene Alkoholkonsum wird als private Angelegenheit gesehen, in die sich der Staat möglichst wenig einmischen soll. Wer das negiert, provoziert schnell Widerstand. Politiker wissen das und führen den Kampf gegen die Übel des Trinkens mit Blick auf die nächsten Wahlen daher oft nur vergleichsweise vorsichtig. Die Furcht vor den Auswirkungen zu radikaler Maßnahmen auf die Staatsfinanzen lässt die Machthaber ebenfalls zögern. Denn obwohl heutzutage weitgehend außer Streit steht, dass sich eine restriktive Alkoholpolitik volkswirtschaftlich betrachtet langfristig durchaus rechnet, wären kurz- bis mittelfristig allein schon durch zu erwartende Einnahmenausfälle jede Menge Probleme gleichsam programmiert und unvermeidlich.

Gegen vereinzelte vernünftige Maßnahmen haben die meisten Verbraucher in aller Regel allerdings nichts einzuwenden. Einer im Herbst 2009 im Auftrag der EU-Kommission durchgeführten europaweiten Umfrage zufolge würden etwa drei Viertel aller Bürger der Europäischen Union die Einführung von Warnhinweisen auf Flaschen und in der Werbung befürworten, wenn dadurch Schwangere, Jugendliche und Autofahrer auf die Gefahren des Alkoholkonsums hingewiesen würden.

**Wunderwaffe Preiserhöhung.** Wer die Verbrauchszahlen bei Bier, Wein und Schnaps möglichst schnell und effektiv senken und zugleich die chronisch leeren Kassen der öffentlichen Hand füllen will, sollte freilich zu einem anderen Instrument greifen und einfach die Steuern und Abgaben auf Alkoholika erhöhen. Vor allem bei jener Bevölkerungsgruppe, die als die schutzwürdigste gilt, zeigen sich hier sehr rasch Erfolge: Jugendliche reagieren aufgrund ihrer oft recht bescheidenen Einkommensverhältnisse meist besonders sensibel auf Preisanstiege. Kein Wunder also, dass sich derartige Maßnahmen bei Politikern besonderer Beliebtheit erfreuen.

In England hat ein Team der *University of Sheffield* 2008 berechnet, welche Folgen es ganz konkret zeitigen würde, wenn man schlicht und einfach nur den Preis für Alkohol anhebt. Die Ergebnisse sind beeindruckend: Durch eine Erhöhung des Alkoholpreises auf zumindest 50 Pence für 10 Milliliter reinen Alkohol würden sich, so die Wissenschaftler, nach zehn Jahren landesweit kalkulatorisch 3393 weniger Tote, 97 900 weniger Krankenhaus-Aufnahmen, 45 800 weniger Delikte und 296 900 weniger Krankenstandstage jährlich ergeben – unterm Strich also eine Ersparnis von sage und schreibe rund einer Milliarde Pfund.

Als Schottland 2013 im Kampf gegen das Komasaufen einen Mindestpreis für Alkohol in Höhe von 0,50 Pfund je Alkoholeinheit einführte, gab es dafür also gute Gründe, und dass England und Wales mit einer sehr ähnlichen Erhöhung nachziehen wollen, verwundert nicht. Schon bei 40 Cent pro Einheit Alkohol würde sich übrigens der Preis für eine Zwei-Liter-Flasche Cider beispielsweise von weit unter drei auf sechs Pfund erhöhen. Das brachte Premierminister **David Cameron** und seinen Mitstreitern postwendend den Vorwurf ein, ihr Vorhaben würde sich vor allem gegen Geringverdiener richten.

In Neuseeland, wo der Ruf nach Mindestpreisen – insbesondere als Maßnahme zur Einschränkung des Alkoholkonsums von Jugendlichen – in den letzten Jahren ebenfalls recht laut wurde, würde diese Anschuldigung so wohl nicht erhoben werden können. Der Grund: Dort war im Herbst 2010 mancherorts ein Glas Wein sogar billiger zu haben als ein gleich großes Glas Wasser aus einer Flasche.

**Kampf den Kampftrinkern.** Fest steht: Selbst wenn die Politik gegen den Alkoholmissbrauch generell nur recht zögerlich vorgeht, der Gegenwind, dem Bierbrauer, Weinbauern, Spirituosenhersteller, Barbesitzer und Co. da wie dort und in zunehmendem Maße zu trotzen haben, gewinnt seit Jahren dennoch an Stärke. Es vergeht kaum eine Woche, in der nicht über neue Gebote und Verbote zur Eindämmung des Alkoholkonsums in irgendeiner

Ecke der Welt berichtet wird. In europäischen Ländern geht es dabei oft darum, das sogenannte Kampftrinken in der Öffentlichkeit und seine negativen Begleiterscheinungen in den Griff zu bekommen. So darf man etwa in London seit 2008 in allen U-Bahnen und Bussen nichts mehr trinken, und im kalifornischen San Diego wird seitdem sogar schon straffällig, wer an einem öffentlichen Strand auch nur an einer Bierflasche nuckeln will – außer er watet so weit ins Meer hinaus, bis ihm das Wasser mindestens zu den Knien reicht. Frankreich hat 2009 als wichtigste Maßnahme gegen das Komasaufen unter Jugendlichen die Mindestgrenze für den Kauf von Bier und Wein von 16 auf 18 Jahre angehoben. Und selbst in Deutschland zieht der Gesetzgeber die Zügel straffer. So wurde, um nur ein Beispiel zu nennen, im März 2010 in Baden-Württemberg der nächtliche Verkauf von alkoholischen Getränken an Tankstellen, in Kiosken und Supermärkten verboten. Einmal mehr ging es darum, ausufernde Trinkgelage insbesondere von Teenagern in den Griff zu kriegen.

**Strengere Richtlinien.** Auf gesamteuropäischer Ebene werden die Zeiten für die Alkoholindustrie ebenfalls nicht leichter. So gestatten einander etwa seit 2013 die Polizeibehörden der EU-Länder auf der Jagd nach Verkehrssündern gegenseitig den Zugriff auf ihre nationalen Datenbanken – womit insbesondere auch Alkohol- und Drogendelikte leichter geahndet werden können. Und so sollen mit neuen EU-Richtlinien zudem die Sendezeiten für Alkoholwerbung im Fernsehen weiter beschränkt und die Altersgrenzen beim Einkauf angehoben werden. Auf längere Sicht soll Alkoholwerbung in Kino und TV sogar überhaupt verboten werden.

Eine höhere Besteuerung steht natürlich ebenfalls im Raum. Man befürchtet allerdings, die Produzenten könnten in diesem Fall unter Umständen und im Interesse ihres langfristigen Geschäfts auf den Gedanken kommen, einen Teil der Kosten selber zu tragen.

Sogar in Ländern, wo ohnehin nicht oder kaum getrunken wird, wird die Gangart zunehmend verschärft. Zwei Beispiele von vielen: In

Dubai wurde mittlerweile sogar schon das Kochen mit Alkohol untersagt. Und im ebenfalls muslimischen Sudan wendet Präsident **Omar Hassan Al-Bashir** seit ein paar Jahren die Scharia noch konsequenter an und lässt jeden auspeitschen, der Alkohol herstellt, jeden, der ihn verkauft und natürlich jeden, der ihn trinkt.

**Der russische Weg.** Der Staat, der in den letzten Jahren wohl am meisten Anstrengungen unternommen hat, um das Volk wieder auf den richtigen Weg zu bringen, ist Russland. Aus gutem Grund, zumal der Alkoholismus dort – in den Worten von Ex-Präsident **Dmitri Medwedew** – bereits «die Ausmaße einer nationalen Katastrophe» erreicht hatte.

2010 wurde im Kampf gegen die Trunksucht ein Mindestpreis für alle Spirituosen mit über 28 Volumenprozent Alkoholgehalt eingeführt und seitdem in mehreren Schritten erhöht. Unterm Strich hat sich so der Preis für einen halben Liter Wodka innerhalb von nur drei Jahren mehr als verdoppelt. Bier ist seit 2010 nur noch in 0,33-Liter-Flaschen zu haben; vor dieser Neuregelung waren unter Russlands Trinkern drei oder sogar fünf Liter fassende Plastikbehälter immer beliebter geworden.

***Jedes neue Verbot ruft traditionsgemäß sofort auch diejenigen auf den Plan, die es umgehen wollen.***

Für Autofahrer gilt wieder die Null-Promille-Grenze. Null Promille heißt zugleich auch null Toleranz: Es drohen drastische Strafen. Von einem umfassenden nächtlichen Verkaufsverbot für alkoholhaltige Getränke erwartet man sich ebenfalls viel. Auf öffentlichen Plätzen herrscht mittlerweile sogar schon ein durchgängiges Konsumverbot.

Offiziell trinken darf man eigentlich nur noch zu Hause und in Gaststätten sowie in Kultureinrichtungen. Massenveranstaltungen, Sportstätten, Parkanlagen, Haltestellen, Treppenhäuser, Höfe und eine Reihe anderer Örtlichkeiten wurden dagegen zu sogenannten nüchternen Zonen erklärt. Dazu kommen unzählige Einschränkungen und Verbote auf regionaler und lokaler Ebene.

Wladimir Putin, der den Alkoholkonsum seiner Landsleute bis 2020 halbieren will, setzte nach seiner Rückkehr in das Präsidentenamt die Politik seines Vorgängers fort. Da Bier in Russland in den letzten Jahren immer beliebter geworden ist, darf beispielsweise selbst der vergleichsweise harmlose Gerstensaft nicht mehr beworben werden. Im Funk nicht, im Fernsehen nicht, in Printmedien nicht und im Internet auch nicht.

Ob und vor allem wie viel Erfolg diesen Maßnahmen letztlich beschieden sein wird, steht freilich in den Sternen. Eindeutige Aussagen lassen sich einstweilen nämlich noch nicht machen. Dazu kommt: Jedes neue Verbot ruft traditionsgemäß sofort auch diejenigen auf den Plan, die es umgehen wollen. Aus der Not heraus oder weil das gute Geschäfte verspricht.

Wer sich etwa den legal verkauften Wodka nicht mehr leisten kann, wird eben wieder vermehrt zu schwarz gebranntem Fusel, Industriealkohol oder Frostschutzmittel greifen. Und das nächtliche Verkaufsverbot zu umgehen, ist findigen Jungunternehmern ebenfalls sehr schnell gelungen. Sie verschenken den Wodka einfach – freilich nur als Dankeschön an jene, die ihnen zuvor einen Schlüsselanhänger für 15 Euro oder eine Anstecknadel für 50 Euro abgekauft haben.

*I thought I was dancing 'til somebody stepped on my hand.**

Ein fast und doch nicht ganz unbekannter Verfasser namens J.D.,
nach neun J.D.'s im Club A.K. in Fairbanks, Alaska

## Die verrücktesten Gesetze zur Beschränkung des Saufens

# Nüchtern bis zum Umfallen

Wenn es darum ging, den Konsum von Alkohol zu verbieten oder zumindest zu beschränken, haben sich religiöse Oberhäupter wie weltliche Autoritäten auf allen Kontinenten und in allen Gesellschaften schon seit alters her als überaus einfallsreich erwiesen. Mitunter schossen sie dabei freilich kräftig übers Ziel hinaus und erließen zahlreiche Gesetze und Verordnungen, die, zumindest aus heutiger Sicht, völlig absurd anmuten.

Nichtsdestotrotz sind immer noch jede Menge dieser beim ersten Hinhören übertrieben oder lächerlich wirkenden Regelungen in Kraft. Wenn man sich freilich näher mit der Problematik beschäftigt, erkennt man in den meisten Fällen recht bald, dass es sich dabei fast immer um in der Praxis nicht mehr relevante Überbleibsel aus längst vergangenen Tagen handelt, die einfach noch niemand abgeschafft hat – und dass fast alle der entsprechenden Bestimmungen zum Zeitpunkt ihrer Einführung in einem bestimmten Rahmen durchaus sinnvoll waren.

Zur Illustration nur ein Beispiel: In St. Louis im US-amerikanischen Bundesstaat Missouri ist es etwa bis heute illegal, auf dem Randstein einer

---

* Ich dachte, ich würde tanzen, bis mir jemand auf die Hand trat.

Straße zu sitzen und Bier aus einem Eimer zu trinken. Dieses Gesetz klingt natürlich vollkommen verrückt. Denn wer tut so etwas schon, oder, besser formuliert: Wozu muss man etwas verbieten, was ohnehin niemand macht? Nun, heute macht das normalerweise wirklich niemand mehr. Aber früher, bevor diese Regelung eingeführt wurde, saßen tatsächlich noch viele Einwanderer aus Italien an einem bestimmten Tag des Jahres, am sogenannten *Hill Day*, in ihrem Viertel vor ihren Häusern auf der Straße herum und tranken dort einem alten Brauch aus ihrer Heimat folgend Bier. Weil das halt so üblich war. Und sie tranken dabei, auch wenn es seltsam klingt, zum großen Entsetzen vieler Mitbürger eben aus Eimern.

Gesetzliche Bestimmungen, die einem wirklich seltsam vorkommen, findet man in einer ganzen Reihe von Ländern. In Großbritannien gibt es etwa ein gesetzliches Mindestalter, ab dem man zu Hause Alkohol trinken kann. Das ist mit fünf Jahren nicht gerade hoch. Die einzige Voraussetzung, um bereits als Kind trinken zu dürfen, ist die Zustimmung der Eltern.

***In Saskatchewan in Kanada ist es sogar illegal, Wasser in einer Bierstube zu trinken. Und zwar für alle, auch für Erwachsene.***

Was nichts anderes heißt, als dass man dort großes Vertrauen in deren Urteilsvermögen hat. In Saskatchewan in Kanada wiederum ist es sogar illegal, Wasser in einer Bierstube zu trinken. Und zwar für alle, auch für Erwachsene. Was ebenfalls etwas darüber aussagt, wie es dort um das Vertrauen des Gesetzgebers in das Urteilsvermögen Erwachsener steht.

Wie man die Alkoholverbote in der muslimischen Welt beurteilt, bleibt natürlich jedem selber überlassen. Dass sich die Strafen in manchen Ländern aus abendländischer Sicht oft ziemlich drastisch ausnehmen, steht dabei freilich außer Zweifel. Immerhin kann jeder, der etwa in Saudi-Arabien Alkohol trinkt, monatelang eingesperrt oder ausgepeitscht werden, und jeder, der ihn schmuggelt oder damit handelt, sogar mit dem Schwert um einen Kopf kürzer gemacht werden.

Die meisten derartigen Gesetze gibt es freilich in den USA. Das hat damit zu tun, dass der Umgang mit der Volksdroge Nummer eins im Land der unbegrenzten Möglichkeiten immer schon extrem war und das bis heute so geblieben ist (siehe Seite 219). Die folgende Auswahl zeigt, wie groß die Bandbreite an Verboten ist.

***In Kansas gilt per Gesetz jeder Mann und jede Frau so lange als nüchtern, bis er oder sie nicht mehr aufrecht stehen kann.***

Betroffen sind übrigens nicht nur Menschen. In Fairbanks (Alaska) darf man etwa Elche nicht mit Alkohol tränken. In Chicago in Illinois ist es verboten, einen Hund mit Whiskey abzufüllen. Und in Ohio soll es wiederum nicht erlaubt sein, Fische betrunken zu machen.

In Indiana dürfen in Spirituosengeschäften weder Milch noch gekühlte Softdrinks verkauft werden. Ungekühlte Softdrinks hingegen sind legal. Und in Kalifornien dürfen alkoholische Getränke nicht näher als fünf Fuß (also 152,4 Zentimeter) von der Kasse eines Ladens entfernt zu finden sein, wenn dort zugleich auch Motoröl verkauft wird.

**Happy-Hour-Verbot.** In Montana muss in einem Nachtclub, in dem Alkohol ausgeschenkt wird, das Kostüm der armen Tänzerinnen angeblich mindestens drei Pfund und drei Unzen schwer sein. Das wären zirka 1,6 Kilogramm. In Nebraska darf in einer Bar kein Bier verkauft werden, wenn nicht zugleich ein Kessel mit Suppe zubereitet wird. In North Dakota ist es in jeder Bar und in jedem Restaurant verboten, Bier und Brezeln zur gleichen Zeit zu servieren. Und im sittenstrengen Utah darf man unter anderem keinen doppelten Drink ordern. Zudem ist auch noch die Happy Hour verboten, und Cocktails dürfen nicht vor den Augen von Restaurantgästen gemixt werden.

In New York wiederum darf man einen Spirituosenladen nicht gemeinsam besitzen. Überdies muss man, wenn einem ein solcher Shop gehört, in dessen Nähe wohnen. Und in Pennsylvania darf ein Priester keine Trauung vollziehen, wenn die Braut oder der Bräutigam betrunken ist. In Michigan darf man als unter 21-Jähriger keinen Alkohol verschenken, auch nicht an jemanden, der älter als 21 Jahre alt ist.

In Lefors in Texas ist es wiederum nicht zulässig, im Stehen mehr als drei Schlucke Bier auf einmal zu trinken. Und in manchen Schulen des Bundesstaats war manchen Quellen zufolge früher einmal die *Encyclopedia Britannica* verboten, nur weil darin beschrieben war, wie man sich mit einfachen Hilfsmitteln selber daheim ein Bier brauen kann. Ob das jemals eine sinnvolle Regelung war, ist wohl eine Sache des Blickwinkels; dass sie im Internet-Zeitalter absolut keinen Sinn mehr hat, steht freilich außer Zweifel.

*Do not allow children to mix drinks.*
*It is unseemly and they use too much vermouth.**

Fran Lebowitz (*1950),
US-amerikanische Schriftstellerin

## Ab welchem Alter man wo Bier, Wein und Hochprozentiges trinken darf

# Verboten oder erlaubt?

Ab welchem Alter man Alkohol trinken darf, hängt von einer ganzen Reihe von Faktoren ab. In einigen Ländern ist die Altersgrenze, ab der man sich als junger Mensch sein erstes Bier genehmigen darf, beispielsweise nicht identisch mit der Altersgrenze, ab der man in ein Lokal gehen und sich das dort auch bestellen oder es im Geschäft kaufen kann. Eine ganze Reihe von Staaten macht zudem einen Unterschied, ob es sich um Wein und Bier oder um hochprozentige Alkoholika handelt. Dazu kommen noch jeweils innerstaatlich unterschiedliche Gesetze – was in der einen Region oder in dem einen Bezirk genehm ist, kann in einem anderen durchaus verboten sein.

Gar nicht so wenige Länder machen überdies einen Unterschied zwischen Muslimen und Andersgläubigen: Während den Gottesfürchtigen selbst der kleinste Schluck Wein und Co. versagt ist, dürfen die Ungläubigen mitunter doch etwas trinken. Und da oder dort darf man sich früher einen Schluck genehmigen, wenn die Eltern damit einverstanden sind. Fest steht: Die komplexen Regelungen machen das Thema Jugendschutz und Alkohol zu einer eigenen Wissenschaft.

---

* Erlauben Sie Kindern nicht, Drinks zu mixen. Es gehört sich nicht, und sie nehmen zu viel Wermut.

Die nebenstehende Tabelle gibt einen ersten Überblick über den Stand der Dinge, mehr nicht. Sie bezieht sich ausschließlich auf das Alter, ab dem das jeweilige Land jungen Menschen erlaubt, Alkohol zu trinken. Wenn zwei Altersangaben genannt werden, wird dort meistens zwischen weichen und harten Alkoholika unterschieden respektive gibt es da oder dort auch geografisch unterschiedliche Regelungen.

***In Deutschland darf man sich im Wirtshaus sein Bier beispielsweise schon in sehr jungen Jahren schmecken lassen.***

Deren Bandbreite, das zeigt schon ein erster Blick, ist groß. Sie reicht von jenen in den Ländern, in denen das Trinken generell verboten ist, über recht restriktive Bestimmungen, wie sie etwa in vielen muslimischen Ländern, aber auch in den USA, üblich sind, und die weltweit wohl am häufigsten gültige Grenze für erlaubten Alkoholkonsum, nämlich die von 18 Jahren, bis hin zu diversen recht liberalen Gesetzen, wie sie in Europa heute oft Gültigkeit haben.

**Grosszügiger Jugendschutz.** Was im privaten Bereich passiert, regelt der Gesetzgeber in manchen Staaten, nicht aber etwa in Deutschland, der Schweiz und in großen Teilen Österreichs. Was theoretisch, aber erstaunlicherweise nicht praktisch dem Missbrauch selbst schon in jungen Jahren Tür und Tor öffnet.

In Deutschland darf man sich auch im Wirtshaus sein Bier beispielsweise schon in sehr jungen Jahren schmecken lassen. Vor allem dann, wenn der Vater oder die Mutter daneben sitzt und damit einverstanden ist: Wer 14 ist und den elterlichen Segen hat, darf dort aber natürlich ebenso ein Glas Sekt oder Wein mittrinken. Branntwein, brannweinhaltige Getränke oder Lebensmittel, die Branntwein nicht nur in geringfügiger Menge enthalten, sind freilich absolut verboten, und zwar sogar bis zum Alter von

18 Jahren. Mit «branntweinhaltigen Getränken» sind Mischungen wie ein Cola Rum ebenso gemeint wie ein Bier mit Schnaps und die berüchtigten Alcopops, selbst dann, wenn der Alkoholgehalt derselben nicht wirklich hoch ausfällt. Wein, Bier, Sekt oder andere Getränke dieser Art dürfen von Jugendlichen ab 16 Jahren hingegen ohne die Gegenwart und Einwilligung einer sogenannten «personensorgeberechtigten» Person konsumiert werden.

**Die gesetzlichen Altersuntergrenzen für den erlaubten Alkoholkonsum im internationalen Vergleich**

| | | | | | |
|---|---|---|---|---|---|
| Ägypten | 18 \| 21 | Ecuador | 18 | Italien | 16 |
| Albanien | k. R. | El Salvador | 18 | Jamaika | k. R. |
| Algerien | 18 | Eritrea | 18 | Japan | 20 |
| Argentinien | 18 | Estland | 18 | Kamboscha | k. R. |
| Aserbaidschan | 18 | Fiji | 21 | Kamerun | 18 |
| Australien | 18 | Finnland | 18 | Kanada | 18 \| 19 |
| Bahamas | 18 | Frankreich | 18 | Kap Verde | 18 |
| Belgien | 16 \| 18 | Gabun | k. R. | Kasachstan | 18 |
| Belize | 18 | Gambia | illegal \| 18 | Kenya | 18 |
| Bolivien | 18 | Georgien | 16 | Kirgisistan | k. R. |
| Botswana | 18 | Ghana | k. R. | Kolumbien | 18 |
| Brasilien | 18 | Griechenland | 18 | Komoren | k. R. |
| Brunei | illegal | Großbritannien | 18 | Kroatien | 18 |
| Bulgarien | 18 | Guatemala | 18 | Lesotho | 18 |
| Burundi | 18 | Guinea-Bissau | k. R. | Lettland | 18 |
| Chile | 18 | Guyana | 18 | Libyen | illegal |
| China | 18 | Indien | 18-25 | Litauen | 18 |
| Costa Rica | 18 | Indonesien | 21 | Luxemburg | 16 |
| Dänemark | 18 | Irland | 18 | Malawi | 18 |
| Deutschland | 16 \| 18 | Island | 20 | Malta | 17 |
| Dom. Rep. | 18 | Israel | 18 | Marokko | k. R. |

| | | | | | |
|---|---|---|---|---|---|
| **Mauritius** | **18** | **Portugal** | **16** | **Togo** | **k. R.** |
| Mexiko | 18 | Rep. Kongo | 18 | Tonga | 18 |
| **Mikronesien** | **21** | **Russland** | **18** | **Trinidad u. Tobago** | **18** |
| Mosambik | 18 | Salomonen | 21 | Tschechien | 18 |
| **Namibia** | **18** | **Sambia** | **18** | **Türkei** | **18** |
| Neuseeland | 18 | Samoa | 18 | Turkmenistan | 18 |
| **Nicaragua** | **19** | **Schweden** | **18** | **Uganda** | **18** |
| Niederlande | 16 \| 18 | Schweiz | 16 \| 18 | Ukraine | 18 |
| **Niger** | **18** | **Seychellen** | **18** | **Ungarn** | **18** |
| Nigeria | 18 | Simbabwe | 18 | USA | 21 |
| **Norwegen** | **18 \| 20** | **Singapur** | **18** | **Uruguay** | **18** |
| Österreich | 16 \| 18 | Slowenien | 18 | Usbekistan | k. R. |
| **Pakistan** | **illegal \| 21** | **Südafrika** | **18** | **Vanuatu** | **18** |
| Palau | 21 | Spanien | 16 \| 18 | Venezuela | 18 |
| **Panama** | **18** | **Sri Lanka** | **21** | **Vietnam** | **k. R.** |
| Papua Neuguinea | 18 | Südkorea | 19 | Weißrussland | 18 |
| **Paraguay** | **20** | **Swaziland** | **k. R.** | **Zentr.afrik. Rep.** | **18** |
| Peru | 18 | Taiwan | 18 | Zypern | 17 |
| **Phillipinen** | **18** | **Thailand** | **20** | | |

In manchen Ländern gibt es regional unterschiedliche Regelungen (etwa in Kanada), in manchen wird nach der Stärke des Alkohols unterschieden (etwa in Deutschland) und in manchen nach der Religion (etwa in Gambia und vielen anderen muslimisch dominierten Ländern).

k.R. = keine Regelung *Quelle: International Center for Alcohol Policies 2013, Stand 2010*

In der Schweiz gibt es kein eigenes Jugendschutzgesetz. Die entsprechenden Bestimmungen finden sich in anderen Gesetzen, etwa in der Eidgenössischen Lebensmittelverordnung. Zum Teil ist die Materie auch auf Kantonsebene geregelt. Die Altersgrenzen sind im Wesentlichen mit denen Deutschlands identisch. Wein, Bier und Sekt bis zu einem Alkoholgehalt von 15 Volumenprozent sind ab einem Alter von 16 Jahren erlaubt, harte Getränke, Alcopops und alles andere, was darüber liegt, erst ab 18 Jahren. Im Zuge der geplanten Totalrevision des völlig veralteten eidgenössischen Alkoholgesetzes wird es hier zu keinen Änderungen kommen.

In Österreich ist der Jugendschutz auf Ebene der Bundesländer verankert. Generell sind die Bestimmungen sehr ähnlich, freilich mit einer großen Ausnahme: In Wien, Niederösterreich und dem Burgenland darf Alkohol schon ab einem Alter von 16 Jahren erworben oder in der Öffentlichkeit konsumiert werden, und zwar auch Spirituosen. Alle anderen Bundesländer erlauben den Erwerb und den Konsum härterer Sachen in der Öffentlichkeit erst ab 18.

**Gesetz und Realität.** Was ab wann privat getrunken werden darf, ist nur in vier Bundesländern – in Kärnten, Oberösterreich, Salzburg und in der Steiermark – geregelt. Dazu kommen weitere, zum Teil recht skurrile Regelungen. So darf etwa an 16- bis 18-jährige Personen in Kärnten nur dann Alkohol ausgegeben werden, solange sie noch keine Blutalkoholkonzentration von 0,5 Promille erreicht haben.

Wie das von der Gastronomie kontrolliert werden soll, sagt der Gesetzgeber nicht. Es gibt daher aus gutem Grund Bestrebungen, den Jugendschutz in Österreich möglichst bald zu vereinheitlichen. Die Wahrscheinlichkeit, dass es tatsächlich dazu kommt, ist allerdings recht gering.

Zwischen den Buchstaben des Gesetzes und der gelebten Wirklichkeit gibt es beim Thema Jugendschutz aber auch in anderen Ländern sehr oft eine ziemlich große Diskrepanz. Wie groß die mitunter ist, zeigt das Beispiel der USA. Dort dürfen Teenager bekanntlich nichts trinken; das Mindestalter, ab dem man sich in einem Restaurant ein kleines Bier bestellen darf, liegt bei 21 Jahren. Junge Amerikaner, die *grosso modo* dennoch deutlich weniger bechern als ihre europäischen Alterskollegen, dürften dennoch oft Mittel und Wege finden, das einschlägige Verbot zu umgehen. Anders wäre es wohl nicht erklärbar, dass seriösen Schätzungen zufolge rund 20 Prozent des in den Staaten getrunkenen Alkohols von *underage drinkers* konsumiert werden, also von Jugendlichen, die das eigentlich noch nicht dürften.

***In manchen indischen Bundesstaaten darf man sich sogar erst ab 25 Jahren seinen ersten Whisky gönnen.***

Mit einem Mindestalter von 21 Jahren liegen die USA im internationalen Vergleich übrigens sehr hoch. Noch älter muss man nur in manchen indischen Bundesstaaten sein, um Alkohol trinken zu dürfen. Mancherorts darf man sich dort sogar erst ab 25 Jahren seinen ersten Whisky gönnen.

Historisch betrachtet ist das allerdings alles andere als ein Rekord: Bei den Azteken durfte man sich erst ab einem Alter von 52 Jahren volllaufen lassen. Da die durchschnittliche Lebenserwartung des Volkes weit darunter lag, war das in der Tat eine sehr restriktive Bestimmung. Einmal mehr bestätigte aber eine Ausnahme die Regel: Alle vier Jahre gab es ein Fest, bei dem sich ausnahmslos alle, und zwar wirklich alle, auch die kleinen Kinder, mit rauen Mengen des aus dem Saft von Agaven hergestellten Gärgetränks Pulque die Kante gegeben haben.

*Wenn man 20 ist und läuft völlig breit vor ein Halteschild, hat das was Romantisches. Jung und besoffen, verziehen. Alt und besoffen ist eher traurig.*

Campino (bürgerlich Andreas Feige; *1962)
Punkrocker und Frontmann der deutschen Band «Die Toten Hosen»

## Trinken Jugendliche mehr als Erwachsene?
# Der Untergang des Abendlandes

Es ist zwar eines der ältesten Vorurteile der Welt, dass junge Menschen mehr bechern als Erwachsene, aber wahr ist vielmehr genau das Gegenteil: Die Menschen trinken im Allgemeinen umso mehr Alkohol, je älter sie werden. Mehr noch: Jugendliche trinken heute, zumindest in den meisten westlichen Ländern, zum Teil sogar deutlich weniger als noch vor ein paar Jahren und Jahrzehnten. Und praktisch nichts im Vergleich dazu, was Heranwachsende vor Jahrhunderten gesoffen haben. Selbst wenn beispielsweise im Jahr 2009 doch recht beachtliche 415 000 deutsche Teenager im Alter zwischen 12 und 17 einen bedenklichen Alkoholkonsum praktizierten – früher waren das sehr, sehr viel mehr. Und sicher nicht nur, weil es damals im Verhältnis wesentlich mehr Jugendliche gegeben hat.

Warum sich das Vorurteil vom Niedergang des Abendlandes aufgrund des angeblich stetig ausufernden Alkoholkonsums der Teenager dennoch so hartnäckig hält, ist leicht erklärt. Zum einen geht es im Regelfall heute wie damals um einiges lauter zu, sobald Halbwüchsige einen draufmachen, als wenn sich eine Runde Pensionisten zum Kaffeekränzchen versammelt. Und zum anderen ist es weit spektakulärer, über komatrinkende Schüler zu berichten als über alte Säufer, die sich zuhause und meist heimlich, still und leise bis zur Besinnungslosigkeit volllaufen lassen. Sprich: Die Medien wirken in diesem Zusammenhang als Verstärker eines negativen Bildes, das einer näheren Überprüfung nicht standhält.

Was allerdings sehr wohl auffällt: Kinder und Jugendliche – und eben zunehmend auch Mädchen – beginnen heute durchschnittlich eindeutig früher Alkohol zu trinken als noch vor wenigen Jahren und Jahrzehnten.

Und sie tun das überdies offenbar immer häufiger in der Absicht, sich komplett umzunieten. In der Bundesrepublik lag die Anzahl der Teenager, die mit einer akuten Alkoholvergiftung ins Krankenhaus eingeliefert wurden, 2008 beispielsweise um 170 Prozent höher als noch im Jahr 2000. Insgesamt handelte es sich dabei um 25 700 Kinder und Jugendliche zwischen 10 und 20 Jahren. Darunter befanden sich 2100 Buben und 2400 Mädchen unter 15 Jahren. Generell trinken in diesem Alter aber die Buben nach wie vor wesentlich mehr als die Mädchen. 2009 stieg diese Zahl erneut deutlich an, 2010 ging sie wieder zurück, der langfristige Trend ist jedoch eindeutig.

Was schlimm klingt, hat zwei Ursachen, die das Problem zumindest relativieren: Es geht nach wie vor weniger ums Komatrinken an und für sich, sondern darum, zu experimentieren und Grenzen auszuloten. Und genau das geht heute eben wesentlich einfacher als noch vor ein paar Jahrzehnten. Die Tatsache, dass die Kinder immer jünger werden, wenn sie zu trinken beginnen, hat ebenfalls wenig mit dem Niedergang und den Auswüchsen der westlichen Gesellschaft zu tun, sondern schlicht und einfach mit dem Faktum, dass der Nachwuchs immer früher in die Pubertät kommt. Nämlich ein- bis eineinhalb Jahre früher als noch vor zwanzig Jahren.

**23 verlorene Lebensjahre.** Der offizielle durchschnittliche Alkoholkonsum ist jedenfalls im Regelfall in der mittleren Altersstufe zwischen 36 und 59 Jahren am höchsten. Obwohl das durch amtliche Statistiken eindeutig belegt ist, ist es trotzdem nur die halbe Wahrheit. Bei den allermeisten Menschen steigen die konsumierten Mengen an Wein, Bier und Co. nämlich auch darüber hinaus mit den Jahren noch leicht an.

Das klingt wie ein Widerspruch, ist aber keiner. Da das Saufen ja nicht gerade lebensverlängernd wirkt und Alkoholkranke oft vorzeitig das Zeitliche segnen beziehungsweise weil gar nicht so wenige Trunkenbolde krankheitsbedingt irgendwann doch die Finger von der Flasche lassen, treiben sie so im höheren und hohen Alter die allgemeinen Durchschnittswerte nicht mehr nach oben.

Immerhin gibt es Studien, nach denen man als schwerer Zecher bis zu 23 Lebensjahre einbüßt. Und selbst wenn die anderen, die große Mehrheit der gemäßigten und immer noch einigermaßen gesunden Trinker, dann mit den Jahren dem Alkohol heftiger zusprechen, vernichten sie als Kollektiv eben nie wieder jene gewaltigen Mengen, die ihre Altersgruppe früher getrunken hat. Was die Durchschnittswerte eben sinken lässt.

Daran, dass der Einzelne, sofern ihm das seine Gesundheit noch erlaubt, üblicherweise im Alter von 60 Jahren mehr trinkt, als er mit 40 getrunken hat, ändert das freilich nichts. Und daran, dass das mit 40 wiederum in aller Regel mehr war als das, was er sich seinerzeit als Teenager oder Twen vergönnt hat, ebenfalls nicht. Im Allgemeinen steigt im Alter von 20 bis 70 der Alkoholkonsum des Einzelnen jedenfalls tendenziell leicht an, allerdings nicht linear. Dabei gibt es bei den Konsummustern im Detail natürlich von Land zu Land ebenso kleine Unterschiede wie zwischen den Geschlechtern, den Berufsgruppen und den verschiedenen gesellschaftlichen Schichten, aber im Großen und Ganzen stimmt dieser Befund da wie dort.

**Betagte Schluckspechte.** Jugendliche unter 20 Jahren und Menschen über 70 bechern im Regelfall hingegen deutlich weniger als der Rest der Bevölkerung. Wobei weniger weniger ist, aber oft immer noch genug. Denn nicht nur unter den Teenagern, auch bei den Rentnern findet man sehr viele, die einen riskanten Alkoholkonsum an den Tag legen. Von den über 70-jährigen Deutschen fallen sogar 70 Prozent in diese Kategorie, während der Vergleichswert bei der Gesamtbevölkerung bei nur 13 Prozent liegt.

Was natürlich mit ihrer bereits deutlich verminderten physischen Konstitution, ihrer eingeschränkten Gesundheit und ihrem oft stark erhöhten Medikamentenkonsum zu tun hat. Als klassische Alkoholiker oder schwere Trinker gelten dennoch nur die wenigsten Senioren: In Deutschland fallen beispielweise nur ein paar Prozent der über 70-jährigen Männer und weniger als ein Prozent der gleichaltrigen Frauen in diese Kategorie.

Rund ein Drittel der betagten Schluckspechte hat übrigens erst im Alter begonnen, kräftig über den Durst zu trinken. Vor allem deswegen, weil sie sich nach kritischen Lebensereignissen wie etwa dem Verlust des Partners oder der Pensionierung einsam beziehungsweise überflüssig fühlen oder unglaublich langweilen.

***Ältere Menschen konsumieren vergleichsweise viel Alkohol als sogenanntes Heilmittel – indem sie sich immer wieder mal ein paar Schluck Melissengeist genehmigen.***

Der Nürnberger Gerontologie-Professor **Bernd Seeberger** hat herausgefunden, warum es selbst im Familienkreis oft nicht auffällt, dass die Uroma gern einen zuviel zwitschert: Ältere Menschen konsumieren vergleichsweise viel Alkohol über sogenannte Heilmittel – indem sie sich beispielsweise zwischendurch immer wieder mal ein paar Schluck Melissengeist genehmigen. Vor allem betagte Damen würden sich schämen, mit einer Schnapsflasche bei der Supermarktkasse zu stehen; bei vermeintlich gesundheitsfördernden Tonika und dergleichen fällt diese Hemmschwelle jedoch weg. Da genieren sie sich weder vor sich selbst noch vor den anderen. Einen in der Krone haben sie mitunter freilich dennoch, denn in welcher Form man Alkohol zu sich nimmt, spielt bekanntlich ja keine Rolle.

*Never refuse wine. It is an odd but universally held opinion that anyone who doesn't drink must be an alcoholic.*[*]

P. J. O'Rourke (*1947),
US-amerikanischer Satiriker und Schriftsteller

## Wie viele Promille verträgt die Etikette?

# Die alkoholische Relativitätstheorie

Eigentlich gibt es nur eine Faustregel, die im Zusammenhang mit dem Konsum von Alkohol und gutem Benehmen rund um den Globus und zu allen Zeiten Gültigkeit hat: Das Trinken berauschender Flüssigkeiten ist grundsätzlich solange in Ordnung, solange man damit nicht (unangenehm) auffällt. Diese Grundregel stellt zugleich aber auch die äußerste Grenze der Toleranz dar und sollte selbst auf der irrsten Party auf dem berühmt-berüchtigten Ballermann von Mallorca um vier Uhr morgens noch beachtet werden. Denn natürlich wird es auch dort nicht gern gesehen, wenn jemand zu stänkern beginnt oder den Tisch vollkotzt. Dass es zudem oft empfehlenswert ist, noch mehr Selbstdisziplin an den Tag zu legen und auf Alkohol sogar gegebenenfalls ganz zu verzichten, wird jedem einleuchten, dem dabei beispielsweise die Stichworte Arbeitswelt, Straßenverkehr oder Orient in den Sinn kommen.

In vielen Kulturkreisen, und nicht nur in westlichen, kann man sich bekanntlich zu vielen Anlässen ja recht ordentlich die Kanne geben, ohne dass man allein dadurch schon peinlich in Erscheinung treten würde. Auf Geburtstagsfeiern und Hochzeiten sowie am Stammtisch und im Bierzelt,

---

* Lehne niemals Wein ab. Es ist eine seltsame, aber allgemein anerkannte Meinung, dass jeder, der nicht trinkt, ein Alkoholiker sein muss.

ja selbst bei Filmpremieren und Promi-Partys, in Opernpausen und bei Wohltätigkeitsgalas erregen Angeheiterte oder mittelschwer Betrunkene meist kein allzu großes Aufsehen.

Nur die wenigsten werden ob ihres Anblicks wirklich unangenehm berührt sein, solange die Zecher eine Regel einhalten: Sie dürfen bloß keinesfalls den gültigen Verhaltenscode für das Trinken im jeweiligen Rahmen brechen. Wenn jemand nach ein paar Gläsern Bier einen schmutzigen Witz erzählt, kratzt das in der richtigen Gesellschaft normalerweise keinen. Und wenn jemand immer wieder dasselbe daherplappert, auch nicht. Das mag zwar nerven – gelegentlich selbst die anderen Betrunkenen, die sich das anhören müssen –, aber für Entsetzen wird es, den richtigen Rahmen vorausgesetzt, mit Sicherheit nicht sorgen. Unerwünschte Küsse zu verteilen oder neuen Bekannten um den Hals zu fallen – sogar Peinlichkeiten dieser Art gehen meistens noch durch, ohne dass man gleich mit einem Platzverweis oder damit rechnen muss, eine gedonnert zu bekommen.

***Ob in Wuppertal, Graz, Romanshorn oder Beijing: Es gibt überall Grenzen, und an die sollte man sich geflissentlich halten.***

Viel mehr geht dann allerdings schon nicht mehr. Wer ungebührlich laut lallt oder haltsuchend durch die Gegend torkelt, unbegründet aggressiv, streitlustig oder auffallend angeberisch auftritt, hat in den allermeisten Fällen schon verloren, nämlich den Respekt der anderen. Denn ob in Wuppertal, Graz, Romanshorn oder Beijing: Es gibt überall Grenzen, und an die sollte man sich geflissentlich halten.

Der deutsche Autor **Simon Borowiak** hat sich in seinem Buch *ALK. Fast ein medizinisches Sachbuch* mit dieser Problematik näher auseinandergesetzt. Und schreibt im vorliegenden Zusammenhang von einer «alkoholischen Relativitätstheorie», der zufolge einzig und allein «die Aufnahme der richtigen Alkoholika zur richtigen Zeit» für die allgemeine gesellschaftliche Akzeptanz des Trinkens entscheidend sei. Sprich: Wenn neben der

Trinkzeit auch der Trinkort, der Anlass des Trinkens und die Trinkmenge stimmen und man zudem nicht allein bechert, hat man zumeist keine üble Nachrede zu befürchten. Mit andern Worten: Wenn etwa eine gutgelaunte Angestellte zur Feier ihrer Beförderung nach Dienstschluss eine Flasche Doppelkorn hervorzaubert oder gar ein Spritzbesteck auspackt, würde sie damit wohl zu Recht für ziemliche Irritation sorgen. Kommt sie hingegen mit ein paar Flaschen Schaumwein, Sekt, Prosecco oder Wein zum gemeinsamen Umtrunk, stehen die Chancen für einen netten frühen Abend im Kollegenkreis nicht schlecht.

**Trinkvergnügen ohne Reue.** Empfehlungen und Tipps, wann man das Saufen spätestens sein lassen sollte und wie man sich halbwegs unbeschadet durch einen langen Abend trinken kann, gibt es viele. Der Ratschlag, den der US-Amerikaner **David A. Embury** in seinem Cocktail-Klassiker *The Fine Art of Mixing Drinks* seinen Lesern gibt, gehört darunter zu den besten. Wer ein Maximum an Trinkvergnügen genießen will, ohne dabei betrunken zu werden, soll Emburys Erfahrung nach nämlich folgende Regel befolgen: Wenn man sich absolut sicher ist, dass man einen Drink mehr durchaus noch problemlos vertragen würde, zugleich aber schon leise Zweifel hegt, was zwei oder noch mehr davon mit einem anstellen würden, genau dann sollte man aufhören. Wer da vernünftig genug ist, auch der kleinsten weiteren Versuchung zu widerstehen, bleibt mit hoher Wahrscheinlichkeit körperlich, geistig und moralisch auf der sicheren Seite.

Sich in vorwiegend nüchterner Gesellschaft im Alleingang umzunieten, ist übrigens eine besonders schlechte Idee. Weil man dann üblicherweise selbst von ansonsten recht aufgeklärten Menschen schnell als bemitleidenswerter oder jämmerlicher Zeitgenosse betrachtet wird, der wohl ziemliche Probleme haben dürfte. Ganz sicher mit sich selbst, vermutlich auch mit seiner Sucht und vielleicht sogar mit der ganzen Welt. Man schämt sich für ihn und ist oft unangenehm berührt, und zwar selbst dann, wenn man das, was er im Rausch gerade anstellt oder sagt, als unterhaltsam empfinden sollte.

Für viele sind schwer Illuminierte obendrein deshalb eine Herausforderung, weil es zumindest den Intelligenteren unter ihnen immer wieder gelingt, ihren Zustand absolut nicht als Armutszeugnis zu empfinden und das dann auch noch dazu selbstsicher oder gar selbstgefällig zu kommunizieren. Sie schauen auf die in ihren Augen ihnen in praktisch jeder Hinsicht unterlegenen Anderen gleichsam hinab. Woraus sie noch dazu in der Regel auch überhaupt kein Geheimnis machen.

***So mancher fröhliche Zecher fühlt sich durch die Anwesenheit vollkommen nüchterner Zeitgenossen irritiert.***

Nicht ohne Grund heißt es ja, Betrunkene und Kinder sagten die Wahrheit. Selbst wenn das so nicht stimmt, hat die im Rausch oftmals praktizierte vermeintliche Offenherzigkeit und Direktheit dennoch oft schwerwiegende Auswirkungen. Die Chancen für einen gekonnten Rundumschlag mögen oft nicht schlecht stehen, immerhin wird man sich Sachen zu sagen getrauen, die man normalerweise nicht einmal zu denken wagt. Aber gern gesehen wird so etwas praktisch nie und nirgendwo. Und dann gibt es ja immer auch noch einen Morgen danach.

Apropos: Selbstverständlich sollte beim Trinken in Gesellschaft zudem immer die soziale Rangordnung beachtet werden. Im privaten Umfeld ebenso wie im beruflichen. Als Untergebener betütert oder gar besoffen dem Boss gegenüberzutreten, ist praktisch niemals empfehlenswert. Und zwar nicht einmal dann, wenn der selbst bereits schwer angeschlagen ist. Mehr noch: Unter den falschen Umständen kann das sogar zu einer Entlassung führen. Wer nun aber denkt, dass es die Bosse im vorliegenden Zusammenhang sehr viel besser haben, irrt: Zwar wird ein Vorgesetzter, der vor seinen Mitarbeitern ersichtlich zu tief ins Glas geschaut hat, im Regelfall den Job behalten, die nicht weniger wichtige Achtung seines Teams ist auch er sehr schnell los. Wer gar keinen Alkohol konsumiert, hat es freilich auch nicht immer und überall wirklich leicht. Zumal viele

Menschen die Gesellschaft Gleichgesinnter vorziehen und sich so mancher fröhliche Zecher durch die Anwesenheit vollkommen nüchterner Zeitgenossen irritiert fühlt. Eine gute Ausrede parat zu haben, warum man sich dem gemeinsamen Umtrunk nicht anschließen möchte oder kann, ist hier in jedem Fall von Vorteil. Als Klassiker gelten hier der Hinweis, später noch mit dem Auto fahren zu müssen oder die Erklärung, Medikamente genommen zu haben, die sich mit einem guten Glas Wein so gar nicht vertragen.

Auf eine himmelschreiende Ungerechtigkeit, die man als potenzielles Opfer zumindest einkalkulieren sollte, sei im vorliegenden Zusammenhang ebenfalls noch ergänzend hingewiesen: Eine sternhagelvolle Frau muss selbst im Zeitalter der Emanzipation und zu Beginn des dritten Jahrtausends nach wie vor davon ausgehen, dass ihr im Normalfall deutlich weniger Verständnis entgegengebracht wird als einem Mann, der sich hat volllaufen lassen.

*The Americans are a funny lot; they drink whiskey to keep them warm, then they put some ice in it to make it cool; they put some sugar in it to make it sweet, and then they put a slice of lemon in it to make it sour. Then they say «here's to you» and drink it themselves.**

B. N. Chakravarty,
wer auch immer er ist oder war

## Warum Alkohol in den USA als besonders verrucht gilt

# Treibstoff als Waffe

In den USA darf man, ganz anders als etwa in europäischen Ländern, bis zur Vollendung des 21. Lebensjahres keinen Alkohol in der Öffentlichkeit trinken. Das entsprechende Gesetz ist nicht nur streng, sondern wird üblicherweise auch eingehalten. Wer im Saloon ums Eck ein Bier trinken will, ist gut beraten, seinen Ausweis mitzunehmen. Oft wird jeder kontrolliert, selbst wenn er eindeutig wie ein Mittsechziger aussieht. Die lapidare Antwort auf allfällige Proteste hört sich immer gleich an: «It's the law.» Wer hingegen ein Sturmgewehr kaufen will, hat es oft leichter: Er kann das in Oklahomas Waffenläden beispielsweise schon als 18-jähriger tun. Das ist nämlich ebenfalls Gesetz.

Die Mehrheit der Amerikaner lernt von Kindesbeinen an, dass Alkohol eine Droge ist. Ein Gift, das berauscht und zu unverantwortlichem Handeln führt und verdammt gefährlich ist. Was Whiskey und Co. natürlich genau

* Die Amerikaner sind wirklich sehr witzig; sie trinken Whiskey, um sich warmzuhalten; dann werfen sie ein paar Eiswürfel hinein, um ihn zu kühlen; sie geben Zucker dazu, um ihn zu süßen, und dann geben sie eine Zitronenscheibe hinein, um ihn sauer zu machen. Dann sagen sie «Auf Ihr Wohl» und trinken ihn selber.

aus diesem Grund bei vielen zu einem ausgeprägten Objekt der Begierde macht. Darüber hinaus bekommen sie schon sehr früh und immer wieder eingeimpft, dass Saufen bei der Arbeit nicht gerade hilfreich und somit hinderlich beim Geldverdienen ist – was alle Arten von Alkoholika noch verrufener und damit zugleich interessanter erscheinen lässt, aber im Gelobten Land des Kapitalismus viele auch ganz gehörig irritiert.

**Bourbon und Brown-Bag-Kultur.** Unterm Strich hat wohl kaum eine Nation ein ähnlich zwiespältiges Verhältnis zum Alkohol wie die US-Amerikaner. Einerseits ist die Melodie ihrer Nationalhymne «Star-Spangled Banner» ursprünglich die eines beliebten englischen Trinkliedes, und der Bourbon selbst heute noch das offizielle Getränk des Landes.

Andererseits sind aber zugleich und aus gutem Grund die Anonymen Alkoholiker im Land der unbegrenzten Möglichkeiten gegründet worden, und selbst heute noch sollte jeder, der mit einer Flasche Bier auch nur die Straße überqueren will, diese vorher womöglich in eine braune Tüte packen. Denn auch wenn er das Glück haben sollte, sich gerade in einem Bundesstaat zu befinden, wo das nicht explizit vorgeschrieben ist, gern gesehen wird es nirgendwo. Mehr noch: Die sogenannte *Brown-Bag*-Kultur bringt sogar Gesetze hervor, wonach einer ganz allein die Schuld an einem Verkehrsunfall zugeschoben bekommt, wenn nur eine einzige ungeöffnete und als Geschenk verpackte Schnapsflasche bei einem Crash auf dem Beifahrersitz gelegen ist.

Der Geschmack eines alkoholischen Getränks ist für viele Amerikaner sekundär oder gar unwichtig. Es kommt ihnen einzig und allein auf die Wirkung an. Selbstverständlich geht es vielen Menschen in vielen Ländern rund um den Erdball ebenfalls darum und nicht um den Genuss, aber in aller Regel sprechen nur die Amerikaner das völlig offen und unverblümt aus. Sich betrinken gehen gilt *per se* als anrüchiges, aber durchaus legitimes Vorhaben. Alkohol gilt als Treibstoff, zumindest, und für viele ist er sogar noch mehr als das, nämlich eine Waffe.

Dass Bier und Wein, vor allem aber Spirituosen, in Amerika unzweifelhaft die Aura des Gefährlichen haben, schreibt auch der renommierte Psychologe und Marketing-Spezialist **Clotaire Rapaille** in seinem Bestseller *Der Kultur-Code*; genau das mache sie so attraktiv. Speziell für Jugendliche. Und er begründet das ausgiebig: Von den Saloons im Wilden Westen, wo Männer einen Whiskey nach dem anderen in sich reinschütteten und dann eine Schießerei anfingen, über die Gangster-Subkultur zu den Zeiten der Prohibition bis zu den brutalen Auseinandersetzungen in der Hip-Hop-Szene seit den späten 1970er Jahren gab und gibt es immer einen direkten Zusammenhang zwischen Alkohol und Gewalt.

---

***Amerikaner haben einen Job zu erledigen; nur die wenigsten sehen einen Sinn darin, Zeit fürs Genießen zu opfern.***

---

Ein kurzer Drink heißt in den Vereinigten Staaten von Amerika nicht umsonst *shot*, und Werbung für Alkoholika in Verbindung mit Waffen oder Sex ist nichts Ungewöhnliches. Die Vermarktung von Wein und Co. als fachgerecht hergestelltes Qualitätsprodukt zum Genießen funktioniert in den USA hingegen nur in einer kleinen Subkultur, aber nicht bei den breiten Massen. Amerikaner haben einen Job zu erledigen; nur die wenigsten sehen einen Sinn darin, Zeit fürs Genießen zu opfern.

Für wie gefährlich die US-Amerikaner das Trinken halten, vermag auch ein anderes Beispiel vortrefflich zu illustrieren. Ein Beispiel, bei dem sich übrigens viele Europäer an den Kopf greifen, wenn sie davon hören. Zwei von drei Landkreisen im Bundesstaat Alabama sind bis heute gewissermaßen trocken. Das heißt, sie verbieten die Produktion, die Verteilung und den Verkauf von Alkohol zur Gänze. Gleichzeitig unterliegt der Verkauf von Feuerwerkskörpern, Tabakprodukten und obendrein der von Waffen dort praktisch keinen Beschränkungen – weder für den Kauf noch für das Mitführen von Gewehren, Schrotflinten und Faustfeuerwaffen ist eine Genehmigung erforderlich.

*It's always happy hour somewhere in the world,*
*the rest is just good timing.**

Anonymer Verfasser

## Aktuelle Trinksitten aus aller Welt

# Schluck um Schluck oder auf ex

Die Rolle des Alkohols als Medizin, als Nahrungsmittel und im Rahmen von religiösen Ritualen hat sich im Verlauf der Zeit grundlegend geändert. Bier, Wein und Schnaps sind in dieser Hinsicht heutzutage weit weniger von Bedeutung als früher. Ihre Anziehungskraft als heißbegehrtes Genuss- und Rauschmittel hat die populärste Droge aller Zeiten allerdings nicht verloren. In vielen Ländern ist Alkohol daher auf die eine oder andere Weise nach wie vor fester Bestandteil des alltäglichen Lebens – und vielerorts sogar wichtiger als wohl jemals zuvor.

Das hat natürlich auch damit zu tun, dass er immer noch ein soziales Schmiermittel erster Güte ist. Beim Mittagessen mit der Familie ebenso wie beim Ausgehen, beim ersten Kennenlernen ebenso wie zur Bekräftigung einer alten Freundschaft, zur Anbahnung oder beim Abschluss eines guten Geschäfts, bei der Feier zur Geburt genauso wie beim Totenmahl: Da wie dort lässt man die Gläser klingen, prostet einander zu und trinkt auf das wechselseitige Wohl. Und damit ist natürlich auch die Bedeutung von Trinksitten und -ritualen nach wie vor sehr groß.

Einige dieser Regeln gelten in unterschiedlicher Ausprägung praktisch in den meisten Kulturen, in denen Alkohol erlaubt ist. «Wer allein trinkt, säuft», sagt etwa ein altes Sprichwort, und das wird in den meisten

* Irgendwo auf der Welt ist immer Happy Hour. Der Rest ist bloß gutes Timing.

Gesellschaften tatsächlich immer noch so gesehen. Dass sich viele Millionen Menschen abends gern ein Glas genehmigen, ohne deswegen gleich ein zweites oder drittes folgen zu lassen, tut dem keinen Abbruch.

Zu den fast schon uneingeschränkt geltenden Anstandsregeln gehört aber etwa auch, niemals grundlos eine Einladung zu einem Getränk abzulehnen. Einfach weil das für viele (einladende) Menschen eine Beleidigung darstellen würde. Wer sich darauf beruft, Arzneimittel zu nehmen, die sich mit Alkohol nicht vertragen, kommt damit meist noch am besten davon. Und zwar in Asien genauso wie in Nordamerika, Osteuropa und im Rest der Welt. In einer geselligen Runde kurz entschlossen mit dem Trinken aufzuhören, aufzustehen und zu gehen, wird vielerorts ebenfalls nicht gern gesehen. Und in vielen Kulturen gilt es überdies – zumindest unter Männern – als ungeschriebenes Gesetz, im Regelfall ebenso viel wie die anderen zu trinken. Wer hier in der falschen Runde einfach kommentarlos aussteigt, verliert zumindest an Achtung, wenn nicht sogar die Chance auf einen lukrativen Auftrag oder mehr. Weit verbreitet sind überdies das schon erwähnte Zuprosten und das Anstoßen (siehe Seite 234ff.), insbesondere das Trinken auf die Gesundheit, das Bruderschafts- und das Runden-Trinken sowie das Reichen oder Anbieten eines Willkommensgetränks.

***Es wird unterm Strich weniger gebechert, weil es halt dauert, bis wieder alle soweit sind, um die nächste Strophe mitgrölen zu können.***

Viele Trinkrituale und -sitten sind jedoch von Land zu Land und selbst innerhalb eines Landes oft recht unterschiedlich. Mitunter sogar sehr unterschiedlich. Am besten verfährt man daher normalerweise, wenn man das tut, was die anderen tun – zumindest solange der gesunde Menschenverstand nicht dagegen spricht. In einer Hinsicht gleichen sich allerdings praktisch alle dieser Regeln: Sie dienen seit jeher in erster Linie dem Zweck, das Trinken berauschender Getränke sozial unter Kontrolle zu halten.

Die folgende Darstellung soll exemplarisch die Bandbreite verschiedener Trinksitten aus aller Welt veranschaulichen. Was man heutzutage in Skandinavien und Finnland, Russland, China und Südkorea beachten sollte, wenn es in einem feuchtfröhlichen Rahmen so richtig zur Sache geht, wird etwas ausführlicher dargestellt. Dass es sich dabei durch die Bank um Länder handelt, in denen der Umgang mit Wodka und Co. oft ein problematischer ist, wird rasch offensichtlich. Anders bei den Beispielen aus Westafrika, Bolivien, Indonesien und Zentralasien – sie zeigen in eher groben Zügen, wie es mit Hilfe traditioneller Gebräuche sehr wohl gelingen kann, den Alkoholkonsum des Einzelnen nicht ausufern zu lassen.

**Skandinavien und Finnland: Trinklieder.** Fast überall in Skandinavien und in Teilen Finnlands ist es Sitte, beim Trinken von Schnäpsen vor jedem Schluck zu singen. Oder besser gesagt: Im Normalfall sollte dort vor jedem in Gesellschaft konsumierten Schnaps gesungen werden. Was man damit erreichen will, ist offensichtlich: Es wird unterm Strich weniger gebechert, weil es halt dauert, bis wieder alle soweit sind, um die nächste Strophe mitgrölen zu können.

Dass sich dieses Ritual in Ländern, in denen episodisch schweres Trinken das Hauptproblem im Umgang mit Alkohol darstellt, lange halten konnte, verwundert daher nicht. Die Zeiten haben sich mittlerweile aber auch dort geändert. Sprich: Das Trinkverhalten vor allem vieler junger Nordeuropäer orientiert sich heute deutlich mehr am internationalen Mainstream als an althergebrachtem Brauchtum, ebenso übrigens wie im Rest der westlich geprägten Welt.

Aus diesem Grund haben die folgenden drei Regeln nicht mehr das große Gewicht, das ihnen früher zukam; trotzdem stehen sie, vor allem bei Traditionalisten und vielen älteren Menschen, nach wie vor hoch im Kurs. In Dänemark, wo der Alkoholkonsum ziemlich hoch ist, wird gern zugeprostet und angestoßen, üblicherweise mit einem herzhaften *Skål*, und zwar jedes Mal, bevor man den nächsten Schluck nimmt. In Finnland lässt man wiederum im ungezwungenen Kreis die Gläser nur klirren, wenn man sich Hochprozentiges zu Gemüt führt. Und in Norwegen sollte man seinem Gegenüber mindestens zunicken, ehe man trinkt.

**Russland: Wodka im Blumengesteck.** Die Zeiten mögen sich auch in Russland in den letzten Jahren in so mancher Hinsicht geändert haben. Was den Umgang mit dem Alkohol betrifft, ist zwischen St. Petersburg und Wladiwostok freilich fast alles beim alten geblieben. Es gehört bei vielen Gelegenheiten nach wie vor zum guten Ton, ein paar Gläser (zu viel) zu trinken: im Geschäftsleben, etwa zur Besiegelung eines erfolgreichen Vertrags, und im privaten Rahmen sowieso. Rituale wie das Zuprosten, das Anstoßen und auf etwas beziehungsweise auf jemanden zu trinken erfreuen sich dabei nach wie vor großer Beliebtheit. Wer sich hier danebenbenimmt oder – noch schlimmer – gar nicht mitbechert, gerät schnell in den Verdacht, zumindest ein seltsamer, wenn nicht gar ein übler Zeitgenosse zu sein.

Meist wird bei Feierlichkeiten jede Menge Essen aufgetischt und vor jedem häufig eher salzig schmeckenden Gang ein Trinkspruch ausgebracht. Jeder dritte dieser Toasts wird im Idealfall den Damen gewidmet, und auf die Gesundheit wird natürlich ebenfalls sehr gerne getrunken. Nachgeschenkt wird, sobald sich weniger als die Hälfte in einem Glas befindet. Eine Ausnahme davon ist das russische Nationalgetränk, der Wodka. Er wird normalerweise ohne abzusetzen und in einem Zug geleert. Mit anderen Worten: Man isst, etwa einen Happen Fisch, trinkt ein Glas auf ex, isst, beispielsweise ein wenig Sauerkraut, trinkt ein Glas auf ex und so weiter und so fort. Bis einem der Winter nicht mehr gar so kalt vorkommt.

Generell ist immer ein wenig Vorsicht angebracht, wenn man in Russland Alkohol in Gesellschaft konsumiert. Vor allem dann, wenn das in einer größeren Runde geschieht und Leute dabei sind, die man nicht kennt. Gezecht wird nämlich üblicherweise aus einem einzigen Grund – um sich zu berauschen. Dass das schnell geht, dafür sorgen Wodkas mit einem Alkoholgehalt von bis zu 55 Volumenprozent und mitunter auch selbstgebrannter, starker Kartoffelschnaps sowie ein entsprechendes Trinktempo. Und da kann es dann eben schon mal vorkommen, dass Gläser an die Wand und die Fäuste durch die Luft fliegen. Aufpassen heißt es überdies, damit man nicht am Ende des Abends als einziger stockbesoffen ist, weil die anderen heimlich Wasser statt Wodka in ihr Glas füllen oder letzteren zwischendurch immer wieder mal im Blumengesteck oder an ähnlichen Orten entsorgen. Auch das soll nämlich schon vorgekommen sein.

Alles in allem hat das Trinken von Bier, Wein und Schnaps in Russland jedenfalls immer noch ein weit besseres Image als in den meisten anderen Ländern. Die Hauptgründe dafür sind folgende: Wer Alkohol anbietet, zeigt, dass er ein guter Gastgeber ist, wer ihn gut verträgt, beweist seine Standhaftigkeit, Kraft und Männlichkeit, und wer ihn sich zu Gemüte führt, will sich damit nicht einfach umnieten, sondern wirbt so in Wahrheit bloß versteckt um Mitgefühl. Schließlich trinkt man ja nicht zum Vergnügen, sondern weil man gleichsam trinken muss.

**China: Trockenes Glas.** Obwohl die Hälfte aller Ostasiaten und somit auch die Hälfte aller Chinesen Alkohol schlechter verträgt als der Rest der Menschheit, wird doch im ganzen Land genug davon getrunken. Manche Trinksitten, die sich dabei im Verlauf der Zeit herausgebildet haben, unterscheiden sich je nach Anlass und regionaler Herkunft, manche gelten praktisch landesweit. Das Wort für Alkoholiker heißt übersetzt so viel wie «Alkoholteufel» oder «Alkoholgeist» und sagt über das prinzipielle Verhältnis der Chinesen zum Alkohol schon einiges aus: Wer zu viel trinkt, gilt zwar schnell einmal als leichtsinnig oder unvernünftig, aber deswegen nicht gleich als suchtkrank, verantwortungslos oder Schlimmeres. Besonders wenn man Gäste bewirtet, einen Feiertag begeht, mit Freunden in trauter Runde zusammensitzt oder wenn es etwa einen Geschäftsabschluss zu feiern gilt, prostet man sich gerne zu.

Bei den Festmählern der *Han*, die heute über 90 Prozent aller Staatsbürger stellen, werden die alkoholischen Getränke in Krügen oder Flaschen serviert. Zum Trinken bedient man sich kleiner runder Gläser, die im Normalfall voll sein sollten. Üblicherweise wird das Einschenken von der jüngeren Generation besorgt. Ältere beziehungsweise Gäste bekommen ihr Glas zuerst gefüllt. Selber einschenken sollte man sich auf keinen Fall. Kriegt man nichts, dann kümmert man sich vielmehr höflich um das Trinkglas des Tischnachbarn und macht so darauf aufmerksam, was Sache ist.

Dann hebt der Gastgeber sein Glas und prostet allen zu, wobei jedoch nicht angestoßen wird. Die Ausnahme bestätigt die Regel: Werden die Gläser doch einmal zum Klingen gebracht, dann bezeugt man seinem ranghöheren Gegenüber dadurch Respekt, dass man das eigene Glas etwas tiefer hält. Danach nimmt jeder einen Schluck und stellt seinen Becher wieder ab.

***Wenn in China «Runter damit» angesagt ist, dann gibt es kein Schlürfen, Probieren oder Genießen, dann muss auf ex getrunken werden.***

Diese Form des Zutrinkens wird während des Mahls etliche Male wiederholt. Gegen Ende des Essens hebt der Gastgeber dann nochmals sein Glas und sagt: «*Ganbei*», was wörtlich übersetzt «Trockenes Glas» heißt. Und der Aufforderung gleichkommt, das Glas gefälligst mit einem Schluck zu leeren. Wenn «Runter damit» angesagt ist, dann gibt es kein Schlürfen, Probieren oder Genießen, dann muss auf ex getrunken werden. Wobei es in China sogar recht beliebt ist, nicht nur einen Schnaps, sondern auch ein Glas Wein auf einen Zug zu leeren. Vor allem beim gemeinsamen Umtrunk auf den unteren und mittleren Managementstufen und Funktionärsebenen hat sich mittlerweile leider eine regelrechte *Ganbei*-Unkultur entwickelt. Laut Berichten asiatischer Zeitungen soll es bei manchen ritualisierten Besäufnissen sogar immer wieder zu tödlichen Alkoholvergiftungen kommen.

Dass Chinesen mitunter eine ziemlich andere Auffassung von Kultur haben als viele Menschen im Westen, ist mittlerweile kein Geheimnis mehr. Manche Gebräuche sorgen aber dennoch immer wieder für Verwunderung bei ausländischen Besuchern. Beispielsweise, wenn selbst edle Rotweine *on the rocks* oder gespritzt getrunken werden. Und zwar sogar gespritzt mit Limonade.

Sprite und 7 Up gelten vielen dabei als Favoriten, aber wem ein edler Tropfen nicht süß genug schmeckt, der darf auch getrost zum populärsten Softdrink der Welt greifen und seinen Burgunder mit Coca-Cola mischen. Und wem es an Herbheit fehlt, der kann ihn wiederum mit ein paar Zwiebeln verfeinern. In Shanghai und anderen boomenden Metropolen des angehenden dritten Jahrtausends ist das alles kein Problem. Hauptsache, das Ergebnis schmeckt.

**Südkorea: Motels für Säufer.** Der Alkoholkonsum in Südkorea ist im internationalen Vergleich sehr hoch. In keinem anderen asiatischen Land wird derart viel getrunken. Südkoreaner, die oft mit Arbeitskollegen, Kunden oder Lieferanten essen und trinken gehen, können daher für gewöhnlich einiges an Alkohol wegstecken, was genetisch bedingt bekanntlich alles andere als selbstverständlich ist. Das Trinken dient dabei meistens der Geselligkeit, mitunter aber auch der Konfliktlösung. Wichtig ist immer, in welchem Zusammenhang es steht. Im Rahmen eines alkoholgeschwängerten Geschäftsessens gelten natürlich strengere Normen, als wenn man privat mit Freunden einen draufmacht.

Besonders populär ist der gemeinsame Umtrunk nach Dienstschluss. Wer sich hier nicht blamieren will, muss natürlich auch hier unbedingt ein paar Regeln beachten. Etwa die, dass man sich nie selber einschenkt, sondern immer jemand anderem. Oder die, dass man bei höhergestellten Personen die sogenannte höflichere Art des Einschenkens beachten sollte. Das bedeutet, man hält entweder die Flasche mit der rechten Hand und unterstützt diese mit der linken oder man hält die linke Hand unter den rechten Ellbogen und schenkt auf diese Weise ein. Engen Freunden oder Mitarbeitern kann man aber auch mit einer Hand ihr Glas wieder auffüllen. Bevor jemandem nachgeschenkt wird, sollte das Glas, anders als etwa in

China, geleert sein. Wenn also ein Glas noch halb voll ist, sollte es der, dem es gehört, rasch austrinken, damit man ihm nachschenken kann.

Wenn einem der Chef persönlich ein Glas in die Hand drückt und einschenkt, gelten ebenso ganz eigene Gesetze. Dann bleibt einem keine andere Wahl, als das Glas auf einen Zug auszutrinken. Westliche Besucher dürfen meist irgendwann schwächeln, ohne sich den Unmut der fernöstlichen Gastgeber zuzuziehen; Untergebene müssen freilich so lange weitersaufen, wie ihr Vorgesetzter das wünscht. Und sich gegebenenfalls auch zum Clown machen, wenn sie ihre Karriere nicht gefährden wollen. Wer bewusst weniger trinkt als die anderen und das so, dass es auffällt, kann leicht die Stimmung verderben. Es ist zudem unüblich, einander beim Prosten in die Augen zu schauen. Nach dem Zuprosten das Glas abzusetzen, bedeutet hingegen nicht gleich ein Donnerwetter.

***Nach Landessitte sind in Südkorea die Trinkkumpane dafür verantwortlich, dass jede Alkoholleiche zum Ausnüchtern irgendwie in einem Bett landet.***

Wenn man privat mit Freunden ausgeht, werden häufig Trinkspiele gespielt. Oder es wird in einer der beliebten Karaoke-Bars gesungen. Dazu kann man sogar mehr oder weniger nachdrücklich genötigt werden. Wissen sollte man: Wer das Singen verweigert, verliert mehr Ansehen als derjenige, der nur ins Mikrofon krächzt. Und die sozial am höchsten gestellte Person fängt üblicherweise mit dem Singen an.

Weitere ungeschriebene Regeln: Offenes Bier trinkt man vorzugsweise in den sogenannten *Hofs*. Das Wort stammt aus dem Deutschen und bezeichnet eigentlich nichts anderes als eine typisch koreanische Kneipe. In den Bars kann man zwar ebenfalls Bier trinken (meist aus Flaschen), jedoch sind dort Whisky oder andere stärkere Getränke angesagt. Die Sitte, verschiedene Getränke zu mischen, um sie noch wirksamer zu machen, wird übrigens *Sabalju* genannt.

Besoffen zu sein ist in Südkorea keine Schande. Mehr noch: Wer total abstürzt, genießt sogar besondere Aufmerksamkeit. Nach Landessitte sind nämlich die Trinkkumpane dafür verantwortlich, dass nicht noch Schlimmeres passiert und jede Alkoholleiche zum Ausnüchtern irgendwie in irgendeinem Bett landet. Selbst nach einem wahrlich exzessiven feuchtfröhlichen Umtrunk, der sie selber nicht mehr gut aussehen lässt, sind sie von dieser Pflicht nicht entbunden. Wenn das Hotel oder die Wohnung des Betrunkenen zu weit weg sind, gibt es immer noch die Möglichkeit, ihn in einem *Yeogwan*, einer Art Motel, unterzubringen. Diese Herbergen bieten nämlich unter anderem genau für solche Fälle Übernachtungen zu besonders günstigen Preisen an.

***Ziel ist es, gerade so viel zu trinken, dass man überschwänglich, gut gelaunt und gesprächig wird.***

Trotz aller Freizügigkeit im Umgang mit dem Thema Alkohol gibt es natürlich auch in Südkorea Grenzen. Wie so oft in der Geschichte wird aus vermeintlichem Spaß sehr schnell Ernst, wenn wirtschaftliche Interessen gefährdet werden. Im Dezember 2012 hat etwa der südkoreanische Elektronikkonzern Samsung strenge Richtlinien erlassen, um die Auswüchse der produktivitätsmindernden Sauferei nach Dienstschluss wieder einzudämmen. Die Regel wurde in der Presse als «1-1-9» bezeichnet und besagt: Wenn schon getrunken wird, dann nur mehr eine Getränkesorte, diese wiederum nur in einem Lokal und bis allerhöchstens um neun Uhr abends.

**Westafrika: Hirsebier zur Initiation.** Das in Westafrika beliebte Hirsebier wird in Burkina Faso *Dolo*, in Ghana *Pito* und in Kamerun *Bil-Bil* genannt. Vor allem auf dem Land wird es immer noch sehr geschätzt, wohingegen es in den Städten mittlerweile zu einem guten Teil von normalen Flaschenbier verdrängt wurde. Hirsebier hat nur einen geringen Alkoholgehalt, ist aber sehr nahrhaft.

Genau aus diesem Grund wird es auch unter der Woche getrunken, allerdings nur in Maßen. An einem Tag pro Woche ist es freilich vorbei mit der Zurückhaltung, da werden ausgedehnte Feste gefeiert, bei denen es dann Dolo in rauen Mengen gibt. Bei drei Anlässen fließt das Hirsebier auf Kosten der einladenden Familie sogar tagelang in Strömen: bei der Initiation, also bei jenem Ritual, das aus Knaben angeblich echte Männer macht, bei der Hochzeit und bei Totenfeiern.

**Indonesien: Palmschnaps erst ab 35.** Auf der vor Timor gelegenen indonesischen Insel *Roti* ist Alkohol fast allgegenwärtig, trotzdem gibt es praktisch keine Trunksucht. Warum nicht? Weil es dort einige gesellschaftliche Übereinkünfte gibt, die eben das verhindern. So dürfen etwa weniger starke Getränke wie Palmbier und Palmwein auch allein getrunken werden, der hochprozentige und vergleichsweise gefährliche Palmschnaps jedoch nur in Gesellschaft. Und das noch dazu nur von Männern, die zumindest das schon sehr erwachsene Alter von 35 Jahren erreicht haben. Frauen bleiben hingegen praktisch immer beim Palmwein oder -bier. Ziel ist es, gerade so viel zu trinken, dass man überschwänglich, gut gelaunt und gesprächig wird. Wer sich zu viel genehmigt und dann trübsinnig oder gar mürrisch wird, erntet hingegen vorwurfsvolle Blicke. Und wer in seinem Dusel die Selbstkontrolle verliert oder gar aggressiv und gewalttätig wird, ist bei den anderen überhaupt gleich erst mal eine Weile völlig unten durch.

**Zentralasien: Schluckweise Stutenmilch.** In Zentralasien hat bei den dort beheimateten Steppenvölkern ein Getränk eine lange Tradition, das in Sibirien *Kumys* und in der Mongolei *Airag* genannt wird. Dabei handelt es sich um in Lammlederbeuteln vergorene, säuerlich schmeckende, prickelnde und sehr nahrhafte Stutenmilch mit einem Alkoholgehalt von nur rund ein bis zwei Volumenprozent. Dass sich dieses Getränk durchsetzen konnte, hat einen einfachen Grund: Stutenmilch gab es bei den als Nomaden umherziehenden Reitervölkern zur Genüge, Feldfrüchte hingegen gar nicht.

Zwar wird etwa auch Besuchern zur Begrüßung ein Glas Kumys gereicht, das dann in einem Zug getrunken werden sollte, aber meist wird das Getränk im Rahmen ausgefeilter Rituale konsumiert. Zum Beispiel bei den Frühlingsfesten der *Jakuten*. Nachdem man den Göttern und Geistern genügend Kumys geopfert hat, setzen sich die Gäste nach Geschlechtern getrennt sowie nach der Reihenfolge ihres Ranges und Alters in einen Halbkreis und beginnen gemeinsam zu trinken. Und zwar alle aus ein- und derselben Schale, die langsam vom Ranghöchsten zum Jüngsten gereicht wird. Jeder darf sich dabei nur einen kleinen Schluck genehmigen. Wenn irgendwann alle einen leichten oder mittleren Rausch haben, aber niemand schwer betrunken ist, dann ist das genau der Zustand, der nicht nur den Jakuten erstrebenswert erscheint.

**Bolivien: kein Kater.** Bei den Camba in Bolivien, einer kleinen Volksgruppe halb indianischen, halb spanischen Ursprungs, war regelmäßiges exzessives Trinken bis weit in die zweite Hälfte des 19. Jahrhunderts hinein der Normalfall. Am Wochenende gibt man sich selbst heute noch im Rahmen eines vergleichsweise streng reglementierten Rituals mit einem fast 90-prozentigen Zuckerrohrschnaps voll die Kanne und das, wenn es passt, gern auch tagelang; trotzdem wird dort dem Vernehmen keiner alkoholabhängig.

***Warum die Camba praktisch immun gegen Hangovers sind, ist bis heute nicht ausreichend geklärt.***

Sonst soll es ebenfalls keine einschlägigen Probleme geben. So kommt es beispielsweise weder zu sexueller noch zu verbaler oder körperlicher Aggression. Angeblich ist sogar das Phänomen des Katers so gut wie unbekannt, es soll jahrhundertelang nicht einmal ein Wort für diesen Zustand gegeben haben.

Ersteres hat dem Hörensagen nach unter anderem damit zu tun, dass das Trinken ohne Gesellschaft bei den Camba schwer verpönt ist. Man bechert praktisch ausschließlich gemeinsam – und sogar aus einem gemeinsamen Glas – und eben nach einem ausgefeilten Ritual, häufiges Zuprosten inklusive. Dazu kommt, dass man vor Tagen, an denen man arbeiten muss, nichts trinkt. Warum die Camba aber anders auf Alkohol reagieren als die meisten anderen Menschen und warum sie praktisch immun gegen Hangovers sind, ist bis heute nicht hinreichend geklärt. Auf jeden Fall außer Zweifel steht: So wie überall sonst auf der Welt hatte das Trinkverhalten der bolivianischen Volksgruppe eindeutig einen soziokulturellen Hintergrund. Und so wie überall sonst auf der Welt hat sich eben das in den letzten paar Jahren mehr geändert als in den Jahrzehnten und Jahrhunderten zuvor.

*To alcohol, the cause of and solution to all life's problems.**

Homer Simpson (*1987),
Fernsehstar in «Die Simpsons»

## Zuprosten, anstoßen und einen Toast ausbringen
# Auf die Gesundheit und gegen Geister

Die in Verbindung mit dem Konsum von Alkohol international wohl mit Abstand meistverbreitete Trinksitte ist das Zuprosten. Dass sie in besseren Kreisen im Westen – ganz anders als etwa in Osteuropa – immer mehr aus der Mode zu geraten scheint, ändert nichts an diesem Befund. In der großen weiten Welt erfolgt das Zutrinken heutzutage allerdings normalerweise ohne Anstoßen. Geredet wird dabei in der Regel auch nicht mehr wirklich viel. Die allermeisten Menschen belassen es da wie dort beim Zutrinken und, sofern sie dabei überhaupt etwas sagen, bei einem einfachen «Cheers» oder einer anderen Übersetzung von «Prost» oder «Zum Wohl» (siehe Seite 239 ff.).

Im Detail sind die Gepflogenheiten sehr orts- und situationsabhängig. Dass bei einer Hochzeit in einem Gasthaus im Bayerischen Wald oder bei einem kollektiven Besäufnis in einer Karaoke-Bar in Südkorea andere Regeln herrschen als bei einem Festbankett in einer Staatskanzlei oder einem Empfang in einem erzbischöflichen Palais, steht außer Zweifel. Wer über ein Mindestmaß an Beobachtungsgabe und Einfühlungsvermögen verfügt, wird freilich da wie dort recht schnell durchschauen, was jeweils Sache ist.

---

* Auf den Alkohol – die Lösung und den Grund für alle Probleme des Lebens.

In Deutschland, Österreich und der Schweiz wird nach wie vor gern und oft zugeprostet und angestoßen, wenngleich sich auch hierzulande im Verlauf der Jahre und Jahrzehnte Änderungen ergeben haben. Mittlerweile lässt man nämlich eher nur mehr im privaten Bereich die Gläser erklingen, etwa zur Feier des Jahreswechsels oder eines Geburtstages oder bei einem Abendessen zu zweit.

***Irgendetwas quer über den Tisch zu schreien, ist zwar vielerorts üblich, gehört aber nicht gerade zum Kanon der Benimmregeln.***

Bei offiziellen Anlässen und bei Geschäftsessen ist die einstmals weit verbreitete Sitte hingegen fast schon zur Ausnahme geworden. Angestoßen wird da lediglich noch bei ganz besonderen Gelegenheiten, etwa bei Vertragsunterzeichnungen oder ganz sicher bei Staatsbesuchen. Dort wird dann oft auch noch ein Toast ausgebracht; allerdings sind Trinksprüche ebenfalls nicht mehr so verbreitet, wie sie das einmal waren.

**Eine Frage der Etikette.** Wer zu einem Essen eingeladen ist, bei dem gute Manieren gefragt sind, sollte sich im deutschsprachigen Mitteleuropa (so wie in etlichen anderen Ländern auch, aber eben nicht überall) an die folgenden Grundregeln halten: Wird ein Toast ausgebracht, erhebt man das Glas bis etwas unterhalb der Kinnhöhe; zugleich schaut man dabei sein Gegenüber und dann seine Nachbarn an.

Nach dem Trinken nickt man freundlich nochmals in die Runde. Beim persönlichen Zuprosten nickt man dem anderen nicht nur zu, sondern man blickt ihm obendrein in die Augen; als Mann an einer festlichen Tafel mit Tischordnung darf man dabei auf keinen Fall weder die links noch die rechts neben einem sitzende Dame vergessen. Wem danach ist: Ein «Zum Wohl!» ist erlaubt.

Befindet sich der, dem man zutrinkt, weiter weg, grüßt man denjenigen überhaupt nur mehr wortlos und mit erhobenem Glas in der Hand. Irgendetwas quer über den Tisch zu schreien, ist zwar vielerorts üblich, gehört aber nicht gerade zum Kanon der Benimmregeln. Ähnliches gilt für das Anstoßen: Auch hier beschränkt man sich im Fall des Falles auf die direkten Nachbarn. Als Faustregel: Sitzen mehr als acht Personen am Tisch, belässt man es am besten beim Zuprosten. Streckt einem freilich jemand ein Glas entgegen, dann kommt man um das Anstoßen nicht mehr herum, unabhängig davon, wie viele Gäste anwesend sind.

Das kann man heutzutage unter wohlerzogenen Menschen für gewöhnlich ebenso mit alkoholfreien Getränken tun, ohne dass das missbilligt wird. Erste Wahl sind freilich nach wie vor Gläser mit Stiel, gefüllt mit Wein, Sekt oder gar Champagner. Die hält man übrigens normalerweise auch dort, am Stiel: zum einen, um seinen Inhalt nicht unnötig zu erwärmen, und zum anderen, weil es so weit schöner klingt, wenn die Gläser aneinander stoßen. Das Zuprosten mit einem Bierkrug sollte eher dem Stammtisch und das mit einem Whiskeyglas nach einem erfolgreichen Geschäftsabschluss eher der Hotelbar vorbehalten bleiben.

Der Vollständigkeit halber sei noch angemerkt, dass sich viele Kenner respektive Liebhaber von Schaumwein überzeugt geben, man sollte gerade mit perlenden Getränken nicht anstoßen, weil dadurch ja die Kohlensäure schneller entweichen würde und das nicht unbedingt sehr rücksichtsvoll sei.

**Das Vertreiben von Dämonen.** Woher die Sitten des Anstoßens kommt, darüber gibt es einige Theorien. Am häufigsten strapaziert wird üblicherweise die, man habe damit ursprünglich bloß sicherstellen wollen, dass etwas vom eigenen Getränk im Behältnis des Gegenübers landet und umgekehrt, weil so wohl niemand mehr auf die Idee kommen würde, einem Gift in den Wein oder ins Bier zu leeren. Weil man Jahrtausende lang aus Tonhumpen getrunken hatte und damit nicht einmal sehen konnte, was man im nächsten Moment in sich reinschütten würde, klingt das durchaus nachvollziehbar. Ebenso wie folgender Erklärungsversuch: Bis zum 16. Jahrhundert hatten bei einem geselligen Ereignis üblicherweise noch alle aus ein- und demselben Behältnis getrunken, das im Kreis herumgereicht wurde. Aus der Mode war die Sitte erst gekommen, als man realisiert hatte, dass so zugleich allerlei Krankheiten vom einen auf den anderen übertragen wurden. Mit dem Anstoßen der Gläser oder Becher hätte man symbolisieren wollen, man würde letztlich ja doch immer noch irgendwie aus einem Kelch trinken.

***Das Prosit, mit dem man das Anstoßen obendrein meist begleitet, soll den Wunsch unterstreichen, der andere möge den Alkohol gut vertragen.***

Die Variante, die am plausibelsten erscheint, ist diejenige, wonach man mit dem Klirren der Gläser ursprünglich böse Dämonen und Geister vertreiben wollte – und zwar vor allem auch jene, die man im Verdacht hatte, für den Brummschädel nach dem letzten Besäufnis verantwortlich gewesen zu sein. Das *Prosit*, mit dem man das Anstoßen obendrein meist begleitet, soll zusätzlich den Wunsch unterstreichen, der andere möge den Alkohol gut vertragen.

**Auf die Frauen!** Die Frage, woher der Begriff «einen Toast auf jemanden ausbringen» kommt, ist hingegen recht zufriedenstellend beantwortet. Weil geröstetes Brot die Säure des Weins reduziert und so dessen Geschmack und Bekömmlichkeit für gewöhnlich deutlich verbessert, hat sich diese Kombination schon in der Antike große Beliebtheit erfreut. Auch im Europa der Neuzeit haben viele Kenner immer noch ein Stück geröstetes Brot in ihr Weinglas gegeben. Im späten 17. Jahrhundert bürgerte sich dann in England irgendwann der Brauch ein, das «Hoch leben lassen» von Damen respektive anderen Mittrinkenden, Freunden und entsprechend geschätzten Personen bei Tisch als «einen Toast auf jemanden ausbringen» oder «einen Toast aussprechen» zu bezeichnen.Dabei kann die Person oder die Sache, die solchermaßen geehrt wird, ebenso als Toast bezeichnet werden wie das Getränk, das man sich zu Gemüte führt oder das Gesagte an sich.

Der *Oxford English Dictionary* vermutet hinter der Redewendung eine Anspielung darauf, dass die gepriesenen Frauen das Leben und die Situation ebenso würzen und verbessern würden wie getoastetes Brot eben den Wein. Wobei das überschwängliche Loben des anderen oder des eigenen Geschlechts freilich schon sehr viel länger ein wichtiger Bestandteil von entsprechenden Ritualen gewesen war. Das beweisen beispielsweise Darstellungen von halbnackten jungen Mädchen auf altägyptischen Trinkgefäßen und die Trinkspiele der alten Griechen und Römer. Erst im 19. Jahrhundert wurden die Sprüche seriöser, und man ließ von da an dann auch immer wieder gerne einmal das Vaterland hochleben und nicht nur mehr einzelne Personen.

Den teuersten Toast aller Zeiten hat übrigens ein gewisser Sir **Thomas Gresham** im Jahr 1600 ausgebracht. Der reiche englische Kaufmann und Finanzier trank auf die Gesundheit Ihrer Majestät Königin **Elisabeth I.** ein Glas Wein, in das er zuvor eine zu Pulver zerstoßene und zu ihrer Zeit sehr berühmte Perle im Wert von 15 000 Pfund gelegt hatte.

*Prosit!**

aus dem Lateinischen stammender Trinkspruch

## So sagt man Prost in 68 Sprachen

# Von Auguryo bis Zivjeli

Was man in den verschiedensten Sprachen sagt, wenn man einander zuprostet, gehört zu den absoluten *Basics* eines kommunikationsfreudigen und freundlichen Trinkers von Welt. Von ähnlicher Bedeutung – abseits vom Gedanken der Geselligkeit freilich – ist vielleicht noch die jeweilige Bezeichnung für die Damen- respektive die Herrentoilette, nichts aber sonst.

Afrikaans .......... Gesondheit!
Albanisch .......... Paich | Gëzuar!
Altgriechisch .......... Hygeia!
Amharisch .......... Desta!
Arabisch .......... Fi sihhatika | Shereve!
Armenisch .......... Genatsoot!
Belutschisch (Afghanistan, Iran etc.) .......... Vashi!
Baskisch .......... Osasuna!
Bengali (Indien) .......... Joy!
Bretonisch .......... Iermat!
Bulgarisch .......... Na zdrave!
Dänisch .......... Skål!
Deutsch .......... Zum Wohl | Prost!

* Es möge nutzen! (Prost! bzw. Zum Wohl!)

Englisch (Großbritannien) ............................ Cheers | Cheerio!
Englisch (Australien) ............................ Bottom's up!
Englisch (USA) ............................ Your Health! | Bottom's up!
Cheers! | Here's to you!
Esperanto ............................ Je via sano | Toston!
Estnisch ............................ Terviseks!
Farsi (Iran) ............................ Salam ati!
Finnisch ............................ Kippis!
Französisch ............................ (A votre) Santé!
Gälisch (Irland, Schottland) ............................ Sláinte!
Georgisch ............................ Vakhtanguri!
Griechisch ............................ Lyia sos | Jámas!
Grönländisch ............................ Kasugta!
Hawaiisch ............................ Mahalu!
Hebräisch ............................ Le'chájim!
Hindi (Indien) ............................ Mubarik!
Holländisch ............................ Proost | Op uw gezonheid!
Indonesisch ............................ Selamat minum!
Isländisch ............................ Minni heilsa | Samtakanu | Skål!
Italienisch ............................ Salute!
Japanisch ............................ Kampai!
Jiddisch ............................ Mazel tov!
Katalanisch ............................ Salut!
Kantonesisch (China) ............................ Gomei | Gom bui!
Koreanisch ............................ Geon-bae!
Lettisch ............................ Uz veselibu!
Lateinisch ............................ Bibite!
Libanesisch ............................ Kesak!
Litauisch ............................ I sveikata!
Maltesisch ............................ Sacha | Aviva!
Mandarin (China) ............................ Gan bei!

| | |
|---|---|
| Maori (Neuseeland) | Kia ora! |
| Nigerianisch | Mogba! |
| Norwegisch | Skål! |
| Panjabi (Indien, Pakistan) | Khushiyaan! |
| Polnisch | (Na) zdrovie \| Pana zdrovie \| Pani zdrovie! |
| Portugiesisch (Portugal) | Pela sua salude \| Saúde |
| Portugiesisch (Brasilien) | Tim-tim! |
| Rätoromanisch | Viva! |
| Rumänisch | Noroc! |
| Russisch | Za (vasche) zdorov'je |
| Schwedisch | Skål! |
| Serbokroatisch | Zivjeli! |
| Somalisch | Auguryo! |
| Spanisch | Salud! |
| Suaheli (Tansania, Kenia, Uganda etc.) | Afya \| Kwa Siha Yako! |
| Tagalog (Philippinen) | Mabuhay! |
| Taiwanisch | Hotala! |
| Thailändisch | Chokdee! |
| Tschechisch | Na zdraví! |
| Türkisch | Serefe \| Sorofinize! |
| Ukrainisch | Budmo! |
| Ungarisch | Egészségére! |
| Urdu (Pakistan) | Djam! |
| Vietnamesisch | Chia \| Dzo! |
| Walisisch | Iechyd da! |

*Es gibt keinen Grund, Alkohol zu trinken, wohl aber stets einen Anlass.*

Thomas Christian Dahme,
deutscher Publizist und Aphoristiker

## Seltsame Trinkrituale aus aller Welt

# Bier, Gedärme und Asche

Wer sich mit den Gesetzen sowie den Sitten und Gebräuchen rund um das Trinken von Alkohol von den alten Hochkulturen bis heute näher beschäftigt, kommt aus dem Staunen bald nicht mehr heraus. Selbstverständlich ist es immer eine Sache des Standpunktes, was man als seltsam empfindet. Für Europäer mutet es etwa oft schon schräg an, wenn sich in den USA selbst Erwachsene noch ausweisen müssen, ehe sie ihr Bier auf den Tisch gestellt bekommen. Für die meisten Amerikaner wiederum ist es hingegen schier unglaublich, wenn in Deutschland schon 14-Jährige in Begleitung ihrer Eltern in der Öffentlichkeit ein Glas davon trinken dürfen, ohne dass sich jemand darüber aufregt.

Und natürlich gibt es bei praktisch allen noch so absurd klingenden Gesetzen und Gepflogenheiten einen guten Grund, warum man diese oder jene Regelung eingeführt hat oder sich bestimmte Sitten einbürgern konnten und andere eben nicht (siehe Seite 200ff.). Die folgende kleine exemplarische Auswahl kurioser Trinkrituale diverser Ethnien aus aller Welt sollte daher auch in diesem Licht betrachtet werden.

Wenn etwa bei den *Tiriki*, einer Untergruppe des vorwiegend in Kenia lebenden Volkes der *Luhya*, ein junger Mann einer Frau Bier anbietet und diese es dann nicht herunterschluckt, sondern ein wenig davon in seinen Mund spuckt, dann heißt das: «Wir sind ab sofort verlobt und werden bald heiraten!» Beim Volk der *Baganda*, von dem der Großteil in Uganda beheimatet ist, haben die Witwen eines verstorbenen Königs früher sogar Bier getrunken, worin dessen Gedärme ausgewaschen worden waren. Bei den *Chagga* wiederum, die in Tansania zu Hause sind, glauben viele, dass ein Lügner vergiftet wird, wenn er Bier trinkt, das mit dem Blut einer geopferten Ziege vermischt wird. Und wenn zwei Chagga-Männer Blutsbrüder werden, dann trinken sie Bier gemischt mit ihrem Blut und ihrem Speichel.

Aber auch außerhalb Ostafrikas gab und gibt es natürlich jede Menge Gesellschaften mit für westliche Ohren mitunter überaus seltsam anmutenden Trinksitten. Die *Uape*, ein Indianervolk, das am oberen Amazonas in Brasilien lebt, vermischen etwa die Asche ihrer kremierten verstorbenen Verwandten mit *Casiri*, einem lokalen alkoholischen Getränk.

***Angeblich war es bei den Lepcha die längste Zeit völlig in Ordnung, fürchterlich promisk zu werden, sobald man nur genug getrunken hatte.***

Dann trinken alle Angehörigen im ehrenvollen Gedenken davon. Bei den *Cocomba* in Peru und bei anderen Völkern gibt es diesen Brauch ebenfalls. Die Annahme, die Toten wären besser dran, wenn sie im warmen Körper eines Verwandten landen anstatt in der kalten Erde, klingt in diesem Zusammenhang übrigens alles andere als absurd.

Beim Volk der *Lepcha*, das vor allem in Sikkim, Tibet und Bhutan lebt, war Alkohol früher einmal sogar die einzige zulässige Entlohnung für Lehrer. Angeblich war es bei dieser heute bedrohten Minderheit die längste Zeit völlig in Ordnung, fürchterlich promisk zu werden, sobald man nur genug getrunken hatte. Grenzen gab es doch, wenngleich weit gesteckte: Inzest war total verpönt. Und was jetzt auch nicht mehr zu überraschen braucht: Alkoholismus war und ist bei den Lepcha ein durchaus ernst zu nehmendes Problem.

# 4.

## Berühmte Trinker

*I believe, if we take habitual drunkards as a class, their heads and their hearts will bear an advantageous comparison with those of any other class. There seems ever to have been a proneness in the brilliant and warm-blooded to fall into this vice.**

Abraham Lincoln (1809–1865),
16. Präsident der USA

# Der Alkoholkonsum der Prominenten
# High Society

Die Geschichte ist voll von großen Namen, deren Träger zugleich auch große Säufer waren oder die, vorsichtig ausgedrückt, zumindest nach heutigen Maßstäben im Verlauf ihres Lebens viel zu viel Bier, Wein oder Schnaps in sich hineingeschüttet haben. Jede Menge schwere Trinker gab es beispielsweise unter bekannten Staatsmännern und Politikern oder, um ein weiteres Beispiel zu nennen, unter gefeierten Heroen verschiedenster Sportarten, aber die meisten begnadeten Zecher vor dem Herrn findet man seit jeher in der Welt der schönen Künste.

Herausragende Schriftsteller wie etwa die Giganten der Weltliteratur **Johann Wolfgang von Goethe** (siehe Seite 276) und **Ernest Hemingway** (siehe Seite 260) waren ebenso dem Alkohol innig zugetan wie etwa der unsterbliche Maler **Vincent van Gogh** (siehe Seite 316) oder der geniale Komponist **Ludwig van Beethoven** (siehe Seite 290). Aber auch der gleichermaßen legendäre wie beliebte US-amerikanische Hollywood-Star **Spencer Tracy** oder

* Ich glaube, wenn wir Gewohnheitstrinker als eine eigene Klasse betrachten, werden sie, sowohl was ihre Köpfe als auch was ihre Herzen betrifft, verglichen mit den Menschen aus jeder anderen Klasse vorteilhaft abschneiden. Es hat offenbar immer schon eine Neigung bei den Genialen und den Heißblütigen gegeben, diesem Laster zu erliegen.

dessen Landsleute, der zu seiner Zeit höchst beliebte Opernsänger **Mario Lanza**, die Rock-Ikone **Jim Morrison** (siehe Seite 296), der geniale Comiczeichner und MAD-Mitbegründer **Wally Wood** sowie der begnadete russisch-amerikanische Balletttänzer **Alexander Godunov** zählen zu jenen Ausnahmekönnern, die wegen ihres Alkoholkonsums mehr als bloß auffällig geworden sind. Wobei an dieser Stelle und vorab der Hinweis nicht fehlen darf, dass man Informationen über den Substanzmissbrauch von Prominenten grundsätzlich immer mit einer gewissen Vorsicht begegnen sollte, zumal vieles in diesem Umfeld nicht wirklich verbürgt ist: Von den meisten diesbezüglichen Erkrankungen ist zumindest in großen Nachschlagewerken – vom Brockhaus bis zur Wikipedia – jedenfalls nur recht selten zu lesen.

Apropos Kunst: Wohl gibt es ebendort Disziplinen, in denen weit weniger gesoffen wird als bei den immer wieder angeführten Autoren, Schauspielern, Komponisten und Musikern sowie Malern, aber weit mehr als beim normalen Volk oder den Vertretern der allermeisten anderen Berufsgruppen war und ist es allemal.

***Der finische Filmemacher Aki Kaurismäki behauptete einmal, alle seine Filme seien am Tresen einer Bar entstanden.***

Die Bildhauer, Choreographen und Dirigenten gelten beispielsweise als bloß ziemlich, aber sicher nicht als total alkoholvernebelt. Die Regisseure und Modeschöpfer werden ebenfalls als vergleichsweise solide eingeschätzt. Allerdings hat es auch in diesen Kreativberufen viele kleine und einige ganz große Kaliber erwischt: das deutsche Regie-Genie **Rainer Werner Fassbinder** etwa, das mit 37 Jahren an einem durch Alkohol, Kokain und Schlaftabletten verursachten Herzversagen starb. Oder den umstrittenen und vielfach preisgekrönten dänischen Filmemacher **Lars Holbæk Trier**, besser bekannt unter seinem Künstlernamen

**Lars von Trier**. Oder dessen nicht minder erfolgreichen finnischen Kollegen **Aki Kaurismäki**, der einmal behauptete, alle seine Filme seien am Tresen einer Bar entstanden. Oder den Mann, der mit vier Statuetten die meisten Regie-Oscars aller Zeiten gewonnen hat, den Hollywood-Altmeister **John Ford**. Oder den wiederholt als Fords «Bastardsohn» bezeichneten und im wahrsten Sinne des Wortes gewaltigen **Sam Peckinpah** – sie alle hatten große bis sehr große Suchtprobleme.

Tröstliches Gift. Für **Hans Neuenfels**, einen der größten deutschsprachigen Theater- und Opernregisseure, war der Umgang mit der Droge ebenfalls immer eine Gratwanderung zwischen unentbehrlichem Produktionsmittel und teuflischer Gefahr. «Eine Balance, eine Grätsche, ein Tanz auf der heißen Herdplatte», so nannte er das in seiner Autobiografie. Das Geständnis «Ohne Alkohol hätte ich viele Höhepunkte nicht erlebt» passt zu seiner Ankündigung, weitertrinken zu wollen, selbst noch mit 70. Denn immerhin: «Man braucht Gift, um getröstet zu werden.»

Der wohl bedeutendste Modeschöpfer des 20. Jahrhunderts, der Franzose **Yves Saint Laurent** und dessen US-amerikanischer Kollege, die Mode-Ikone **Calvin Klein**, waren gemäß heutigen Maßstäben klassische Alkoholiker. Ob Kleins Landsmann **Marc Jacobs**, das kreative Genie hinter der weltberühmten Marke *Louis Vuitton*, und der vielleicht einflussreichste Modemacher seiner Generation, der exzentrische britische Selbstdarsteller und Stardesigner **John Galliano**, bloß schwere Missbraucher oder mehr waren, ist hingegen praktisch nicht zu sagen. In diesem illustren Quartett kostete der Suff jedenfalls nur Galliano den Kopf, und auch das nur im übertragenen Sinne und vorläufig. Nach antisemitischen Ausfällen wurde er zwar als Chefdesigner des berühmten Haute-Couture-Hauses *Dior* in die Wüste geschickt – allerdings mit gerade mal 50 Jahren und somit in einem Alter, wo der weitere Verlauf seiner Karriere noch nicht vorauszusehen ist.

Apropos: Einschlägig auffällig geworden sind zudem viele von denen, welche die Designerkreationen auf dem Laufsteg zu Markte tragen: die

Topmodels. Die Britin **Naomi Campbell** geisterte ebenso mit Skandal-Stories durch die internationalen Gazetten wie etwa ihre Kollegin und Landsfrau **Kate Moss** oder die gebürtige Somalierin **Waris Dirie**, die in den letzten Jahren als Bestseller-Autorin und Menschenrechtsaktivistin von sich reden machte und eine ganze Reihe von legendären Suff-Crashes geliefert hat. Der Eindruck, dass unter den schönsten Frauen der Welt König Alkohol zumindest mitregiert, ist jedenfalls sicher nicht ganz falsch.

**Trinkfreudige Kunst, nüchterne Wissenschaft.** Suchtkrank werden natürlich nicht nur Prominente, sondern auch viele von denen, die in der zweiten und dritten Reihe stehen. Bei einer Umfrage unter 2000 Mitgliedern großer Orchester in den USA gab beispielsweise Anfang der 1990er Jahre jeder fünfte Musiker zu, Alkoholprobleme zu haben. Heute, knapp 20 Jahre später, hat sich die Situation nicht verbessert. Zumindest in diversen britischen Orchestern soll, so wird immer wieder kolportiert, der Missbrauch sogar schon epidemische Ausmaße erreicht haben.

Dass große und weniger große Künstler besonders gerne und oft einen draufmachen, kann man übrigens als wissenschaftlich erwiesen betrachten. Eine Studie aus dem Jahr 1995, bei der **Arnold M. Ludwig** von der *University of Kentucky* knapp über 1000 Biografien berühmter Menschen auf Alkoholprobleme untersuchte, ergab nämlich folgenden Befund: Stolze 26 Prozent aller wirklich Prominenten hatten irgendwann in ihrem Leben diesbezüglich massive Schwierigkeiten. Und unter Schauspielern, Autoren und Poeten, Regisseuren, Musikern und Entertainern, Malern und Bildhauern sowie erstaunlicherweise auch unter Sportlern waren es eben sogar noch mehr, nämlich zwischen 29 bis 60 Prozent, die mit ihrem Trinkverhalten negativ auffielen.

Bei anderen Berufsgruppen – etwa Naturwissenschaftlern, Sozialwissenschaftlern oder Soldaten sowie Umwelt- und sonstigen Aktivisten – waren hingegen nur 3 bis 10 Prozent als alkoholkrank oder zumindest als Alkohol-Missbraucher einzustufen. Was ungefähr den Werten bei der

Durchschnittsbevölkerung entspricht. Das heißt: Die saufen nicht mehr als Hinz und Kunz, aber eben auch nicht weniger.

Und so braucht es einen nicht zu verwundern, dass selbst einzigartige Philosophen wie **Sokrates** (siehe Seite 334), legendäre Astronauten wie der zweite Mann auf dem Mond, **Edwin Eugene «Buzz» Aldrin** (siehe Seite 252), angehimmelte Sportler wie die Baseball-Legende **Mickey Mantle** (siehe Seite 328) und gefürchtete Politiker wie der US-amerikanische Kommunistenfresser **Joseph McCarthy** ebenso viel zu oft zur Flasche gegriffen haben wie eine lange Reihe von gar nicht heiligen Kirchenfürsten oder diverse erfolgreiche Wirtschaftsführer.

Manche der saufenden Promis – wie etwa der zu seiner Zeit extrem torgefährliche «Bomber der Nation», der deutsche Fußballheld **Gerd Müller**, der unter anderem Weltmeister, Europameister und dreimal mit Bayern München Europapokalsieger war – haben den Ausstieg aus ihrer Trinkerkarriere zum Glück noch rechtzeitig geschafft und sind wieder auf die Beine gekommen.

***Graham Chapman hörte zu trinken auf – und fiel in ein Delirium tremens, das er nur knapp überlebte.***

Andere wiederum haben freilich offenbar zu spät mit dem Saufen aufgehört. **Graham Chapman** beispielsweise, das wohl exzentrischste Mitglied des legendären *Monty Python's Flying Circus*. Er hat in seinen besten respektive schlechtesten Zeiten angeblich rund drei Pints (also fast 1,8 Liter) Gin pro Tag vernichtet. 1977, knapp vor Beginn der Dreharbeiten zu *Die Ritter der Kokosnuss*, wurde es dem promovierten Arzt und ehemaligen Studenten der Universität Cambridge selber zu viel: Weil seine promillebedingten Arbeitsausfälle ihn mittlerweile selber unglaublich nervten, hörte er zu trinken auf – und fiel in ein *Delirium tremens*, das er nur knapp überlebte. Drei Jahre später lieferte er, inzwischen staubtrocken, in *Das Leben des Brian* seine beste Leistung als Hauptdarsteller ab. Und noch ein paar Jahre später starb er. An Kehlkopfkrebs, der höchstwahrscheinlich eine Folge seiner früheren Alkohol- und Nikotinsucht war. Bei seinem Begräbnis gelang es **John Cleese**, der schon als erster Mensch aller Zeiten das Wort «Shit» im britischen Fernsehen gesagt hatte, dort auch ein herzhaftes «Fuck» zum Besten zu geben, das abermals zu einer TV-Premiere wurde.

***Nicht nur die berühmt gewordenen Jahrhundertgenies haben sich gern und oft zu Tode gesoffen, ihre Verwandten haben das ebenfalls ungewöhnlich oft getan.***

Buzz Aldrin soll sich übrigens seit 1978 ebenfalls keinen Drink mehr genehmigt haben. Damit hätte er es beim zweiten Versuch geschafft. Zwei Tage vor seinem Flug zum Mond im Jahr 1969 hatte er nämlich seinen ersten Versuch unternommen, von der Droge loszukommen. Die berühmteste Reise aller Zeiten und ein Blick auf die Erde aus über 250 000 km Höhe konnten ihn jedoch nicht nachhaltig stabilisieren; nach der Rückkehr dauerte es gerade mal ein paar Tage, und Aldrin ließ sich wieder volllaufen. Heute gilt der legendäre Raumfahrer aber in der Tat als geläutert und zudem als entschiedener und ernsthafter Gegner des Alkoholmissbrauchs.

Zwei Seelen in einer Brust. Dass selbst der wohl wirklich größte Feldherr aller Zeiten, **Alexander der Große**, ein schwerer Alkoholiker war (siehe Seite 333) und dass Julius Cäsar (siehe Seite 335) ebenso wie 2000 Jahre später der unglaublich produktive und geniale **Winston Churchill** (siehe Seite 346) zeit seines Lebens kräftig dem Alkohol zugesprochen hat, ist mehr als bloß vage Theorie. Es waren eben – auch abseits der Welt der schönen Künste – nicht immer die Verlierer und Gestrandeten, die auf der Flucht vor der Wirklichkeit oder auf der Suche nach Inspiration ihr Heil oft oder öfters im (Voll-)Rausch suchten.

Und man mag es glauben oder nicht: Sogar manche große Moralisten, christliche und andere, haben sich für ein gelegentliches Besäufnis ausgesprochen, darunter etwa sehr untadelige und hochgeschätzte Männer wie der Schriftsteller und Begründer der literarischen Form des Essays, **Michel Eyquem de Montaigne**. Den Monolog aus Goethes *Faust*, der mit «Zwei Seelen wohnen, ach, in meiner Brust» beginnt, hat er gelebt: De Montaigne galt zu seiner Zeit, also im 16. Jahrhundert, als einer der größten Gegner der Trunksucht; dennoch erinnert sein zweiter Vorname wohl nicht ganz zufällig an den wohl prächtigsten Süßwein der Welt, den *Château d'Yquem*.

**Frustrierte Verwandte.** Nicht nur die berühmt gewordenen Ausnahmekönner haben sich übrigens oft und gern zu Tode gesoffen, ihre Verwandten haben das ebenfalls ungewöhnlich oft getan. Was wohl nicht bloß damit zu tun hatte, dass die Neigung zum Alkoholismus vererblich ist und zudem die negative Vorbildwirkung eine gewichtige Rolle spielt. So stammten neben vielen anderen etwa **Orson Welles** und **Tennessee Williams** (siehe Seite 263) aus Familien mit einschlägigem Stammbaum.

Nachkommen und Geschwister von außergewöhnlich erfolgreichen Menschen tranken aber höchstwahrscheinlich schlicht und einfach auch deswegen, weil sie ob des wenig produktiven eigenen Schaffens frustriert waren und weil sie der vernichtenden Kraft der Schatten des großen Ruhmes der Verwandtschaft nicht standhalten konnten. Neben den bereits erwähnten Beispielen sei in diesem Zusammenhang noch auf **Friedemann Bach** verwiesen, den hochbegabten Sohn des großen **Johann Sebastian Bach**, und auf **Michael Haydn**, den jüngeren Bruder **Joseph Haydns**.

Man darf jedenfalls getrost behaupten: Die Welt wäre ohne die Leistungen der großen Säufer und Trinkerinnen von gestern und heute eine ganze andere. Und wohl mit Sicherheit keine bessere, sondern unzweifelhaft eine ärmere. Das ändert allerdings nichts daran, dass die beliebteste Droge der Menschheitsgeschichte zugleich immer auch eine in Wahrheit unglaubliche brutale Spur von Leid und Gewalt gezogen hat und nach wie vor zieht.

*A poet without alcohol is not a real poet.**

Conrad Aiken (1889–1973),
US-amerikanischer Dichter und Schriftsteller

## Berühmte Schriftsteller und das Trinken
# 99 Prozent Whiskey, ein Prozent Schweiß

Es waren nicht immer die Dümmsten, die sich halb um den Verstand oder ganz zu Tode gesoffen haben. Im Gegenteil. Schon seit es sie gibt, also seit der Antike, sprechen etwa Schriftsteller dem Alkohol weit stärker zu als die Vertreter fast aller anderen Berufsgruppen. Und gerade die gelten im allgemeinen wohl ja nicht gerade als Menschen, die durch intellektuelle Defizite von sich reden machen.

Wer schreibt, trinkt auch, lautet ein populäres Vorurteil. Obwohl es natürlich großartige Autoren gegeben hat, die nichts oder nur wenig gebechert haben, und selbst wenn der Wahrheitsgehalt vieler Quellen nur schwer überprüfbar ist und man die Legendenbildung in diesem Bereich nicht unterschätzen darf, frei erfunden ist die Aussage mit Sicherheit nicht. Dass es sogar Statistiken gibt, denen zufolge die Vertreter der schreibenden Zunft – neben derjenigen der Barkeeper – zu jenen gehören, die am häufigsten an einer Leberzirrhose sterben, ist dafür wohl zumindest ein recht gewichtiges Indiz.

Es wird wohl manchem Puritaner sauer aufstoßen, ist aber dennoch ein hundertprozentig richtiger Befund: Die Weltliteratur wäre ohne die Werke von schweren Säufern und gestandenen Trinkern sehr viel ärmer dran,

* Ein Dichter ohne Alkohol ist kein richtiger Dichter.

als sie es mit ihnen ist. Das gilt im Übrigen auch für die Großtaten der Superstars des Journalismus und des Drehbuchschreibens. In den USA haben etwa eine ganze Reihe von Nobelpreisträgern und Bestsellerautoren sowie die Gewinner vieler Pulitzerpreise und *Academy Awards* immer wieder durch massive Alkoholprobleme von sich reden gemacht.

Der deutsche Verleger und Schriftsteller **Michael Krüger** hat in seiner Abhandlung *Literatur und Alkohol* die Sachlage mit einem einzigen Satz auf den Punkt gebracht: «Ein Alkoholnebel liegt über der Weltliteratur.» Sein Landsmann, der Literaturkritiker und -professor **Wilfried Schoeller**, zeigte sich vom erfolgreichen Paarlauf der Volksdroge Nummer eins mit der Schriftstellerzunft ebenfalls felsenfest überzeugt. Seine nicht weniger vortreffliche und prägnante Diagnose lautet: «Dem Alkohol müsste man Tantiemen zahlen, er ist der mächtigste Erzeuger von Literatur, der sich denken lässt.»

Für den weltberühmten amerikanischen Autor **F. Scott Fitzgerald**, der sich gerne als «F. Scott Fitzgerald, der bekannte Alkoholiker» vorstellte und den manche seiner Freunde lapidar «F. Scotch Fitzgerald» nannten, war die Sache klar: «Trinken ist das Laster des Schriftstellers.» Apropos: **Zelda Sayre Fitzgerald**, die Frau des legendären Säufers und für viele Kenner so etwas wie die Personifizierung der Goldenen Zwanzigerjahre, stand dem Schöpfer des Meisterwerks *Der Große Gatsby* in puncto Alkoholkonsum zeitweise nur wenig nach. Sie soll oft schon um 11 Uhr vormittags, nach ein paar Längen im Pool, zu trinken begonnen haben, vorzugsweise Wodka gemischt mit Limonade. Und selbst im Ballettstudio beim täglichen Training, das sie mit ungeheurem Fleiß betrieb, nahm sie regelmäßig zwischendurch ein paar Schlucke vom Klaren.

**Alkoholkranke Nobelpreisträger.** «Können Sie mir fünf amerikanische Autoren seit Poe nennen, die nicht an der Trunksucht gestorben sind?» fragte der Schriftsteller **Sinclair Lewis** einst, und er fragte das aus gutem Grund genau so. Denn **Edgar Allan Poe**, einer der Urväter der US-Literatur, soll 1849 im Alter von nur 40 Jahren am Suff und im Wahn verstorben sein. Wenige Wochen, nachdem er in Richmond in Virginia öffentlich dem Alkohol abgeschworen hatte, wurde der Meister des sublimen Grauens angeblich sternhagelvoll und bewusstlos in Baltimore aufgefunden. In Klamotten, die offensichtlich nicht die seinen waren. Selbst wenn es seinen selbstmörderischen Alkoholkonsum in Wahrheit nie gegeben haben sollte und entsprechende Berichte nur das Ergebnis einer erfolgreichen Rufmordkampagne gewesen wären: Dass Poe zumindest zeitweise Unmengen in sich hineingeschüttet hat, steht außer Zweifel. Und zwar nicht nur Wasser, wie er selbst einmal schrieb.

***John Steinbeck war oft mit ganzen Reihen von mit reinem Alkohol gefüllten Reagenzgläsern in seinen Manteltaschen unterwegs.***

Sinclair Lewis selber war jedenfalls nicht nur Literaturnobelpreisträger, sondern eben zudem auch ein klassischer Alkoholiker. Gleiches galt für den großen **Eugene O'Neill**, der sich gern «ganz still» betrunken haben soll und überdies viermal den Pulitzerpreis gewonnen hat, und für **Ernest Hemingway** und **William Faulkner** ebenso.

Über das Trinkverhalten von **John Steinbeck**, einem weiteren Literaturnobelpreisträger, scheiden sich hingegen die Geister, allerdings nicht sehr. Denn ob er ein schwerer Säufer oder nur ein starker Trinker war, bei dem Wein, Bier und Brandy in Strömen flossen, das ist bis heute nicht eindeutig geklärt. Dass er oft mit ganzen Reihen von mit reinem Alkohol gefüllten Reagenzgläsern in seinen Manteltaschen unterwegs war, spricht freilich eher für Ersteres. Den Nobelpreis hat er jedoch nachweislich nüchtern entgegengenommen – dem Vernehmen nach deswegen, weil er das seiner Frau so versprochen hatte. William Faulkner schließlich, der sich in seiner Zeit als Drehbuchautor in Hollywood gerne mit Filmstars wie **Humphrey Bogart** und **Clark Gable** volllaufen ließ, traf man nur selten ohne einen

Flachmann in der Tasche an. Er war einer der wenigen, die bereits von Beginn ihrer Karriere an tranken, und zwar auch, während sie schrieben. Man sagte ihm nach, er habe keinen einzigen Satz in seinen zehn Romanen ohne die Hilfe von Bruder Whiskey verfasst. Wie immer gibt es natürlich Quellen, die das Gegenteil behaupten, nämlich dass er während seiner intensiven Schaffensperioden vergleichsweise abstinent gelebt haben soll. Um Gründe für ein nächstes Besäufnis – zum Beispiel den Drang, für eine Zeitlang jegliches Bewusstsein auszulöschen – war er jedenfalls nie verlegen. Viele seiner Trinkexzesse soll er vorher sogar penibel geplant haben.

Für die Entgegennahme des Preises aller Preise hat aber auch er die Finger von der Flasche gelassen, freilich keine Viertelstunde länger als unbedingt nötig. Unmittelbar nach seiner Dankesrede für den Nobelpreis verzog er sich in Stockholm nämlich schon wieder an den Tresen der nächsten Bar. Und das sicher nicht, um bloß ein paar Nüsse zu knabbern.

Zu Lebzeiten dieser Jahrhundertgenies sah man es übrigens gar nicht gerne – vor allem in den puritanischen USA –, wenn ausgerechnet allseits bewunderte Geistesgrößen dem Volk mit ihrer zügellosen Zecherei fortwährend ein schlechtes Beispiel lieferten. Über die Süchte der Prominenten wurde daher üblicherweise nichts oder nur sehr wenig in der Öffentlichkeit bekannt. Und damit das auch so blieb, scheute man nicht einmal vor allen möglichen Tricks zurück. Als Faulkner mit 65 Jahren starb, wurde der Totenschein kurzerhand auf den Ort Oxford, Mississippi, ausgestellt. Das klang gut und ehrenwert. In Wirklichkeit war er aber in einer Trinkerheilanstalt bei Memphis verstorben, und der Leichnam war erst später nach Oxford gebracht worden.

**Inspiration und Enthemmung.** Dass viele Schriftsteller gesoffen haben beziehungsweise saufen, immerhin ist der Brauch ja nicht wirklich aus der Mode gekommen, liegt unter anderem an der weit verbreiteten Überzeugung, Alkohol wirke beflügelnd auf die Kreativität. Faulkner hat über seine Arbeitsweise einmal Folgendes notiert: «Die chemische Analyse der sogenannten dichterischen Inspiration ergibt 99 Prozent Whiskey und ein Prozent Schweiß.» Selbst wenn das Verhältnis doch deutlich übertrieben sein dürfte: Er war nicht der Einzige, der von der inspirierenden Wirkung des Saufens überzeugt war. Der US-amerikanische Kultautor **Charles Bukowski** behauptete etwa, er müsse sich erst «einen antrinken, um in den *Flow* zu kommen». Der britische Theaterautor und Romancier **Patrick Hamilton**, der unter anderem die Vorlage für den Hitchcock-Film *Rope* (*Cocktail für eine Leiche*) lieferte, soll nach eigenen Angaben Whisky «wie ein Auto Benzin» gebraucht haben, um im wahrsten Sinn des Wortes in Fahrt zu kommen.

***Arno Schmidt behauptete, dass ihm der Alkohol Zutritt zu der Stelle verschaffe, «wo die Worte lagern».***

Derartige Bekenntnisse respektive Einsichten bekam man selbstverständlich nicht nur in der englischsprachigen Welt zu hören. **Arno Schmidt**, einer der bedeutendsten deutschen Schriftsteller des 20. Jahrhunderts, sagte: «Ich saufe strategisch» und behauptete, dass ihm der Alkohol Zutritt zu der Stelle verschaffe, «wo die Worte lagern». Und **Gottfried Benn**, seines Zeichens nicht nur einer der wichtigsten Dichter der literarischen Moderne, sondern auch Arzt, meinte etwa gar, in Umkehrung aller medizinischen Erkenntnisse: «Potente Gehirne stärken sich nicht mit Milch.»

Der amerikanische Psychiater **William Goodwin**, der sich mit dem Thema in seinem viel beachteten Buch *Alkohol und Autor* eingehend beschäftigt hat, sieht hier ebenfalls deutliche Zusammenhänge. Das Schreiben ist bekanntlich ja auf die Hervorbringungen der Phantasie angewiesen, und die würde durch Whiskey und Co., so seine Erkenntnis, ganz klar beflügelt; zudem sei es exhibitionistisch, und der Alkohol eigne sich bestens, um den Autor dazu zu bringen, seine Hemmungen fallen zu lassen. Darüber hinaus seien Kreativität und das manisch-depressive Syndrom auf genetischer Ebene erwiesenermaßen miteinander verbunden, und daher sei es auch aus diesem Grund naheliegend, dass Leute, die gerne schreiben, tendenziell gerne immer wieder mal im Alkoholnebel verschwinden.

Das Trinken, so Goodwin, ist überdies «eine hervorragende Möglichkeit, nicht allein sein zu müssen». Mit anderen Worten: Schriftsteller arbeiten praktisch immer unter Ausschluss der Öffentlichkeit. Ihre Profession ist ein einsames Geschäft, und Alkohol kann die damit verbundene Isolation sowie deren Überwindung erleichtern. Oder eben auch nicht: Viele Autoren bleiben ihr Leben lang ehe- und kinderlos, die meisten wohl ungewollt. Weil sich die Volksdroge Nummer eins last but not least sehr viel besser dosieren lässt als Kokain und Co., dient sie den Schriftstellern laut Goodwin eben als häufigste und wohl ideale Krücke.

Weitere Gründe, warum Schriftsteller und andere Kreative besonders gerne und häufig zur Flasche greifen, werden in diversen Studien ebenfalls zur Genüge genannt. Die Bandbreite reicht dabei von der mit Sicherheit nicht ganz falschen Behauptung, dass Alkohol vor allem bei Künstlern in Gesellschaft einfach dazugehört, bis hin zum Verweis auf die zweifellos stresslösende Wirkung der Droge. Sogar die tatsächlich erwiesene Existenz einer genetisch bedingten Anlage zum Alkoholismus wird in diesem Zusammenhang gern ins Treffen geführt. Zumal schöpferische Menschen erwiesenermaßen weit häufiger aus eindeutig vorbelasteten Familien stammen als der Durchschnitt der Bevölkerung. Allerdings darf man in diesem Zusammenhang zugleich nicht vergessen, dass die populärste Droge der Welt auch unglaublich viele Künstler viel zu früh ins Grab gebracht hat. Um diesen enormen Kahlschlag an produktiven Lebensjahren zu verdeutlichen, wird in diesem Buch immer wieder darauf hingewiesen, wie jung viele Ausnahmekönner aufgrund ihrer Sucht verstorben sind.

**16 Daiquiris, 51 Martini-Cocktails.** Getrunken wurde von den Literatur-Stars, denen man ebendies nachsagt, im Regelfall nicht nur viel, sondern sehr viel. Ein Schriftsteller brauche, so hat es der bereits erwähnte Autor Michael Krüger einmal in einer sehr komischen, aber durchaus ernst gemeinten Betrachtung vorgerechnet, pro Seite einen Liter Wein, einen ¾ Liter Bier und einen doppelten Schnaps, um etwas wirklich Gutes zu Papier zu bringen. Ein richtiger Schmöker mit zirka 800 Seiten entspricht somit nach Adam Riese dem Konsum von 800 Litern Wein, 600 Litern Bier und 32 Litern Schnaps. Nicht jeder dürfte damit ausgekommen sein.

Von Ernest Hemingway, in dessen Generation das Saufen praktisch zur schriftstellerischen Tugend erklärt worden war und der bereits mit 38 Jahren unter ersten Leberschäden litt, weiß man ungefähr, was er üblicherweise so in sich reingeschüttet hat. Begonnen hat der Parade-Macho, Großwildjäger, Kriegsberichterstatter und Ladykiller an normalen Tagen angeblich am Vormittag mit zwei Highballs oder Tom Collins oder dem einen oder anderen Whiskey auf Eis, und das oft im oder am Swimmingpool. Zum Mittagessen gab es dann französischen Wein, am Nachmittag leerte der gefeierte Pulitzer- und Nobelpreisträger mit drei, vier Freunden ebenso viele Flaschen Whiskey und zum Abendessen vier oder fünf Liter Chianti. Stilgerecht aus der Korbflasche, wohlgemerkt.

***Hemingway wurde zum heimlichen Idol vieler Trinker, weil er in gewisser Weise ein vorbildlicher Säufer war: Selbst nach 20 Drinks war er immer noch weitgehend funktionstüchtig.***

Nur am frühen Morgen trank er nicht, da arbeitete er. Ab fünf Uhr, an seinem Stehpult oder auf seiner Royal-Schreibmaschine. Nüchtern dürfte er dabei dennoch nicht allzu oft gewesen sein, denn hatte er am Vorabend ausnahmsweise nicht zu Hause gesoffen, so hatte er dafür auswärts zugelangt, im *El Floridita* in Havanna und anderswo, und das auch dort meist mehr als nur ausgiebig. Und der Restalkohol tat sein Übriges.

Bis zu 16 sogenannte Hemingway-Daiquiris soll er in der damals schon weltberühmten kubanischen Bar in sich hineingeschüttet haben. Das entspricht dem Saft von 32 Limonen, 8 Grapefruits, 6 cl Maraschino und 1,68 Liter 80-prozentigem Rum. Die Menge klingt unglaublich, er konnte es aber noch besser: Im *Hotel Ritz* in Paris soll er sich in jener berühmt gewordenen Nacht, dank welcher man schließlich sogar die Bar des Hauses nach dem prominenten Gast und guten Kunden benannte, 51 Martini-Cocktails genehmigt haben.

Hemingway wurde vor allem deshalb zum heimlichen Idol vieler Trinker, weil er in gewisser Weise eben ein vorbildlicher Säufer war: Selbst nach 20 Drinks war er noch immer weitgehend funktionstüchtig, was wohl selbst die eine oder andere Suffragette heimlich als eine bemerkenswerte Leistung betrachtet haben dürfte.

**Abschied von der Welt.** Alkohol, behauptete der Literaturgigant, töte die bösen Riesen, die in seinem Fall Depression, Einsamkeit, Erfolgstrieb, Selbsthass und Angst hießen. Wirklich besiegt hat er sie freilich nie. Ganz im Gegenteil. Die bösen Geister haben ihn getötet. 1961 schob er sich, unter anderem wegen zahlreicher alkoholbedingter Erkrankungen des Lebens überdrüssig, barfuß und nur mit einem Morgenmantel bekleidet seine Lieblingsflinte in den Mund und drückte ab – Suizid mit 61 Jahren. Im gleichen Alter hatte sich sein Vater 32 Jahre vor ihm umgebracht. Seine Enkelin **Margaux** nahm sich 35 Jahre später ebenfalls selbst das Leben, freilich sehr viel jünger, nur 41jährig, aber auch schon alkoholkrank wie er … und am Todestag ihres Großvaters.

Hemingway war natürlich nicht der einzige Schriftsteller mit derartigen Problemen, der sich das Leben genommen hat. Eine ganze Reihe von Kollegen hat ihm das vor- beziehungsweise nachgemacht, so etwa der österreichische Dichter **Josef Weinheber**, der sich mit einer Überdosis Morphium ins Jenseits befördert hat. Bei sehr vielen Autoren weiß man freilich schlicht und einfach nicht, ob sie sich eines Tages absichtlich oder unabsichtlich von dieser Welt verabschiedeten, wenn sie nicht zum Strick oder zur Pistole gegriffen haben.

Völlig klar war der Fall hingegen bei **Hunter S. Thompson**, ebenfalls ein großer Säufer vor dem Herrn. Einer seiner Kumpel, der britische

Illustrator **Ralph Steadman**, hatte dessen Gästen nicht ohne Grund regelmäßig und eindringlich geraten: «Versucht nur ja nicht, so viel zu trinken wie er!» Der Erfinder des «Gonzo-Journalismus» erschoss sich 2005 an seinem Schreibtisch. Das war allerdings nicht der allerletzte laute Knall, mit dem er sich endgültig verabschiedete.

Der folgte erst bei seiner Trauerfeier, in deren Verlauf sein Freund **Johnny Depp** eine Kanone zündete und damit Thompsons Asche in die Luft feuerte. Als sich der Filmstar und die Schreiberlegende einst kennenlernten, krachte es angeblich ebenfalls schon recht ordentlich: Die beiden hatten betrunken eine Bombe gebastelt und sie dann hochgehen lassen.

**Keine Amerikanische Krankheit.** Mit Unmengen von Bier, Wein oder Schnaps zugeschüttet haben sich Literaten natürlich nicht bloß in der Neuzeit und auch nicht in erster Linie in den USA, selbst wenn man aufgrund der bislang genannten Namen diesen Eindruck gewinnen könnte. Es gibt vielmehr aus praktisch allen Weltgegenden und aus fast allen Zeitaltern, in denen Alkohol getrunken wurde, Zeugnisse dafür, dass Dichter und Schriftsteller dem exzessiven Konsum der weltweit beliebtesten Droge mehr zugetan waren als der Rest des Volkes. In den Vereinigten Staaten von Amerika ist diese Symbiose allerdings tatsächlich am deutlichsten zutage getreten, und daher galt die Supermacht die längste Zeit auch als das Mekka der alkoholaffinen Schriftsteller schlechthin.

**Herman Melville** etwa, der Schöpfer von *Moby Dick* und einer der berühmtesten Autoren der Weltliteratur, hat immer wieder als Matrose gearbeitet und zudem viele Jahre wie ein Seemann gesoffen. In höherem Alter soll er freilich wieder trocken geworden sein. Was ihn zur Ausnahme von der Regel und 72 Jahre alt werden ließ.

Und der Schriftsteller und Journalist Jack London hat nicht nur gesoffen, unter anderem Absinthe, sondern schrieb zudem fachkundig und mit starken autobiografischen Bezügen das Buch *König Alkohol*. Darin erzählt er, wie er schon als Fünfjähriger aus Neugierde Bier kostete und wie er als Siebenjähriger in Todesangst einmal einige Liter (!) Rotwein in sich hineinschüttete, obwohl ihm selbst im Erwachsenenalter Kandiszucker immer noch viel besser schmeckte.

*Der große Jack London starb – ob freiwillig oder nicht, das ist umstritten – einen Säufertod, mit gerade einmal 40 Jahren.*

Er schildert, wie er dabei beide Male fast krepiert wäre; wie er vom Fabrikarbeiter zum Austernräuber und zum Landstreicher und dann zum Seemann, Studenten, Goldsucher und schließlich zum Journalisten und erfolgreichen Schriftsteller wird; und er beschreibt, wie ihn schließlich sein teuflischer und steter Begleiter König Alkohol immer mehr vereinnahmt und versklavt. Der große Jack London starb – ob freiwillig oder nicht, das ist umstritten – einen Säufertod, mit gerade einmal 40 Jahren. **O. Henry**, mit bürgerlichem Namen **William Sydney Porter**, war ebenfalls ein äußerst begnadeter Zecher und wurde nicht viel älter. Der Ex-Jobhopper und Ex-Häftling war in seinen guten Zeiten einer der am besten bezahlten amerikanischen Schriftsteller sowie ein höchst produktiver Meister der Kurzgeschichte, bekannt für seinen Witz, seine Wortspiele und seine originellen Charaktere. Er segnete 1910 das Zeitliche, mit 47 Jahren, und zwar völlig verarmt und versoffen.

Man könnte die Aufzählung schier unendlich fortsetzen: **Thomas Lanier Williams III.**, besser bekannt als **Tennessee Williams**, der zuletzt betrunken an einem Verschluss einer Flasche mit Medizin erstickte, hat sich etwa durch Jahrzehnte hindurch ebenso gern und oft volllaufen lassen wie die beiden großen Begründer des modernen amerikanischen Detektiv- und Kriminalromans, **Raymond Chandler** und **Dashiell Hammett**. Raymond Chandler war übrigens Vizepräsident einer Ölfirma und soll von seinem Arbeitgeber wegen Trunksucht und häufiger Fehlzeiten gefeuert worden sein. Woraufhin er offenbar nur noch eine Möglichkeit sah, Beruf und Laster zu verbinden – den Beruf des Kriminalschriftstellers.

Auch die beiden bekanntesten Vertreter der *Beat Generation*, **William S. Burroughs** und **Jack Kerouac**, haben sich beim Drogenkonsum in Form von Whiskey und Co. nicht wirklich zurückgehalten. Allerdings waren sie neben dem Alkohol überdies jeder Menge anderer Suchtmittel zugetan. In unterschiedlicher Intensität freilich. Denn während Burroughs sich eher auf härtere Sachen verlegte, heroinsüchtig wurde und trotzdem ein Alter von 83 Jahren erreichte, hat sich Kerouac mit Rotwein, Bier, Whiskey und Co. im Turbo-Modus umgebracht. Er starb schließlich 47-jährig an einer Magenblutung, während er sich auf seiner Couch liegend den ersten Drink des Tages genehmigte. Ein typischer Säufertod. Ein paar Jahre zuvor hatte er seinem Freund **Allen Ginsberg** ein Zitat aus einem Folksong geschickt: *Gone from the earth to a better land I know*, «fortgegangen von der Erde in ein besseres Land, das ich kenne».

Durch Höllische Phasen. William S. Burroughs' Sohn – sprich **William S. Burroughs jr.**, Schriftsteller wie sein Vater –, tat es Kerouac nach und soff sich ebenfalls zu Tode, nur noch schneller als dieser, nämlich schon mit 33 Jahren. **Raymond Carver**, heute wohl am ehesten als Autor der Vorlage für den Film *Short Cuts* bekannt, war schwerer Alkoholiker (was sich in vielen seiner Geschichten spiegelt), der umstrittene amerikanische Dichter **Ezra Pound** ebenso. «Das Trinken hat meine Gesundheit geschädigt, und ich bin durch höllische Phasen gegangen», bekannte einmal eines der begabtesten *Enfants terribles* der amerikanischen Literatur, **Norman Mailer**, der immer wieder durch Alkohol- und Drogenexzesse von sich reden machte. Gestorben ist er dennoch erst mit 84 Jahren. An Nierenversagen, in einem Krankenhausbett. Wobei das Dahinscheiden im Bett und im hohen Alter bei Trinkern nicht unbedingt die Regel ist. Was nicht nur, aber natürlich auch für Amerikaner gilt.

Der Poet, Journalist, Kritiker und Kettenraucher **James Rufus Agee**, der unter anderem gemeinsam mit dem gleichermaßen gerne zechenden **John Huston** das Drehbuch für *The African Queen* verfasste, starb etwa in einem New Yorker Taxi auf dem Weg zu seinem Arzt an einem Herzinfarkt, und zwar mit gerade einmal 45 Jahren. Und der hoffnungsvolle Nachwuchspoet **Hart Crane** wurde überhaupt nur 32 Jahre alt. Der psychisch äußerst instabile Dichter wurde auf einem Dampfschiff verprügelt, nachdem er angeblich ein männliches Crewmitglied angebaggert hatte. Und sprang darauf mit einem herzhaften, stilvollen «*Goodbye, everybody!*» über Bord und in den Golf von Mexiko. Seine Leiche wurde nie gefunden.

**Sherwood Anderson**, der berühmte US-amerikanische Kurzgeschichtenerzähler, hat ebenfalls ein alkoholgeschwängertes Leben geführt. Und auch er ist auf hoher See einen eher ungewöhnlichen Tod gestorben. 1941, mit vergleichsweise reifen 64 Jahren. Er hatte eine Cocktailparty besucht, dort einen Martini Dry getrunken und dabei einen Zahnstocher verschluckt, das aber nicht wirklich ernst genommen. Bald darauf starb er auf einer Schiffsreise; an einer Entzündung des Gaumens, sagen die einen, an einer Bauchfellentzündung, sagen die anderen. Was immer es auch gewesen sein mag: Schuld war letztlich wohl so oder so der Suff.

***Schon mit 29 Jahren prophezeiten die Ärzte Charles Bukowski den baldigen Tod, wenn er das Trinken nicht bald aufgeben würde.***

**Truman Capote** war dem Trinken verfallen, der Romancier **Theodore Dreiser** war dem Trinken verfallen, der Erotiker **Henry Miller** war dem Trinken verfallen, der Thriller-Großmeister **James Ellroy** war dem Trinken verfallen und, um einen weiteren Zeitgenossen zu erwähnen, der amerikanische Horror-Spezialist und Bestseller-Autor **Stephen King** war dem Trinken verfallen. Der hat einmal sogar zugegeben, die ersten zehn Jahre nach seinem Durchbruch permanent beschickert gewesen zu sein («Alkohol ist ein überaus gutartiges Gift») und selbst die Grabrede für seine Mutter im Rausch gehalten zu haben. Erst Ende der 1990er Jahre soll er seine Alkohol- und Drogensucht überwunden haben.

Als die wohl unumstrittenste Super-*Barfly* unter den zechenden Schreibern gilt aber ohne Zweifel immer noch Henry Charles «Hank» Bukowski jr., der nach eigenen Angaben die Hälfte seines Lebens in Bars, Wettbüros oder an anderen übel beleumundeten Orten verbracht hat. Sein gesamtes Werk handelt eigentlich nur von den Irrungen und Wirrungen eines Trunksüchtigen. Schon mit 29 Jahren – damals war er noch hauptberuflich Postangestellter – prophezeiten ihm seine Ärzte den baldigen Tod, wenn er das Trinken nicht bald aufgeben würde. Nach eigenem Bekunden beschloss der passionierte Komasäufer, für den eine Existenz ohne Alkohol seiner Aussage gemäß nichts wert war, lieber im Dauerrausch zugrunde zu gehen als nüchtern dahinzuvegetieren.

Wirklich gehalten hat er sich an sein Vorhaben freilich nicht. Nach außen hin pflegte er zwar bis zuletzt sein Image als genialer Schluckspecht, in Wirklichkeit hatte er seinen Verbrauch an Niedrig- und vor allem an Hochprozentigem in seinen späten Jahren aber ganz gut im Griff. Bukowski schrieb einige grandiose Romane, hunderte von Gedichten und wurde trotz seines früher doch sehr strapaziösen Lebensstils beeindruckende 74 Jahre alt.

**Der trunkene Blick.** Der Glaube an die positiven Auswirkungen des Alkoholkonsums auf die Schaffenskraft dürfte schon vor 2500 Jahren eher die Regel denn die Ausnahme gewesen sein. So soll etwa **Anakreon**, der große griechische Lyriker, die Liebe, den Wein und die heitere Gelassenheit nicht nur gern besungen haben, sondern sie auch zeit seines Lebens gern genossen haben, ehe er im biblischen Alter von 85 Jahren angeblich an einer Weinbeere erstickte. **Aischylos**, der älteste der großen griechischen Tragödiendichter, nahm offenbar ebenfalls gerne den Griffel oder die Feder zur Hand, wenn er auf der Welle war. Dass **Aristophanes**, der in seiner Komödie *Die Wespen* 422 v. Chr. eine Art Etikette des Trinkgelages lieferte, wusste, worüber er schrieb, davon kann man ebenso getrost ausgehen. Wie auch sein Kollege und Konkurrent **Kratinos**, der als steinalter Mann mit seinem Stück *Die Flasche* bei den Dionysien ein Jahr zuvor den wesentlich jüngeren Aristophanes ausgestochen hatte, mit großer Wahrscheinlichkeit ein sachkundiger Autor gewesen sein dürfte.

***Gedichte von Wassertrinkern, so schrieb Horaz in seinen Epistulae, würden auf Dauer weder Gefallen finden können noch (über)leben.***

Selbst der geniale **Aristoteles**, bekanntlich einer der einflussreichsten Philosophen der Geschichte, ist einschlägig aufgefallen. Dass er sich nicht bloß in bahnbrechender Manier mit der Logik, der Rhetorik, der Ethik, der Staatslehre, der Biologie, der Physik, der Metaphysik und der Dichtung, sondern zudem mit dem Phänomen des trunkenen Blickes beschäftigt hat, ist dabei ein Indiz von vielen.

Und ein paar Jahrhunderte später wusste im alten Rom, um nur ein Beispiel zu nennen, der große Dichter **Quintus Horatius Flaccus**, bekannt als **Horaz**, aus eigener Erfahrung zu berichten, dass Wein die Worte zu beflügeln vermag: Gedichte von Wassertrinkern, so schrieb er in seinen *Epistulae*, würden auf Dauer weder Gefallen finden können noch (über)leben.

Apropos: Die Beschäftigung vieler Autoren mit der Thematik «Trinken von berauschenden Getränken», und zwar in all ihren Facetten, zieht sich durch sämtliche Epochen und alle literarischen Gattungen.

Auch am anderen Ende der Welt war das Leben immer schon so schrecklich, so banal oder so schön, dass viele Poeten vermeinten, es mit ein paar Bechern Wein einfach besser zu bewältigen. Der bekannteste Lyriker der Tang-Dynastie (618 bis 907 nach Christus), **Li Bai**, hat es auf diese Weise im alten China vor rund 1250 Jahren beispielsweise auf über 1000 überlieferte Gedichte und zudem zum Schutzheiligen der Weinhändler und Schankwirte gebracht. Aus gutem Grund, wohlweislich: Über 250 seiner Schöpfungen handelten von den Freuden des Weins. Dem nicht genug, soll der trinkfreudige Poet – von seinem Freund und Kollegen **Du Fu**, seinerseits ebenfalls ein großer Freund einschlägiger Vergnügungen, anerkennend «Unsterblicher im Weine» genannt – sogar einen Tod gestorben sein, der jedem romantisch veranlagten Zecher die Tränen der Rührung in die Augen treiben könnte: Der Überlieferung nach ist er nämlich ertrunken, und zwar unmittelbar nachdem er in berauschtem Zustand erfolglos versucht hatte, das Spiegelbild des Mondes auf einem Fluss zu umarmen.

**Berühmtester Autor aller Zeiten.** Im Königreich Großbritannien war das Verhältnis der nationalen Großkünstler in Sachen Literatur zum Alkohol seit jeher ebenfalls ein sehr inniges. Und ja, selbst der wohl berühmteste Autor aller Zeiten, der unsterbliche **William Shakespeare**, war ein Trinker, wenngleich wohl sicher kein schwerer, legt man als Maßstab das an, was die meisten seiner Zeitgenossen in sich hineingeschüttet haben. Dennoch: Der deutsche Dichter **Georg Christoph Lichtenberg**, selber ebenfalls dem Alkohol zugetan, sagte angeblich einmal, er würde sich wünschen, dass jene Zeilen Shakespeares, die einigen Gläsern Rotwein zu verdanken seien, auch rot erscheinen würden, und er sagte es wohl nicht ganz grundlos. Wobei das Jahrtausendgenie freilich eher dem Sherry große Zuneigung entgegengebracht haben soll. Angeblich genehmigte er sich praktisch täglich mehr als nur ein ordentliches Quantum davon. Shakespeare wurde nur 52 Jahre alt.

Das immer wieder gebrachte Gerücht, bei seinem Tod wäre Alkohol im Spiel gewesen, stimmt seriösen Quellen zufolge jedoch nicht. Viel eher war es der Typhus, der damals grassierte und der ihn dahingerafft haben dürfte; verbürgt ist freilich auch das nicht.

Im Norden der Insel wurde traditionsgemäß nicht weniger hemmungslos gebechert als in England. So starb etwa **Robert Burns**, der größte und wohl immer noch beliebteste Schriftsteller und Poet Schottlands, der unter anderem das Lied *Auld Lang Syne* geschrieben hat und dem bis heute in seiner Heimat fast kultische Verehrung zuteil wird, mit nur 37 Jahren, und das zuverlässig überliefert unter anderem an den Folgen maßlosen Saufens.

Die Bedeutung, die der Droge Alkohol in der Literaturgeschichte Großbritanniens zukam, nahm im Verlauf der Zeit nicht ab, sondern eher zu. Einem der bekanntesten Dichter Englands, dem weltberühmten **George Gordon Lord Byron**, haben die Mengen an Laudanum, die er immer wieder vernichtet haben soll, zwar ganz bestimmt nicht gut getan.

***Malcolm Lowry soll beinahe täglich getrunken haben, in Notzeiten sogar Rasier- und Haarwasser.***

Mit bloß 36 Jahren ins Grab gebracht haben ihn jedoch weder der Konsum der mit Alkohol und Wasser zubereiteten Opiumtinktur noch seine zeitweisen Saufexzesse, sondern ein Aderlass. Die Zahl 36 scheint in Byrons Familie übrigens verflucht gewesen zu sein. Sein Vater **«Mad Jack» John**, der zweifellos ein verkommener Trinker gewesen war, ist im gleichen Alter verstorben. Und auch eine von Byrons Töchtern, die hochbegabte Mathematikerin **Ada Lovelace**, wurde nur 36, ehe sie sich alkohol- und krebskrank von dieser Welt verabschieden musste.

**Hymne an den Dauerrausch.** Im 20. Jahrhundert ging es dann auch auf der Insel Schlag auf Schlag. Der umstrittene Schriftsteller **Evelyn Waugh** – der eigentlich **Arthur Evelyn St. John Waugh** hieß und der heute vor allem durch die Verfilmung seines Romans *Wiedersehen in Brideshead* bekannt ist – hat auf die Frage, in welcher Sportart er für sein College angetreten sei, «Trinken» angegeben. Er tat das aus gutem Grund. **Graham Greene**, der Mann, der am häufigsten für den Literaturnobelpreis nominiert wurde und ihn dennoch niemals erhalten sollte, hat nicht wenig gesoffen, und **Malcolm Lowry** mit Bestimmtheit noch mehr. Von seiner Jugend bis zu seinem Freitod im Alter von 47 Jahren soll Lowry beinahe täglich getrunken haben, und zwar alles, was er in die Finger kriegen konnte, in Notzeiten sogar Rasier- und Haarwasser. Dass er seinem Leben ein Ende gesetzt hat, indem er zwei Röhrchen Schlaftabletten mit einer halben Flasche Gin runterspülte, ist so gesehen nur folgerichtig. Sein Roman *Unter dem Vulkan*, das erfolgreichste Werk des exzentrischen Schriftstellers und einer der Höhepunkte der Literatur des 20. Jahrhunderts, ist genaugenommen eine Hymne an den Dauerrausch, von der er angeblich keine einzige Zeile nüchtern schrieb. Was etwas heißen will in Anbetracht der Tatsache, dass der große Erzähler daran zwölf Jahre lang gearbeitet hat. Sagen zumindest die einen. Andere behaupten, gerade sein Meisterwerk hätte er in einer Phase der relativen Nüchternheit zu Papier gebracht.

Und dann heißt es noch, der von unzähligen Phobien geplagte Schriftsteller hätte aufgrund einer veritablen Abneigung gegen jedes Schreibgerät seine Texte im Stehen diktiert, wovon er Krampfadern bekommen haben soll. Was ja wiederum eindeutig gegen das Schreiben im Suff sprechen würde. Welche Version auch immer stimmen mag: Lowrys Arbeiten sind von seinem Alkoholismus förmlich durchtränkt; wer in der Welt der Literatur etwas Vergleichbares finden will, wird sich damit sehr schwertun.

**William Golding**, *Booker-Prize*-Gewinner und Literatur-Nobelpreisträger sowie Generationen von Schülern durch seine Robinsonade *Herr der Fliegen* ein Begriff, war ebenfalls ein schwerer Säufer. Wie natürlich auch der letzte große romantische Dichter, der Waliser **Dylan Thomas**. Der schrieb seine ersten Gedichte mit 11 Jahren, war mit 25 berühmt und mit 39 tot. Weil er keine feste Nahrung mehr zu sich nehmen konnte, frühstückte er zuletzt angeblich Eier in Cognac. Von der Welt verabschiedet hat er sich mit einer Alkoholvergiftung und den Worten «Ich hatte gerade 18 Whiskys. Ich denke, das ist ein Rekord.»

In Irland wiederum gilt **James Joyce**, der legendäre Autor des *Ulysses*, wohl bis heute als der Parade-Alkoholiker schlechthin. Vermutlich auch deswegen, weil er seine Sucht nie bestritten hat, im Gegensatz zu manch anderem Großmeister der Literatur. Dass er aus seinem maßlosen Alkoholkonsum angeblich kein schriftstellerisches Kapital schlagen konnte, ist eine andere Sache. Sein Landsmann, der scharfzüngige Dandy **Oscar Fingal O'Flahertie Wills Wilde**, war dem Alkohol angeblich ebenfalls sehr zugetan.

Aber vielleicht nicht ganz so verfallen. Trotz des Konsums von Unmengen Brandy, Absinthe, Champagner und Advocaat wollen ihn manche Zeitzeugen niemals betrunken gesehen haben. **Flann O'Brien**, einer der größten Dichtersöhne der Insel und erst posthum zu internationalem Ruhm gelangt, war da aus anderem Holz geschnitzt. Er soll sich der Fama nach planvoll zu Tode gesoffen haben.

***«Um die grässliche Last der Zeit nicht zu spüren, die euch die Schultern zerbricht, müsst ihr euch unaufhörlich berauschen», schrieb Charles Baudelaire.***

**Brendan Behan**, einer der bedeutendsten irischen Dramatiker des 20. Jahrhunderts, hatte offenbar keinen derartigen Plan; er starb aber trotzdem am Suff, kombiniert mit einer Diabetes, wie eine lange und beeindruckende Reihe weiterer Autoren von der Grünen Insel vor und nach ihm auch. Und dann war da natürlich noch der Nobelpreisträger **Samuel Beckett**, der nicht nur in seinen Jugendjahren, sondern zeit seines Lebens immer wieder beim Whisky Zuflucht suchte; nicht in dem Maße wie seine berühmten Landsleute, aber doch.

**Vin Mariani und Absinthe.** In der frankophonen Welt wurde ebenfalls gern und oft zur Flasche gegriffen, wenn es ans Schreiben ging. Selbst der von vielen seiner Landsleute als größter französischer Schriftsteller aller Zeiten gerühmte **Victor Hugo** hatte ein Alkoholproblem, obgleich er daran nicht zugrunde ging und recht alt geworden ist. Allerdings haben natürlich nicht alle Literaten seiner Heimat so wie er dem vergleichsweise harmlosen Wein oder Bier den Vorzug gegeben. Zumal nicht in jenen Zeiten, in denen noch wirklich um einiges härtere Mischungen erlaubt waren. Die Science-Fiction-Ikone **Jules Verne** hat etwa dem *Vin Mariani* zugesprochen, einem berühmt-berüchtigten Gemisch aus Wein und Kokablättern. Ähnlich heftig wie übrigens auch **Alexandre Dumas**, der Schöpfer des *Grafen von Monte Christo*, **Guy de Maupassant** und die sogenannten *Poètes maudits*, nämlich der unverbesserliche Alkoholiker **Paul Verlaine** sowie dessen Freund und Geliebter, **Arthur Rimbaud**, und schließlich der bis heute mit Kultstatus versehene **Charles Baudelaire**.

Letztere zählen überdies zu den berühmtesten Absinthe-Trinkern aller Zeiten und sind alle recht früh verstorben. Wie auch **Alfred de Musset**, einer der ganz Großen unter den französischen Romantikern. Rimbaud war sogar schon mit 37 unter der Erde. Todesursache: Knochenkrebs. Dass Baudelaire zudem dem Wein keinesfalls abgeneigt war, steht ebenfalls außer Zweifel. «Um die grässliche Last der Zeit nicht zu spüren, die euch die Schultern zerbricht, müsst ihr euch unaufhörlich berauschen», schrieb er einmal, und: «Man muss immer trunken sein» sowie «Berauscht euch mit Wein, mit Versen oder mit Tugend».

***Alfred Jarry trank Absinthe angeblich nur pur, weil er Wasser für ein schreckliches Gift hielt und hasste.***

Der Schriftsteller **Alfred Jarry**, zu Lebzeiten so etwas wie der Inbegriff des verfemten Poeten, war dem Absinthe regelrecht verfallen. Angeblich trank er ihn nur pur, weil er Wasser für ein schreckliches Gift hielt und hasste. Verehrt hat der literarische Außenseiter und Bürgerschreck das mythenumrankte Getränk übrigens nicht bloß mit Versen: Mitunter fuhr er auch mit grün bemaltem Gesicht oder Körper auf seinem schicken Fahrrad des Typs *Clément luxe 96* ein paar Runden, um so seiner «Fee» zu huldigen. In welchem Zustand das geschah, kann man sich vorstellen. Jarry starb mit 34 Jahren, an einer Meningitis.

Auch im 20. Jahrhundert haben die Großmeister des literarischen Schaffens der frankophonen Welt munter weitergesoffen: **Georges Simenon** etwa, Belgier, Krimiautor und wohl der bekannteste Vertreter aller Zeiten der schreibenden Zunft seines Landes. Ging er auf Reisen, hatte er angeblich immer eine 10-Liter-Korbflasche Wein mit dabei, für alle Fälle. Simenon ist erstaunlich alt geworden, nämlich 86 Jahre. Angeblich hat er deswegen so lange überlebt, weil er nur in den zehn Jahren, die er in Nordamerika verbrachte, das Dasein eines Alkoholikers fristete, wogegen er während seiner Jahre in Europa eher das war, was man als gestandenen Trinker zu bezeichnen pflegt.

Aber so genau weiß man das nicht. Der Dichter-Titan, dessen Bücher mittlerweile eine Auflage von über 1,5 Milliarden Exemplaren erreichen und ihn schon zu Lebzeiten zum bestverdienenden Schriftsteller der Welt gemacht haben, soll an so manchem rauschhaften Tag jedenfalls 80 Seiten zu Papier gebracht haben. Sprich: Weder seine Kreativität noch seine Produktivität dürften unter seiner Sauferei wirklich massiv gelitten haben.

Simenon hatte, wie viele seiner Kollegen, schon recht früh ein vertrautes Verhältnis zum Alkohol entwickelt. Bereits in jungen Jahren soll er die erste private Bar in Paris besessen haben, ein Art-déco-Ding, in dem Kollegen vom Format eines Ernest Hemingway, Stars wie **Josephine Baker** und jede Menge Tänzerinnen, Künstler, Huren und Zuhälter mit ihm und auch ohne ihn gerne mal einen gekippt haben.

Das intellektuelle Multitalent **Boris Vian**, seines Zeichens gelernter Ingenieur, Übersetzer, Chansonnier, Schauspieler, gefeierter Jazztrompeter und eben obendrein Schriftsteller, hat große Teile seines Werks wohl ebenfalls nicht immer ganz nüchtern geschrieben. Seine Produktivität dürfte seine intime Beziehung zum Alkohol jedenfalls nicht im Geringsten eingeschränkt haben. Sieben Romane, sieben Theaterstücke, drei Opern, rund 500 Chansons, 28 Drehbücher und hunderte Artikel sind dafür, gemessen an einer Lebenszeit von nur 39 Jahren, wohl der beste Beweis.

**Wilder Osten, fernes Exil.** Heftig getrunken wurde von Literaten quer über den alten Kontinent. Im Norden, im Osten, im Westen und in der Mitte Europas allerdings wesentlich mehr als im Süden. Was wohl eine Folge des Umgangs mit Alkohol in der Gesellschaft im Allgemeinen war. Natürlich haben sich auch in Spanien, Portugal oder Italien Schriftsteller zu Tode gesoffen – ein Beispiel ist etwa **Fernando Pessoa**, einer der bedeutendsten Dichter der portugiesischen Sprache, der mit 47 Jahren an einer Leberzirrhose starb –, aber es waren eben weit weniger als beispielsweise in Russland, Deutschland oder England.

Einige Exilanten haben freilich ansatzweise für einen Ausgleich gesorgt. Der russische Dichterfürst **Alexei Maximowitsch Peschkow**, besser bekannt als **Maxim Gorki**, schrieb etwa, als er im Exil auf Capri lebte: «Ich habe die alkoholischen Getränke aller Länder versucht. Nicht deshalb, weil ich von Natur aus ein Säufer bin, sondern weil der Mensch eine Möglichkeit haben muss, sich auszuleben.»

***Jessenin war exzessiv bis zum Letzten: Er erhängte sich, nachdem er mit seinem eigenen Blut einen Abschiedsbrief geschrieben hatte.***

Ein schwerer Zecher vor dem Herrn, der viel in der Fremde gebechert hat und sich im wahrsten Sinne des Wortes intensiv und viel zu früh ausgelebt hat, war auch Gorkis Landsmann **Sergei Alexandrowitsch Jessenin**. Neben seiner Arbeit an seinen berühmten Gedichten haben vor allem Frauen und der Alkohol das kurze Leben des Bauernsohns bestimmt. Fünfmal war der selbsternannte Dorfpoet verheiratet, und insbesondere die dritte Ehe mit der um 17 Jahre älteren US-amerikanischen Rebellin, Frauenrechtlerin sowie weltberühmten Tänzerin und Choreografin **Isadora Duncan** war von seiner Trunksucht sowie Handgreiflichkeiten überschattet. Wobei die nach dem frühen Tod ihrer drei Kinder und weiteren schweren Schicksalsschlägen ebenfalls schon zur Alkoholikerin geworden war. In Erinnerung geblieben ist sie unter anderem durch ihr tragisches Ableben: Ein langer roter Schal, der aus einem Auto hing, hatte sich in der Radkappe verfangen und ihr das Genick gebrochen.

Jessenin war übrigens exzessiv bis zum Letzten: Gerade aus einer psychiatrischen Klinik entlassen, erhängte er sich 1925 mit nur 40 Jahren in einem Leningrader Hotel, nachdem er mit seinem eigenen Blut einen Abschiedsbrief geschrieben hatte. Gerüchte, dass es gar kein Selbstmord war, sondern der Geheimdienst seine Hände im Spiel gehabt haben soll, wollen bis heute nicht verstummen, Jessenin galt nicht gerade als Liebling der Nomenklatura.

Ebenso wenig übrigens wie sein Landsmann **Wenedikt Wassiljewitsch Jerofejew**, dessen Arbeiten in seiner Heimat jahrzehntelang auf dem Index standen. In Zeiten, in denen der Wodka mitunter so rar war wie die Freiheit, erfand der Autor berauschende und finessenreiche Ersatztinkturen wie etwa einen «perfekt aromatischen» Cocktail aus Lavendel, Eisenkraut, Kölnisch Wasser, Nagellack, Mundwasser und Limonade, die *Komsomolzenträne*, die einem «abwechselnd das gute Gedächtnis und den gesunden Verstand» raubte. Noch zu Lebzeiten bekam er vom dankbaren russischen Volk ein Denkmal errichtet, das ihn mit einem Koffer leerer Flaschen zeigt.

Anders war es bei **Michail Alexandrowitsch Scholochow**. Er war der Prototyp des Sowjetautors und ein Kulturheld der UdSSR. Keiner seiner Landsleute hat zu seiner Zeit auch nur annähernd derart viel Macht, Reichtum, Ruhm und Privilegien anhäufen können wie der Lenin-, Stalin- und Nobelpreisträger Schocholow. Dass der notorische Alkoholiker in Wahrheit praktisch nichts von Belang selber geschrieben haben soll und der Großteil seines Werkes für einen von KGB und Co. gesteuerten Betrug von epochaler Tragweite steht, ist wahrscheinlich, allerdings nicht endgültig bewiesen.

**Nicht immer nüchtern.** Ein anderer literarischer Nationalheld aus kühleren Gefilden, der Norweger **Henrik Ibsen**, hat seine Trinkgewohnheiten ebenfalls ins Exil Richtung Süden mitgenommen. Seine besten Dramen hat er in Italien und Deutschland geschrieben, zwar anders als Gorki freiwillig fern von der Heimat, aber so wie dieser mit Sicherheit nicht immer ganz nüchtern. Im benachbarten Finnland zählt **Frans Eeemil Sillanpää** bis heute zu den Größten seiner Profession. Bedauerlicherweise gehörte er zugleich zu jenen, denen der Alkohol letztlich ihre Schaffenskraft raubte. Nachdem er als bereits eindeutig alkoholkranker Mann mit Anfang 50 den Nobelpreis für Literatur entgegennehmen durfte, konnte er in seinem letzten Lebensdrittel schöpferisch nie mehr auch nur annähernd an seine früheren Glanzzeiten anschließen.

Beim tschechischen Schriftsteller **Jaroslav Hašek**, der vor allem durch seine literarische Figur des braven Soldaten *Schwejk* berühmt geworden ist, stellte sich die Frage, ob sich der Suff vielleicht nachteilig auf die Kreativität und Produktivität eines Autors auswirkt, erst gar nicht – er starb mit nur 39 Jahren. Und natürlich war er nicht der einzige Tscheche, der viel zu viel getrunken hat: **Jan Neruda**, Dichter, Journalist, Begründer des Realismus in der tschechischen Literatur und der Mann, dessen Nachname vom chilenischen Lyriker, Marxisten und späteren Literatur-Nobelpreisträger **Pablo Neruda** als Bestandteil seines Pseudonyms gewählt wurde, war beispielsweise ebenso ein schwerer Trinker.

Der Romancier **Marek Hłasko** sei als Vertreter seiner Heimat ebenfalls genannt, zumal auch er ein überaus trinkfreudiger Bursche gewesen ist. «Schreiben ist fast so gut wie Saufen» lautete das Motto des «polnischen James Dean», der mit nur 35 Jahren an einer Überdosis Schlaftabletten und Alkohol starb. Hłaskos Freund, der Literat und Schauspieler **Jan Himilsbach**, ist so wie dieser zu Lebzeiten zur Legende geworden, und zwar wegen seiner Alkoholeskapaden genauso wie aufgrund seines schrägen Humors. Nachdem ihm sein Arzt verboten hatte, mehr als 300 Gramm Wodka am Tag zu sich zu nehmen, und ihn trotzdem sturzbetrunken angetroffen hatte, soll sich der «Marcel Proust der Bierbude» mit folgenden Worten entschuldigt haben: «Haben Sie wirklich geglaubt, dass ich mich nur von Ihnen verarzten lasse?»

**Goethe, Schiller und Co.** Der Deutschen wohl größter Schriftsteller, der Dichterfürst Johann Wolfgang von Goethe, soll als Neugeborener nicht nur eine Herzmassage, sondern auch ein warmes Weinbad erhalten haben.

Was im Nachhinein betrachtet irgendwie als Wink des Schicksals interpretiert werden könnte. Überlieferte Haushaltsbücher dokumentieren jedenfalls einen enormen Weinverbrauch im Weimarer Haus des Herrn Geheimrats. So soll 1816 allein der Weinhändler Ramann insgesamt 900 Liter edler Tropfen zugestellt haben. Dass sich der geniale Literat angeblich immer die Hände vor Freude gerieben hat, wenn eine neue Weinlieferung eintraf, verwundert in diesem Zusammenhang nicht, immerhin war ein guter Teil nicht für seine Gäste, sondern für ihn selber bestimmt. Goethe galt nämlich als ebenso kräftiger wie fröhlicher Zecher.

***Der Arbeitsausstoß des Universalgenies Goethe war überaus beeindruckend, und seine Konstitution war es offenbar auch.***

Ein Glas Madeira am Morgen und je eine Flasche vom Besten zu Mittag und am Abend, so oder zumindest recht ähnlich sah das übliche alkoholische Tagesprogramm des literarischen Großmeisters aus. Und wenn es etwas zu begießen gab, und das war nicht selten der Fall, dann kam noch Champagner dazu, zumindest in jungen Jahren, oder eben eine dritte Flasche Wein. Anderen Quellen zufolge waren es sogar immer wieder mal bis zu drei Liter am Tag, die sich Goethe genehmigt hat. Sei's drum, er hatte sich sein Vergnügen meist redlich verdient: Der Arbeitsausstoß des Universalgenies war überaus beeindruckend, und seine Konstitution war es offenbar auch. Immerhin starb er erst im (für damalige Verhältnisse fast schon biblischen) Alter von 83 Jahren, kurz nachdem er noch um die Hand einer Neunzehnjährigen angehalten hatte. Der Trunksucht gefrönt hat in seiner Familie übrigens nicht nur er: Sein Sohn August wurde schon früh zum Trinker, und seine Frau Christiane, die Tochter eines Säufers, trank desgleichen mehr als bloß viel.

Der nicht viel weniger berühmte **Friedrich von Schiller** wird von manchen Autoren als schwerer, von anderen als eher mäßiger Trinker bezeichnet. Wobei man unter Maßhalten zu seinen Zeiten zweifellos etwas anderes verstanden hat als heute. Drei Indizien von vielen: Allein während der Fertigstellung des Dramas *Maria Stuart* soll er sich zwölf Flaschen gegönnt haben, seinen letzten Champagner hat er noch am Tag vor seinem Tod genossen, und in seiner Hinterlassenschaft befanden sich 200 Flaschen Wein. **Gotthold Ephraim Lessing**, der wichtigste Dichter der deutschen Aufklärung, die dritte Lichtgestalt am Himmel der deutschen Klassik und ebenso ein Nationalheiliger, war wiederum zumindest zeitweise dem Alkohol verfallen.

Wortgewaltige Trunkenbolde. Jemand, dessen Name rund um den Erdball bis zum heutigen Tag wohl noch viel schillernder ist als jener der drei berühmten Dichtergrößen, ließ sich unter anderem sein Wittenberger Bier gerne und oft munden: der theologische Urheber der Reformation und berühmteste Bibel-Übersetzer aller Zeiten, Martin Luther. Der Verfasser zahlreicher bedeutender Predigten und Schriften wetterte zwar sozusagen von Berufs wegen gern und oft gegen den Alkohol, selber abstinent gelebt hat er aber deswegen noch lange nicht. Doch vielleicht wollte er ja auch bloß seine Frau, die ehemalige Nonne **Katharina von Bora**, nicht brüskieren: Diese besserte mit ihrer Braukunst die Haushaltskasse des ehemaligen Augustinermönchs auf und gilt bis heute als Deutschlands wohl bekannteste Bierbrauerin.

Die Liste der wortgewaltigen Trunkenbolde in der deutschen Literaturgeschichte ist lang. Sehr lang. Was nicht verwundert, zumal die Deutschen, respektive ihre Vorfahren, die Germanen, von alters her ja immer schon zu den Nationen gerechnet wurden, die weltweit am meisten getrunken haben.

Weitere Beispiele gefällig? **Georg Christoph Lichtenberg** genehmigte sich angeblich schon zum Frühstück Kaffee, Spanischbitter und Wein, zu Mittag dann wieder Wein, und nachmittags dann Wein und Likör, «um sich immer munter zum Schreiben zu halten». Der Schriftsteller, Philosoph und Bergbauingenieur **Friedrich Freiherr von Hardenberg** vulgo **Novalis** suchte Zuflucht nicht nur bei Opium, sondern überdies im Alkohol.

Der poetische Realist **Theodor Fontane** becherte viel und oft. Der mit nur 35 Jahren verstorbene Dramatiker **Christian Dietrich Grabbe** noch öfter und noch mehr. Der geniale Dichter **E.T.A. Hoffmann** gab sich immer wieder die Kante, um dem Alltag in eine Traumwelt zu entfliehen, wie er selber bekundete. Seine Werke, darunter *Die Elixiere des Teufels*, verfasste er angeblich in schweren Rausch- und Katerzuständen. Dass er immer nur Champagner und erlesene Weine getrunken haben soll, ist nach aktuellem Stand der Forschung so nicht richtig. Er trank nämlich alles, was er kriegen konnte, und das oft auf Kredit. Nur Bier nicht, das verabscheute er als geist- und seelenloses Gebräu. Als er starb, mit nur 46 Jahren und nicht gerade unerwartet an einer Leberzirrhose, war sein Hauptgläubiger der Inhaber einer Berliner Weinstube.

***Der Auflagenmillionär Erich Maria Remarque war für seine Frauengeschichten ebenso berühmt wie für seine Alkoholexzesse.***

Der schon zu seinen Lebzeiten umstrittene **Jean Paul** wiederum weigerte sich, ohne alkoholische Grundlage überhaupt zum Griffel zu langen. Warum er sich regelmäßig zuschüttete, daraus machte er kein Geheimnis: «Ich habe nie ein Getränk getrunken bloß für meinen Geschmack als das Wasser; jedes andere nur für seine Wirkung.» Der Auflagenmillionär **Erich Maria Remarque** (*Im Westen nichts Neues*) war für seine Frauengeschichten – zu seinen Eroberungen zählten etwa **Marlene Dietrich** und **Greta Garbo** – ebenso berühmt wie für seine Alkoholexzesse. Getrunken hat er nicht nur alleine: Seine dritte Frau, die gefeierte Hollywood-Schauspielerin **Paulette Goddard**, war ebenso alkoholkrank. **Gerhard Hauptmann** war ein starker Genusstrinker und soll es in Spitzenzeiten auf einige Flaschen Wein täglich gebracht haben, und selbst **Hermann Hesse** hatte in jungen Jahren anscheinend vorübergehend ein Alkoholproblem, freilich eines, das er mit einer Entziehungskur und psychotherapeutischer Hilfe noch rechtzeitig in den Griff bekommen hat. **Bertolt Brecht**, der sich gern als Trinker stilisierte und dem Thema auch in seinem Werk immer wieder Raum gab, rührte in Wirklichkeit hingegen kaum einen Tropfen Bier, Wein oder Schnaps an.

**Heilige und unheilige Trinker.** Die Österreicher, respektive die österreichischen Literaten, standen den Deutschen in puncto Saufen um nichts nach. **Joseph Roth**, Autor der berühmten und bezeichnenden Erzählung *Die Legende vom heiligen Trinker*, war einer von ihnen, allerdings eher ein begnadeter denn ein heiliger. Denn was den geistigen Abbau betraf, war er die Ausnahme von der Regel und bis zuletzt unglaublich hell und präsent. «Böse, besoffen, aber gescheit» sei er, so hat er sich einmal selber beschrieben. Körperlich verfiel er freilich nach einigen gescheiterten Entziehungskuren wie andere auch. Als ihn aber schließlich viel zu früh der Tod ereilte, mit gerade mal 45 Jahren, war das, welche Ironie des Schicksals, nicht im Suff und nicht am Suff. Sondern am Entzug, den ihm fromme Krankenschwestern aufgrund einer schlimmen Lungenentzündung verordnet hatten, und im gefürchteten Delirium. Welches Schicksal. «Gebe Gott uns allen, uns Trinkern, einen so leichten und schönen Tod!» lautet der letzte Satz seiner vielgepriesenen *Legende vom heiligen Trinker*.

Der ebenfalls aus Österreich stammende Lyriker **Georg Trakl**, ein Zeitgenosse Roths, steigerte, nachdem er Apotheker geworden war, seinen Konsum an Drogen aller Art, darunter Veronal, Chloroform, Morphium, Meskalin und Opium, ebenso hemmungslos wie seinen Alkoholverbrauch. Schon nachmittags saß er in Weinstuben herum, meist mit Freunden, die ebenfalls gern tranken, und genehmigte sich dort dann üblicherweise mindestens einen Liter Wein. Manchmal brachte er es aber auch auf zehn Viertel. Alt geworden ist er nicht – mit 26 Jahren starb er an einer Herzlähmung, oder an einer Kokainvergiftung, je nach Betrachtungsweise. Ob es ein Selbstmord war oder nicht, ist ungeklärt. Und der Literat **Peter Altenberg**, der eigentlich **Richard Engländer** hieß, laut Selbstbeschreibung ein «Invalide des Lebens» sowie «unbürgerlichster Mensch» war, seine Tage im Kaffeehaus und die Nächte in einschlägigen Etablissements verbrachte und im Hotelzimmer lebte, war in seiner Heimatstadt Wien eine stadtbekannte exzentrische Erscheinung – und zwar nicht nur, aber auch wegen seines Alkohol- und Drogenkonsums.

Einen auf gewisse Weise nicht weniger dramatischen Werdegang hatte der österreichische Autor **Johannes Mario Simmel**: Er hatte jahrelang im Vollrausch einen Bestseller nach dem anderen geschrieben, ehe er sich schließlich doch noch von seinem verhängnisvollen Laster lossagte. Seine große Zeit lag da freilich schon hinter ihm. Oder er ließ sie dadurch hinter sich, dass er trocken wurde. So ganz klar ist das nicht. Und nicht nur bei ihm, auch bei anderen ist der erfolgreiche Schreibfluss mit dem Absetzen der Droge Alkohol mitunter empfindlich ins Stocken geraten oder gar versiegt. Was wiederum die oben erwähnte Symbiose von Saufen und schriftstellerischem Output zu bestätigen scheint.

***Werner Schwab, der eines seiner Stücke «Volksvernichtung oder meine Leber ist sinnlos» nannte, wurde nur 36 Jahre alt.***

Für viele Schweizer mag Disziplin eine Tugend sein, für manche ihrer Schriftsteller war sie das aber offenbar ganz und gar nicht. Einer der prominentesten Schreiber der Eidgenossen, **Gottfried Keller**, trank nach eigenem Bekunden, weil es ihm schlichtweg schmeckte, und das gleich in rauen Mengen. Entspannt hat ihn das offenbar nicht wirklich; der ewige Junggeselle suchte im Rausch oft Streit, und mitunter prügelte er sich sogar. Was man gemeinhin ja nicht von allzu vielen Schriftstellern behaupten kann.

Sein Landsmann **Ludwig Hohl** wiederum trank, um seine Produktivität zu steigern. Der lange Zeit nur wenigen bekannte, von einigen hochkarätigen Kollegen aber sehr verehrte Autor dachte, dass man die «höchste Stufe der Luzidität» nur erreichen kann, wenn man sich betrinkt und nach vier Stunden Schlaf zu schreiben beginnt. Ob er deswegen weder Romane noch Erzählungen noch Gedichte, sondern nur Gedankensplitter, Notizen, Skizzen und dergleichen mehr hinterlassen hat, ist nicht bekannt.

Zu den deutschsprachigen Autoren, die schwere bis sehr schwere Probleme mit dem Alkohol hatten, zählen ferner und unter anderem die Deutschen **Heinrich Heine**, **Eduard Mörike**, **Joachim Ringelnatz** und **Heiner Müller** sowie der Südtiroler Dichter **Norbert C. Kaser**, der schon mit 31 an einer Leberzirrhose verstarb. Und natürlich die Österreicher **Franz Grillparzer**, ein Dramatiker und einer der großen Nationaldichter des Landes, **Adalbert Stifter**, der sich umbrachte, ehe der Alkohol das wohl ohnehin für ihn besorgt hätte, **Nikolaus Lenau**, **Hermann Schürrer**, der in aller Regel jeden verachtete, der nicht betrunken war, der Autor, Kabarettist und Schauspieler **Helmut Qualtinger** und schließlich der geniale **Werner Schwab**, der eines seiner Stücke *Volksvernichtung* oder *meine Leber ist sinnlos* nannte und nur 36 Jahre alt wurde: An der Todesursache Alkoholvergiftung bestand kein Zweifel. Schwab war übrigens nicht bloß konsequent, was das Trinken anbelangte: Dass man in einer Tasche seiner Jacke die letzte Seite des Manuskripts seines letzten Stückes gefunden hat, gilt als erwiesen.

**Keine (reine) Männersache.** Wer sich mit dem Mikrokosmos Literatur und Rausch auseinandersetzt, stößt unweigerlich auch über kurz oder lang auf Schriftstellerinnen, die dem Alkohol verfallen waren. Ihre Zahl ist freilich vergleichsweise gering. Das hat aber wenig damit zu tun, dass sie allein aufgrund ihres Geschlechts weniger gefährdet wären, abhängig oder süchtig zu werden, als ihre männlichen Kollegen. Vielmehr gab es bis vor wenigen Jahren und Jahrzehnten ganz einfach bei weitem nicht so viele Autorinnen wie Autoren und damit eben weit weniger einschlägig vernichtete oder beschädigte Karrieren.

Aber es gab sie. Die legendäre US-amerikanische Theaterkritikerin, Schriftstellerin und Feuilletonistin **Dorothy Parker**, eine ausgesprochene

Liebhaberin von «Orange Blossom», also von Gin mit Orangensaft, war beispielsweise ebenso dem Teufel Alkohol verfallen wie ihre Kolleginnen und Landsfrauen **Lillian Hellman**, **Carson McCullers**, **Anne Sexton**, **Jean Stafford** und **Edna St. Vincent Millay** (siehe Seite 371).

*Einigen hochbegabten und trinkfreudigen Frauen ist es gelungen, die Phalanx der männlichen Schreiber zu durchbrechen.*

Und natürlich die scharfzüngige **Djuna Barnes**, eine der wichtigsten Vertreterinnen der literarischen Moderne, die in den 20er und 30er Jahren in Paris eine Institution war. Sie soll die längste Zeit durchschnittlich eine Flasche Whiskey am Tag vernichtet haben. 90 Jahre alt ist sie dennoch geworden. In welchem Zustand, blieb der Öffentlichkeit allerdings verborgen; die letzten 40 Jahre ihres Lebens hat sie nämlich in totaler Zurückgezogenheit verbracht.

Auf dem alten Kontinent war die Situation recht ähnlich. Zwar wurden auch da die besten Plätze im Literaturbetrieb wie an den von professionellen Schreibern vorzugsweise frequentierten Theken die längste Zeit über von Männern in Beschlag genommen. Einigen hochbegabten und trinkfreudigen Frauen ist es dennoch gelungen, deren Phalanx zu durchbrechen.

Die Deutsche **Irmgard Keun**, die in jungen Jahren noch vergeblich versucht hat, ihrem Lebensgefährten Joseph Roth das Saufen abzugewöhnen und letzten Endes dann selber eine kleine Ewigkeit im unproduktiven Rausch dahingedämmert ist, gehört ebenso zu diesen Ausnahmeerscheinungen wie die Schauspielerin, Kabarettistin, Schriftstellerin und Journalistin **Erika Mann**, eine der Töchter des großen **Thomas Mann**, oder die Österreicherin **Ingeborg Bachmann**, die sich vorzugsweise mit Cocktails aus dem Schlafmittel Medomin und Whiskey zuschüttete. Oder etwa die erfolgreichste polnische Songschreiberin aller Zeiten, die Schriftstellerin und Dichterin **Agnieszka Osiecka**. Sie hat die Texte für ihre insgesamt über

2000 Lieder in ihrem Stammlokal, im Warschauer *Café Sax*, gerne auf Servietten gekritzelt, während sie sich schon zum Frühstück gern und oft einen «Guten Morgen» (Gin Tonic) oder einen «Apfelkuchen» (Büffelgraswodka mit Apfelsaft) genehmigte.

Der außergewöhnlich hohe Alkoholkonsum der nicht minder erfolgreichen amerikanischen Krimiautorin **Patricia Highsmith**, die fast die Hälfte ihres Lebens in Europa verbrachte, ist ebenso dokumentiert wie der ihrer in Paris berühmt gewordenen Landsfrau und Schriftstellerkollegin **Gertrude Stein** oder jener der Französin **Francoise Sagan** (*Bonjour tristesse*). **Marguerite Duras** hat in einem ihrer Werke sogar ihren eigenen Weg von der Gelegenheitstrinkerin zur Alkoholikerin beschrieben. Wie sie beispielsweise zehn Jahre trocken war und dann erst recht wieder zu saufen begonnen hat. Spät im Leben hat sie, an einer Leberzirrhose erkrankt, als eine der wenigen die Sucht dann aber doch dauerhaft überwunden.

***Der Science-Fiction-Autor Philip K. Dick schaffte sein Pensum von 36 Romanen angeblich vor allem mit Hilfe von Speed.***

Aber natürlich gab es nicht nur in Europa und in den USA jede Menge dramatische Trinkerschicksale zu beklagen. Sondern eben überall dort, wo Alkohol zum Kulturgut zählt. Zwei Beispiele von vielen: In Mexiko soff sich etwa Ende des 19. Jahrhunderts der sehr vielversprechende Dichter **Manuel Gutiérrez Nájera** mit gerade Mal Mitte 30 ins Grab. Und in Japan etwa ertränkte sich knapp vor Mitte des 20. Jahrhunderts mit **Dazai Osamu** einer der produktiven Schriftsteller, den das Land hervorgebracht hat. In Alkohol, immer mehr und mehr, aber ersoffen ist er schließlich dann im Wasser. Selbstmord, nach einer Reihe gescheiterter Versuche, gemeinsam mit einer Geliebten und im Alter von nur 38 Jahren. Allerdings galt und gilt auch außerhalb von Europa: In Ländern, in denen ein vergleichsweise vernünftigerer Umgang mit der beliebten Droge gesellschaftlich verankert ist, halten sich offenbar die Schriftsteller deutlich mehr zurück. Unter den lateinamerikanischen Autoren finden sich daher beispielsweise sehr viel seltener einschlägige Karrieren als etwa in der englischsprachigen Welt.

Wobei es vorwiegend, aber nicht nur der Alkohol war, der die Schriftsteller und Schriftstellerinnen aus aller Welt in seinen Bann zog und eben dort gefangen hielt. Zahlreiche andere Drogen dienten in der Dichtkunst von alters her nämlich ebenfalls als Quelle der Inspiration und Tröster in schier jedweder Not. So soll etwa der römische Kaiser und Philosoph **Marc Aurel** seine Selbstbetrachtungen angeblich im Opiumrausch geschrieben haben, also in jenem Zustand der Verzückung, den sehr viel später zudem **Francois Marie Arouet** vulgo **Voltaire**, Thomas Mann oder **Jean Cocteau** zeitweise zu schätzen wussten. Der deutsche Dichterfürst **Heinrich Heine** soff nicht nur, er nahm zusätzlich Morphium; sein Landsmann, der Schriftsteller Gottfried Benn, stand wiederum auf Kokain.

Der Engländer **Robert Louis Stevenson** hat seinen berühmten Roman *Dr. Jekyll und Mr. Hyde* angeblich ebenfalls unter Kokaineinfluss geschrieben, und zwar in nur sechs Tagen. **Hans Fallada** wiederum hat Morphium als seine einzige Geliebte bezeichnet. Die französische Schriftstellerin **Anaïs Nin** nahm LSD, der US-Amerikaner **Ken Kesey**, der Autor der Vorlage für den Film *Einer flog über das Kuckucksnest*, ebenso, und der Beat-Poet **Allen Ginsberg** war begeisterter und bekennender LSD-Konsument. Der Science-Fiction-Autor **Philip K. Dick**, der unter anderem die Vorlagen für Filme wie *Blade Runner*, *Minority Report* und *Total Recall* schrieb, schaffte sein Pensum von 36 Romanen angeblich vor allem mit der Hilfe von Speed, und *Die Lehren des Don Juan* des peruanischen Autors **Carlos Castaneda** entstanden, wenig verwunderlich, unter dem Einfluss bewusstseinserweiternder Drogen wie Peyote und psilocybinhaltigen Pilzen.

**Die Dosis macht das Gift.** Die Ansicht, dass irgendwer etwas Gutes geschrieben hat, nicht weil, sondern obwohl er gesoffen hat, hat es übrigens aus guten Gründen ebenfalls zu einiger Popularität gebracht. Und einer der bekanntesten Protagonisten dieser mit Sicherheit nicht abwegigen Theorie war immerhin niemand geringerer als der große deutsche Schriftsteller und Nobelpreisträger Thomas Mann. Seine Haltung war unmissverständlich: «Im Allgemeinen halte ich nicht das Geringste von der ‹Inspiration› durch Alkohol – ich glaube nicht daran», schrieb er in einem Essay zum Thema, und dass er mit seiner Meinung richtig lag, ist zumindest – fast, aber eben nur fast – so wahrscheinlich wie das Gegenteil.

***Die Legionen der unbekannt verstorbenen, aber hochbegabten Autoren würden mit Sicherheit sogar ganze Armeen stellen können.***

In der Tat scheinen ihm die Ergebnisse einiger Studien Recht zu geben. Sie kommen nämlich zum Schluss, die Mehrzahl der Alkohol trinkenden Autoren würde nüchtern schreiben und nur eine Minderheit im Rausch zum Griffel greifen respektive in die Tasten hauen.

Völlig unstrittig ist sogar, dass es im Verlauf der Literaturgeschichte mit Sicherheit viele große Talente gegeben hat, die ihre Begabung dem Teufel Alkohol geopfert haben. Einfach weil sie mit dem Saufen so sehr beschäftigt waren, dass sie zeit ihres oftmals nur kurzen Lebens kaum zum Schreiben gekommen sind. Die Legionen der unbekannt verstorbenen, aber hochbegabten Autoren würden mit Sicherheit sogar ganze Armeen stellen können.

Der Ende des 20. Jahrhunderts international sehr erfolgreiche Amerikaner **John Irving**, der niemals mit einschlägigen Problemen in Erscheinung getreten ist, sich aber dennoch mit Ende 60 bemüßigt sah zu verkünden, fortan auf Alkohol komplett zu verzichten, um sein Gedächtnis zu schonen, hatte in einem Interview ebenfalls eine eigene Theorie parat: «Es gibt viele Alkoholiker, und manche davon sind halt Schriftsteller. Sie litten wohl eher an der Welt als am Schreiben.»

Ebenfalls zum Nachdenken anregen kann einen folgende Episode, und ähnliche Geschichten gibt es zuhauf: **Norman Mailer** wurde vom berühmten Regisseur **Sergio Leone** dereinst um ein Drehbuch gebeten. Woraufhin er sich drei Wochen mit einer Kiste Whiskey in einem Hotelzimmer einsperrte. Man hörte Mailer singen, fluchen und nach Eiswürfeln verlangen. Das Skript, das er ablieferte, wurde nie verwendet.

Der deutsch-polnische Literaturkritiker-Papst **Marcel Reich-Ranicki** hat sich in der *Frankfurter Allgemeinen Zeitung* ebenfalls einmal recht eindeutig zum Thema geäußert. «Ich glaube nicht, dass berauschte Schriftsteller bessere Bücher schreiben, ich habe noch nie versucht, etwas Ernstes im Rausch zu schreiben, ja ich bin überzeugt davon, dass man klar nur mit klarem Kopf schreiben könne», steht da zu lesen, freilich auch: «Es gibt Situationen, in denen der Alkohol in ganz kleinen Mengen dem Schriftsteller zu helfen vermag. Er kann seine Hemmungen, seine Skrupel und Bedenken nicht beseitigen oder betäuben, aber reduzieren oder einschränken.» Die Ansicht, beim Trinken käme es letztlich ebenso sehr auf die richtige Dosierung an wie beim Schreiben, haben zudem viele andere Fachleute vertreten. Allerdings haben die meisten von Reich-Ranickis Kollegen dabei höchstwahrscheinlich nicht gerade an kleine Mengen gedacht.

**Abstinente Schreiber.** Nicht unerwähnt bleiben soll schließlich, dass unter den großen Schriftstellern dieser Welt eine ganze Reihe von Antialkoholikern zu finden ist. Und zwar Geborene und Gewordene. Der US-amerikanische sozialkritische Schriftsteller **Upton Sinclair** war etwa (und das zu einer Zeit, wo das Saufen durchaus angesagt war) einer der bekanntesten bekennenden Abstinenzler. Vielleicht auch deswegen, weil sein Vater Alkoholiker gewesen war.

Sinclair konnte seine Abneigung gegen Wein, Bier und Co. sogar charmant und entspannt begründen: «Ich habe so viele andere Arten des Rausches verspürt – die Naturbetrachtung, die Lektüre großartiger Gedichte, das Anhören von Musik und vor allem das Streben nach und das Erlangen von Wissen, dass ich nie das geringste Interesse an Alkohol hatte.» Sinclair soll 89 Bücher, 29 Dramen, tausende Essays und 250 000 Briefe geschrieben haben. Und wurde beeindruckende 90 Jahre alt sowie mit Mitte 60 doch noch Pulitzerpreis-Gewinner.

Aus einem ganz anderen und viel dramatischeren Grund ließ hingegen beispielsweise der berühmte dänische Dichter **Hans Christian Andersen** zumeist, aber eben nicht immer, die Finger von der Flasche. Der große Märchenerzähler hatte sein Leben lang unsägliche Angst vor dem Alkohol und dessen Folgen, weil seine Mutter am und im Suff verstorben war.

***Die nächste Flasche nicht mehr anzurühren, das haben viele versucht, die meisten freilich erfolglos.***

Und der große russische Schriftsteller **Leo Tolstoi**, der in jungen Jahren durchaus hemmungslos getrunken hatte, war wiederum einer aus einer ganzen Reihe von Heroen aus dem Literaten-Olymp, die erst später respektive spät in ihrem Leben zu Abstinenzlern geworden sind. Als Bekehrter führte er dann – und damit war er nicht der Einzige, der das so hielt, aber das hatte mit Sicherheit nichts mit der Schreiberei zu tun – konsequenterweise gleich praktisch alles Übel der Welt auf den Alkohol zurück. Aber er ließ das Saufen, was ja schon an und für sich bemerkenswert genug ist, auch wirklich sein.

**Ein Drink, wenn's dunkel wird.** Die nächste Flasche nicht mehr anzurühren, das haben zwischenzeitlich natürlich immer wieder viele versucht, die meisten freilich erfolglos. Und wenn schon mit Erfolg, dann mitunter mit sehr zwiespältigem: Der bereits erwähnte aus Irland stammende US-amerikanische Dramatiker Eugene O'Neill, Nobelpreis- und vierfacher Pulitzerpreisträger, hat beispielsweise mit 37 Jahren das letzte Mal zur Schnapspulle gegriffen. Mit dem Ergebnis, dass er sich danach zwar «wie von der Lepra geheilt» fühlte, aber nie wieder etwas wirklich Gutes geschrieben hat.

Sein Landsmann, der Schriftsteller **John Cheever**, Gewinner des *National Book Award* und des Pulitzerpreises, schaffte es ebenfalls, trocken zu werden. Die Sehnsucht nach der Droge hat ihn allerdings nie losgelassen.

«Mir fehlt das Trinken», ist in seinem Tagebuch zu lesen. «Einfacher kann ich's nicht ausdrücken. Wenn es dunkel wird, hätte ich gern einen Drink.»

Anders der irische Literatur-Nobelpreisträger **George Bernard Shaw**. Er lehnte nicht nur Hochprozentiges, sondern auch Wein und Bier und somit jede Form des Alkoholkonsums ein Leben lang und rundweg ab. Seine lakonische Begründung für diese klare Haltung war ebenso unmissverständlich wie beeindruckend: «Ich brauche keine Stimulanzien, ich brauche viel eher Sedativa.»

*I'd rather have a bottle in front of me than a frontal lobotomy.*

Tom Waits (*1949),
US-amerikanischer Sänger, Komponist und Schauspieler

## Große Musiker und Komponisten

# Vierzig Jahre lang blau

Exzessiver Alkoholgenuss war für viele Musiker immer schon – und nicht etwa erst seit Beginn des Rock-'n'-Roll Zeitalters – ein fester Bestandteil ihrer täglichen Arbeit.

Der weltberühmte Deutsch-Brite **Georg Friedrich Händel**, einer der fruchtbarsten und einflussreichsten Komponisten des 18. Jahrhunderts und der ganzen Musikgeschichte, wusste einen guten Tropfen stets zu schätzen und war zumindest das, was man heute einen Problemtrinker nennt. Und auch das nach Meinung vieler größte musikalische Genie aller Zeiten, der Österreicher **Wolfgang Amadeus Mozart**, hat gern und oft ziemlich viel getrunken – Punsch nämlich, anno dazumal ein ausgesprochenes Mode- und Gesellschaftsgetränk. Mit Ausnahme der letzten zwei Lebensjahre dürfte er freilich normalerweise nicht dramatisch über die Stränge geschlagen haben. Dass er mitunter schon am Vormittag zum Glas gegriffen haben soll, zumindest dann, wenn dieses mit Champagner gefüllt war und es einen Anlass gab, war zu Mozarts Lebzeiten in besseren Kreisen wohl nicht ganz unüblich und beweist somit gar nichts.

Da war der legendäre **Ludwig van Beethoven** schon ein ganz anderes Kaliber. Er entstammte einer Alkoholikerfamilie und war bereits mit elf Jahren immer wieder mal im Wirtshaus anzutreffen, wo er sich nicht nur zum Essen aufgehalten haben soll. Angeblich hat sich der Wiener aus Bonn mit bestechender Regelmäßigkeit zwei Flaschen Weißwein und eine Flasche Rotwein pro Tag gegönnt. Wenig verwunderlich erkrankte er daher auch eines vergleichsweise frühen Tages an einer Leberzirrhose, die letztlich mitverantwortlich dafür war, dass das Genie 1827 im Alter von nur 57 Jahren an einer Behandlung mit bleihaltigen Arzneimitteln verstorben ist.

Der Wiener **Franz Schubert** war auch nicht viel älter, als er begonnen hat, regelmäßig zu trinken. Seinem Genie und seiner Schöpfungskraft hat der viele Wein zwar erstaunlicherweise bis zuletzt keinen Abbruch getan, alt geworden ist er aber trotzdem nicht. Mit 31 Jahren war es vorbei. Ob er an Typhus (eher wahrscheinlich), an Syphilis (weniger wahrscheinlich) oder einer anderen Krankheit verstorben ist, steht bis heute nicht fest. Der Alkohol dürfte es jedenfalls nicht gewesen sein.

Der (Opern-)Komponist **Christoph Willibald Gluck** hat ebenfalls viel gebechert und seinem Namen damit alle Ehre erwiesen. Zwar hat er sich erst spät in seinem Leben dem Laster hingegeben, dafür dann aber mehr als bloß ordentlich und beim letzten Mal definitiv zu heftig, dahingerafft hat ihn nämlich eine Art Alkoholvergiftung. Obwohl ihm seine Ärzte nach einem Schlaganfall strikte Abstinenz verordnet hatten, soll er ein großes Glas Cognac in einem Zug geleert und sich dann ans Sterben gemacht haben.

Der Tondichter, Pianist und Dirigent **Johannes Brahms** stand ihm um nichts nach. Er trank Rotwein, angeblich von morgens bis abends, und gestorben ist er einigen Biografen zufolge an Leberkrebs. Neuere Erkenntnisse sprechen von einem Pankreas-Karzinom; sein Tod wurde aber auf jeden Fall auch durch das Trinken verursacht. **Robert Schumann** war, zumindest in jüngeren Jahren, nach eigenen Angaben ebenfalls fast tagtäglich «katzenjammervoll». Allerdings: «Wenn ich betrunken war oder mich erbrochen habe, so war am andren Tag die Fantasie schwebender und erhobener.» Er starb 46-jährig in einer Nervenheilanstalt. Und noch ein früher Tod: Der Komponist **Max Reger**, der vor allem für seine Orgelwerke berühmt geworden ist, wurde gar nur 43 Jahre alt. Herzversagen, nach viel zu vielen Zigaretten und einem von Alkohol förmlich durchtränkten Leben.

Gesoffen wurde von herausragenden Klangkünstlern natürlich nicht nur in Österreich und in Deutschland. Der Russe **Modest Petrowitsch Mussorgski** wurde angeblich bereits an der Schwelle zum Erwachsenenalter, als 13-jähriger Kadett, zum Trinken verführt und galt schon als junger Offizier als alkoholsüchtig. Sein Landsmann **Igor Strawinski**, einer der bedeutendsten Vertreter der Neuen Musik, sprach dem Alkohol genauso über alle Maßen zu wie **Alexander Konstantinowitsch Glasunov**, der als Direktor des St. Petersburger Konservatoriums sogar während des Unterrichts mittels eines Gummischlauchs Wodka aus einer in einer Schublade versteckten Flasche gesaugt haben soll.

Der Finne **Jean Sibelius** gab bereits dreißig Jahre vor seinem Tod das Komponieren auf, weil er wusste, dass er infolge seiner einschlägigen Probleme seinen eigenen Maßstäben nicht mehr gerecht werden konnte. **Jacques Offenbach** soll sich das eine oder andere Glas zur Inspiration gegönnt haben. Obwohl sein Werk das vermuten lassen würde, hat er allerdings nicht gesoffen, jedenfalls nichts Alkoholisches. Der tschechische Großmeister **Antonín Dvořák** war da aus anderem Holz geschnitzt. Er soll während seiner New Yorker Jahre bei einer Kneipentour mit einem amerikanischen Musikkritiker einmal 19 Cocktails getrunken haben. Dass man die nicht verträgt, wenn man sonst zurückhaltend lebt, gilt als erwiesen.

Selbst wenn also schon eine Reihe von Musikern und Komponisten früherer Tage unzweifelhaft mit dem Trinken so ihre Probleme hatten, richtig zum Massenphänomen wurde der Alkoholmissbrauch in der Branche erst zu Beginn des 20. Jahrhunderts.

**Jazzlegenden und Country-Grössen.** Besonders schlimm trieben es dabei die – fast durch die Bank US-amerikanischen – Götter und Göttinnen des Jazz und des Blues. Die bestbezahlte schwarze Künstlerin der 1920er Jahre, die zu ihren besten Zeiten an die 100 Kilo schwere Sängerin **Bessie Smith**, war etwa ebenso rettungslos dem Teufel Alkohol verfallen wie die legendäre **Billie Holiday** oder die große Blues- und Jazzsängerin **Dinah Washington**.

Smith, die einem extrem ausschweifenden Lebensstil frönte, starb mit nur 43 Jahren, allerdings an den Folgen eines Autounfalls, Holiday mit 44, völlig verarmt und an einer Leberzirrhose, und Washington 39-jährig, an einem tödlichen Cocktail aus Alkohol und Tabletten.

***Natürlich ist der Alkohol-Abusus in modernen Zeiten nicht nur auf eine Musikrichtung beschränkt geblieben.***

Den genialen Ausnahmekünstler und Kornettisten **Bix Beiderbecke**, einen der wichtigsten weißen Jazzmusiker aller Zeiten und einer der führenden Vertreter des *Chicago Jazz*, erwischte es noch viel früher, nämlich mit 28 Jahren. Er starb, geschwächt von seiner Alkoholsucht, an einer Lungenentzündung. Der Altsaxophonist, Komponist, Schöpfer des Bebop und Erfinder des modernen Jazz-Sounds, der obendrein zudem noch heroinabhängige **Charlie Parker**, lebte nicht viel länger; er segnete im Alter von 34 Jahren das Zeitliche. Bei ihm war der Befund noch eindeutiger: Eine Leberzirrhose, Magengeschwüre und eine Lungenentzündung hatten ihn gemeinsam ins Grab gebracht.

Das wohl größte lyrische Genie des neueren Jazz, **Stan Getz**, ebenfalls ein Saxophonist, und zwar über lange Zeit einer der besten und einflussreichsten der Welt, hatte offenbar eine robustere Gesundheit. Er starb erst mit 64 Jahren, das freilich an Leberkrebs. Die Reihe lässt sich fast schon beliebig fortsetzen: **John Coltrane**, **Art Pepper** und **Jaco Pastorius**, sie und viele, viele andere Ausnahmekönner des Jazz waren abhängig vom Alkohol und nicht weniger oft auch von anderen Drogen.

Natürlich ist der Alkohol-Abusus in modernen Zeiten nicht bloß auf eine Musikrichtung beschränkt geblieben. Der bei seinen vielen Anhängern überaus beliebte US-amerikanische Singer-Songwriter **Townes van Zandt**, ein schwerer Alkoholiker, tat auf den Tag genau 44 Jahre nach seinem großen Idol, dem Country-Musiker **Hank Williams**, seinen letzten

Atemzug, und zwar wie dieser nach einem Herzinfarkt, wohl als Folge des Alkoholmissbrauchs. Unter den Country-Größen finden sich übrigens viele, die Säufer waren oder die zumindest einschlägig aufgefallen sind. **Glen Campbell** und **Johnny Cash** seien da bloß exemplarisch genannt. Oder, aus der jüngeren Generation, **Keith Urban**, der in Europa vor allem als Ehemann von **Nicole Kidman** bekannt geworden ist, in den USA aber durchaus Starruhm genießt.

Selbstverständlich war die Trunksucht zudem keine rein amerikanische Eigenart. Zu Tode gesoffen hat sich etwa auch, um einen Giganten des Musikbusiness aus dem Lager des damaligen Klassenfeindes zu nennen, der berühmte sowjetische Dichter, Schauspieler und Sänger **Wladimir Semjonowitsch Wyssozki**. Der in seiner Heimat bis heute als größter Liedermacher des 20. Jahrhunderts verehrte Russe starb im Jahr 1980 mit nur 42 Jahren an den Folgen seiner schweren Alkoholkrankheit. Weil zu der Zeit gerade die ohnehin umstrittenen Olympischen Spiele abgehalten wurden, hatte das kommunistische Regime den Medien des Landes verboten, über den Tod des unbequemen Künstlers zu berichten. Genützt hat es freilich nichts. Über 100 000 Menschen erwiesen Wyssozki die letzte Ehre. Das Begräbnis wurde zur größten nicht von oben angeordneten Demonstration, die Moskau bis dahin gesehen hatte.

Apropos: Immerhin noch stattliche 40 000 Menschen begleiteten die weltberühmte Chansonsängerin **Edith Piaf** auf ihrem letzten Weg. Der «Spatz von Paris» war, nach einem Leben mit vielen gesundheitlichen Problemen und voller persönlicher Krisen, ebenfalls recht jung, nämlich im Alter von bloß 47 Jahren, und als schwere Alkoholikerin gestorben. Von vielen ihrer Landsleute wird sie trotz all ihren schlagzeilenträchtigen Eskapaden dennoch bis heute hoch verehrt.

**Vom Schlager zum Rock.** Zwar nicht unbedingt hoch verehrt, aber bei breiten Bevölkerungsschichten sehr populär war eine ganze Reihe deutscher Schlagerstars, die zum Teil massive Probleme mit ihrem Trinkverhalten hatten und das fast durch die Bank mit einem zu frühen Tod bezahlten. **Ludwig Franz Hirtreiter**, wie der einstige Traum aller Schwiegermütter **Rex Gildo** mit bürgerlichem Namen hieß, sprang etwa 63-jährig nach einem Streit mit seinem Lebensgefährten im Vollrausch aus dem Fenster seiner Münchner Wohnung und verstarb kurz darauf im Krankenhaus. Der homosexuelle Sänger hatte eine Scheinehe geführt und war wohl unter anderem an dieser Lebenslüge gescheitert. **Bernd Clüver** (*Der Junge mit der Mundharmonika*) tat ebenfalls 63-jährig seinen letzten Atemzug. Nach einer Feier war der Schlagerstar, der in den Monaten vor seinem Tod auffällig viel getrunken haben soll, eine Treppe in seinem Haus auf Mallorca hinabgestürzt und dabei mit dem Kopf auf einer Steinplatte aufgeschlagen.

***«Sex & Drugs & Rock 'n' Roll» war schon sehr früh das Motto einer nach Berauschung offenbar süchtigen Branche.***

**Drafi Deutscher**, dem trotz zahlreicher Alkohol- und Drogenexzesse immer wieder echte Gassenhauer gelungen sind, darunter der Jahrhunderthit *Marmor, Stein und Eisen bricht*, starb mit 60 Jahren an multiplem Organversagen; **Doris Inge Wegener**, die unter dem Künstlernamen **Manuela** (*Schuld war nur der Bossa Nova*) in den 60er Jahren zu einem Teenageridol geworden war, 57-jährig an Gaumenkrebs, einer möglichen Folge ihres jahrelangen Griffs zur Flasche. Und **Gerhard Höllerich** alias **Roy Black**, eine der beliebtesten Ikonen des deutschen Unterhaltungsgeschäfts, soll im Alter von 48 entgegen jahrelangen Behauptungen offenbar nicht nüchtern, sondern mit drei Promille im Blut über den Jordan gegangen sein – ein Wert, der verschiedentlich wohl nicht ganz zu Unrecht als Hinweis auf eine Alkoholkrankheit interpretiert wurde.

Für viele Pop- und Rock-Legenden scheint es oft fast schon eine Frage der Ehre zu sein, in mehr oder weniger regelmäßigen Abständen zumindest als Alkoholmissbraucher durch die (Fan-)Gazetten zu geistern. «Sex & Drugs & Rock'n'Roll» war schon sehr früh das Motto einer nach Berauschung offenbar süchtigen Branche, jedenfalls lange bevor der Engländer **Ian Dury**, selber ein ebenso viel- und hochbegabter wie begnadeter Schluckspecht, 1977 einen Songtext so nannte.

Der Frontman der legendären Gruppe *The Doors*, der bereits erwähnte US-Amerikaner Jim Morrison, war etwa überzeugt davon, als Dichter, und als solcher verstand er sich ursprünglich, Wein und Whiskey zum Schreiben zu brauchen. Um «den Schmerz abzutöten» und «aus Gründen der Tradition». Er kam unter bis heute nicht völlig geklärten Umständen (aber wohl durch eine Überdosis Heroin in Kombination mit Whiskey) mit nur 27 Jahren ums Leben. Dass sein sehr früher Tod für den bis heute andauernden weltweiten Ruhm und einzigartigen Kultstatus Morrisons mitverantwortlich ist, davon kann man rückblickend getrost ausgehen.

FOREVER 27 CLUB. Bei der Sängerin **Janis Joplin**, ebenfalls Amerikanerin und eine der zentralen Symbolfiguren der Hippiezeit, war das nicht viel anders. Auch sie segnete 27-jährig das Zeitliche, auch bei ihr war eine Überdosis Heroin in Verbindung mit Alkohol daran schuld, und auch bei ihr dürfte das tragische Ableben einen nicht unerheblichen Anteil daran gehabt haben, dass die Southern-Comfort-Trinkerin trotz ihres frühen Todes unsterblich wurde. Das Bargeld, das die weltweit erfolgreiche Musikerin hinterlassen hatte, vergleichsweise sehr bescheidene 1500 Dollar, wurde auf ihren Wunsch hin übrigens von 200 Freunden auf einer (sprich ihrer letzten) Party versoffen.

Ebenfalls im Alter von gerade mal 27 Jahren starb das wohl größte Genie der Woodstock-Ära, **Jimi Hendrix**. Und klar, wieder war der ständige Begleiter Alkohol im Spiel, und zwar in Kombination mit Schlaftabletten. Der phänomenale Gitarrist und Sänger aus Seattle erstickte in London an seinem eigenen Erbrochenem. Der Obduktionsbericht hielt fest, dass sich in seiner Lunge Rotwein befunden hatte. Das zweite, bis heute gern zitierte

Motto der Rock'n'Roll und Hippie-Generation, «Live fast, love hard, die young» hatte sein nächstes berühmtes Opfer gefordert, und der informelle Club 27, alternativ *Forever 27 Club* genannt, erhielt zugleich sein nächstes berühmtes Mitglied.

**Tödliche Cocktails.** Der Blutzoll, den Pop-, Rock- und andere Musiker seit den 1960er Jahren an die populärste Droge der Welt entrichtet haben, ist unglaublich hoch, und die folgende Aufzählung, die sich auf in jungen Jahren verstorbene Stars aus der englischsprachigen Welt beschränkt, natürlich alles andere als vollständig. Exemplarisch genannt seien: die Rockabilly-Ikone **Gene Vincent** (*Be-Bop-A-Lula*) – er starb 36-jährig an einer Magenblutung, die definitiv nicht durch Limonade verursacht worden war; der Schlagzeuger von *The Who*, der Brite **Keith Moon**, der 32-jährig sein Leben aushauchte, nachdem er eine Überdosis eines Beruhigungsmittels geschluckt hatte – genommen hatte er es, nebenbei bemerkt, um von seiner Alkoholsucht loszukommen.

***Keith Richards hat sich jahrelang noch vor dem Frühstück erst einmal ein paar Schluck Bourbon gegönnt.***

**John Bonham** von *Led Zeppelin*, einer der einflussreichsten Schlagzeuger aller Zeiten: Er ist schwer betrunken am eigenen Erbrochenen erstickt. Ebenfalls mit 32 Jahren. Hardcore-Fans deponieren noch heute Flaschen mit Hochprozentigem auf seinem Grab. **Brian Jones**, aufgrund drastischer Alkohol- und Drogenprobleme aus der Band verbannter epilepsie- und asthmakranker Gitarrist und Gründungsmitglied der *Rolling Stones* – er ertrank in einem Schwimmbecken. Mit 27 Jahren und höchstwahrscheinlich nicht gerade nüchtern. So oder so machte ihn sein Tod 1969 jedenfalls posthum sozusagen zum Gründer des Club 27.

**Gram Parsons**, Pionier des *Country Rock*, erwischte es noch früher, nämlich mit 26 – offenbar war ihm der zuvor konsumierte Cocktail aus

Drogen und Alkohol einfach zu stark. Nach seinem Tod stahl ein Freund seine Leiche und verbrannte sie in der kalifornischen Wüste bei Joshua Tree. Allerdings nur unvollständig, weil er zu wenig Benzin mit dabei hatte. **Steve Clark** von der Hard Rock Band *Def Leppard* hatte ein wenig mehr, aber nicht gerade viel Glück, er starb 30-jährig an einem mit Alkohol runtergespülten Drogencocktail – und auch er ist am eigenen Erbrochenen erstickt. **Bon Scott**, schottischer Sänger und Songwriter, der als Frontmann der australischen Rockband *AC/DC* Bekanntheit erlangte, starb mit 33 Jahren an einer Alkoholvergiftung, die mit Sicherheit nicht seine erste war. Gerüchteweise heißt es alternativ des Öfteren, er sei erfroren oder, wieder einmal, am eigenen Erbrochenen erstickt.

**Dennis Wilson**, Gründungsmitglied und Schlagzeuger der *Beach Boys*, ertrank 39-jährig im Yachthafen von Marina del Rey, Los Angeles. In seinem Blut fand man neben Alkohol Spuren von Valium und Kokain. **Kurt Cobain**, der Frontmann der Band *Nirvana* und ebenfalls eindeutig ein Problemtrinker, schoss sich 1994 mit einer Schrotflinte angeblich selber in den Kopf, nachdem Wochen zuvor sein versuchter Selbstmord mit einem Gemisch aus Beruhigungsmitteln und Alkohol gescheitert war. Damit war er übrigens das nächste, aber mit Sicherheit nicht das letzte Mitglied des Club 27 geworden. Die letzte Zeile seines Abschiedsbriefs war übrigens ein Zitat aus einem Neil-Young-Song: «*It is better to burn out than to fade away.*»

**Medizinisches Wunder.** Viele sind gestorben, noch mehr haben aber zum Glück überlebt, und manche von ihnen erlebten wirklich wilde Zeiten. Der Rhythmus- und Lead-Gitarrist der *Rolling Stones*, **Keith Richards**, hat jahrelang nach einer kurzen Morgengymnastik erst einmal die Whiskeyflasche zur Hand genommen und sich ein paar Schluck Bourbon gegönnt. Und zwar noch vor dem Frühstück. Sein ehemaliges Lieblingsgetränk hat er freilich schon vor vielen Jahren abgesetzt. Danach stieg er auf Wodka um. Sein Leben der Abstinenz zu verschreiben war für ihn kein Thema. Nach eigenem Bekunden aus gutem Grund: «Ich kann die düstere Phase meines Lebens, in der ich Heroin genommen habe, nur vergessen, indem ich permanent trinke.» Sein Bandkollege **Ron Wood** ließ selbst in seinen Sechzigern das Trinken noch nicht sein. Ähnlich **Ian Fraser «Lemmy» Kilmister**, der Gründer, Sänger, Songwriter und Bassist von *Motörhead*: Eine Flasche Jack Daniels würde er immer noch pro Tag trinken, erklärte er als 63-jähriger.

*«Alkohol ist der Treibstoff meiner Existenz. Ohne Alkohol keine Musik, ohne Alkohol kein Leben, ohne Alkohol kein Joe Cocker.»*

**Joe Cocker** kletterte in den 70er Jahren während seiner Auftritte sogar immer wieder mit einer Flasche Bourbon in der Hand auf die Bühne, während seine Fans im Zuschauerraum Wetten abschlossen, wie lange er sich dort oben würde halten können. Der Mann mit der einzigartigen Reibeisenstimme und der wohl seltsamsten Bühnengestik überhaupt war damals überzeugt: «Alkohol ist der Treibstoff meiner Existenz. Ohne Alkohol keine Musik, ohne Alkohol kein Leben, ohne Alkohol kein Joe Cocker.» Cocker war eine Zeitlang drauf und dran, sich zu Tode zu saufen, gilt aber als einer von wenigen Überlebenden der alten Trinkerriege mittlerweile als dauerhaft trocken.

Ein Kapitel für sich war und ist *Black Sabbath*-Sänger **Ozzy Osbourne**. Er hat nach eigenem Bekunden schon mit acht Jahren zu bechern begonnen und vernichtete in seinen besten, respektive eben schlechtesten Zeiten vier Flaschen Hennessy am Tag. Und hätte damit beinahe nicht nur sich selbst, sondern auch seine Frau ins Jenseits befördert, als er sie nämlich im Vollrausch zu erwürgen versuchte. Eine Fledermaus hatte weniger Glück. Der hat er im Rausch und auf der Bühne vor tausenden Fans tatsächlich den Kopf abgebissen. «Der Fürst der Finsternis», wie der legendäre Rocker oft genannt wurde, soll mittlerweile ebenfalls schon seit einiger Zeit trocken sein und gilt, weil er als Mittsechziger immer noch lebt, als medizinisches

Wunder. Weshalb der Überlebenskünstler seinen Körper ehrenwerterweise nach seinem Tod angeblich der Wissenschaft zur Verfügung stellen will.

Noch jünger als **Ozzy** zu saufen begonnen haben soll der charismatische Sänger und Songwriter **Shane MacGowan** von der irischen Band *The Pogues*. Bereits mit vier Jahren soll er erstmals Alkohol genippt haben und ab zehn mehr oder weniger ein Gewohnheitstrinker gewesen sein. Das Erstaunliche daran: Auch er lebt immer noch.

**Suff und Selbstzerstörung.** Die Zeiten haben sich in den letzten Jahren zweifellos zum Besseren verändert. Aber nicht so radikal, wie man das aufgrund der spärlicher gewordenen Berichte über die Exzesse von so manchem Star oder Superstar vielleicht vermuten würde. Vielmehr haben viele Rockheroen und Popgötter ihr vermeintlich drogenfreies oder nur dosiert skandalöses Leben heutzutage wohl zu einem guten Teil den besser denn je geölten PR-Maschinerien zu verdanken.

**Britney Spears** weiß ein Lied davon zu singen, wie karriereschädigend es sein kann, wenn man sich jahraus, jahrein nur noch in diversen Skandalchroniken und nicht mehr auf den Musikseiten wiederfindet. Der US-Superstar hat mit 11 die Sendung *Disney Club* moderiert und soll ebenfalls schon in sehr jungen Jahren, nämlich mit 13, harte Sachen en masse in sich hineingeschüttet haben. Ein kometenhafter Aufstieg in den Pop-Olymp gelang ihr trotzdem.

Am Höhepunkt des Ruhms drohte sie allerdings abzustürzen und vom blondmähnigen Sexsymbol zum kahlgeschorenen Wrack zu verkommen. Die Weltpresse berichtete ausführlich und bezeichnete Spears wiederholt sogar als selbstmordgefährdet. Manche suffbedingten Ausrutscher der Teenie-Ikone hatten es dabei wirklich in sich. So heiratete sie etwa Anfang Januar 2004 in Las Vegas um fünf Uhr morgens nach einem exzessiven Trinkgelage ihren Jugendfreund **Jason Alexander** – um sich dann ganze 55 Stunden später wieder scheiden zu lassen. Wiederholte Aufenthalte in auf Suchttherapien spezialisierten Rehabilitationszentren dürften aber schlussendlich ebenso ihre Wirkung gezeigt haben wie die Ratschläge neuer Berater; die zweifache Mutter konnte ihre Karriere jedenfalls erfolgreich fortsetzen.

***Bob Dylan versemmelte in seinen wildesten Zeiten alkoholbedingt angeblich jedes zweite Konzert.***

Wieder einmal war bewiesen: Die Amerikaner lieben tragische Schicksale und große Comebacks. Im Dezember 2012 wurde Britney Spears jedenfalls vom Wirtschaftsmagazin *Forbes* mit einem Jahreseinkommen von 58 Millionen USD als bestverdienende Sängerin der Welt benannt – ein Rang, der ihr das letzte Mal 2002 zugesprochen worden war.

Britische Pop-Titanen wie der *Beatles*-Schlagzeuger **Ringo Starr**, wie **Maurice Gibb** von den *Brothers Gibb*, also den *Bee Gees*, wie der Komponist, Pianist und Sänger **Elton John**, oder – um auch einen Vertreter der jüngeren Generation zu benennen – wie der Musiker und Entertainer **Robbie Williams**, dessen Album *Rudebox* dem Vernehmen nach ohne Alkohol nie entstanden wäre und dessen Brust ein offenherziges *Chacun à son gout* («Jeder nach seinem Geschmack») ziert – sie alle hatten ebenso massive Probleme mit ihren Trinkgewohnheiten wie viele ihrer US-amerikanischen Kollegen aus der Topliga der Musikindustrie.

Die Disco-, Jazz-, Pop- und Soul-Diva **Diana Ross** wurde gleich mehrfach einschlägig auffällig. Der «*Piano Man*» **Billy Joel** ebenso, so musste er etwa wegen seiner Alkoholkrankheit eine Reihe von Konzerten absagen lassen. Einer der wichtigsten Künstler des 20. Jahrhunderts, der schier rastlose Gigant der Folk- und Rockmusik, Dichter und Maler **Bob Dylan**, ließ wiederum zwar keine Konzerte ausfallen, versemmelte aber in seinen wildesten Zeiten alkoholbedingt angeblich jedes zweite davon. Der in den Niederlanden geborene **Eddie Van Halen**, *Bon-Jovi*-Gitarrist **Richie Sambora** oder der Ausnahmekünstler und weiße Rapper **Marshall Mathers** vulgo **Eminem** – die Liste von Superstars, für welche die populärste Droge aller

Zeiten zu einem kaum bezwingbaren Dämon geworden ist, lässt sich leicht und fast schon unbegrenzt verlängern.

**Opfer des Suffs.** Auch 2011 hat die Musikwelt, so wie praktisch jedes Jahr, wieder von einer ganzen Reihe von Ausnahmegrößen Abschied nehmen müssen, die ohne die populärste Droge der Welt wohl noch ein wenig länger gelebt hätten. Vom legendären schottischen Singer-Songwriter und leidenschaftlichen Trinker **Jackie Leven** etwa, der in der Tradition von Johnny Cash Suff, Wahn und Sehnsucht und damit die Pfeiler der Selbstzerstörung kenntnisreich beschrieb, oder von dessen Landsmann, dem mit *Baker Street* weltberühmt gewordenen **Gerry Rafferty**. Beide starben in ihren frühen Sechzigern.

***Amy Winehouse soll am Vorabend ihres Todes nur eines mit absoluter Gewissheit gewusst haben: dass sie ganz sicher nicht sterben wollte.***

Einem anderen Opfer des Suffs war weit weniger Zeit gegönnt: Die Soulsängerin **Amy Winehouse** starb mit 4,16 Promille im Blut und schaffte damit als nächster Superstar die Aufnahme in den legendären Club 27. In ihrem Zimmer waren drei leere Flaschen Wodka gefunden worden, zwei große und eine kleinere. Wie der gerichtsmedizinische Befund ergeben hat, waren trotz einer medial ausgiebig dokumentierten Drogenkarriere alle ihre Organe noch in gutem Zustand gewesen, darunter auch die Leber und das Herz. Und nach Auskunft ihrer Ärztin soll sie am Vorabend ihres Todes nur eines mit absoluter Gewissheit gewusst haben: dass sie ganz sicher nicht sterben wollte.

2012 kam dann der nächste Schock für viele Pop-Fans rund um den Globus: Die mit über 170 Millionen verkauften Tonträgern und über 400 Auszeichnungen erfolgreichste R&B-Diva aller Zeiten **Whitney Houston**, «The Voice», bezahlte ihre jahrelange Sucht mit dem Leben und verstarb mit nur 48 Jahren an einem Mix von Alkohol und Tabletten. Zurück blieben eine Tochter und ihr Mann **Bobby Brown**, der es ebenfalls immer wieder mit einschlägigen Ausrutschern in die Gazetten geschafft hatte.

Prominente und Stars geben heutzutage zwar üblicherweise nicht mehr zu, an der Flasche zu hängen, und sogar die meisten Helden der Popkultur leben ihre Liebe zum Alkohol mittlerweile in vielen Fällen im Verborgenen aus. Nur wenn sie beispielsweise wiederholt in der Öffentlichkeit schwer angeheitert für Zoff gesorgt haben, beim Einchecken in eine Suchtklinik oder in ein Krankenhaus fotografiert oder gar betrunken hinter dem Steuer eines Autos erwischt wurden, richtet sich das Augenmerk der Medien auf sie. Diejenigen, die wie beispielsweise der Skandalmusiker **Pete Doherty** gleich die ganze Palette der genannten Verfehlungen aufweisen können, werden so zum Dauergast in den Promi-Spalten der Boulevardpresse.

**Publicityträchtige Beichten.** Was aber sehr wohl immer noch *en vogue* ist: die Sünden der Vergangenheit öffentlich zu beichten, nachdem man den Entzug geschafft hat. Das sorgt für Gesprächsstoff und für Authentizität, denn ein Rock'n Roller-Leben ohne Sex und so ganz ohne Drugs, das geht selbst in puritanischen und gesundheitsbewussten Zeiten nicht.

«Ich habe jeden Tag eine Flasche Whiskey getrunken, weil ich mit Jim Morrison und Keith Richards mithalten wollte», bekannte etwa der Schockrocker **Alice Cooper** – 26 Jahre, nachdem der zum braven Kirchgänger und passionierten Golfspieler gewandelte einstige Bürgerschreck angeblich seinen letzten Schluck Alkohol getrunken hatte. Nicht immer dauert es so lange bis zum Geständnis. Beim Gitarristen und Musiker **Joe Walsh**, unter anderem Mitglied der legendären Westcoast-Band *Eagles*, wäre das schon rein rechnerisch ein Ding der Unmöglichkeit: «Ich war nur ein einziges Mal betrunken, aber das 30 Jahre lang.»

Der bereits erwähnte Rock-Dino Ozzy Osbourne, der dem Vernehmen nach seit ein paar Jahren ebenfalls trocken sein soll, will das sogar übertroffen haben: «Ich war 40 Jahre lang nur blau» erklärte er im Dezember

2009 in einem Interview, und dass ihn Langeweile und Stress abwechselnd zur Flasche hätten greifen lassen. Der deutsche Kultrocker **Udo Lindenberg**, der noch mit Mitte 50 zwei Flaschen Whisky am Tag geballert hat, nach eigenem Bekunden mittlerweile aber ebenfalls Alkohol «nur noch gezielt» konsumiert, benannte übrigens abwechselnd eine langandauernde Sinnkrise und das Aufwachsen in einer Familie, in der das Bechern eine Selbstverständlichkeit war, als Ursachen für seine exzessive Trinkerei.

Lukratives Image. Und da ist der Sänger und Schauspieler **Tom Waits**, einer der absoluten Superstars unter den Pichlern im Unterhaltungsbusiness der letzten 40 Jahre. Er darf natürlich in keiner ernstgemeinten Betrachtung zum Thema fehlen. Obwohl: Die vordergründig offenbar glasklare Verbindung von Tom Waits und Alkoholismus stimmt so nicht. Mehr noch: Eigentlich stimmt sie überhaupt nicht.

***Tom Waits hat seinen Ruf als selbstzerstörerischer Säufer nicht wirklich loszuwerden versucht, zumal dieser sich durchaus als verkaufsfördernd herausgestellt hat.***

Der Kalifornier hat sich zwar in ganz jungen Jahren tatsächlich oft und gewaltig vernichtet, aber er war andererseits angeblich noch keine 30, da soll er, ganz untypisch für die damalige Zeit, das Rauchen bereits zur Gänze aufgegeben und sich nur mehr ab und zu ein Glas Rotwein gegönnt haben. Und seit vielen Jahren trinkt er eigenem Bekunden nach rein gar nichts mehr. Wobei andere Quellen anderes berichten, denen zufolge soll er durchaus noch länger gern ab und zu ordentlich einen draufgemacht haben. Wie auch immer: Sein Image als selbstzerstörerischer Säufer hat er jedenfalls nicht wirklich loszuwerden versucht, zumal es sich durchaus als verkaufsfördernd herausgestellt hat. In Wahrheit lebt Waits aber mittlerweile seit vielen Jahren sehr gesundheitsbewusst mit Frau und Kindern irgendwo in den USA, auf dem Land, ohne Exzesse und ganz anders, als die halbe Welt glaubt.

Der Entertainer, Sänger und Schauspieler **Dean Martin** hat sein Trinkerimage übrigens ebenfalls publicityträchtig gepflegt. Wenn er bei seinen Auftritten in Las Vegas auf der Bühne ein Glas nach dem anderen gekippt und den Angeheiterten gespielt hat, dann war das in aller Regel bloß Teil der Show. Der Entertainer genehmigte sich da nämlich nicht etwa einen Whiskey nach dem anderen, sondern ausschließlich Apfelsaft. Freilich nicht etwa, weil er abstinent gelebt hat, ganz im Gegenteil: Der alte Haudegen hat sich nur geschont, weil er für die fast tagtägliche und im Regelfall schwer alkoholgetränkte Sause später am Abend, meist gemeinsam mit seinen *Rat-Pack*-Kumpeln, noch fit sein wollte.

Ein anderer Ausnahmekönner aus dem Pop-Olymp, **Rod Stewart**, macht aus seinem Laster genauso wenig ein Geheimnis. Und wurde trotzdem in der Öffentlichkeit nie zum Alkoholiker abgestempelt. Der Ausstieg aus der Trinkerlaufbahn, so hat er einmal in einem Interview recht unmissverständlich klargestellt, sei für ihn definitiv kein Ziel: «Ich werde nicht mit dem Saufen aufhören, solange ich lebe, dafür ist mir dieses grandiose Gefühl des Rausches einfach zu wichtig.»

*I have to think hard to name an interesting man who does not drink.**

Richard Burton (1925–1984), britischer Schauspieler

## Erfolgreiche Schauspieler
# Bestens funktionierende Alkoholiker

**Jack Pickford**, **Buster Keaton**, **John Gilbert**, **Robert Newton**, **John Wayne**, **Errol Flynn**, **William Holden**, **Lex Barker**, **Humphrey Bogart**, **James Dean**, **Orson Welles**, **Tony Curtis**, **George C. Scott**, **Richard Burton**, **Richard Harris**, **John Cassavetes**, **Leonard Nimoy**, **William Shatner**, **Peter O'Toole**, **Anthony Hopkins**, **Dennis Hopper**, **Chevy Chase**, **Richard Dreyfuss**, **Michael Douglas**, **Bill Murray**, **Malcolm McDowell**, **Nick Nolte**, **Gary Busey**, **Mickey Rourke**, **Robin Williams**, **Mel Gibson**, **Samuel L. Jackson**, **David Hasselhoff**, **Patrick Swayze**, **Dennis Quaid**, **Tom Sizemore**, **Gary Oldman**, **John Goodman**, **Billy Bob Thornton**, **Jean Claude van Damme**, **Philip Seymour Hoffman**, **Robert Downey jr.**, **Kiefer Sutherland**, **Charlie Sheen**, **Christian Slater**, **David Arquette**, **Gerald Butler**, **Colin Farrell**, **Ben Affleck**, **Joaquin Phoenix**, **Tobey Maguire**, **Matthew Perry**, **Jonathan Rhys Meyers**, **Chris Klein**, **Haley Joel Osment**, aber auch eine große Anzahl weiblicher Stars und Superstars wie **Nita Naldi**, **Mae West**, **Tallulah Bankhead** (ihr letztes Wort war «Bourbon»), **Judy Garland**, die Femme fatale **Marlene Dietrich**, das wohl größte Sexsymbol ihrer Zeit (und vielleicht sogar aller Zeiten) **Marilyn Monroe**, **Ava Gardner**, die «schönste Frau der Welt», **Elizabeth Taylor**, angeblich ebenfalls «die schönste Frau der Welt», **Mary Tyler Moore**, **Liza Minnelli**, **Ali MacGraw**, **Melanie**

---

* Ich muss scharf nachdenken, um einen interessanten Mann nennen zu können, der nicht trinkt.

**Griffith**, **Kirstie Alley**, **Carrie Fisher**, **Brigitte Nielsen**, **Jessica Simpson** und **Lindsay Lohan**, die bereits in einem Alter bei den Anonymen Alkoholikern Stammgast war, in dem sie in den USA noch nicht einmal auch nur ein kleines Bier hätte trinken dürfen – all diesen und noch vielen anderen Hollywoodstars wurden mehr oder weniger große Probleme mit dem Suff nachgesagt. Erstaunlich daran: Unglaublich viele Mitglieder der A-Liga der Traumfabrik waren das, was man landläufig als «bestens funktionierende Alkoholiker» bezeichnet. Und haben sich als solche über weite Strecken ihres Lebens im Celebrity-Olymp halten können, trotz oft jahrzehntelanger Trinkerkarrieren.

**Larry Hagman**, der spätestens als fieser Ölbaron **J.R. Ewing** weltberühmt geworden ist, war dafür fast schon ein idealtypisches Beispiel. Er hat nach eigenen Angaben 50 Jahre lang gesoffen, und das natürlich auch während der Dreharbeiten und in rauen Mengen. Bis zu fünf Flaschen Champagner soll er pro Tag vernichtet haben. Der BBC gegenüber hat er einmal erklärt: «Ich war immer betrunken, die ganze Zeit über, während wir *Bezaubernde Jeannie* und während wir *Dallas* gemacht haben, die ganze Zeit.» Den Tod vor Augen, gerettet nur durch eine Lebertransplantation, ließ er das exzessive Zechen 1995 sein.

2003 musste ihm ein Teil seines Spenderorgans allerdings wieder entfernt werden; es hieß, Hagman hätte zwischenzeitlich wieder zur Flasche gegriffen. Die Ärzte gaben ihn auf, er sich selber aber nicht. Er wurde wieder trocken. Wer eines der geistreichen und witzigen Interviews gelesen hat, die er als fast 80-Jähriger noch gegeben hat, weiß: Selbst was die durch die Droge normalerweise bedingten Gehirnschädigungen betrifft, scheinen Ausnahmen die Regel zu bestätigen. Hagman starb mit 81, offenbar an Rachenkrebs. Ob als Spätfolge seines Trinkens oder nicht, ist nicht bekannt.

**Sündenbabel Hollywood.** Die Liste der ganz großen, nur großen und immer noch großen Hollywood-Superstars, die von den ersten Anfängen des Filmgeschäfts bis heute immer wieder auch dadurch aufgefallen sind, dass sie aufgrund ihres Nahverhältnisses zu Whiskey, Wodka & Co. Produktionen geschmissen und Sessel durch die Gegend geschleudert haben oder in Hotelbars vom Hocker fielen und deswegen schlussendlich in einer Suchtklinik einchecken mussten, ist sehr lang. Und diejenige der großartigen Schauspieler, die dem unendlich großen Druck in der Branche nur mit Unterstützung der besten Ärzte, Psychologen und Psychiater so standhalten konnten, dass sie nicht ebenfalls immer wieder in der *Yellow Press* Gegenstand der Berichterstattung geworden sind, um nichts kürzer. Am längsten ist aber ganz bestimmt die Liste mit den Namen jener, die den Durchbruch erst gar nicht geschafft haben und daher von der Öffentlichkeit unbeachtet ihren Frust in Hochprozentigem ertränken konnten.

***W.C. Fields sagte man nach, er habe im Alter zu Hause immer Alkohol im Wert von 20 000 Dollar gelagert, aus Angst vor einer neuen Prohibition.***

Besonders in den Anfangszeiten ging es in der aufstrebenden Filmstadt zu wie in Sodom und Gomorrha. Ein Skandal jagte den nächsten. Exzessiver Drogen- und Alkoholkonsum war an der Tagesordnung; Stars und Starlets, die ihre Sucht mit dem Leben bezahlten, waren nichts Ungewöhnliches.

Ein besonders tragisches Schicksal war das von **Roscoe «Fatty» Arbuckle**. Der Komödiant, der als größter Star und bestbezahlter Schauspieler seiner Zeit gehandelt wurde, stürzte über Nacht ins Bodenlose. Er wurde beschuldigt, im Vollrausch bei einer ausschweifenden Party das Starlet **Virginia Rappe** vergewaltigt und dabei so verletzt zu haben, dass sie vier Tage später an einem Blasenriss starb. Arbuckle kam vor Gericht – und wurde freigesprochen. Für schuldig erklärt hat ihn freilich das Publikum, indem es seine Filme fortan mied. Der ehemalige Frontmann des Stummfilms, der **Buster Keaton** entdeckt und dessen Karriere in Gang gebracht hatte und der zu seinen besten Zeiten populärer war als **Charlie Chaplin**, starb elf Jahre später, alkohol- und heroinabhängig, an einem Herzinfarkt.

Ein bemerkenswerter Sonderfall einer Trinkerkarriere war die von **W.C. Fields**. Der Komödiant hatte auf der Bühne – und ab Mitte der 1920er Jahre zudem in zahlreichen Filmen – immer wieder einen meist übel gelaunten Betrunkenen gespielt und es damit zu großer Berühmtheit gebracht, gebracht sowie im Privatleben ebenso einen außergewöhnlich feuchten Lebensstil gepflegt.

Man sagte ihm nach, er habe im fortgeschrittenen Alter zu Hause immer Alkohol im Werte von 20 000 Dollar gelagert, aus Angst, die Prohibition könnte wieder eingeführt werden. Nur an eines konnte sich nie jemand erinnern: dass Fields bei der Arbeit auch nur ein einziges Glas gekippt hätte.

Ebenfalls eng mit der Trunksucht verbunden war das Schicksal der Barrymores: Großvater **John Barrymore** entstammte einer der berühmtesten und erfolgreichsten Schauspielerdynastien Amerikas und galt zu Recht als einer der bestaussehenden Stars seiner Zeit. Allerdings war er in seinen späten Jahren als schwerer Alkoholiker nur mehr ein Abziehbild seiner selbst. Seine Tochter **Diana Barrymore**, ebenfalls dem Suff verfallen, beschrieb ihn 1957 in ihrer Biografie (verfilmt mit dem ebenfalls legendären Säufer Errol Flynn) wenig schmeichelhaft als krankhaften Egomanen. Und seine Enkelin **Drew Barrymore**, einer der größten Hollywoodstars von heute, machte bereits als Kind mit Alkohol- und Drogen-Eskapaden von sich reden. Wobei gerade sie es war, die mittlerweile den Beweis geliefert hat, dass es auch anders geht: Die seit 2012 glücklich verheiratete Mutter einer Tochter gilt seit langem schon als absolute Ausnahmeerscheinung in puncto Trinken, sprich als eine der wenigen, die offenbar in der Tat den Weg zurück dauerhaft geschafft zu haben scheint und clean ist.

Der Starruhm sowie der damit verbundene Erfolgsdruck haben natürlich nicht nur in den USA jede Menge Alkoholiker hervorgebracht. Mehr oder weniger in aller Herren Länder, in denen Filme gedreht und Schnapsflaschen geöffnet werden dürfen, haben sich jede Menge Schauspieler und Schauspielerinnen gern und oft die Kante gegeben.

Warum die trinkenden Leinwandhelden aus der Bundesrepublik in aller Regel nicht den einschlägigen Kultstatus mancher amerikanischer Kollegen erreicht haben, bleibt offen. Beim legendären Sänger und Schauspieler der Frühzeit des deutschen Films, **Hans Albers** («*Auf der Reeperbahn nachts um halb eins*»), war es wohl die Geheimniskrämerei, die um seine Sucht gemacht wurde, wie bei vielen Großen früherer Generationen. Und bei den großen Namen der Gegenwart, die Medienberichten zufolge in der Vergangenheit immer wieder mal gern mal zur Flasche gegriffen haben, von **Otto Sander** und **Robert Atzorn** bis zu **Heiner Lauterbach** und **Martin Semmelrogge**, dürfte ganz einfach der Zug Richtung Verderben nicht groß und spektakulär genug gewesen sein. Immerhin behaupten ja praktisch alle lebenden Stars mehr oder weniger glaubhaft, mittlerweile trocken zu sein.

***Heute halten sich auch die bundesdeutschen Stars und Sternchen eher sehr bedeckt, was Alkohol- und Drogenmissbrauch betrifft.***

Einer war freilich die Ausnahme von der Regel. Der Schauspieler, Sänger und Entertainer **Harald Juhnke** hat seine Sucht sogar richtiggehend in der Öffentlichkeit zelebriert und aus seiner Begeisterung für Wein, Bier und Schnaps, vor allem für Wodka, nie ein Geheimnis gemacht. Durch seine oftmals schlagzeilenträchtigen Eskapaden ist er im deutschsprachigen Raum im Verlauf von ein paar Jahrzehnten geradezu zur Ikone des nichtanonymen Alkoholikers avanciert.

Schon 1959 hatte er sich angetrunken eine Verfolgungsjagd und Handgreiflichkeiten mit der Berliner Polizei geliefert und dies mit einem mehrmonatigen Gefängnisaufenthalt büßen müssen. Der Berliner Star wurde zwar von der Boulevardpresse für seine Alkoholexzesse immer wieder medial geprügelt, für das Volk und vor allem für diejenigen, die selber gerne mal einen heben, war er aber ein Idol. Noch Mitte der 90er Jahre zitierte er augenzwinkernd eine Liedzeile von **Hildegard Knef**: «Mich haut kein Rum wirklich um». Was sich allerdings als fataler Irrtum erweisen sollte. Die letzten Jahre vegetierte er, als Folge seiner maßlosen Trunksucht, völlig geistesabwesend in einer Klinik in der Nähe Berlins vor sich hin. Gestorben ist er schließlich 2005, nach Angaben seiner Frau eindeutig an den Folgen seiner chronischen Erkrankung.

Auch deutschsprachige Schauspielerinnen wurden immer wieder mit Alkoholmissbrauch in Verbindung gebracht. Eine der ersten, deren Sucht offensichtlich war und die ihr exzessives Leben hemmungslos obendrein in der Öffentlichkeit inszenierte, war die Tänzerin und Schauspielerin **Anita Berber**, der Inbegriff des Vamps der 1920er Jahre. Sie trank angeblich eine Flasche Cognac pro Tag, genehmigte sich Kokain und Morphium in rauen Mengen und produzierte nüchtern und im Rausch einen Skandal nach dem anderen. Prügeleien, Prostitution und homosexuelle Partnerschaften inklusive. Geschwächt durch den jahrelangen Drogenmissbrauch verstarb sie 29-jährig an Tuberkulose.

Heute halten sich auch die bundesdeutschen Stars und Sternchen eher sehr bedeckt, was Alkohol- und Drogenmissbrauch betrifft. Und so erfahren selbst die hartgesottensten Fans oft erst nach dem Tod ihrer Idole von deren Laster. Bei den jung Verstorbenen erfolgt das Ableben recht häufig nicht unfreiwillig. Ob die vielgepriesene Schauspielerin **Jennifer Nitsch** mit 37 im Vollrausch absichtlich oder unabsichtlich vom Dach ihrer Münchner Wohnung im vierten Stock gestürzt ist, wurde nie geklärt; dass **Silvia Seidel**, einst stark bewunderter Serienstar, einsam, verlassen und in finanziellen Nöten mit nur 42 Jahren Selbstmord beging, wurde nie dementiert. Von massiven Alkoholproblemen war freilich auch bei der früheren TV-Ballerina die Rede.

**Genies und Promille-Rekorde.** Der als Jahrhundertgenie gefeierte österreichische Schauspieler **Oscar Werner** hat ebenfalls sehr heftig dem Alkohol zugesprochen. Schon als gerade entdecktes Wunderkind hat er es in der

Kantine des Wiener Burgtheaters gemeinsam mit seinem großen schauspielerischen Vorbild, dem von ihm später liebevoll als «Trunkenbold» bezeichneten Theatergiganten **Werner Krauß**, ordentlich krachen lassen. Der gebürtige Wiener war ein Musterbeispiel eines Exzentrikers. Oscar Werner hatte es international zu hohem künstlerischen Ansehen und großer Bekanntheit gebracht, ging aber letztlich an seinen Depressionen und Alkoholproblemen zugrunde. Im Verlauf der Jahre hat der Ausnahmekünstler über 300 ihm angebotene Drehbücher als «Verrat am guten Geschmack» abgelehnt. Und seine Einsamkeit – in Kremser Wirtshäusern und später in seinem Liechtensteiner Haus – lieber mit Unmengen Alkohol runterzuspülen versucht, als sich von Hollywood vereinnahmen zu lassen.

Ein ebenfalls bemerkenswertes Schicksal hatte auch ein anderer Österreicher, der zumindest zwischenzeitlich in den internationalen Filmolymp vorstoßen konnte: **Helmut Berger**, einst Lieblingsschauspieler und Lebensgefährte des italienischen Meisterregisseurs **Luchino Visconti**. Nach dem Tod seines Mentors geriet Berger in eine tiefe persönliche Krise, aus der er sich langfristig zumindest in puncto Alkoholkonsum nie wieder ganz erholen sollte. Nach jahrelangem Dolce Vita in Rom zog er sich verarmt nach Salzburg zurück.

***«Ich möchte drei Monate lang sturzbetrunken sein. Und dann einfach explodieren», hat Gérard Depardieu in einem Interview einmal philosophiert.***

**Bruno Ganz**, einer der größten Schweizer Schauspieler der letzten Jahrzehnte – und zwar auf der Bühne ebenso wie auf der Leinwand – war ebenfalls jahrelang der auch bei vielen seiner Landsleute sehr beliebten Droge völlig verfallen. «Ich konnte ohne Alkohol nicht mehr frühstücken» bekannte er ungewöhnlich offenherzig im Herbst 2010 gegenüber den Medien. Nach unzähligen gescheiterten Versuchen, die Sucht in den Griff zu kriegen, ist der hochangesehene Iffland-Ring-Träger aber nach eigenen

Angaben gerade noch rechtzeitig bei den Anonymen Alkoholikern und damit im Trockenen gelandet.

**Der grosse Durst der Grande Nation.** In Frankreich hat man traditionellerweise ein recht lockeres Verhältnis zum Umgang mit der Volksdroge Nummer eins und dazu, was Missbrauch ist und was nicht. Das bewies nicht nur das Schicksal der bereits erwähnten Edith Piaf. Auch Frankreichs Superstar **Gérard Depardieu**, im Nebenberuf Winzer, ist als einer von vielen Künstlern der *Grande Nation* wiederholt durch Alkoholprobleme aufgefallen, etwa als er einmal mit 2,55 Promille im Blut einen Motorradunfall verursacht hat oder als er ein anderes Mal mit 1,8 Promille mit seinem Roller zu Sturz kam.

Karrieretechnisch geschadet haben ihm seine Ausrutscher freilich nicht wirklich. «Es gibt da eine tiefe Sehnsucht, die meiner Natur völlig entspricht und der ich bisher noch nicht nachgegeben habe. Ich möchte drei Monate lang sturzbetrunken sein. Und dann einfach explodieren», hat er in einem Interview einmal philosophiert. Bei Depardieu scheint das Problem einmal mehr in der Familie zu liegen: Sein Vater war unzweifelhaft ein Alkoholiker, und sein mittlerweile verstorbener Sohn **Guillaume** hatte ebenfalls massive Schwierigkeiten im Umgang mit Wein und Co.

**Tod in Paris.** Und man muss nicht aus Frankreich und ein Kerl sein, um in Paris in den Filmhimmel gehoben zu werden und mit dem Alkohol unterzugehen. Zwei Beispiele: Die gebürtige Österreicherin **Romy Schneider**, Superstar des französischen und des deutschsprachigen Films ihrer Zeit, hatte zwar zuletzt nur mehr eine Niere, aber dennoch weiter und weiter getrunken, und das bis zum bitteren Ende. Und die Amerikanerin **Jean Seberg**, die es zu einem der Topstars der *Nouvelle Vague* gebracht hatte, wurde der Fama nach mit sagenhaften 7,94 Promille und einem Whiskey-Tabletten-Cocktail im Blut gerade einmal 40-jährig unter rätselhaften Umständen in Paris in ihrem Auto tot aufgefunden.

Es bedurfte übrigens nicht des gewaltigen Erfolgsdrucks der modernen Kinematographie, damit sich herausragende Schauspieler genötigt sahen, Trost im Alkohol zu suchen: Schon **Charlotte Clark**, die bekannteste Schauspielerin im England des 18. Jahrhunderts, war zu ihrer Zeit als Trinkerin nicht viel weniger bekannt denn als Künstlerin.

*Sometimes when you're drunk, you can see better.**

*I stopped drinking only a few months ago –*
*and not drinking is like a new drug.*
*I go from one extreme to the other.***

Damien Hirst (*1965),
Maler, Bildhauer und Konzeptkünstler

## Herausragende bildnerische Künstler

# Mit Sprit in Fahrt

Immer wieder fühlten sich auch viele bildnerische Künstler offenbar nicht einzig und allein im Rausch der Farben zu Hause. Heute und damals und praktisch überall auf der Welt. **Wang Xizhi**, einer der bedeutendsten Kalligraphen im alten China, lebte etwa im vierten Jahrhundert nach Christus im alten China und war ein Superstar seines Gewerbes sowie ein großer Trinker. Sein berühmtestes Werk, das *Lanting Xu* («Das Vorwort zur Zusammenkunft am Orchideenpavillon») soll er ordentlich beschickert geschrieben beziehungsweise gemalt haben. Und nüchtern hat er es offenbar oft zu verbessern versucht. Woran er allerdings regelmäßig scheiterte. Denn das ursprüngliche Schriftstück war so großartig geraten, dass sich der chinesische Kaiser mit eben diesem sogar begraben ließ. Obwohl keines seiner mehreren tausend Meisterwerke erhalten blieb, ist Wang Xizhis Name nie in Vergessenheit geraten. Mehr noch: Sein Stil gilt bis heute als vorbildlich und wird immer noch an jeder guten Kalligraphieschule gelehrt.

---

* Manchmal sieht man einfach besser, wenn man betrunken ist.

** Ich habe erst vor ein paar Monaten zu trinken aufgehört – und nicht zu trinken ist wie eine neue Droge. Ich gehe von einem Extrem zum anderen.

Seit dem 17. Jahrhundert ist das Zusammenspiel von großer darstellender Kunst und Wein, Bier und Co. dagegen einigermaßen gut dokumentiert. In puncto historische Quellen ebenso wie in Bezug auf die von schweren Trinkern geschaffenen Meisterwerke. Der weltberühmte niederländische Maler und Zeichner **Rembrandt van Rijn** war beispielsweise ein klassischer Säufer. Mit 36 Jahren, nach dem Tod seiner ersten Frau, soll er mit dem Trinken so richtig losgelegt haben. Bei seinem Kollegen **Jan Steen**, einem Meister des holländischen Genrebildes, war das Bechern wiederum praktisch eine Berufskrankheit. Immerhin war der nicht nur ein begnadeter Maler, sondern zudem Sohn eines Brauers und sein halbes Leben als Schankwirt tätig. Und angeblich selbst sein bester Gast. Ebenfalls aus Holland und im höheren Alter praktisch jede Nacht betrunken war einer der Vorgänger der beiden, der berühmte Porträtmaler **Frans Hals**. Dessen Schüler, der schon in seinen frühen Dreißigern an der Pest verstorbene **Adriaen Brouwer**, ließ sich dem Vernehmen nach nicht viel weniger oft und gern vollaufen. Und viele andere niederländische bildnerische Künstler des sogenannten Goldenen Zeitalters auch.

Der große spanische (Hof-)Maler und Grafiker **Francisco de Goya** wiederum ist angeblich erst zum Alkoholiker geworden, nachdem er sich vor der Inquisition hatte verantworten müssen. Sein Vergehen: Er schuf das erste Aktbild in der spanischen Geschichte, auf dem Schamhaar zu sehen war. Selbst wenn das so historisch nicht unbedingt lupenrein verbürgt sein sollte, eine tolle Anekdote ist es allemal, und dass Goya gesoffen hat, ist jedenfalls sicher.

**Fatale Grüne Fee.** Der heute wohl international bekannteste und beliebteste Maler aller Zeiten, der überaus produktive niederländische Post-Impressionist Vincent van Gogh, war desgleichen eindeutig und unzweifelhaft jahrelang ein schlimmer Schluckspecht, samt Selbsterkenntnis und freiwilligem Entzug. Van Gogh war wie so viele Künstler seines Zeitalters der seinerzeit ungeheuer populären Wermut-Spirituose Absinthe verfallen, und zwar mit Haut und Haar. Auch in der Nacht, als er sich einen Teil seines linken Ohrs abgeschnitten und einer Prostituierten zur Aufbewahrung übergeben hat, soll sie im Spiel gewesen sein, ganz sicher ist das freilich nicht. Zumal er da bereits auf dem Land in Arles lebte und weniger getrunken haben soll als noch während seiner Pariser Tage. Mit anderen Worten: Es hätte durchaus auch ein psychotischer Schub gewesen sein können, der ihn zur Wahnsinnstat veranlasste.

Der Selbstverstümmelung vorangegangen war übrigens ein Streit mit einem anderen Maler, mit dem er damals kurz unter einem Dach gewohnt hatte und der sogar völlig unzweifelhaft ein Alkoholiker war: der Franzose **Paul Gauguin**, der mit Mitte 50 trotz unzähliger Geliebter und zahlreicher Kinder einsam, syphiliskrank und angeblich an einer Überdosis Morphium auf einer Südsee-Insel verstorben ist.

***Dass Toulouse-Lautrec seine täglichen Rationen der Grünen Fee nicht mit Wasser, sondern mit Cognac verdünnte, dürfte nicht lebensverlängernd gewirkt haben.***

Beim Tod des spätimpressionistischen Malers, Grafikers und Bohemiens **Henri Toulouse-Lautrec** spielte das Modegetränk der damaligen Zeit, der Absinthe, ebenfalls eine große Rolle. Der kleinwüchsige Adelige starb nur 36-jährig an der Alkoholkrankheit. Dass er seine täglichen Rationen der Grünen Fee nicht mit Wasser, sondern mit Cognac verdünnte, dürfte dabei nicht lebensverlängernd gewirkt haben.

Selbst **Pablo Picasso**, der bekannteste Maler des 20. Jahrhunderts, hat übrigens gerne Absinthe getrunken, allerdings gewusst, wann es genug war. Verewigt hat er die Spirituose jedenfalls gleich mehrmals. Denn so wie einschlägig vorbelastete Schriftsteller oft und gern übers Saufen schreiben, setzen sich bildnerische Künstler mit einem Faible für die vermeintlichen Segnungen des Alkohols ebenso gerne in ihrer Arbeit mit dem Suff und all seinen Facetten auseinander. Drei Beispiele von vielen zum Thema

Grüne Fee sind etwa **Edouard Manets** *Absinthe-Trinker* (1859), **Edgar Degas'** *Absinthe* (1876) und eben Picassos *Absinthe-Trinkerin* (1901).

**Abstrakte Bilder, reale Tragödien.** Der Norweger **Edvard Munch**, der aufgrund einer bipolaren Störung immer wieder in diversen Kliniken behandelt werden musste und dem seine Freundin bei einem Streit ein Fingerglied der linken Hand abgeschossen hat, war dem Alkohol in höchstem Maße zugetan. Der italienische Maler, Grafiker und Bildhauer **Amedeo Modigliani** ist ebenso wie sein französischer Freund **Maurice Utrillo**, der schon mit 19 in eine Trinkerheilanstalt eingewiesen worden war, ein Säufer gewesen.

**Frida Kahlo**, die berühmteste Malerin Mexikos, die bereits zu Lebzeiten als Mythos gegolten hat, griff aufgrund unerträglicher seelischer und körperlicher Schmerzen viel zu oft zur Flasche. Und der weltberühmte Ire **Francis Bacon**, der wohl wichtigste und teuerste britische Maler des 20. Jahrhunderts, hat hemmungslos und exzessiv gelebt und ebenfalls unglaublich viel gebechert. Selbst nachdem ihm eine Niere entfernt werden musste, hat er das Trinken nicht sein lassen. Im Unterschied zu vielen seiner Kollegen war der Großmeister des Figurativen aber trotz seiner Sucht für sein diszipliniertes Arbeiten bekannt und wurde 82 Jahre alt.

Deutschlands Maler blieben keine Ausnahme. Der weltbekannte Expressionist **Ernst Ludwig Kirchner** war Alkoholiker und obendrein noch dazu drogensüchtig. Wie so viele seiner Kollegen vor und nach ihm übrigens auch. Der Grafiker, Maler und Fotograf **Wolfgang Otto Schulz**, kurz **Wols**, einer der wichtigsten Wegbereiter der Kunstrichtung des *Informel*, soll überhaupt erst nach dem Konsum von zumindest einem Liter Schnaps in der Lage gewesen sein zu arbeiten. Ähnlich der Hamburger Zeichner **Horst Janssen**; er soll ebenfalls jede Menge Sprit gebraucht haben, um künstlerisch ordentlich in Fahrt zu kommen. Der international bestens renommierte Maler, Bildhauer sowie Installations- und Performance-Künstler **Martin Kippenberger**, ein Vertreter der «Neuen Wilden», war ein bekannter Trinker und ist mit nur 44 Jahren an Leberkrebs verstorben. Und **Blinky**

**Palermo**, ebenso hochbegabter wie schriller Schüler von **Joseph Beuys** und unzweifelhaft ein Alkoholiker, noch jünger, nämlich mit bloß 33 Jahren. Er verabschiedete sich allerdings unter bis heute nicht geklärten Umständen und auf den Malediven von dieser Welt. Was den Schönling seinerzeit über Nacht zu einer Art James Dean der deutschen Kunst werden ließ.

Und natürlich die Vereinigten Staaten von Amerika. Dort findet man auf der Liste der bildnerischen Künstler, die dem Alkohol verfallen sind, gleichermaßen jede Menge bekannter Namen. Unter den Vertretern der New Yorker Schule des Abstrakten Expressionismus dürfte der Alkoholmissbrauch überhaupt völlig alltäglich gewesen sein. Selbstverständlich, keine Frage, hat er dort und anderswo auch Opfer gefordert. Der lettisch-amerikanische Großmeister der lyrischen Abstraktion und Wegbereiter der Farbfeldmalerei, **Mark Rothko**, litt etwa nicht nur am Suff, sondern zudem an Depressionen und unter Beziehungsproblemen. Und zwar so schlimm, dass er sich eines Tages mit Schlaftabletten vollpumpte und sich in seinem Atelier die Pulsadern aufschnitt.

***Robert Rauschenberg, der sich täglich fast eineinhalb Liter Jack Daniels gegönnt haben soll, wurde sogar 82.***

Die Alkoholsucht von **Jackson Pollock**, dem Begründer des *Action Painting*, war noch viel dramatischer. Die amerikanische Ikone, dessen Werk *No. 5* mit einem Preis von 140 Millionen Dollar als teuerstes Bild aller Zeiten den Besitzer wechselte, baute mit zwei jungen Frauen als Begleiterinnen und Alkohol im Blut einen nicht nur für ihn tödlichen Autounfall. Da war er gerade einmal 44 Jahre alt und hatte seit geraumer Zeit schon nur mehr sporadisch gearbeitet. Sein Saufkumpane und späterer Rivale **Willem de Kooning** hingegen wurde trotz zahlreicher einschlägiger Eskapaden und einer Alzheimerkrankheit fast schon biblische 92 Jahre alt. Vielleicht deswegen, weil er wenigstens noch mit Mitte 70 abstinent geworden war. Auch **Robert Motherwell**, wie de Kooning einer der wichtigsten Vertreter des amerikanischen Abstrakten Expressionismus und des Action Painting zugleich, starb nicht den Tod eines Outcasts, sondern nach einem jahrelangen Leidensweg in seinen Siebzigern an einem Herzinfarkt. Einer der wichtigsten Maler, Grafiker und Objektkünstler der USA, der Pop-Art-Titan **Robert Rauschenberg**, der sich lange Zeit täglich fast eineinhalb Liter Jack Daniels gegönnt haben soll, wurde sogar 82, ehe ihn eine Lungenentzündung das Leben kostete. Allerdings hatte er da gesundheitlich schon einiges mitgemacht. Ein Schlaganfall hatte ihn halbseitig gelähmt und jahrelang an den Rollstuhl gefesselt.

Geregelter Rausch. Selbst wenn seit den wilden Zeiten der genannten Superstars der Malerei das Saufen ein wenig aus der Mode geraten zu sein scheint, getrunken wird in der Welt der bildenden Kunst natürlich immer noch mehr als genug. Stellvertretend für viele aus der jüngeren Generation der trinkenden amerikanischen bildnerischen Künstler sei der in den USA überaus populäre und 2012 mit 54 Jahren an einem Cocktail aus Alkohol und Valium verstorbene Kitsch-Maler **Thomas Kinkade** genannt.

***Das neue Credo von Damien Hirst ist unmissverständlich: «Alles ist nüchtern besser.»***

Heftig dem Suff zugesprochen haben schon seit jeher die Engländer. Drei Beispiele von vielen: **Lucian Freud**, erwiesenermaßen Vater von 14 und gerüchteweise Vater von bis zu 40 Kindern und einer der bedeutendsten realistischen Maler des 20. Jahrhunderts, ließ es ebenso oft und gern ordentlich krachen wie sein Freund **Frank Auerbach** oder wie einer seiner größten Bewunderer, **Damien Hirst**.

Der war in den 1990er Jahren nicht nur als Hauptvertreter der *Young British Artists*, sondern über ein Dezennium hindurch praktisch jederzeit für einen Exzess oder Skandal gut, regelmäßige Sauftouren von Freitagabend bis bis Sonntag früh inklusive. Heute gilt Hirst, der unter anderem mit einem in Formaldehyd eingelegtem Haifisch und einem mit Diamanten besetzten Totenkopf berühmt wurde, als der bekannteste sowie reichste Künstler Englands, wenn nicht gar der ganzen Welt. Und als geläutert. Der einstige Bürgerschreck will sich nämlich mit Mitte 40 dauerhaft vom Säufer und Drogenkonsumenten zum Abstinenzler gewandelt haben und beteuert, seit Jahren von Alkohol, Kokain und Co. die Finger zu lassen. Sein neues Credo ist unmissverständlich: «Alles ist nüchtern besser.»

Viele seiner Kollegen sehen das freilich nach wie vor anders. Ihnen erscheint das Verhältnis zwischen den Gefahren des Trinkens und seinen Verheißungen nach wie vor nicht gerade unattraktiv. Und manche machen auch gar kein Geheimnis daraus.

**Hermann Nitsch**, einer der erfolgreichsten österreichischen Künstler der letzten Jahrzehnte und ein bekennender Trinker wie seine nicht weniger bekannten Landsleute und Kollegen, der mittlerweile verstorbene **Franz West** und **Christian Ludwig Attersee**, formulierte es in einem Interview mit dem Nachrichtenmagazin *Profil* und in Anlehnung an den großen Paracelsus vor ein paar Jahren so: «Die Dosis ist die Droge.» Der Aktionist, Maler und Nebenerwerbswinzer gab sich sicher: Alkoholgenuss «in Maßen», sowie der «geregelte Rausch» würden das Vorstellungsvermögen beleben. Sein Fazit war daher unmissverständlich: «Unter Alkoholeinfluss wurde in meinem Künstlerleben das Schöpferische eindeutig aktiviert.»

*I spent a lot of my money on booze,*
*birds and fast cars. The rest I just squandered.**

George «Georgie» Best (1946–2005),
nordirische Fußball-Legende

## Legendäre Sportler und der Suff

# Alles oder nichts

Es mag auf den ersten Blick verwundern, ist aber eine Tatsache: Eine ganze Reihe von herausragenden Athleten konnte sich der verhängnisvollen Anziehungskraft und damit der zerstörerischen Wirkung der mächtigsten Droge der Welt ebenfalls nicht entziehen. Permanenter Leistungsdruck, tödliche Langeweile abseits der Wettkämpfe und die Verlockungen des Dopings sind drei der wichtigsten Faktoren, die vielen Sportlern schon in ihrer aktiven Zeit gewaltig zusetzen – und manche von ihnen zu vermeintlichen Wunderpillen oder eben auch (zu oft) zum Glas oder zur Flasche greifen lassen.

Dass der Drogenkonsum im Hochleistungssport dennoch nicht ausufert, hat vor allem einen Grund: Wer gesundheitlich angeschlagen ist, und das ist über kurz oder lang bekanntlich jeder, der klassischen Suchtgiftmissbrauch betreibt, kann auf Dauer selbst trotz größtem Talent und bestem Willen keine körperlichen Topleistungen mehr erbringen. Warum über den Konsum von legalen und illegalen Stimulanzien durch Spitzenathleten nicht häufiger berichtet wird, ist ebenfalls leicht erklärt: Nirgendwo sonst wirkt sich ein schlechtes Image verhängnisvoller auf die zu erwartenden Einnahmen aus als in der Welt des Sports. Sponsoren und

* Ich habe viel von meinem Geld für Frauen, Drinks und schnelle Autos ausgegeben. Den Rest habe ich sinnlos verprasst.

Werbepartner sehen es nämlich gar nicht gern, wenn ihre vor Gesundheit, Kondition und Kraft nur so strotzenden Testimonials nicht durch Siege und Medaillen, sondern durch Sauftouren oder andere Eskapaden von sich reden machen. Man beschäftigt also notfalls lieber ein Heer von Anwälten und PR-Beratern, um selbst die geringsten Verfehlungen zu verheimlichen, als das mühsam aufgebaute Image eines seiner Schäfchen so einfach zerstören zu lassen.

***Gerade die weniger stabilen Persönlichkeiten unter den Sportstars sind aufgrund der Sinnleere am Ende ihrer Karriere fast schon idealtypische Opfer von Whisky, Wodka und Co.***

So richtig krachen lassen es die meisten Stars und Superstars des Sports aber naturgemäß ohnehin erst, wenn sie aus dem Blickpunkt der Öffentlichkeit gerückt sind, sprich nach dem Ende ihrer Karriere. Gerade die weniger stabilen Persönlichkeiten unter ihnen sind aufgrund der dann eintretenden Sinnleere sogar fast schon idealtypische Opfer von Whisky, Wodka und Co. Abgestürzt sind auf diese Weise schon jede Menge Helden sehr unterschiedlicher Disziplinen wie Skispringen, Boxen oder Fußball, aber selbst unter den Autorennfahrern und Marathonläufern sowie unter den Tennisspielerinnen und den Eiskunstläuferinnen hat sich der Teufel Alkohol schon so manches prominente Opfer gekrallt.

**Abgestürzte Wunderkinder.** Das Schicksal der heute in den USA lebenden gebürtigen Ukrainerin **Oksana Sergejew-Bajul** ist dabei ein Beispiel von vielen. Als die extrem zierliche 16-jährige 1994 in Lillehammer in Norwegen Olympiagold im Eiskunstlauf gewann, tat sie das bereits als amtierende Weltmeisterin. Ihren frühen Sternstunden, die einem Hollywood-Drehbuch entliehen schienen, folgte dann allerdings, ebenfalls noch in sehr jungen Jahren, ein tiefer und nicht weniger filmreifer Abstieg in die Alkoholsucht, Kneipenrandale, im Rausch verursachte Verkehrsunfälle und dergleichen mehr inbegriffen. Ein Happy End scheint dennoch möglich: Nach einer Entziehungskur dürfte Sergejew-Bajul wieder auf die Beine gekommen sein. Wie lange dieses Comeback in puncto Lebenstüchtigkeit aber anhält, bleibt allerdings offen, wie bei praktisch allen Leuten mit einem Alkoholproblem.

Auch das US-amerikanische Tennis-Wunderkind **Jennifer Capriati** schaffte einen unglaublich steilen Aufstieg in den Sportolymp. Mit nur 3 Jahren hielt sie erstmals einen Tennisschläger in der Hand, und bereits mit 13 durfte sie aufgrund einer Ausnahmegenehmigung an der WTA-Tour teilnehmen, um dort ihr erstes Turnier zu gewinnen. Mit 16 wurde sie nach einem Sieg über **Steffi Graf** in Barcelona Olympiasiegerin – um danach einen nicht weniger spektakulären Absturz hinzulegen. Dass Alkohol im Spiel war, wurde oft kolportiert und niemals glaubwürdig dementiert. Allerdings dürfte er nur eines von vielen Problemen gewesen sein. Auf dem damals amtlich protokollierten Sündenregister des «Dream Teens» (*Sports Illustrated*) fanden sich unter anderem Verfehlungen wie Ladendiebstahl und Marihuana-Besitz. Im Gegensatz zu Sergejew-Bajul schaffte Capriati aber auch in sportlicher Hinsicht ein sensationelles Comeback.

Als niemand mehr an sie glaubte, war sie plötzlich wieder da. Und stärker als je zuvor. 2001 wurde sie sogar Nummer eins der Damen-Weltrangliste im Profitennis und blieb das für genau 17 Wochen. Ihre letzten sportlichen Erfolge liegen mittlerweile allerdings schon lange zurück. Obwohl Capriati, die öffentlich ihre Depressionen eingestanden hat, niemals ihren endgültigen Rücktritt erklärt hat, dürfte ihre Karriere als Tennisspielerin alters- und gesundheitsbedingt definitiv zu Ende sein.

**Der Ball ist rund, das Bier nicht weit.** Eine jener Sportarten, die traditionell wohl am häufigsten mit dem Saufen in Verbindung gebracht wird, ist das Fußballspiel. Was natürlich mit der Popularität vieler Protagonisten und dem Verhalten der Fans zu tun hat, aber nicht nur: Selbst Trainer und Schiedsrichter sind hier immer wieder ob ihrer Trinkgewohnheiten in

Verruf geraten. Ob zu Recht oder zu Unrecht, ist im Einzelfall wie so oft aufgrund der heiklen Thematik schwer zu sagen. Der Kroate **Branko Zebec**, der Sportwissenschaften, Physik und Mathematik studiert hatte und als einer der besten Trainer seiner Zeit mit dem HSV sowie mit Bayern München deutscher Meister wurde, war mit Sicherheit mehr als bloß ein begnadeter Trinker. Dass er einmal auf der Betreuerbank aus einem postalkoholischen Dämmerschlaf aufgeschreckt ist, als gerade ein gegnerischer Spieler zum Elfmeter antrat, und diese Schrecksekunde mit der Frage «Wie kommt der Mann so frei zum Schuss?» kommentierte, gilt als erwiesen. Dass sich der weißrussische Schiedsrichter **Sergej Schmolik** bei einem Liga-Match einmal schwer torkelnd über den Platz bewegte und dabei kaum auf den Beinen halten konnte, ebenso. Unklar ist nur, ob er damals tatsächlich 2,5 Promille intus hatte. Die Liste der Trainer und Unparteiischen mit einer zumindest gelegentlich mehr oder weniger schweren Schlagseite ließe sich wohl fast schon beliebig verlängern.

***Der Ballkünstler George Best trank und trank und hat nicht einmal nach einer Lebertransplantation die Finger vom Schnaps gelassen.***

Einer der weltweit wohl bekanntesten Fußballspieler, die schon als aktiver Sportler fest zu saufen begonnen hat und dennoch nicht abgestürzt ist, war der Nordire **George «Georgie» Best**. Er war, *nomen est omen*, einer der besten Ballkünstler seiner Zeit und zugleich einer der ersten wirklichen Medienstars der Branche. Und er war ein unverbesserlicher Säufer. Er trank und trank und hat schlussendlich nicht einmal nach einer Lebertransplantation die Finger vom Schnaps gelassen. Obwohl er einen Skandal nach dem anderen produzierte, erfreute er sich aber bei seinen Landsleuten bis zuletzt höchster Beliebtheit. Best wurde nur 59 Jahre alt. Zu seinem Begräbnis an einem regnerischen Novembertag im Jahr 2005 erschienen über 100 000 Menschen.

Der Houdini des Fußballs beziehungsweise der Prolet mit den kurzen Beinen, wie er alternativ und weniger schmeichelhaft genannt wurde, der zweimalige brasilianische Fußballweltmeister **Mané Garrincha** (eigentlich **Manoel Francisco dos Santos**), war bereits als 10-Jähriger dem Alkohol verfallen und ging daran schließlich mit 49 Jahren zugrunde. Wer ihm außer seinen 13 Kindern und vielen Frauen nachgeweint hat, ist nicht bekannt, es dürften aber ebenfalls sehr viele gewesen sein.

***Paul Gascoigne behauptete, vier Flaschen Whiskey pro Tag getrunken und sich vier Monate lang nur von Alkohol ernährt zu haben.***

Sein Landsmann, zugleich Enfant terrible, brillanter Spielmacher und langjähriger Kapitän der *Seleção*, der brasilianischen Nationalmannschaft, **«Doutor» Sócrates**, bekannte im Sommer 2011, Alkoholprobleme zu haben, kurz nachdem er mit Magenblutungen und entzündeter Leber beziehungsweise einer Leberzirrhose auf der Intensivstation eines Krankenhauses gelandet war. Ein paar Monate später war **Sócrates Brasileiro Sampaio de Souza Vieira de Oliveira** tot. Verstorben mit bloß 57 Jahren. Ganz überraschend kam dieses Ende allerdings auch bei ihm nicht.

Eine blasse Vorahnung, der sechsfache Vater, Kinderarzt und bekennende Linke würde mitunter zu tief ins Glas schauen, hatten Fußballfans in aller Welt jedenfalls schon seit vielen Jahren. Unter anderem, weil er schon 1984 während eines Interviews viele Zigaretten geraucht und zudem jede Menge Bier getrunken hatte. Die Frage, ob das für einen Athleten angemessen sei, hatte er mit einem Lächeln auf dem Gesicht so beantwortet: «Ich bin kein Athlet. Ich bin ein Fußballkünstler.»

Die Säuferkarriere des vielfachen englischen Nationalteamspielers und früheren Weltklassekickers **Paul Gascoigne** hat ebenfalls schon recht früh begonnen und das Ende seiner Laufbahn als Fußballspieler überdauert. «Gazzas» Eskapaden gingen in die Sportgeschichte ein. In einem Fernsehinterview behauptete er einmal, in seiner wildesten Zeit vier Flaschen

Whisky pro Tag getrunken und sich vier Monate lang ausschließlich von Alkohol ernährt zu haben. Mal fuhr er betrunken mit dem Auto, mal schlug er betrunken seine Frau, mal unterhielt er sich betrunken mit Plüschpapageien, mal zertrümmerte er schwerstens betrunken über den Wolken die Inneneinrichtung eines Flugzeugs. Verhaftungen und Verurteilungen, Aufenthalte in der Psychiatrie und in Suchtkliniken – offenbar konnte ihn die längste Zeit nichts und niemand wirklich auf den Weg der Besserung zurückbringen.

Wann sich der Alkohol jemanden krallt und ob er ihn wieder freigibt, steht bekanntlich in den Sternen. Das ist im Sport natürlich nicht anders. Einer der erfolgreichsten Ballkünstler aller Zeiten, der Argentinier **Diego Maradona**, musste etwa unter anderem lange nach seinem Karriereende als aktiver Spieler, nämlich 2007, wegen Leberversagens nach Alkoholexzessen behandelt werden. Und hat sich offenbar dann doch wieder so in den Griff gekriegt, dass er das Team seines Landes als Nationaltrainer zur Weltmeisterschaft 2010 in Südafrika führen konnte. Das jähzornige englische Jahrhunderttalent **Wayne Rooney**, das eher zu Beginn seiner Karriere einschlägig aufgefallen ist, mit Prügeleien und Bordellbesuchen ebenso wie mit exzessiven Sauftouren, soll sich mittlerweile ebenfalls sehr gebessert haben.

**Suff und Siegertypen.** Auch so manche Ikonen anderer Mannschaftssportarten haben durch ihre einschlägigen Eskapaden von sich reden gemacht. Der australische Weltklasse-Kricketspieler **David Clarence Boon** hat etwa seine Berühmtheit nicht nur seinem Spiel, seinem Wurf und seinem Schlag zu verdanken, sondern zudem seiner Trinkfestigkeit. 52 Dosen Bier soll er einmal auf einem Flug von Sydney nach London getrunken haben, ehe er dort mit seinen Teamkollegen eine heiß ersehnte Trophäe zurückeroberte. Dass es manchmal trotzdem zu viel des Guten war, was er sich so großzügig vergönnt hat, bewies er 1988, als er sich vor einem Spiel und vor laufenden Fernsehkameras übergeben musste. Zum Gewinn des Ehrentitels «Man Of The Match» hat es aber trotzdem noch gereicht.

In den Annalen der in den Vereinigten Staaten von Amerika populären Mannschaftssportarten finden sich ebenfalls die Namen zahlreicher herausragender Athleten, die mehr als nur einschlägig aufgefallen sind. Der von **George Herman «Babe» Ruth Jr.** etwa, dem wohl bedeutendsten und berühmtesten Baseballspieler aller Zeiten und damit einem jener Sportler, die in ihrer Heimat bis heute wie ein Nationalheiligtum verehrt werden. 714 Homeruns sprechen ebenso für sich wie der Tod durch Kehlkopfkrebs mit 53 Jahren, der bei einem schweren Trinker und Raucher wohl kein Zufallstreffer war. Oder der seiner legendären Kontrahenten **Ty Cobb** und Mickey Mantle. Letztgenannter war einer der beliebtesten und erfolgreichsten Spieler der 1950er und 1960er Jahre, eindeutig Alkoholiker, und sollte trotz einer Lebertransplantation am Leberkrebs versterben. Der ehemalige Basketball-Superstar **Dennis Rodman**, einer der besten Verteidiger und Rebounder in der NBA-Geschichte und **Joe Namath**, einer der charismatischsten Quarterbacks seit der Gründung der *National Football League (NFL)*, der einmal vor laufender Kamera betrunken eine Reporterin angebaggert hat – sie und eine lange Reihe anderer Siegertypen haben im Kampf gegen den Suff gar nicht gut ausgesehen.

Unter den Einzelsportlern aus dem Land der unbegrenzten Möglichkeiten findet man natürlich desgleichen viele, die zeitweise oder ganz im Alkoholsumpf versunken sind. Einer davon war etwa der ehemalige fünffache Schwimm-Olympiasieger und zugleich wohl bekannteste Tarzan-Darsteller der Filmgeschichte, **Johnny Weissmueller**. Der gutgläubige und leichtlebige einstige «König des Dschungels», der Millionen verdient und durch vier Scheidungen sowie gierige Manager wieder verloren hatte, griff (angeblich aber erst im Alter) viel zu oft zur Flasche.

Übrigens: Immer wieder war auch zu lesen, sein Kumpel und Co-Star, der Schimpanse **Cheeta**, hätte es in puncto Saufen nicht viel weniger schlimm getrieben. Da die Rolle des tierischen Gefährten im Verlauf der Zeit aber von mehreren Affen gespielt wurde, dürfte sich der Wahrheitsgehalt dieser Geschichte freilich sehr in Grenzen halten.

Auch **Pat Day**, der im Verlauf seiner Karriere mit fast 300 Millionen Dollar als Jockey mehr Preisgeld verdient hat als jeder andere vor und nach ihm, gehört zu den Sportlegenden mit einschlägigen Problemen. Oder das Golf-Genie **John Daly**, ein Publikumsliebling, der wiederholt in Kneipenschlägereien verwickelt war und schon mal während eines Turniers auf dem Rasen umkippte.

Oder einer der besten Surfer aller Zeiten, der hawaiianische Serienweltmeister **Andy Irons**, der nach einem exzessiven Doppelleben zwischen glamouröser Sportlaufbahn und desaströser Drogenkarriere im November 2010 im Alter von nur 32 Jahren in einem Hotelzimmer in Texas tot aufgefunden wurde. «Er war eine ‹Alles oder nichts›-Persönlichkeit», hieß es lapidar. Und dass er selbst nach einem Vollrausch noch besser surfen konnte als alle anderen. Ein paar Tage nach seinem Tod wurde seine Asche im Meer verstreut, ein paar Wochen nach seinem Tod kam sein erster und einziger Sohn zur Welt.

***Sein bestes Spiel und damit wohl eines der besten Spiele aller Zeiten soll der vierfache Snooker-Weltmeister Ronnie O'Sullivan im Rausch gespielt haben.***

Zurück nach Europa, wo es natürlich nicht weniger Einzelsportler mit Alkoholproblemen gegeben hat respektive gibt. Einer davon ist der wohl größte Exzentriker des Snooker-Sports, der Engländer **Ronnie O'Sullivan**. *The Rocket*, die Rakete, wie der vierfache Weltmeister genannt wird, pendelte die längste Zeit seiner Karriere immer wieder zwischen Genie und Wahnsinn. Einmal hat er bloß 5 Minuten und 20 Sekunden gebraucht, um alle Kugeln zu versenken und den Tisch leerzuräumen, schneller als jeder andere vor und nach ihm. Geglückt ist ihm ein *Maximum Break*, wie dieses Kunststück heißt, freilich schon elfmal. Es gibt in der Geschichte des Billard-Sports nur einen einzigen anderen Spieler, der das ebenfalls so oft hingekriegt hat.

Im Klappentext seiner Autobiografie heißt es: «Ronnie O'Sullivans überragendes Talent und sein einzigartiges Charisma haben ihn zum größten Spieler in der Snooker-Szene gemacht. Seine Karriere war jedoch nicht nur von sportlichen Höhen geprägt, sondern auch von einem Leben voller Selbsthass, Alkohol und Depression.» Zu schaffen gemacht haben dürfte ihm unter anderem, dass sein Vater, ehemals Boss einiger Sexläden in Soho, als verurteilter Mörder viele Jahre im Gefängnis absitzen musste. Sein bestes Spiel und damit wohl eines der besten Spiele aller Zeiten soll er übrigens im Rausch gespielt haben. Mittlerweile hat er seine Dämonen angeblich aber seit einiger Zeit im Griff.

Sogar unter den Motorsportlern findet man erstaunlicherweise welche, die vorsichtig ausgedrückt zumindest einen sehr lockeren Umgang mit dem Alkohol pflegten. Der finnische Formel-1-Weltmeister **Kimi Raikkönen**, der wiederholt durch Saufgelage aufgefallen ist, gehörte früher ebenso in diese Kategorie wie der Brite **Barry Sheene**, der in den 1970er Jahren trotz eines Lebens als berühmt-berüchtigter Partylöwe gleich zweimal Motorrad-Weltmeister werden konnte.

---

***Der Kenianer Samuel Wanjiru liebte schnelle Autos, schöne Frauen und den Alkohol. Was unter anderem zu einem Autounfall, Ehestreitigkeiten und einem filmreifen Ende führte.***

---

Ein Kapitel für sich war allerdings ein Freund und Landsmann Sheenes, nämlich der Formel-Eins-Weltmeister **James Hunt**, der «letzte bunte Hund», wie ihn sein großer Konkurrent **Niki Lauda** einmal bezeichnete. Er war ein Lebemann, wie er im Buche steht. Der große und gut aussehende Brite mit der blonden Mähne galt als legendärer Frauenheld. Dass er bei einem zweiwöchigen Japan-Aufenthalt nebst unzähligen weiblichen Fans auch gezählte 33 British-Airways-Hostessen abgeschleppt haben soll, und zwar gemeinsam mit seinem Freund Barry Sheene, ist bloß eine von vielen Anekdoten, die immer wieder zu lesen sind. Der Laster nicht genug, war Hunt obendrein Kettenraucher und bekennender Trinker und fiel auch sonst durch ein paar Dinge auf. Etwa durch seinen unorthodoxen Kleidungsstil mit zerrissenen Jeans (was damals allerdings noch nicht in Mode war) und Schuhen, bei denen die Spitzen abgeschnitten waren. Er starb mit 45 an einem Herzinfarkt, und das, obwohl er da bereits ruhiger geworden war und seine Sucht schon im Griff gehabt haben soll. Sheene folgte ihm mit 52, mit Speiseröhren- und Magenkrebs.

Dem finnischen Skilangläufer, viermaligen Weltmeister und Olympiasieger und Alkoholiker **Mika Myllylä** war ein ähnlich kurzes Leben beschieden: Er wurde im Sommer 2011 mit nur 41 Jahren tot in seiner Wohnung aufgefunden. Die Spekulationen, ob es sich um einen Unfall oder um einen Selbstmord handelte, sind bis heute nicht verstummt.

**Weltmeister-Alkoholiker.** Schlimm sind die meisten Trinkerschicksale; dasjenige des fünfmaligen Weltmeisters und vierfachen Olympiasiegers im Skispringen, **Matti Nykänen**, ist allerdings besonders tragisch. Nachdem der zumindest früher stets durstige Finne 1991 seine großartige Karriere glanzlos beenden musste, folgten unter anderem eine mittelmäßig erfolgreiche Karriere als Popsänger, noch weniger erfolgreiche Auftritte als Stripper, ein längerer Gefängnisaufenthalt, nachdem er schwer betrunken einen Freund niedergestochen hatte, drei Scheidungen, ein Herzinfarkt und eine weitere Haftstrafe, weil er seine Frau misshandelt haben soll. Die gute Nachricht: Ende 2012 schien es ganz so, als ob Nykänen wieder Boden unter den Füßen gefunden hätte.

Auch das Scheitern des kenianischen Ausnahmetalents **Samuel Wanjiru** bot viel Stoff für die Boulevardpresse. Der nur 163 cm große und 52 kg schwere Olympiasieger im Marathonlauf, übrigens der erste seines Landes in dieser Disziplin, liebte schnelle Autos, schöne Frauen und den Alkohol. Was unter anderem zu einem Autounfall, Ehestreitigkeiten, diversen Anzeigen und einem filmreifen Ende führte: Von seiner Gemahlin im Frühjahr 2011 *in flagranti* im Ehebett erwischt und mit seiner Geliebten im Schlafzimmer eingeschlossen, knallte er nur Minuten später auf den asphaltierten Vorplatz seines Hauses auf und war kurz nach seiner Einlieferung ins Krankenhaus tot. Ob er gesprungen ist, wie die Polizei vermutet, oder ob er ermordet wurde, wie seine Mutter behauptete, wurde nicht abschließend geklärt.

Auffallend viele Alkoholiker hat übrigens das Boxen hervorgebracht. **Teofil Stevenson**, der beliebte dreifache Olympiasieger aus Kuba; der argentinische Mittelgewichtler **Carlos Monzon**, der seinen WM-Titel 14 Mal verteidigte, im Suff seine Frau ermordete und bei einem Freigang nach einer Zechtour tödlich verunglückte; **Mike Tyson**, der nicht nur einer der umstrittensten und gefürchtetsten Faustkämpfer, sondern zudem auch der jüngste Weltmeister im Schwergewicht aller Zeiten war; sein Landsmann mexikanischer Abstammung, der wegen seines guten Aussehens und seines eleganten Boxstils «Golden Boy» genannte **Oscar de la Hoya**, der erste Profi, der in sechs verschiedenen Gewichtsklassen einen Weltmeistertitel erringen konnte; die deutschen Profi-Weltmeister **Eckhard Dagge** (Junior-Mittelgewicht), und **Graciano «Rocky» Rocchigiani** (Halbschwergewicht) – sie und viele andere Heroen des Ringgevierts haben sich leider nicht allein durch ihre großen Erfolge in der Sportgeschichte verewigt.

Der mit 58 Jahren verstorbene Dagge war dabei einer der wenigen, der aus seinem Laster nie ein Hehl machte. Mit seinem legendären Ausspruch «Viele Weltmeister sind Alkoholiker geworden, aber ich bin der erste Alkoholiker, der Weltmeister wurde» hat er sein Schicksal unglaublich sarkastisch und unglaublich gelungen zugleich auf den Punkt gebracht.

*Take counsel in wine, but resolve afterwards in water.**

Benjamin Franklin (1706–1790),
US-amerikanischer Staatsmann, Ökonom und Naturforscher

## Bekannte Staatsmänner und Politiker

# Der Rausch der Macht

Maßlos gesoffen wurde seit Menschengedenken vom Volk und von dessen Führern gleichermaßen. Mit oftmals desaströsen Folgen für die Herrscher, aber noch häufiger für die Beherrschten. So hat sich etwa schon der 16. Spartanerkönig **Kleomenes I.** 490 v. Chr. im Alkoholdelirium selber umgebracht. Allerdings erst, nachdem seine Soldaten unmittelbar zuvor Tausende von Menschen durch Schwert und Feuer ins Jenseits befördert hatten.

Der wohl größte Feldherr aller Zeiten, der legendäre Alexander der Große, wird in vielen antiken Quellen ebenso als wenig zimperlicher Kampftrinker beschrieben. Wenn er zu viel intus hatte, soll er nicht bloß einmal wie ein Berserker gewütet haben. Einig sind sich die Historiker etwa, dass er *Persepolis*, die Prunkstadt der Perser, im Rausch niederbrennen ließ.

Einen hohen Preis für seinen oftmals maßlosen Weinkonsum haben allerdings nicht nur seine Gegner bezahlt. Der glorreiche Mazedonier, dessen Vater **Philipp II.** schon ein Säufer gewesen sein soll, bekam vom Schicksal die Rechnung für seine Unbeherrschtheit nämlich selber recht bald präsentiert. Sein Tod mit nur 32 Jahren, so wird immer wieder behauptet, sei letztlich eine Folge seines Alkoholmissbrauchs gewesen. Fest steht, dass er, aus Indien zurückgekehrt, 323 vor Christus sein Lager in Babylon aufgeschlagen hat und dort erkrankt ist. Nach einem Trinkgelage,

* Man sollte Probleme bei Wein beraten, aber später bei Wasser lösen.

bei dem er angeblich ein Dreilitergefäß mit Wein unverdünnt hinunterstürzte. Sagen die einen, andere Quellen behaupten, es wären sogar sechs Liter gewesen. Dreizehn Tage später war Alexander der Große jedenfalls tot. Die Faktenlage ist dürftig; die Theorien zur Todesursache sind mannigfaltig und mangelhaft zugleich. So heißt es etwa verschiedentlich, Gift sei im Spiel – und im Sturzbecher – gewesen. Die Anhänger der Suff-Theorie sehen das allerdings anders. Sie sind überzeugt, es sei letzten Endes einzig und allein der Alkoholmissbrauch gewesen, der den vom (Malaria-)Fieber geschwächten Krieger dahingerafft hat.

**Untaten im Vollrausch.** Die Liste der schweren Alkoholiker unter den Führern und Herrschenden in der Antike ist lang. Der Staatsmann und Feldherr **Alkibiades**, der schon als junger Mann mit dem großen Sokrates befreundet war und von diesem immer wieder unter den Tisch gesoffen wurde, der Staatsmann, Philosoph und Dramatiker **Seneca**, der schließlich sogar im Rausch verstorbene Feldherr, Schriftsteller und Kaiser **Septimius Severus** und viele, viele andere, sie alle sind große historische Figuren und als solche obendrein Teil der Alkoholgeschichte.

Dabei haben es leider nicht nur die eingangs genannten Trinker geschafft, durch ihre oft im Suff begangenen Untaten zweitausend Jahre später immer noch als Monster zu gelten. Im ersten Jahrhundert nach Christus brachten es gleich drei Imperatoren hintereinander zu zwielichtigen Ruhm. So wurde Kaiser **Caligula**, der sich gerne als Bacchus verkleidet huldigen ließ, angeblich ebenso immer wieder mit hohen Promillewerten zur entmenschlichten Bestie wie rund zwei Jahrzehnte später der berüchtigte Kaiser **Nero**.

Kaiser **Claudius**, der zwischen den beiden regierte und Caligulas Onkel war, dürfte in puncto Alkoholkonsum freilich der Schlimmste von den dreien gewesen sein. Seine Soldaten sollen ihn, der vor seinem Herrschaftsantritt **Tiberius Claudius Nero Germanicus** geheißen hatte, wegen seiner Trunksucht hinterrücks gern und oft *Biberius Caldius Mero*, also

«Trinker puren Glühweins» genannt haben. Ein entscheidender Grund, warum Claudius schon früh und immer wieder zum mit Wein gefüllten Tonkrug griff, dürften diverse körperliche Behinderungen beziehungsweise die damit verbundenen erlittenen Schmähungen gewesen sein.

Zu den wohl dramatischsten Schicksalen im Ethanol-Nebel zählt das des Traumpaars des Altertums schlechthin, nämlich das von Julius Cäsar und **Kleopatra VII. Philopator**. Sie, die legendenumwobene Königin Ägyptens, trank angeblich jeden Tag Wein, importierten wie ägyptischen. Nach dem Aufstehen ebenso vor dem Schlafengehen, beim Essen, auf dem Thron und im Bett. Und wenn ihr danach war, badete sie darin. Mehr noch, sie setzte ihn sogar als politische Waffe ein. Julius Cäsar soll beiden, ihr und dem guten Tropfen, letztlich verfallen sein. Die Kombination aus der Anziehungskraft der berühmten Schönheit und der Wirkung von ein paar Gläsern Wein ließ den Imperator offenbar seine Frau, seine Stellung und sogar Rom vergessen. Was ihm bekanntlich nicht wirklich gut bekommen ist.

***Der gefürchtete Feldherr Attila ist am eigenen Blut erstickt. Nicht im Kampf, sondern nach einem feuchtfröhlichen Gelage.***

Nach ihm tappte sein Freund, der große römische Feldherr **Marcus Antonius**, in eine sehr ähnliche Falle aus Liebes- und Alkoholrausch. Er war schließlich, so jedenfalls die Überlieferung, vom ägyptischen Wein und Kleopatras Reizen so benebelt, dass er sich für unbesiegbar hielt und sich mit Rom anlegte. Ein Fehler, den beide zuletzt mit dem Leben bezahlten. In die Enge getrieben, begingen Marcus Antonius und Kleopatra Selbstmord; die Königin, so die Fama, freilich erst nach einem ausgiebigen Bad, in Milch und Wein natürlich.

Kräftig gebechert wurde von der Obrigkeit freilich nicht bloß im Altertum, sondern auch danach. Aus der Zeit zwischen dem Ende des römischen Reiches und dem Ende des Hochmittelalters sind allerdings nur vergleichsweise wenige Zeugnisse und Dokumente überliefert, weshalb man über die Trinkgewohnheiten der Mächtigen von damals wenig bis gar nichts weiß.

Ein Name ist allerdings bis heute sehr vielen durchaus geläufig und verdient es, stellvertretend für viele andere, hier genannt zu werden: **Attila**, seines Zeichen der größte Hunnenkönig und ein überaus beeindruckender Säufer zugleich.

Der gefürchtete Feldherr ist am eigenen Blut erstickt. Nicht im Kampf, sondern nach einem feuchtfröhlichen Gelage. Woher dieses Blut kam, darüber streiten die Historiker. Die einen meinen, dass er auf dem Heimweg von seiner eigenen Hochzeit im Jahr 453 nach Christus vor seinem Zelt gestürzt sein muss und sich dabei die Nase gebrochen hat. Wohl habe ihn dieses Missgeschick ein wenig verärgert, aber als harter Kerl, der er nun mal war, schenkte er der Verletzung keine weitere Beachtung und legte sich schlafen – ohne jemals wieder aufzuwachen. Die anderen behaupten, der Blutsturz sei eine Folge seines langjährigen exzessiven Alkoholmissbrauchs und geplatzter Krampfadern in seiner Speiseröhre gewesen. Absichtlich umgebracht hat sich der als ebenso clever wie grausam beschriebene Heerführer jedenfalls mit Sicherheit nicht.

**Der Sechsflaschenmann.** Über das Verhältnis vieler Regenten zum Alkohol ab dem Spätmittelalter weiß man heute hingegen schon viel besser Bescheid. Ziemlich wild zugegangen sein dürfte es seit jeher auf den britischen Inseln. So soll etwa der englische **König Edward IV.** etwa 1483 n. Chr. an einer Alkoholvergiftung gestorben sein. Der 1547 n. Chr. verblichene und sechs Mal verheiratete **Henry VIII. Tudor**, König von England und Irland und Begründer der Anglikanischen Kirche, war kein Säufer, aber mehr oder weniger massive Alkoholprobleme hatte freilich auch er. Und seine Tochter **Elisabeth I.** Und deren Sohn und Nachfolger **James I.** Und dessen Enkel **Charles II.** Oder viele andere vor und nach den genannten Potentaten.

Gezecht haben übrigens nicht nur die Herrscher selbst. Von den Hofdamen Elisabeths I. ist etwa überliefert, dass sie durch die Bank Bier zum

Frühstück tranken. Ob es das starke Gebräu war, das eigens für die Monarchin hergestellt und von dieser auf ihren Reisen schmerzlich vermisst wurde, ist nicht bekannt.

Um ein weiteres prominentes Beispiel aus späterer Zeit zu nennen: **William Pitt der Jüngere**, der jüngste Premierminister der britischen Geschichte, zählt ebenfalls zu den größten Säufern der Geschichte seiner Nation. Im England des ausgehenden 18. Jahrhunderts galt man – im durchaus anerkennenden Sinn – schon als großer Trinker, wenn man ein sogenannter Dreiflaschenmann war. Sprich einer, der drei Flaschen Port (der damals allerdings weniger schwer war als heute) am Tag in sich reinschüttete. Pitt, der im Alter von sieben Jahren Briefe auf Lateinisch schreiben konnte, es bereits im Alter von 24 Jahren zum Premierminister schaffte und als Gegenspieler Napoleon Bonapartes in die Geschichte eingegangen ist, galt aufgrund seines notorischen Trinkverhaltens als Sechsflaschenmann.

Auf dem anderen Ende des Kontinents gehörte schweres Trinken natürlich genauso schon seit langem zu den Fertigkeiten, die zum Herrschen praktisch dazugehörten. **Iwan IV. Wassiljewitsch**, der – allerdings nur im Ausland – auch der Schreckliche genannt wurde und der sich 1547 als 16-jährige Vollwaise zum ersten russischen Zaren krönen hatte lassen, war höchstwahrscheinlich alkoholkrank.

***Wenn Peter I. der Große in Geberlaune war, ist er angeblich mit einem Bärenschlitten durch die Dörfer gefahren und hat den Bauern Wodkaflaschen zugeworfen.***

Und **Peter I. der Große**, ebenfalls Zar und Großfürst von Russland und ab 1721 erster Kaiser des russischen Reiches, kannte angeblich überhaupt nur ein einziges Vergnügen, und das war eben das Saufen. Der bärenstarke und über zwei Meter große Romanov soll Unmengen vertragen und auch getrunken haben. In den besten Jahren sollen es zwei Liter Wodka am Tag gewesen sein. Der große Reformer und Modernisierer seines Reiches hat zwar erstaunlicherweise das illegale Brennen eingeschränkt und Alkohollizenzen verteilt, ohne die man Wodka nicht mehr verkaufen durfte. Seine Vernunft im Umgang mit Alkohol war damit aber erschöpft. Schon als Jugendlicher hatte er das sogenannte «Allernärrischste Konzil» gegründet, bei dem es eigentlich nur darum ging, möglichst oft möglichst viel Alkohol in sich hineinzuschütten. Und wenn er in Geberlaune war, ist er angeblich mit einem von Bären gezogenen Schlitten durch die Dörfer gefahren und hat den Bauern Wodkaflaschen zugeworfen. Er starb mit 52, und dass dabei neben einem Blasenleiden eine Lebernekrose eine Rolle spielte, ist verbürgt.

Die russische Kaiserin **Katharina II.**, genannt die Große, trieb es ein paar Jahrzehnte später angeblich ebenfalls recht bunt, freilich in einem anderen Sinne; sie galt vor allem hinsichtlich ihres Sexuallebens als äußerst umtriebig. In puncto Alkoholkonsum lebte sie zwar weit weniger exzessiv, getrunken hat freilich auch sie. Eine eigene Kosakenabteilung, deren einzige Aufgabe es war, ihre Tokajer-Lieferungen nach St. Petersburg zu eskortieren, darf diesbezüglich durchaus als kräftiges Indiz gewertet werden. Von ihr soll überdies der Spruch stammen: «Ein betrunkenes Volk ist leichter zu regieren.» Als ein nüchternes natürlich.

Und wie sah es im Rest des alten Kontinents aus? Nun, da waren die oberen Zehntausend keinen Deut anders drauf. Wenzel von Luxemburg (Beiname: *der Faule*), der Ende des 14. Jahrhunderts als **Wenzel IV.** König von Böhmen war, hat etwa enorm viel getrunken und ist im Rausch immer wieder gefährlich geworden. Und viele andere auch.

**Bekämpfung der Nüchternheit.** Ganz besonders schlimm haben es die Deutschen getrieben. Vor allem im 16. und 17. Jahrhundert galten sie als ein einig Volk im Vollrausch, und da ging mit beispielloser Zügellosigkeit wieder einmal ausgerechnet der Hochadel voran. **Friedrich III.**, Herzog von Liegnitz, wurde etwa 1559 wegen chronischer Trunkenheit aus dem Amt gejagt. Sein unbelehrbarer Sohn **Heinrich XI.** zog mit einem landesweit gefürchteten Tunichtgut, dem Junker **Hans von Schweinichen**, zu «groß Gesäufte», wie es unmissverständlich hieß, von Burg zu Burg. Von einem pfälzischen Kurfürsten ist sogar dokumentiert, er habe seine Gäste mit dem Tod bedroht, nur weil die bei seinen alkoholischen Exzessen nicht mitmachen wollten.

Ein Kapitel für sich war **August der Starke**, Kurfürst von Sachsen. Er, der später obendrein König von Polen und Großherzog von Litauen wurde und angeblich mit bloßen Händen ein Hufeisen zerbrechen konnte, soll in vielen Betten wie auch bei vielen Gelagen schier unglaubliches Stehvermögen bewiesen haben. Als fürwahr unersättlicher Liebhaber soll der potente Potentat 354 Kinder gezeugt und als fürwahr nimmersatter Trinker schon als Kind fleißig am Bier genuckelt und als Erwachsener immer wieder mal sieben Flaschen Wein an einem Tag in sich hineingeleert haben. Heute weiß man: Ersteres war mit Sicherheit übertrieben, letzteres vermutlich nicht.

Dann und wann haben der große Peter, der ja nicht nur ein Zeitgenosse, sondern überdies ein Nachbar des Sachsen war, und der starke August übrigens gemeinsam einen Humpen gehoben, worauf im Regelfall freilich noch einer und noch einer folgte.

***Der polnische Adelige Karol Stanislaw Radziwill verschenkte ab und zu mal ein Dorf, wenn er mächtig einen in der Krone hatte.***

Dem Frieden zwischen den Völkern waren diese gemeinsamen Trinkgelage nicht abträglich, ganz im Gegenteil. August der Starke war sogar so fest vom tieferen Sinn gleichsam ritualisierter Besäufnisse überzeugt, dass er eine *Gesellschaft zur Bekämpfung der Nüchternheit* gründete. Einen Geheimbund, dem Ende der 1720er Jahre sogar der preußische Soldatenkönig **Friedrich Wilhelm I.** beigetreten ist, woraufhin es zwischen den konkurrierenden Mächten tatsächlich merklich friedlicher zuging.

Ganz anders, wenngleich nicht viel weniger auffällig, war das Verhalten eines Fürsten beziehungsweise Prinzen aus Polen, wenn er sich zu viel des

Guten vergönnt hatte: Der polnische Adelige **Karol Stanislaw Radziwill**, einer der reichsten Männer seines Landes und seiner Zeit, gebot Mitte des 18. Jahrhunderts angeblich über Ländereien im Ausmaß von 27 000 km² (ein großer Teil davon im heutigen Litauen), über 16 Städte und 583 Dörfer, von denen er ab und zu mal so eben eines verschenkte, wenn er mächtig einen in der Krone hatte. Radziwill ist aufgrund seiner Großzügigkeit wohl zu Recht nicht nur als gewaltiger Zecher, sondern obendrein als großer Patriot und edler Charakter in die Geschichte eingegangen.

Fest steht somit: Unter den Mächtigen dieser Welt finden sich seit grauen Vorzeiten in der Tat und unzweifelhaft auch jede Menge mehr oder weniger außerordentliche Trunkenbolde. Oder anders gesagt: Praktisch überall dort, wo der Konsum von Bier, Wein und Schnaps eine gewisse Tradition hat, haben es Alkoholiker und schwere Säufer bis zum Ende des 20. Jahrhunderts in höchste politische Ämter geschafft. Und in Zukunft wird das wohl nicht viel anders sein. Selbstverständlich waren und sind die des Lasters Überführten und Verdächtigen in allen politischen Lagern zu finden. Diktatoren sind der Volksdroge Nummer eins nämlich nicht weniger verfallen als Demokraten, Kapitalisten nicht weniger als Kommunisten.

**Stalins Whiskylager.** In der UdSSR sowie in Russland und ihren anderen Nachfolgestaaten gehörte das kräftige Zechen praktisch die meiste Zeit über zum guten Ton. Selbst wenn der Begründer der Sowjetunion, **Wladimir Iljitsch Uljanow**, vulgo **Lenin**, ebensowenig zur Flasche gegriffen hat wie der Mann, der das riesige Staatengebilde schließlich wieder auflöste, nämlich der «Mineralwassersekretär» **Michail Sergejewitsch Gorbatschow**, und diese beiden sogar – mit recht unterschiedlichen Mitteln und in letzter Konsequenz erfolglos – versucht haben, den Wodkakonsum der Russen einzuschränken, am grundsätzlichen Befund ändert das nichts.

Der gefürchtete Diktator **Jossip W. Dschughaschwili**, der es unter seinem Kampfnamen **Stalin** weltweit zu äußerst zweifelhafter Bekanntheit gebracht hat, schenkte sich etwa sehr wohl immer wieder sehr gern und sehr ordentlich ein. Vorzugsweise französische Spitzenweine und schottischen Whisky, und das zumeist allein. Nach seinem Tod soll man in seiner Datscha außerhalb Moskaus tausende leere Flaschen gefunden haben. Seine Nachfolger **Nikita Sergejewitsch Chruschtschow** (Stalin: «Der kleine Dicke hat nur Weiber, Alkohol und Lieder im Kopf») und **Leonid Iljitsch Breschnew** waren zwar nicht ganz so schlimme Tyrannen, dafür aber beide sogar mit Sicherheit alkoholkrank. Letztgenannter meinte übrigens einmal: «Der Russe kann nicht ohne Alkohol», und hatte sogar immer einen eigenen Diener namens Aljoscha mit dabei, der dem formellen Staatsoberhaupt und Generalsekretär der Kommunistischen Partei der Sowjetunion in Personalunion jederzeit das Glas mit Wodka wieder nachzufüllen hatte. Ungut aufgefallen ist das üblicherweise nicht.

***Erstaunlich, aber wahr: Der Alkoholiker Boris Jelzin ließ Gesetze beschließen, um die Sauferei seiner Landsleute endlich in den Griff zu kriegen.***

Immer wieder zeigte sich auch im Umfeld der Kreml-Herrscher, dass die Neigung zum Alkoholismus innerhalb von Familien, durch Vererbung oder Prägung befördert, gehäuft vorkommt. Zwei Indizien von vielen: Stalins Vater **Bessarion Dschughaschwili** war durch den Schnaps zum Landstreicher geworden und ist an einer Leberzirrhose gestorben, Breschnews maßlos trinkende sowie exzessiv lebende Tochter Galina machte mehrere Entziehungskuren, freilich vergeblich; dass ihr Bruder Jurij, ein notorischer Alkoholiker, selbiges auch nur versucht hat, ist nicht bekannt.

Der erste Präsident Russlands, **Boris Nikolajewitsch Jelzin**, war ein schwerer Alkoholiker. Das wussten die Russen ebenso wie die ganze Welt. Unzählige betrunkene Auftritte in der Öffentlichkeit, tanzend auf Bühnen, torkelnd auf Gangways und lallend vor Mikrofonen, haben vor allem bei seinen Landsleuten immer wieder für Erheiterung gesorgt, zugleich aber seiner Nation imagemäßig Schaden zugefügt. Erstaunlich, aber wahr:

Jelzin ließ ein paar Gesetze beschließen, um die ewige Sauferei seiner Landsleute endlich in den Griff zu kriegen.

So alkoholgeschwängert die Luft in russischen Regierungsetagen auch immer war, die Amerikaner standen dem um nichts nach. Ein nüchterner Blick in die Annalen des Weißen Hauses zeigt: Unter den bislang 42 Präsidenten der USA hat es ebenfalls jede Menge schwerer Trinker gegeben.

Schnapsbrenner und Weinkenner. Schon die Gründerväter der USA haben eindrucksvoll unter Beweis gestellt, dass sie feuchtfröhlich zu feiern verstehen. Zwei Tage vor der Unterzeichnung der amerikanischen Verfassung haben die 55 Delegierten bei einer kleinen Festivität 54 Flaschen Madeira, 60 Flaschen Claret (also Bordeaux-Wein), acht Flaschen Whiskey, 22 Flaschen Portwein, acht Flaschen Cidre, zwölf Bier und sieben Bowlen mit amerikanischem Punsch geleert.

Mit dabei, unter anderem: der nach eigener Definition moderate Trinker **George Washington**, der sich bis zur Unabhängigkeitserklärung immer wieder große Mengen englischen Porter-Biers in die neue Welt bringen lassen hat, sowie die beiden Polit-Ikonen **Benjamin Franklin** und **Alexander Hamilton**. Letzterer hatte zur Entspannung die legendäre Party geschmissen und daher auch die Rechnung für die eben erwähnten Alkoholika zu begleichen. Die Bowlen sollen übrigens so groß gewesen sein, dass Enten darin hätten schwimmen können. George Washington, später der erste Präsident der USA, vergönnte sich übrigens nicht nur selber gern mal einen ordentlichen Schluck, sondern weichte obendrein seinen hölzernen Zahnersatz Nacht für Nacht in Portwein ein. Die anderen ließ er aber ebenfalls nicht verdursten; nach seiner Amtszeit avancierte er sogar zum größten Whiskeybrenner des neu gegründeten Staates.

**Thomas Jefferson**, ebenfalls ein Zeitgenosse und später zum dritten Präsidenten gewählt, war bei der erwähnten Feier – vermutlich zu seinem großen Bedauern – nicht anwesend, obwohl er sich dort ganz bestimmt außerordentlich wohl gefühlt hätte. Der große Weinkenner und Weinfreund wusste einen guten Tropfen nämlich stets zu schätzen, und das ohne jeden Zweifel. Aufzeichnungen beweisen nämlich, dass er während seiner Zeit im Weißen Haus ungefähr zwölf Prozent seines Gehalts für Wein ausgab. Zur Veranschaulichung: Sein Jahresgehalt betrug 25 000 Dollar, was heute knapp einer halben Million Dollar entsprechen würde. Und zwölf Prozent wären da immerhin so circa 60 000 Dollar. Oder andersrum: Jefferson gab damals 3000 Dollar im Jahr für sein Lieblingsgetränk aus, seine elf Diener erhielten zusammen jährlich gerade mal 2700 Dollar. Allerdings gab er stets ausgezeichneter Qualität den Vorzug, für die man natürlich schon damals tiefer in die Tasche greifen musste.

***Warren G. Harding hatte sich zwar für die Prohibition ausgesprochen, griff selber aber immer ungeniert auf illegalen Alkohol zurück, wenn ihm und seinen Kumpels danach war.***

Präsident **Martin van Buren** war ein schwerer Trinker; **Andrew Jackson**, dessen Inauguration im Jahr 1829 zu einem Massenbesäufnis mit 20.000 Menschen ausartete, ebenso; **Franklin Pierce** war ein richtiger Alkoholiker und ist an einer Leberzirrhose verstorben; **James Buchanan** hat ebenso viel zu viel getrunken. Vizepräsident **Andrew Johnson** hat das vermutlich nicht getan; als Säufer galt er trotzdem, weil er bei seiner Amtseinführung 1865 völlig abgefüllt erschien, womit er einen veritablen Skandal auslöste. Der legendäre **Ulysses S. Grant**, Oberbefehlshaber der *United States Army* im Sezessionskrieg und später Präsident, soll wiederum genauso kräftig zugelangt haben wie später **Chester A. Arthur**. **James A. Garfield** erteilte dem Drängen der Abstinenzler-Bewegung, fortan völlig auf Alkohol zu verzichten, eine unmissverständliche Abfuhr. Das gilt als erwiesen. Ebenso wie die Tatsache, dass **Herbert Hoover** zur Prohibitionszeit in die belgische Botschaft gegangen ist, wenn er einen heben wollte, weil das Territorium einer diplomatischen Vertretung gleichsam als Ausland gilt und er es auf diese Weise vermeiden konnte, gegen die eigenen Gesetze zu verstoßen.

**Warren G. Harding** sah das übrigens weniger eng. Er hatte sich zwar für die Prohibition ausgesprochen, griff selber aber immer relativ ungeniert auf illegalen Alkohol zurück, wenn ihm und seinen Kumpels danach war, im Weißen Haus ebenso wie auf seinem angestammten Golfplatz.

Ob **Franklin D. («Delano») Roosevelt** wirklich viel getrunken hat, darüber scheiden sich die Geister, nicht aber bei **Richard Nixon**. Obwohl er als Staatsmann der Kultur der «*Three Martini Lunches*» den Kampf ansagte und ursprünglich aus einer abstinenten Familie stammte, galt er ebenso als alkoholabhängig wie seine Frau. Apropos: Die Suchtprobleme der Frau von Präsident **Gerald Ford**, **Betty**, sind natürlich gleichfalls unbestritten. Und von **George H. W. Bush** weiß man, dass er die Geschicke der Weltmacht Nummer eins und irgendwie auch des restlichen Planeten als trockener Alkoholiker lenkte. Früher ein schwerer Zecher vor dem Herrn – so war er unter anderem 1976 betrunken beim Autofahren erwischt worden –, hat er angeblich nach der Feier seines 40. Geburtstags und einem damit verbundenen schweren Kater schlagartig seiner einstigen Lieblingsdroge abgeschworen.

Stil- und Masslos. Unbestritten bleibt: Zwar waren einige US-Präsidenten Abstinenzler, die meisten von ihnen haben aber getrunken, der eine mehr, der andere weniger, der eine dies, der andere jenes. **Theodore «Teddy» Roosevelt** und **John F. Kennedy** haben etwa Daiquiris bevorzugt, und die in Maßen. Der Lebemann **Grover Cleveland** hingegen galt als begeisterter und maßloser Biertrinker. Was mitunter ein wenig stillose Folgen zeitigte: Unter anderem soll er sich in seinem Überschwang kurzerhand aus dem Bürofenster erleichtert haben.

Natürlich war der Alkoholismus in der amerikanischen Spitzenpolitik nicht auf das Weiße Haus allein beschränkt. Auch unter den Gouverneuren, Repräsentanten und Senatoren des Landes finden sich seit jeher unzählige, die diesbezüglich auffällig geworden sind. Zu den bekanntesten Senatoren, die der Suff in den letzten Jahrzehnten vermutlich noch höhere Weihen gekostet hat, zählen etwa **Jon Tower**, den George H. W. Bush als Verteidigungsminister wollte, aber aufgrund einschlägiger Probleme nicht durchbrachte, **Bob Packwood**, der ebenso wie Tower als notorischer Womanizer von sich reden machte und so manches Fehlverhalten mit ein paar Drinks zu viel zu erklären versuchte, und **Ted Kennedy**, der Bruder von JFK, der nicht nur selber gern zeitweise den einen oder anderen zuviel gekippt hat, sondern durch seine Frauengeschichten auch seine Gemahlin **Joan** in die Trunksucht trieb.

**Churchill, Bismarck und Co.** Am anderen Ende der Welt, in *Down Under*, sah und sieht es, was Alkoholmissbrauch unter den führenden Volksvertretern betrifft, um nichts besser aus. Exzessive Weihnachtsfeiern, Minister in Unterhosen: Nicht ohne Grund wurde dort vor ein paar Jahren sogar Alkoholtests für Politiker gefordert. Zwei drastische Beispiele von vielen: Der legendäre australische Premierminister **Bob Hawke** hat in seinen Jugendjahren dem Vernehmen nach derart viel Bier so zügig in sich reinzuschütten vermocht, dass er vorübergehend sogar zum Weltrekordhalter im Schnelltrinken avancierte. Wer das nicht glauben will, möge zur 1954er-Ausgabe des *Guinness Book of World Records* greifen und nachlesen. Hawke hat, so steht es dort schwarz auf weiß, während seines Studiums in Oxford für ein Yard-Glas gefüllt mit zweieinhalb Pints beziehungsweise 1,4 Liter Bier (nach anderen Quellen waren es sogar drei Pints, also fast 1,7 Liter Bier) gerade mal elf Sekunden gebraucht.

Das klingt schlimm und nicht ungefährlich – im Vergleich zu jener seines Landsmannes Sir **John Robertson** verlief die Trinkerkarriere des beliebten Frauenhelden später freilich vergleichsweise harmlos. Robertson, der es im 19. Jahrhundert fünfmal zum Premier von New South Wales gebracht hat, hat sich nämlich angeblich 35 Jahre lang und tagtäglich schon zum Frühstück nicht weniger als genau einen halben Liter Rum genehmigt.

Wenig überraschend findet man auch in Großbritanniens Zeitgeschichte eine ganze Reihe von großen Politikern, die dem Vernehmen nach dem Alkohol mehr als bloß zugetan waren. Und zwar über alle Parteigrenzen hinweg. So etwa der liberale Premierminister **Herbert Henry Asquith**, bekannt als H. H. Asquith, der zumindest ein schwerer Trinker war und *Squiffy* genannt wurde, was heute noch als Synonym für «leicht angeschickert sein» gilt, oder der Labour-Party-Vorsitzende **Michael Foot**, der aus seiner Schwäche für guten Whisky nie ein Hehl machte und trotzdem 96 Jahre alt wurde. Einer von Foots Vorgängern, Premierminister **Harold Wilson**, hat wiederum angeblich heimlich getrunken, unter anderem vor parlamentarischen Fragestunden, und selbst die «Eiserne Lady» **Margaret Thatcher**, langjährige Parteiführerin der *Conservative Party* und die nach Churchill wohl legendärste Premierministerin seit dem Zweiten Weltkrieg, soll den einen oder anderen zu viel gekippt haben. Scotch vorzugsweise, manchmal schon vor dem Mittagessen, manchmal mitten in der Nacht und vor allem nach ihrer Pensionierung angeblich eindeutig zu viel. Last but not least sei an dieser Stelle einer erwähnt, der nie einschlägig auffällig wurde, aber lange nach seiner aktiven Zeit trotzdem zugegeben hat, der Alkohol wäre ihm immer wieder mal «eine Stütze» gewesen: der langjährige Labour-Boss und Premierminister **Tony Blair**.

***Der spätere Vater der Nation und erste Präsident der Türkei, Mustafa Kemal Atatürk, soll laut einer Geheimdienstakte schon als junger Offizier alkoholkrank gewesen sein.***

Der mit Abstand wohl bekannteste Trinker aus der Riege der britischen Spitzenpolitiker des letzten Jahrhunderts war freilich Winston Churchill, zugleich einer der höchstgeachteten europäischen Staatsmänner aller Zeiten. Dass der legendäre Premierminister und Literaturpreisträger trotz seiner nicht ungefährlichen Passion bis ins hohe Alter überaus produktiv geblieben ist, hatte er sicherlich eher seiner robusten Gesundheit und einer glücklichen Fügung des Schicksals als seinem vernünftigen Umgang mit Whisky und Co. zu verdanken (mehr dazu siehe Seite 365).

Im Übrigen deutet das Schicksal von Churchill und seiner Familie einmal mehr auf eine familiäre Disposition zum Alkoholmissbrauch hin – die Kinder des Multitalents, Randolph, Diana und Sarah, haben sich nämlich nachweislich ebenfalls viel zu oft heftig die Kante gegeben.

Apropos: In einer der bekanntesten deutschen Adelsfamilien zeigten sich diesbezüglich durchaus Parallelen. Der herausragend begabte «Eiserne Kanzler» Fürst **Otto von Bismarck**, der die deutsche und europäische Geschichte in der Zweiten Hälfte des 19. Jahrhundert entscheidend mitbestimmte, soll jahrelang ess- und alkoholsüchtig sowie obendrein morphiumabhängig gewesen sein. In der Sprache seiner Zeit wurde die Schwäche des Ausnahmepolitikers für Wein allerdings bloß mit «äußerst trinkfest» umschrieben. Daran, einige Kriege zu gewinnen, das Deutsche Reich zu gründen und dessen erster Kanzler zu werden sowie nebenbei noch die Sozialversicherung einzuführen, hinderte ihn sein Nahverhältnis zum Alkohol allerdings nicht.

Anders einige seiner Nachfahren, die doch erhebliche Einbußen in puncto Lebensdauer, Karriere und Lebensglück zu verzeichnen hatten. Ottos Sohn **Herbert von Bismarck**, der mit 55 Jahren an Leberversagen starb, oder dessen Ur-Urenkel, der ehemalige Bundestags-Abgeordnete **Carl-Eduard «Calle» von Bismarck** («Ich habe durch meine Sucht meinem Familiennamen keine Ehre gemacht») oder dessen Bruder, der exzentrische, charismatische und früh verstorbene Partylöwe **Gottfried von Bismarck** und noch einige mehr aus der berühmten Sippe – sie alle hatten mehr oder weniger große Probleme im Umgang mit der mächtigsten Droge der Welt. Und haben diese eben mehr oder weniger gut in den Griff bekommen.

Fast unglaublich, aber wahr: Auch der visionäre und große Reformer **Mustafa Kemal Atatürk** war ein schwerer Trinker. Der spätere Vater der Nation und erste Präsident der Türkei soll laut einer Geheimdienstakte schon als junger Offizier alkoholkrank gewesen sein und zeit seines Lebens vor allem dem Raki zugesprochen haben. Seine Leistungsfähigkeit war durch sein Laster glücklicherweise bis auf die letzten Jahre ebenso wenig eingeschränkt. Atatürk, der wohl Muslim war, aber stets ein distanziertes Verhältnis zum Islam hatte, starb unzweifelhaft an einer Leberzirrhose.

Torkelnde Volksvertreter. Der Prozentsatz jener Politiker, die einen problematischen Umgang mit dem Alkoholkonsum pflegen, mag sich in Zeiten steigenden Gesundheitsbewusstseins verringert haben, hoch ist er mit Sicherheit aber immer noch. Davon kann beziehungsweise muss man ausgehen, und dafür gibt es viele Indizien.

Sogar aus einer von der Weltöffentlichkeit abgeschotteten Diktatur wie Nordkorea hörte man immer wieder einschlägige Meldungen, und zwar solche, die den obersten Führer des ganzen Volkes betroffen haben. Selbst wenn man davon ausgehen muss, dass die eine oder andere Nachricht lanciert wurde, um das Image von **Kim Jong-il** zu beschädigen, zumindest ein sehr ambitionierter Trinker dürfte der «geliebte Führer» allemal gewesen sein. Am seit Jahren schlechten Gesundheitszustand des 2011 verstorbenen Hypochonders sollen jedenfalls viel zu viele Flaschen Wein, Champagner und vor allem Cognac (Lieblingsmarke: *Hennessy VSOP*) großen Anteil gehabt haben.

Zu verwundern braucht einen das Nahverhältnis vieler Politiker zu Alkohol nicht. Ein Empfang oder ein Arbeitsessen da, eine Eröffnung oder eine Vertragsunterzeichnung dort – für die Damen und Herren Volksvertreter gibt es schließlich jeden Tag Anlässe genug, einander zuzuprosten oder anzustoßen. Zum Skandal wird das Bechern im Regelfall heutzutage aber nur, wenn es trotz aller Vorsicht und trotz eines Heeres von PR- und sonstigen Beratern von einer TV-Kamera dokumentiert wird.

Der Auftritt des französischen Präsidenten **Nicolas Sarkozy** auf dem G-8-Gipfel im Jahr 2007 im deutschen Heiligendamm gab diesbezüglich ebenso Anlass zu Spekulationen wie etwa der des japanischen Finanzministers **Shoichi Nakagawa** beim G-7-Gipfel 2009 in Rom. Wobei es sich im erstgenannten Fall um einen Ausrutscher und beim lallenden Nakagawa wohl eher um ein einschlägiges Problem gehandelt haben dürfte. Auch wenn dieser Medikamente für seinen Zustand verantwortlich machte, zurücktreten musste er aufgrund seiner obskuren Performance dennoch. In Japan wurde sein Verhalten als nationale Schande empfunden, und damit war die Sache entschieden.

Das wird übrigens nach wie vor nicht überall so streng gesehen: Dass etwa der polnische Ex-Präsident **Aleksander Kwasniewski** dem Alkohol nicht abgeneigt sein soll, munkelt man in seiner Heimat seit Jahren. Die Versuche seiner Berater, die öffentlichen Missgeschicke ihres Chefs schönzureden, hatten dabei durchaus Unterhaltungswert. So erklärten sie dessen wackelige Haltung während einer Kriegsopfer-Feier in Charkow in der Ukraine im Jahr 1999 mit einer posttraumatischen Überlastung der rechten Wade, und acht Jahre später soll ihn beispielsweise ein nicht näher untersuchter Philippinen-Virus während eines öffentlichen Vortrages außer Tritt gebracht haben. Ja, das klingt nicht unlogisch oder ist zumindest eine charmante Ausrede, dürfte die Mehrzahl von Kwasniewskis Landsleuten immer wieder gedacht haben, denn ernsthafte Rücktrittsforderungen gab es nicht. Zumal er in Polen nur einer von vielen Volksvertretern ist, der einschlägig aufgefallen ist. Gelallte Telefoninterviews, schweres Torkeln bei Fernsehauftritten, eine Amokfahrt mit einem Golfwagen – die Wähler des Landes sind einiges gewohnt. Der ehemalige tschechische Ministerpräsident **Miloš Zeman**, der sich seinerzeit rühmte, der provokanteste Politiker Europas zu sein, soll ebenfalls seit vielen Jahren ganz ordentlich dem Alkohol zusprechen. Die Tschechen hat das offenbar nicht gestört, sie haben ihn 2013 sogar zu ihrem Präsidenten gewählt.

**Politik des Weinglases.** Für viele Österreicher gilt Alkoholmissbrauch unter Politikern offenbar gleichermaßen immer noch als Kavaliersdelikt. «Eine Alkoholfahne weht durchs Parlament» diagnostizierte das deutsche Nachrichtenmagazin *Der Spiegel* vor ein paar Jahren. Vom legendären Bundeskanzler und Außenminister **Leopold Figl**, der das Hausmittel Alkohol angeblich gegen Schmerzen einsetzte und sich zu einer «Politik des

Weinglases» bekannte, über den ehemaligen Wiener Bürgermeister, Außenminister und Nationalratspräsidenten **Leopold Gratz**, *Whiskey-Poldi* genannt, bis hin zum Rechtspopulisten und Kärntner Landeshauptmann **Jörg Haider**, der mit 1,8 Promille in den Tod raste – in der Alpenrepublik sind viele der beliebtesten Volksvertreter wieder und wieder durch ihren mehr oder weniger problematischen Alkoholkonsum aufgefallen, wirklich übel genommen hat man es ihnen freilich nicht.

Ähnlich gnädig zeigen sich die Schweizer Wähler. Trinken gilt, solange man illuminiert keinen Unfug anstellt und sich etwa hinter ein Lenkrad klemmt, den Eidgenossen als Privatsache.

***Ein glasklares Bekenntnis zum hemmungslosen Trinken wird sogar im Bierstaat Bayern immer weniger gerne gehört.***

Toleranz gegenüber Zechern wurde und wird schließlich auch in Deutschland gerne geübt. Die 1983 vom Grün-Politiker **Joschka Fischer** – seines Zeichens selber Liebhaber italienischen Rotweins und später deutscher Außenminister – geäußerte Bemerkung, wonach der Bundestag nichts anderes wäre als eine «unglaubliche Alkoholikerversammlung, die teilweise ganz ordinär nach Schnaps stinkt», hat daher letztlich gar nichts bewegt.

Wer von den vielen Würdenträgern der Bundesrepublik gern mal einen gezwitschert hat, war Insidern natürlich immer bekannt, in der Presse wurde das Thema allerdings durch die Bank recht diskret behandelt. Zwei Namen von vielen: Der beliebte Bundeskanzler **Willy Brandt** soll ebenso wie der beliebte bayrische Ministerpräsident **Franz-Josef Strauß** dem Alkohol durchaus zugetan gewesen sein. Ein großes Geheimnis war das nicht: So trat Strauß wiederholt schwer gezeichnet vor Parteifreunden auf, und nicht einmal die Tatsache, dass eine Bundestagsdebatte im Fernsehen übertragen wurde, hielt ihn vom Trinken ab. Geschadet hat den beiden Polit-Stars ihr Nahverhältnis zur populärsten Droge des Landes freilich mit Sicherheit nicht.

Anders das Gerücht, Strauß' Nachfolger **Edmund Stoiber** hätte immer nur Salbeitee anstatt Bier in seinem Maßkrug gehabt: Das soll dem Vernehmen nach nämlich mehr zu dessen politischem Abgesang beigetragen haben als alle tatsächlichen oder angeblichen Ungereimtheiten oder Skandale beziehungsweise Skandälchen seiner Regierungszeit zusammen.

Übertreiben sollte man es mittlerweile aber auch in die andere Richtung nicht mehr. Ein glasklares Bekenntnis zum hemmungslosen Trinken wird nämlich sogar im Bierstaat Bayern immer weniger gerne gehört, was etwa Stoibers Nachfolger **Günther Beckstein** erst bitter erfahren musste. Seine Bemerkung, dass selbst das Trinken von zwei Maß – also zwei Litern – Bier innerhalb von sechs, sieben Stunden die Fahrtüchtigkeit nicht einschränken würde, hat ihm politisch nicht wirklich genützt. Im Gegenteil: Nach massiver Kritik an seiner Äußerung machte Beckstein zwar einen gehörigen Schwenk, indem er sich plötzlich für die Abstinenz beim Autofahren einsetzte, die Landtagswahlen wenige Wochen später verlor er aber trotzdem.

*Wenn man manchen großen Taten und Gedanken bis zu ihrer Quelle nachspüren könnte, so würde man finden, dass sie öfters gar nicht in der Welt sein würden, wenn die Bouteille verkorkt geblieben wäre, aus der sie geholt wurden. Man glaubt nicht, wie viel aus jener Öffnung herauskommt.*

Georg Christoph Lichtenberg (1742–1799), deutscher Schriftsteller, Mathematiker, Physiker und Begründer des deutschsprachigen Aphorismus

## Andere Berühmtheiten

# Herz in Wein

Selbst unter den weltberühmten Philosophen haben gar nicht so wenige dem Wein, dem Bier und Hochprozentigem über alle Maßen zugesprochen. Große geistige Leistungen und der regelmäßige Konsum geistiger Getränke schließen einander also offenbar nicht automatisch aus. Jedenfalls nicht kurzfristig. Was das an anderer Stelle beschriebene Schicksal unzähliger berühmter Literaten ja eindringlich unter Beweis stellt.

So waren beispielsweise selbst Genies wie **Immanuel Kant** und **Arthur Schopenhauer** alles andere denn Abstinenzler. Und so wusste etwa auch der radikale Denker, Philosoph und Unternehmer **Friedrich Engels** den Geschmack und die Wirkung von Wein und Punsch sehr zu schätzen. Mit einem Eintrag in ein Poesiealbum hat er das sogar einmal eigenhändig bekräftigt, als er seine Auffassung von Glück mit «Chateau Margaux 1848» beschrieben hat. Sein Freund und Kollege **Karl Marx**, der einflussreichste Theoretiker des Sozialismus und Kommunismus, war einem guten Tropfen ebenfalls nicht abgeneigt. Allerdings ließ der die Zeile mit der Auffassung vom Glück im Stammbuch seiner Tochter leer.

Der weltberühmte französische Schriftsteller und Philosoph, Kommunist und Existenzialist **Jean-Paul Sartre**, einer von zwei Menschen, die den Nobelpreis für Literatur abgelehnt haben, schluckte wiederum bis ins vergleichsweise hohe Alter abwechselnd Barbiturate und Amphetamine und trank zudem Scotch sowie Rotwein in fürwahr rauen Mengen. Und das praktisch täglich. Wirklich geschadet hat das in puncto geistiger Fitness erstaunlicherweise auch ihm kaum oder gar nicht. Sartre war trotz seiner oft heftig umstrittenen Ansichten nicht nur beliebt, sondern Zeit seines Lebens sehr produktiv. Er wurde 74 Jahre alt, und seinem Sarg folgten rund 50 000 Menschen.

Seine Lebensliebe **Simone de Beauvoir**, ihres Zeichens ebenfalls eine Legende, eine Schriftstellerin und eine Philosophin zugleich und vielleicht die bekannteste Feministin aller Zeiten, griff desgleichen gern und oft zum Glas oder zur Flasche. Schon vor dem Mittagessen trank sie Wodka und nachmittags Scotch. Sie starb fast auf den Tag genau sechs Jahre nach Sartre und das an einem sehr ähnlichen Krankheitsbild, nämlich an einem Lungenödem und einer Lungenentzündung als Folgen einer Leberzirrhose.

Erfindergeist und Weingeist. Unter den Naturwissenschaftlern und technischen Genies finden sich zwar weit weniger Alkoholabhängige und -missbraucher, gegeben hat es sie freilich dennoch. Der dänische Adelige **Tycho Brahe** war einer davon. Er war einer der größten Astronomen aller Zeiten, dessen Arbeiten unter anderem zur Entdeckung der Schwerkraft durch **Isaac Newton** geführt haben. Und er bestimmte die Länge des tropischen Jahres, die er auf 365 Tage 5 Stunden 48 Minuten und 45 Sekunden ermittelte, auf weniger als eine Sekunde genau. Im 16. Jahrhundert. Als Haustier hatte er unter anderem einen Elch, der offenbar die Vorliebe seines Besitzers für berauschende Getränke geteilt hat; als erwiesen gilt jedenfalls, dass das Tier eines Tages betrunken eine Stiege hinunterstürzte und dann an den Folgen eines dabei erlittenen Beinbruchs verendet ist. Brahe selber starb unter nicht viel weniger bizarren Umständen. Angeblich erlag er einem Blasenriss infolge einer Harnverhaltung, weil er der Hofetikette wegen die Tafel des Kaisers, zu der er eingeladen war, unter allen Umständen nicht vor diesem verlassen wollte.

**Paracelsus**, wie der schon erwähnte berühmte Arzt und Universalgelehrte **Philippus Aureolus Theophrastus Bombastus von Hohenheim** genannt wurde, war angeblich ebenfalls ein großer Zecher. Er war schon ein paar Jahre tot, ehe Brahe auf die Welt kam. «Er lebte wie ein Schwein, sah aus wie ein Fuhrmann, fand sein größtes Vergnügen im Umgang des liederlichsten und niedrigsten Pöbels und war die meiste Zeit seines Lebens besoffen. Auch scheinen alle Schriften im Rausch geschrieben zu sein», merkte ein Zeitgenosse an. Der große Gelehrte soll mit 47 oder 48 Jahren gestorben sein. Als Ursachen genannt werden eine Quecksilbervergiftung, die Folgen einer Wirtshausschlägerei und Leberkrebs als Folge maßlosen Saufens. Auch davon, er wäre wie Brahes Elch im Rausch eine Treppe hinabgestürzt, wird berichtet. Über Paracelsus' frühen Tod wurde viel spekuliert, über sein ungewöhnliches Leben ebenso; dass Alkohol zumindest in letzterem eine entscheidende Rolle spielte, davon darf man ausgehen.

***Wie viele andere Berühmtheiten seiner Zeit sprach Thomas Alva Edison vornehmlich dem Vin Mariani zu, einem Gemisch aus Kokablättern und Wein.***

Der Chemiker, Musiker, Erfinder, Maler und Lyriker **Charles Cros** (1842–1888) war desgleichen dem Alkohol nicht abgeneigt, vielmehr war er ein echter Trunkenbold und gönnte sich täglich an die 20 Gläser Absinthe. Das hinderte ihn aber nicht daran, den automatischen Telegraphen, den ersten Phonographen – das war so etwas wie ein Plattenspieler – und ein frühes Verfahren der Farbphotographie zu entwickeln. Und der große irische Mathematiker, Astronom und Physiker Sir **William Rowan Hamilton** war zwar einer der klügsten Männer seiner Zeit, ein Jahrhundertgenie, das unter anderem bereits mit 13 Jahren zwölf Sprachen beherrschte. So klug, dass er den Alkohol gemieden hätte, war er aber auch wieder nicht, seine Sucht brachte ihn schließlich sogar ins Grab.

Der österreichische Nobelpreisträger **Wolfgang Pauli** wiederum war einer der bedeutendsten Physiker des 20. Jahrhunderts und zudem ein ausgesprochener Partytiger, der sich jede Menge Nächte in Kneipen um die Ohren geschlagen haben soll. Als er 23-jährig nach Hamburg übersiedelte, um dort eine Professur anzutreten, wechselte er nach eigenen Worten zugleich «direkt vom Mineralwasser zum Champagner».

Sein genialer Geist hat darunter nachweislich nicht gelitten. «Als Wissenschaftler war er sogar größer als Einstein», sagte der deutsche Nobelpreisträger **Max Born** einmal über Pauli. Und Born war mit Einstein befreundet. Zumindest einen Hang zum Alkohol hatte zudem wohl der Erfinder der Glühbirne, der Amerikaner **Thomas Alva Edison**. Der mied aber wenigstens harte Getränke, weil er seinem Verstand nicht zu sehr zusetzen wollte. Wie viele andere Berühmtheiten seiner Zeit sprach Edison vielmehr vornehmlich dem *Vin Mariani* zu, einem Gemisch aus Kokablättern und Wein.

**Diskretion ist alles.** Den hat sich übrigens seinerzeit auch ein Papst überaus gerne zu Gemüte geführt. Der 1903 verstorbene **Leo XIII.**, Schöpfer der ersten expliziten Sozial-Enzyklika der römisch-katholischen Kirche, zeigte sich sogar öffentlich als überaus angetan von der später streng verbotenen Spezialmixtur. Mehr noch: Er adelte sie mit einem offiziellen Siegel und ließ zu, dass sein Konterfei Werbeeinschaltungen für das ungewöhnliche Getränk zierte. Ganz abgesehen davon, dass viele Bischöfe, Kardinäle und eben sogar Päpste gern mal einen über den Durst getrunken haben oder trinken, steht außer Zweifel, dass gerade in Kreisen der Kirche(n) gern der Mantel des Schweigens über die Eskapaden der schwarzen Schafe aus der Elite der frommen Männer gelegt wurde und wird, ebenfalls.

Erfolgreichen und mächtigen Schluckspechten aus der Welt der Ökonomie liegt übrigens traditionsgemäß gleichermaßen viel daran, ein allfälliges

Suchtverhalten geheim zu halten. Unter Topmanagern, Bankdirektoren und Industriekapitänen ging Trunksucht nie als lässliche Sünde durch und wird wohl auch künftig nicht als solche durchgehen. Dafür ist ganz einfach zu viel Geld im Spiel.

Apropos Verschwiegenheit: Einige der legendärsten Agenten aller Zeiten, etwa vier von den berühmt-berüchtigten *Cambridge Five*, widmeten der beliebtesten Droge der Menschheitsgeschichte ebenso weit mehr Aufmerksamkeit, als ihnen gut getan hat. Ungefährlich war das nicht: Die Briten **Donald MacLean**, **Kim Philby**, **Guy Burgess** und **Anthony Blunt** waren klassische Doppelspione, sie standen im Dienste Ihrer Majestät und versorgten überdies den Klassenfeind, sprich die Sowjets, viele Jahre hindurch mit jeder Menge heikler Informationen. Dennoch wurden sie für ihre Untaten nicht zur Rechenschaft gezogen, was darauf schließen lässt, dass sie als wahre Profis selbst betrunken im richtigen Moment den Mund zu halten wussten.

**Mörder im Blutrausch.** Unter den Serienmördern dieser Welt ist der Prozentsatz von Alkoholikern ebenfalls weit höher als in der Normalbevölkerung. Der gut aussehende und redegewandte US-Amerikaner **Theodore «Ted» Robert Bundy**, der mindestens 30, vielleicht aber sogar doppelt so viele Mädchen und junge Frauen vergewaltigte und grausam tötete, ging nach eigenen Angaben im Regelfall betrunken ans Werk.

Laut Polizeiprotokoll war Bundy auch bei seiner Verhaftung noch vom Besäufnis der letzten Nacht benebelt und verwirrt. Sein Landsmann **Jeffrey Lionel Dahmer** – er hat 17 Buben und junge Männer aus dem Homosexuellenmilieu und der Stricherszene ermordet – war nicht nur Kannibale, sondern schon seit seiner Highschool-Zeit Alkoholiker. Und der Killer-Clown **John Wayne Gacy**, ebenfalls ein US-Amerikaner, der für die Ermordung von 33 Buben und Burschen zu 21 Mal lebenslänglich und 12 Mal Todesstrafe verurteilt wurde, war das ebenfalls.

Nicht bloß Gesetzesbrecher, selbst Gesetzeshüter haben sich immer wieder in den Suff geflüchtet. Einer der bekanntesten Polizisten aller Zeiten, der US-amerikanische Finanzbeamte und Prohibitionsagent **Elliot Ness**, jener Mann also, der als unbestechlicher Gegenspieler des legendären und durch Fusel aller Art reich gewordenen Mafioso Al Capone berühmt geworden ist, soll 54-jährig als depressiver Alkoholiker verstorben sein.

**Der Kopf an der Bugspitze.** Von den großen Halunken und Haudegen lang und längst vergangener Tage haben natürlich ebenfalls sehr viele ungebührlich oft zum Krug oder zum Becher gegriffen. Zu Land und zu Wasser, Männer wie Frauen. So waren etwa viele der bekannten Seeräuber und Freibeuter schwere Trunkenbolde.

**Ching Shih** respektive die **Witwe Ching**, eine ehemalige Prostituierte und die am meisten gefürchtete Piratin der Geschichte Chinas, die zu Beginn des 19. Jahrhunderts die damals fünftgrößte Flotte der Welt mit 1000 bis 2000 Schiffen und 50 000 bis 100 000 Mann Besatzung befehligte, konnte angeblich sogar ein paar Liter Reis- oder Pflaumenwein runterstürzen. Und zwar Wein, in dem mitunter angeblich das Herz eines Feindes eingeweicht worden war. Niemand konnte sie besiegen, die Chinesen nicht, die Portugiesen nicht und auch nicht die *Royal Navy*. Zu guter Letzt akzeptierte sie eine Amnestie und verbrachte ihre zweite Lebenshälfte als Opiumschmugglerin und Besitzerin eines Spielsalons und verheiratet mit ihrem Adoptivsohn in Frieden und Wohlstand.

***Klaus Störtebeker soll so manchen Gefangenen gezwungen haben, einen Riesenhumpen zu leeren, der vier Liter Wein oder Bier fasste, und zwar ohne abzusetzen.***

Der wiederum mit seiner eigenen Cousine verehelichte Waliser Sir **Henry Morgan** war in seinem früheren Leben ein gefürchteter Pirat, passionierter Brandschatzer und berüchtigter Plünderer, ehe er nach einem Friedensvertrag zwischen Engländern und Spaniern zuerst in ein Verlies gesperrt und später in den Ritterstand erhoben wurde. Der Eroberer Panamas und Vize-Gouverneur von Jamaika dürfte den gesellschaftlichen Aufstieg und die höheren Weihen irgendwie nicht ganz verkraftet haben; seinen Ruf als maßloser Säufer soll er nämlich vor allem in seinen letzten Lebensjahren erworben haben. **Edward Teach** respektive **Captain Blackbeard** ging den umgekehrten Weg: Er war ursprünglich ein Freibeuter im Dienste der britischen Krone und fiel erst in Ungnade, als er sein einträgliches und oft sehr grausames Geschäft auch ohne deren Genehmigung fortsetzte. Der immer wieder als größter Pirat aller Zeiten titulierte Haudegen war schwer alkohol- sowie drogenabhängig. Und er lieferte eines der tolldreistesten Beispiele für Beschaffungskriminalität: Die Stadt Charleston in South Carolina soll er nämlich einmal nur belagert haben, um in den Besitz einer Ration der Opiumtinktur Laudanum zu kommen. Der gefürchtete Pirat war berühmt dafür, unmittelbar vor einer Schlacht eine in seinen pechschwarzen Bart geflochtene Lunte anzuzünden, um seine Gegner so noch mehr in Angst und Schrecken zu versetzen.

***Zur begnadeten Säuferin Merry Meg sollen Männer aus ganz Europa gepilgert sein, um sich mit ihr im Trinken zu messen – und unter dem Tisch zu landen.***

Alt geworden ist er nicht, mit Ende 30 tappte er in eine tödliche Falle. Seine Leiche wies über 20 Schuss- und Stichverletzungen auf. Der abgetrennte Kopf wurde auf die Bugspitze gebunden, der Körper ging über Bord – und soll der Legende nach dort noch ein paar Runden um das Schiff geschwommen sein, ehe er auf den Meeresboden hinabsank.

Ebenfalls zu den größten Trunkenbolden der maritimen Geschichte zählte der deutsche **Klaus Störtebeker**. Sein Spitzname «Klaus Stürz den Becher» kam dabei nicht von ungefähr: Er soll nämlich so manchen Gefangenen gezwungen haben, einen Riesenhumpen zu leeren, der vier Flaschen respektive vier Liter Wein oder Bier fasste, und zwar ohne abzusetzen. Wer das – anders als er selber – nicht schaffte, der wurde umgebracht.

Ob die wenigen, denen es gelang, wirklich immer freigelassen wurden, wie es vereinbart war, ist nicht bekannt. Störtebeker kam allerdings auch nicht ungeschoren davon: 1401 wurde er gemeinsam mit 30 Kumpanen in der Nähe von Hamburg enthauptet.

**Das Baby im Sarg.** Im elisabethanischen England in der zweiten Hälfte des 16. Jahrhunderts erlangte mit **Long Meg of Westminster** oder **Merry Meg** eine unglaublich hässliche beziehungsweise nach anderen Quellen schöne Frau Berühmtheit, die angeblich gewalttätig war, gern Männerkleidung trug und als inoffizielle Königin des Thames-Bezirks sowie als begnadete Säuferin galt. Aus ganz Europa sollen Männer zu ihr gepilgert sein, um sich mit ihr im Trinken zu messen – und unter dem Tisch zu landen. Kein Wunder, war sie doch angeblich 210 cm groß und über 160 kg schwer. Ob sie je wirklich gelebt hat oder nicht, weiß niemand, aber vermutlich doch.

**Emily D. West Morgan**, *The Yellow Rose of Texas* genannt, ist mit Sicherheit eine historische Figur und war unbestritten auch eine schwere Alkoholikerin. Zum Glück für die USA, denn immerhin soll sie dank ihrer Trinkfestigkeit und ihrer Verführungskünste die junge Republik Texas aus den Händen des mexikanischen Präsidenten **Antonio López de Santa Anna** gerettet haben. Selbst wenn es sich hier um einen Mythos handeln dürfte, daran, dass die Geschichte einen wahren Kern hat, ändert das nichts.

Im sogenannten Wilden Westen gab es freilich eine ganze Reihe weiterer bestens geeichter und unerschrockener Frauen. Etwa **Martha Canary**, besser bekannt als *Calamity Jane*. Die ehemalige Fährtenleserin war Leibwächterin des großen **Wild Bill Hickock** gewesen und wurde später einer der Superstars in der Wildwest-Show von **Buffalo Bill Cody**. Nicht weniger berühmt war zudem **Myra Maybelle Star**, genannt *Belle Star*. Die ehemalige Puffmutter, Pferdediebin, Salonwirtin und Messerstecherin kannte die Brüder **Frank** und **Jesse James** sowie **Cole Younger**, nannte ihre Pistole «mein Baby» und soff wie ein Loch. Man hat sie erschossen und mit ihrem Baby und einer Flasche Whiskey beerdigt.

*The secret to a long life is to stay busy,*
*get plenty of exercise and don't drink too much.*
*Then again, don't drink too little.**

«Jackrabbit» Herman Smith-Johannsen (1875–1987), kanadischer Skilangläufer norwegischer Abstammung im Alter von 103 Jahren

## Queen Mum und ihr Gin
# Das Glück der Oma der Nation

Die Witwe von König **Georg VI.** und Mutter der britischen Königin **Elisabeth II.** starb 2002 im Alter von 101 Jahren. Obwohl sie als Mitglied der *Royal Family* diesbezüglich ein hohes Maß an Diskretion an den Tag zu legen pflegte, wurde sie zu ihrer Zeit sozusagen inoffiziell zur bekanntesten Gin-Trinkerin der Welt – und ist das vermutlich bis heute posthum auch geblieben.

*Her Majesty Queen Elisabeth The Queen Mother*, wie sie offiziell vorgestellt wurde, oder «Queen Mum», wie ihre Untertanen sie meist nannten, kam als **Algena Marguerite Bowes-Lyon** in London zur Welt. Seit sie im Zweiten Weltkrieg dem Dauerbombardement der Deutschen getrotzt und der notleidenden Bevölkerung in der größten Bedrängnis immer wieder Trost zugesprochen hatte, erfreute sie sich bei den Briten großer Beliebtheit. Und das bis zuletzt. Leutselig, stets lächelnd, diszipliniert und exzentrisch – so hat die überwältigende Mehrheit ihrer Landsleute sie gesehen und gemocht. Dass man ihr, nebst zahlreichen Vorzügen, auch einen Hang zur Verschwendungssucht und zu Pferdewetten sowie eine ausgeprägte Vorliebe für einen guten Schluck Gin nachsagte, konnte ihren

* Das Geheimnis eines langen Lebens ist, aktiv zu bleiben, sich fit zu halten und nicht zu viel zu trinken. Andererseits sollte man auch nicht zu wenig trinken.

guten Ruf zu keiner Zeit nachhaltig beschädigen. Zumal sie das mit dem Trinken nie wirklich übertrieben haben soll.

Wenn sich Queen Mum in ihrer Londoner Residenz *Clarence House* vor dem Lunch oder zu anderen passenden Gelegenheiten den einen oder anderen Drink genehmigt hat, dann sollen diese dem Vernehmen nach fast immer zwar ziemlich stark, aber nie zu stark gewesen sein.

***Gegönnt hat sich Queen Mum fast ausnahmslos Drinks auf Gin-Basis. Favorit der Hocharistokratin mit dem eigenwilligen Kleidungsstil war ein Royal-Dubonnet-Cocktail.***

Wirklich über den Durst hätte sie schon allein deswegen nicht getrunken, weil ihr das zu stillos erschienen wäre. Ein, zwei, höchstens drei Gläschen in Ehren, um so richtig in die Gänge zu kommen und ein Weilchen auf der Welle zu bleiben, habe sie gezwitschert, heißt es, mehr aber nicht. Gegönnt hat sie sich nach allgemeinem Bekunden fast ausnahmslos Drinks auf Gin-Basis. Der absolute Favorit der Hocharistokratin mit dem bis zuletzt recht eigenwilligen Kleidungsstil war dabei ein spezieller Royal-Dubonnet-Cocktail. 70 Milliliter des gleichnamigen Vermouth, der drei Jahre lang in Eichenfässern reift, dazu 30 Milliliter Dry Gin (nach anderen Quellen sollen es sogar 70 Milliliter gewesen sein), das Ganze ordentlich geschüttelt und mit einer Scheibe Zitrone unter Eis serviert, und dem Glück der Oma der Nation stand angeblich nichts mehr im Wege. Wobei durchaus auch mal ein oder zwei Gläser Rotwein – etwa nach dem Mittagessen – oder klassische Martinis zur Steigerung ihres Wohlbefindens beitragen durften.

**Durstige royale Verwandtschaft.** Queen Mum war übrigens nicht die Einzige aus dem Hause Windsor, die zur Droge Alkohol ein inniges Verhältnis hatte. Auch ihre zweite Tochter, *Her Royal Highness Princess* **Margaret**, Gräfin von Snowdon, dürfte diese Vorliebe geerbt und mitunter ordentlich zugelangt haben. Wenn sich die lange Zeit schillerndste Figur des Königshauses mit Jetsettern wie etwa dem Schauspieler **Peter Sellers** oder dem *Rolling-Stones*-Boss **Mick Jagger** in den 1970er Jahren auf wilden Partys die Nächte um die Ohren geschlagen hat, soll ihr Lieblingsgetränk Whisky sogar in Strömen geflossen sein.

Queen Mums Enkel, *His Royal Highness Prince* **Henry of Wales**, ist ebenfalls bereits wiederholt durch einschlägige Eskapaden aufgefallen. 2007 hat er sich etwa beim Schnupfen von Wodka erwischen lassen. Fotos, auf denen sich «Dirty Harry» die Spirituose aus einer Flaschenkappe durch die Nase zieht – sozusagen an der Leber vorbei und somit direkt in die Blutbahn und damit auch ins Gehirn – gingen um die Welt und haben nicht nur auf der Insel die Presse zu höhnischen Kommentaren veranlasst. Das sei wohl effektiv, hieß es, aber ganz sicher nicht die feine englische Art, wie sie noch vor wenigen Jahren seine Urgroßmutter an den Tag gelegt hatte.

*It takes only one drink to get me drunk. The trouble is, I can't remember if it's the thirteenth or the fourteenth.**

George Burns (1896–1996),
US-amerikanischer Schauspieler und Komiker

## Der größte Säufer aller Zeiten

# 119 Flaschen Bier in sechs Stunden

Selbst wenn das so manchen passionierten Zecher seiner Illusion berauben sollte, eines fernen Tages vielleicht selber diesen Titel zu erringen: Dass bei der Kür zum größten Säufer aller Zeiten maßloses Zechen bis zum Abwinken nicht das Maß aller Dinge sein sollte, dieser Meinung sind selbst die allermeisten schweren Trinker – oder zumindest diejenigen unter ihnen, die sich noch nicht ganz um den Verstand gesoffen haben.

Ansonsten wäre etwa jener 1850 geborene Schluckspecht, den das *Guinness Book of World Records* in seiner 1979er Ausgabe noch als trunksüchtigste Person aller Zeiten anführte, ein ernsthafter Anwärter auf den Sieg: Über vier Flaschen *Ruby Port* soll sich ein gewisser **Mister Vanhorn** 23 Jahre lang im Durchschnitt täglich zu Gemüte geführt haben, ehe er im vergleichsweise hohen Alter von 61 das Zeitliche segnete. Das macht unterm Strich 35 688 Flaschen und ist nicht zuletzt auch deswegen beeindruckend viel, weil Portwein einen Alkoholgehalt von um die 20 Prozent hat. Wie es dazu kam, dass wohl Vanhorns Alkoholverbrauch, nicht aber sein Vorname überliefert ist, berichtete das Guinness-Buch übrigens nicht.

Ein Mann wie der 1949 geborene Afroamerikaner **Henry Earl** aus Lexington im US-Bundesstaat Kentucky wäre bei oberflächlicher Betrachtung

---

* Mir reicht ein Drink, um betrunken zu werden. Ich weiß nur nicht, ob's der dreizehnte oder vierzehnte Drink ist.

wohl ebenfalls zu den aussichtsreichen Titelaspiranten zu zählen. Der gute Mann hat es schon im April 2010 auf exakt 1333 amtlich dokumentierte Alkoholdelikte gebracht, wobei er im Rausch allerdings kein einziges Mal Schlimmeres angestellt hatte, als sich ungebührlich zu benehmen oder gegen Betretungsverbote zu verstoßen. Als notorischer Wiederholungstäter ohne Geld musste er seine Strafen im Normalfall absitzen. Was ihn bereits damals insgesamt 4618 ebenfalls rekordverdächtige Tage lang hinter Gitter gebracht hat und seiner malträtierten Leber so immer wieder unfreiwillige, aber lebensverlängernde Erholungspausen verschaffte.

So einzigartig Vanhorns Weinverbrauch und Earls Polizeiakte sein mögen, für die Wahl zum größten Säufer aller Zeiten reicht beides nicht. Zumal es ja eine ganze Menge von Menschen gegeben hat, die nicht nur durch ihren außerordentlich hohen Alkoholkonsum, sondern zudem durch außerordentliche und wahrhaftig bewundernswerte Leistungen in Erscheinung getreten sind.

***Es gibt schließlich hunderte einzigartig große Trinker, die einzigartig Großes geleistet haben.***

Womit auf sie die Bezeichnung «größter Säufer aller Zeiten» im doppelten Wortsinne und noch besser zutreffen würde. Leider – oder zum Glück – kommt man aber selbst so noch auf zu viele mögliche Titelanwärter, um hier eine vernünftige Entscheidung treffen zu können.

Legendäre Gestalten der Antike wie der fast unbesiegbare Feldherr Alexander der Große oder der römische Senator und Tribun **Torquatus Novellius**, einer der größten Kampftrinker des Altertums, der angeblich neun Liter verdünnten Wein ohne abzusetzen in sich hineinschütten konnte, gehören ebenso dazu wie beispielsweise Winston Churchill oder Ernest Hemingway, zwei von vielen alkoholaffinen Helden des 20. Jahrhunderts – es gibt schließlich hunderte einzigartig große Trinker, die einzigartig Großes geleistet haben. Wenn man von denen dann allerdings nur noch jene berücksichtigt, die sich obendrein auch charakterlich als herausragende Zeitgenossen ausgezeichnet haben, wird der Kandidatenkreis nochmals kleiner – je nach Blickwinkel erfreulicher- oder bedauerlicherweise.

**Sieganwärter Winston Churchill.** Der 2002 von über einer Million Landsleuten in einer BBC-Umfrage zum größten Briten aller Zeiten gewählte Journalist, Historiker und Politiker Winston Churchill, dem man neben seiner Exzentrizität angeblich auch ein hohes Maß an Charakterstärke und eine gewisse Großherzigkeit nicht absprechen konnte, ragt insofern beispielsweise wirklich als einzigartige Figur heraus. Und er wäre natürlich genauso in puncto Leistungen ein mehr als bloß würdiger Sieger.

Seine Lebensbilanz ist nämlich in der Tat schier unglaublich. Der Mann hat unter anderem als Kavallerieleutnant im Sudan, in Kuba und in Indien Mann gegen Mann gekämpft und als Journalist vom Burenkrieg in Südafrika berichtet. Er hat vier Kinder in die Welt gesetzt, 30 Geschichtsbücher geschrieben, so viele herausragende Reden gehalten, dass am Ende 20 Bände damit gefüllt wurden, und den Nobelpreis für Literatur bekommen. Er hat die britische Navy im Ersten Weltkrieg geführt, die *Royal Air Force* gegründet, zahlreiche wegweisende Gesetze auf den Weg gebracht, diverse Länder, darunter Irland, in die Unabhängigkeit entlassen und baute sich als passionierter Handwerker unter anderem eigenhändig ein Gartenhaus. Er hat sich im Alter von 77 nochmals zum Premierminister wählen lassen, den Begriff «Eiserner Vorhang» erfunden, die NATO mitbegründet, rund 500 Bilder gemalt und ein paar davon in der *Royal Academy* ausgestellt. Und er hat gleichsam zwischendurch als englischer Premierminister Nazideutschland die Stirn geboten und Adolf Hitler besiegt, sprich den größten Krieg der Menschheitsgeschichte gewonnen.

Dass er es dennoch nur auf die Shortlist, aber nicht bis ganz zuoberst aufs Siegerpodest schafft, liegt daran, dass sein Alkoholkonsum zwar mehr als beträchtlich, aber nicht ganz so extrem ausufernd war, wie das bisweilen kolportiert wurde. Churchill war, darüber ist sich die Mehrzahl der Historiker einig, die längste Zeit seines Lebens zwar eindeutig alkoholabhängig. Er vertrug und trank eine ganze Menge: jeden Vormittag schon den einen oder anderen schwachen Whisky mit Soda, zu Mittag (mitunter ungeheure Mengen) Wein und Bier, im Verlauf des weiteren Tages dann noch da einen Martini, dort einen Brandy und zum Abendessen schließlich Champagner.

Er soll, so berichtete einer seiner Privatsekretäre einmal, also getrunken haben, aber eben dezidiert und nicht über alle Maßen; vielmehr kokettierte das Multitalent offenbar mit seiner Trinkfestigkeit und pflegte bewusst sein Image als Genussmensch. Belebt und angeregt sei er gewesen, aber nie besoffen. Besagter Privatsekretär war übrigens sein letzter. Ob Churchill da schon altersbedingt zurückgeschaltet hatte oder ob die Beobachtungen eines seiner engsten Vertrauten aus Rücksichtnahme auf den ehemaligen Chef eben nicht die ganze Wahrheit widerspiegeln, wird sich wohl nie mehr endgültig klären lassen.

**Der Mount Everest der Betrunkenheit.** Wenn man sich weiter auf die Suche nach dem größten Säufer aller Zeiten macht, stößt man mit Sicherheit sehr bald auch auf den Namen **André Rene Roussimoff**. Und das völlig zu Recht. Der war nämlich nicht nur einer der größten Wrestler des 20. Jahrhunderts, ein ungewöhnlich talentierter Entertainer und obendrein ein wahrer Lebenskünstler, sondern noch dazu ein Schluckspecht, wie ihn die Welt wohl nur selten gesehen hat. Sprich, der Mann hat nachweislich viel gesoffen, viel geleistet und obendrein Charakter gezeigt. Und er hat sich als Einziger aller Kandidaten den Titel auch noch aus einem anderen Grund verdient: **André the Giant**, so sein Künstlername, war mit einer Körpergröße von 213 Zentimeter und einem Gewicht von 240 Kilogramm wohl auch rein physisch der größte Säufer aller Zeiten.

Roussimoffs Lebensgeschichte liest sich spannend, aufregend und letztlich tragisch. «Der Boss», wie ihn seine Freunde und Fans nannten, kam 1946 im französischen Grenoble als Sohn von Immigranten mit bulgarisch-polnischen Wurzeln zur Welt.

Als Teenager hat er die Schule abgebrochen und unter anderem auf dem elterlichen Bauernhof und als Arbeiter in einer Fabrik seine Brötchen verdient. Infolge einer Krankheit, die ihm keine wirklich hohe Lebenserwartung verhieß, produzierte sein Körper zu viele Wachstumshormone – und hat damit erst aufgehört, als aus dem kleinen André ein Riese geworden war, ein Gigant, den ganz Amerika und die halbe Welt später als achtes Weltwunder bestaunen sollten.

In seinen jungen Jahren hat er auch unter anderen Namen gekämpft. So ist er etwa in Frankreich, Deutschland, England, Kanada und anderen Ländern als *Géant Ferre* und in Japan als *Monster Roussimoff* in den Ring gestiegen. Von den späten 1960er Jahren bis zur Mitte der 1980er Jahre war er dann der bestbezahlte Star seiner Branche. Sein Kampf gegen **Terence «Terry» Gene Bollea**, besser bekannt als **Hulk Hogan**, im Rahmen der «Wrestlemania III» im Jahr 1987 war über eine Dekade lang dasjenige TV-Ereignis, das in den USA und zugleich auch weltweit am meisten zahlende Zuschauer vor die Fernsehgeräte lockte – und obendrein 93 137 zahlende Fans live in den *Pontiac Silverdome* in Detroit. Das war ebenfalls ein Rekord, noch dazu einer, der bis dahin den Rolling Stones gehört hatte.

***Roussimoff hat angeblich jeden Tag 7000 Kalorien an Flüssigkeiten zu sich genommen, und der allergrößte Teil davon bestand aus Alkohol.***

Die Revanche zwei Monate später war der nächste Meilenstein. Da saßen 33 Millionen Menschen vor dem Fernseher, um ihn kämpfen zu sehen, mehr als bei jedem anderen Wrestling-Match der Geschichte. Der mittlerweile als «achtes Weltwunder» bekannte Riese war am Gipfel seiner Karriere angelangt.

Obwohl es andere Wrestler gegeben hat, die mit seinen Erfolgen im Ring mithalten konnten, etwa sein ewiger Rivale Hulk Hogan oder «*The American Dream*» **Virgil Riley Runnels jr.** vulgo **Dusty Rhodes**: Einen größeren Säufer als Roussimoff hat es im Ring-Geviert jedenfalls mit Sicherheit niemals gegeben (und außerhalb wohl auch nicht viele). Richard English vom amerikanischen Kultmagazin *The Modern Drunkard*, das ihm vor ein paar Jahren eine fürwahr elegische Huldigung gewidmet hat, ist daher überzeugt: André the Giant war der Zenit, der Mount Everest der Betrunkenheit. Mit anderen Worten: «Wenn es um große Säufer geht, gibt es André the Giant, und dann gibt es die anderen.»

Damit man sich besser vorstellen kann, was man draufhaben muss, um wahre Alkohol-Experten zu solchen Superlativen zu bewegen: Roussimoff hat angeblich jeden Tag 7000 Kalorien an Flüssigkeiten zu sich genommen, und der allergrößte Teil davon bestand aus Alkohol. Ja, das Essen kam in der Tat zusätzlich.

In Japan, wo er noch berühmter war als in den USA und wo er fast wie eine Gottheit verehrt wurde, hat er einmal 16 Flaschen Pflaumenwein in vier Stunden ausgetrunken, ehe er drei Ringkämpfe absolvierte, darunter einen sogenannten *Battle Royal* mit 20 Männern. Roussimoff war in Topform, niemand bemerkte etwas von einer Beeinträchtigung, und der Riese warf seine Gegner durch die Gegend, dass sich die nur so wunderten. Am Ende der schweißtreibenden Veranstaltung war er der Fama nach jedenfalls schon wieder durstig und schickte seine Kumpels, um ein paar Kisten Bier zu holen.

**Bier im Drei-Minuten-Rhythmus.** Geschichten über André the Giant und sein Trinkverhalten gibt es viele, und eine klingt unglaublicher als die andere. So hatte er angeblich einmal, nach einem einmonatigen Aufenthalt im Londoner Hyatt, eine Rechnung für von ihm an der Bar konsumierte Getränke in der Höhe von stattlichen 40 000 US-Dollar zu begleichen. Und so hält Roussimoff zudem den inoffiziellen Weltrekord für die meisten Biere, die ein Mensch bei einer einzigen sogenannten Session getrunken hat, als ohne sich dazwischen auch nur einmal hinzulegen und ohne sich eine wirkliche Pause zu gönnen: 119 Flaschen zu 360 Milliliter, das sind nach Adam Riese schier unglaubliche 42,84 Liter, soll er einmal innerhalb von nur sechs Stunden hinuntergestürzt haben.

***«Na ja, ich brauche so zwei Liter Wodka, damit ich eine angenehme Wärme spüre.»***

Und das im wahrsten Sinne des Wortes – immerhin bedeutete das im Durchschnitt alle drei Minuten ein Bier. Danach war er allerdings ausnahmsweise einmal wirklich komplett betrunken. Ausnüchtern musste er auf einem Hotelflur. Der Riese war dort zusammengesackt und nicht mehr wach zu kriegen, und dass sich aufgrund seiner Größe und seines Gewichts niemand gefunden hatte, der ihn aufs Zimmer hätte bringen können, erübrigt sich fast zu erwähnen.

Auch eine andere Episode aus dem Leben Roussimoffs klingt wie von einem Drehbuchautor erfunden, entspricht aber ebenfalls nachweislich der Wahrheit. Vor einer Operation, der er sich einmal unterziehen musste, wurde er von einem angesichts seiner Erscheinung verunsicherten Arzt gefragt, ob er Alkoholiker sei. Der Gigant gestand unumwunden ein, sich von Zeit zu Zeit ein Glas zu genehmigen. Auf die Frage, wie viel das üblicherweise denn sei, meinte er nur lapidar: «Na ja, ich brauche so zwei Liter Wodka, damit ich eine angenehme Wärme spüre.» Der Doktor war zuerst entsetzt, hat dann aber penibel ausgerechnet, welche Dosis er benötigen würde, um den alkoholkranken Koloss vor ihm zu narkotisieren – und so eine Methode erfunden, mit der er in seinen Kreisen berühmt wurde und die heute noch zum Standardrepertoire der Intensivmedizin zählt.

Außerhalb des Rings betätigte sich Roussimoff obendrein mitunter als Schauspieler. Schon Mitte der 1970er Jahre spielte er Bigfoot in der TV-Serie *Der-Sechs-Millionen-Dollar-Mann*, später folgten unter anderem Auftritte in Fernsehserien wie *The Greatest American Hero*, *Ein Colt für alle Fälle* und *Zorro* sowie in Hollywood-Streifen wie *Conan der Zerstörer* oder *Micki & Maude* und in der Fantasy-Komödie *Die Braut des Prinzen* des Starregisseurs **Rob Reiner**.

1993, Roussimoff hatte sich schon seit längerer Zeit vom Wrestling zurückgezogen, kehrte der nie verheiratete Vater einer 1979 unehelich geborenen Tochter nach Frankreich zu seiner Familie zurück, weil sein Vater in Paris im Sterben lag. Kurz nach dessen Tod verstarb er selber. An Herzversagen und im Schlaf. Er wurde nur 47 Jahre alt. Sein Leichnam wurde in die USA überführt und verbrannt und seine Asche auf seiner Ranch in North Carolina verstreut, dort, wo er zuletzt Pferde und Rinder gezüchtet hatte.

Der gutmütige Hüne hat sein ganzes Leben lang gewusst, dass er schwer krank war, dass er nicht alt werden würde und dass ihm der Tod praktisch immer im Nacken saß. Und obwohl er das wusste, wurde er nicht depressiv, sondern genoss sein Leben in vollen Zügen. Dem Vernehmen nach hat er sich obendrein immer recht anständig benommen, und das in jeder Hinsicht und obwohl er aufgrund seiner Erscheinung ohne weiteres auch außerhalb des Rings jederzeit den starken Mann hätte markieren können.

Genau diese zwei Punkte heben ihn aus der Riege einer ganzen Reihe ebenfalls durchaus würdiger Mitbewerber hervor und machen ihn, zusammen mit seinen sportlichen Verdiensten und seinem zügellosen Alkoholkonsum, zu dem, wozu er an dieser Stelle nun auch geadelt wird: zum größten Säufer aller Zeiten.

*First fig*
*My candle burns at both ends;*
*it will not last the night;*
*but ah, my foes, und oh, my friends –*
*it gives a lovely light!**

Edna St. Vincent Millay (1892–1950),
amerikanische Lyrikerin und Schriftstellerin

## Die größte Trinkerin aller Zeiten
# Sehr talentiert und sehr ungewöhnlich

Wenn man sich auf die Suche nach einem weiblichen Pendant zum größten Säufer aller Zeiten macht, dann stößt man irgendwann ganz sicher auf eine Frau, auf welche die doch eher rüde Bezeichnung Säuferin einfach nicht passen will, selbst wenn sie mehr als genug gezwitschert hat. Weil sie, unter anderem, rein körperlich ein sehr zerbrechliches Geschöpf war und weil sie über sehr viel Klasse, hohe Brillanz, jede Menge Stil und ein einzigartiges Talent verfügte, wird sie an dieser Stelle daher schlicht und einfach «größte Trinkerin aller Zeiten» genannt.

**Edna St. Vincent Millay**, so ihr Name, wurde in größter Armut 1892 in Rockland im US-amerikanischen Bundesstaat Maine geboren. Nach der Camden High School besuchte sie das berühmte *Vassar College*, eine Elitehochschule in Poughkeepsie im Bundesstaat New York, zu dessen Studentinnen unter anderem **Jacqueline Kennedy Onassis**, **Meryl Streep** und **Jane Fonda** gehörten. An der Eliteinstitution ist sie vor allem durch ihre dichterische Begabung aufgefallen – so erntete sie etwa 1912, also mit gerade mal

* **Erste Feige** Meine Kerze brennt an beiden Enden; Sie dauert nicht die Nacht
Aber ah, meine Feinde, und oh, meine Freunde – ein schönes Licht sie macht!

zwanzig Jahren, mit ihrem Gedicht *Renascence* landesweit höchste Bewunderung –, aber auch durch ihr Rebellentum. Es gab kaum eine Schulregel, die sie nicht gebrochen hat, und natürlich, Alkoholexzesse gehörten bereits damals dazu.

In New Yorks Künstlerviertel Greenwich Village, wo sie nach ihrem Abschluss gelandet war, schaffte sie dann in kürzester Zeit den Aufstieg zu einer der bekanntesten Autorinnen und Feministinnen der USA.

St. Vincent Millay war eine überaus talentierte und ungewöhnliche Frau. Sie war vielsprachig, in Vassar hatte sie Griechisch und Latein ebenso gelernt wie Französisch. Sie war Dichterin, Journalistin, Schauspielerin, Regisseurin, Theater- und Romanautorin, begnadete Klavierspielerin und Verfasserin der Libretti zweier Opern. Sie schrieb einige der besten Sonette des 20. Jahrhunderts. Sie war die erste Auslandskorrespondentin von *Vanity Fair* und sie war die erste Frau, die einen Pulitzerpreis gewann, und zwar den für Poesie, also für lyrische Dichtkunst, mit ihrer Gedichtsammlung *The Harp-Weaver and Other Poems*. Der englische Schriftsteller **Thomas Hardy** soll gesagt haben, dass Amerika zwei große Attraktionen zu bieten habe: die Wolkenkratzer und die Poesie von Edna St. Vincent Millay.

**Engagiert und unkonventionell.** Auch gesellschaftspolitisch ist die große Schriftstellerin immer wieder in Erscheinung getreten. In den 1920er Jahren protestierte sie beispielsweise massiv (und leider vergeblich) gegen die ihrer Meinung nach unzulässige Behandlung der angeblichen Anarchisten **Ferdinando «Nicola» Sacco** und **Bartolomeo Vanzetti** durch die USA und landete dafür wegen Erregung öffentlichen Ärgernisses sogar ein paar Tage lang hinter Gittern. Und in den ersten Jahren des Zweiten Weltkriegs setzte sie sich ebenso massiv dafür ein, dass die USA ihre Kriegsanstrengungen gegen Hitlerdeutschland und seine Verbündeten verstärken sollten.

Nicht weniger bekannt als für ihr großartiges Schaffen und ihr kompromissloses Engagement war sie freilich für ihren äußerst unkonventionellen und bohemienhaften Lebensstil. Alles, was man bis dahin als korrektes weibliches Verhalten betrachtet hatte, ignorierte sie konsequent und total und tat, mehr oder weniger das, was sie wollte. Und zwar ohne sich offenbar auch nur einen Deut darum zu scheren, was die anderen dachten. Wenn jemand die Bezeichnung Freigeist verdiente, dann sie.

Vincent Millay hat gespielt wie der Teufel, Karten und Backgammon, und obendrein ganz vorzüglich Schach. Sie hat gewettet, auf Pferde vor allem. Sie hat geraucht wie ein Schlot. Sie hat zahlreiche Affären gehabt, unter anderem eine mit dem wesentlich jüngeren Dichter **George Dillon**, und das vor den Augen ihres deutlich älteren Ehemannes.

***Gerade mal knapp über 150 Zentimeter klein und nur wenig über 40 Kilogramm schwer, hat sie die meisten Männer angeblich problemlos unter den Tisch gesoffen.***

Was einen nicht wirklich zu verwundern braucht, denn obgleich sie keine Schönheit war, hielten sie viele wegen ihrer Ausstrahlung für die verführerischste Frau ihrer Zeit. Männer übrigens gleichermaßen wie Frauen, und das nicht immer vergeblich. Vincent, wie sie selber am liebsten genannt wurde, war nämlich bisexuell.

Und sie trank, wie ein Henker und so oft und viel, dass sie eben auch als Trinkerin schon zu Lebzeiten zur Legende wurde. Gerade mal knapp über 150 Zentimeter klein und nur wenig über 40 Kilogramm schwer, hat sie die meisten Männer in ihrem New Yorker Stammlokal *Charlie's* angeblich problemlos und immer wieder unter den Tisch gesoffen.

Ab Mitte der 1930er Jahre lief nichts mehr so, wie es laufen sollte. Edna St. Vincent Milllays Karriere hatte ihren Höhepunkt eindeutig überschritten, ihr Ruhm begann zu verblassen, und der einst gefeierte Star des amerikanischen Literaturbetriebs schien obendrein plötzlich vom Pech verfolgt. Eines ihrer Manuskripte wurde bei einem Hotelbrand ein Raub der Flammen, nur wenige Monate später hatte sie einen schrecklichen Autounfall. Ihre Ärzte verlangten, sie müsse das Zechen aufgeben. Was sie tatsächlich befolgte. Sie stieg um auf Schmerzkiller und wurde süchtig danach. Nach einiger Zeit griff sie trotzdem auch wieder zur Flasche. Private Probleme, die angeschlagene Gesundheit, schöpferische Krisen – Gründe, im Alkohol Trost zu suchen, hatte sie genug. Die einstmals glühende Pazifistin wurde zudem dafür, dass sie die Kriegspläne der Alliierten so entschieden unterstützte, von vielen ihrer einstigen Bewunderer heftig angegriffen. Was ihr natürlich ebenfalls zusetzte.

1943 erhielt sie zwar noch als zweite Frau überhaupt die Frost Medal verliehen, für ihr Lebenswerk und ihre Verdienste um die US-amerikanische Lyrik. Danach veröffentlichte sie aber kaum mehr etwas, und schlussendlich starb noch ihr Mann, der ihr durch all die Jahre trotz ihrer Eskapaden eine große Stütze gewesen war. St. Vincent Millay sollte ihm bald folgen Sie, die in ihren besten Zeiten mit ihren Lesungen ganze Hallen gefüllt hatte, schied einsam aus dem Leben.

Am 19. Oktober 1950 erlitt die einst gefeierte Lyrikerin und Dramatikerin 58-jährig eine Herzattacke und fiel auf *Steepletop*, so der Name ihrer Farm in der Nähe von Austerlitz im Bundesstaat New York, die Treppe hinunter. Ihr Hausmädchen fand sie tot, mit gebrochenem Genick. Dass sie dabei ein unversehrtes Martiniglas in ihrer Hand gehalten haben soll, wird immer wieder kolportiert und würde perfekt zu ihrer Geschichte passen; bewiesen ist das freilich nicht. Zumal immer wieder auch kolportiert wurde, ein männlicher Gehilfe hätte sie auf den Stufen gefunden, mit einer halb leeren Flasche Wein. Alkohol dürfte in den letzten Stunden der großen Amerikanerin freilich auf jeden Fall im Spiel gewesen sein.

# 5.

## Und übrigens…

*The horse and mule live 30 years | and never knows of wines and beers.*
*The goat and sheep at 20 die | Without a taste of scotch or rye.*
*The cow drinks water by the ton | And at 18 is mostly done.*
*The dog at 15 cashes in | Without the aid of rum or gin.*
*The modest, sober, bone-dry hen | Lays eggs for nogs and dies at 10.*
*But sinful, ginful rum-soaked men | Survive three score years and 10.*
*And some of us … though mighty few | Stay pickled 'til we're 92.*

Anonymer Verfasser, zitiert aus der Anthologie *Verse and Worse: A Private Collection* von Arnold Silcock, 1958

## Trinken Tiere eigentlich Alkohol?

# Über Schluckspechte und Schnapsdrosseln

Berichte über betrunkene Tiere – von angesäuselten Elefanten über alkoholisierte Igel bis hin zu sternhagelvollen Affen – geistern immer wieder durch die Medien. Randalierende Bären, die durch den Verzehr von vergorenem Fallobst eine Schlagseite gekriegt und so ihre Scheu vor Menschen verloren haben, schaffen es ebenso regelmäßig in die Nachrichten wie etwa illuminierte Elche, die Jogger attackieren. Und wenn wie vor ein paar Jahren eine Herde stockbesoffener Rotnasen gleich ein ganzes Seniorenheim belagert und erst durch bewaffnete Polizisten zum Rückzug bewegt werden kann, dann stehen die Chancen gut, dass es diese Meldung sogar in die Schlagzeilen des Tages schafft. Und zwar daheim in Schweden ebenso wie im Rest der Welt.

Allerdings: So aufregend sich manche dieser Geschichten lesen mögen, über den wahren Umgang der Tierwelt mit der populärsten Droge der Welt sagen sie recht wenig aus.

Fest steht: Auch Tiere konsumieren Alkohol, vor allem Tierarten, die gerne überreife und damit vergorene Früchte fressen. In den allermeisten Fällen hat das allerdings keine großen Folgen. Die Mengen an verzehrten Früchten sind nämlich üblicherweise eher gering, und deren Alkoholgehalt ist das ebenso. Dennoch kann aufgrund derartiger Beobachtungen eine wichtige Feststellung getroffen werden, die manchen sittenstrengen Zeitgenossen gar nicht gefallen wird: Die freiwillige Aufnahme von Alkohol ist eindeutig als eine Aktivität einzustufen, die zum natürlichen Verhaltensrepertoire gehört; von zivilisatorischen Fortschritten wie der Entdeckung der Braukunst war sie offenbar nichts abhängig.

***Der syrische Goldhamster hat sogar eine Alkoholtoleranz entwickelt, die gemessen am Körpergewicht vierzigmal höher ist als die des Menschen.***

Einen noch erstaunlicheren Befund lieferte vor wenigen Jahren ein Team um den deutschen Tierphysiologen **Frank Wiens** und seine Kollegin **Annette Zitzmann** von der Universität Bayreuth: Es gibt sogar Tiere in freier Wildbahn, die weit mehr als nur ein bisschen Alkohol schlucken – solche, die auf stärkere Sachen stehen und sich diese offenbar ganz bewusst reinziehen. Das Federschwanz-Spitzhörnchen, das ungefähr doppelt so groß wie eine Maus ist und in den Regenwäldern Malaysias lebt, macht sich beispielsweise nachts gern gemeinsam mit Vertretern einiger anderer Kleinnager-Arten auf, um vergorenen Blütennektar der Bertram-Palme zu trinken. Das ist ein Gebräu, das bis zu 3,8 Volumenprozent Alkoholgehalt aufweisen kann und daher durchaus mit einem leichten Bier vergleichbar ist.

Nicht weniger erstaunlich: Obwohl die nachtaktiven Kletterspezialisten bei diesen ganzjährig stattfindenden und oft stundenlangen Trinkgelagen vergleichsweise gewaltige Mengen ihres Lieblingsdrinks vernichten, werden sie dennoch nicht betrunken.

Nicht einmal dann, wenn sie umgerechnet soviel Alkohol intus haben wie eine normalgewichtige Frau, die sich innerhalb von zwölf Stunden zwölf Gläser Wein genehmigt hat. Des Rätsels Lösung: Die Tiere haben sich im Verlauf der Evolution den Bedingungen des heißen Klimas, das ihre Lieblingsmahlzeiten sehr schnell vergären lässt, angepasst und können ihren Körper weit schneller als der Mensch entgiften. Der syrische Goldhamster hat auf diese Weise sogar eine Alkoholtoleranz entwickelt, die gemessen am Körpergewicht vierzigmal höher ist als die des Menschen. Zu verdanken hat er die unter anderem seiner riesigen Leber.

Manche Experten werten das als starkes Indiz dafür, dass es den chronischen Alkoholkonsum schon lange gegeben hat, ehe der Mensch zu saufen begonnen hat. Weil es eben eine Zeitlang dauert, bis man evolutionär so gut angepasst ist. Die Vermutung, bestimmte Vorfahren der heutigen Primaten, die vor rund 55 Millionen Jahren gelebt haben, seien den fidelen Spitzhörnchen in dieser Hinsicht durchaus sehr ähnlich gewesen, ist jedenfalls nicht von der Hand zu weisen.

Die Pflanzen, von denen die Früchte stammen, profitieren übrigens ebenfalls vom Alkoholkonsum der Nagetiere. Es handelt sich dabei um eine Art Co-Abhängigkeit. Sie stellen die Nahrung für die kleinen Tiere bereit; die sorgen im Gegenzug wiederum für die Verbreitung der Pflanzen, und das Bindeglied dabei ist eben der Alkohol.

**Trinkfeste Vögel.** Noch wesentlich trinkfester als Nager sind Vögel und Fledermäuse. So gesehen sind Bezeichnungen wie «Schluckspecht» oder «Schnapsdrossel» gemäß den Erkenntnissen von Wissenschaftlern der Universität Frankfurt überhaupt nicht weit hergeholt, sondern haben durchaus einen ernsten Hintergrund. Wären besagte Spechte oder Drosseln übrigens genauso groß und schwer wie Menschen, könnten sie theoretisch jedenfalls alle acht Minuten (!) eine Flasche Wein trinken, ohne davon betrunken zu werden.

Der Grund, warum das fliegende Federvieh dermaßen viel derart gut verträgt, hängt mit dem Enzym Alkoholdehydrogenase zusammen, das bei Staren beispielsweise in rund 14-fach höherer Konzentration vorkommt als beim Menschen. Natürlich handelt es sich auch dabei um eine notwendige Anpassung an die Evolution. Sie soll es den Piepmätzen ermöglichen, alkoholhaltige Nahrung wie etwa vergorenes Obst verzehren zu können, ohne die Kontrolle über ihre Flugbahn zu verlieren oder vielleicht gar aus großer Höhe torkelnd vom Himmel zu stürzen. Aus genau diesem Grund sollte man Meldungen, denen zufolge sich Vögel da oder dort vollends zugedröhnt hätten, daher mit einer gehörigen Portion Skepsis begegnen, obwohl sie theoretisch natürlich durchaus wahr sein können. Etwa die Story, wonach 2005 in South Carolina hunderte Zedernseidenschwänze in einem Naturschutzzentrum gegen die Glasscheibe eines Bürogebäudes geflogen sein sollen, weil sie von Stechpalmenbeeren berauscht waren.

Interessant im Zusammenhang mit dem Alkoholkonsum von Tieren ist auch eine ganze Reihe von Erkenntnissen, die man in diversen Laborversuchen gewonnen hat und die durchaus Parallelen zum menschlichen Verhaltensrepertoire aufzeigen. Etwa die, wonach man Ratten in puncto Alkoholkonsum in vier Kategorien einteilen kann: strikte Abstinenzler, Geselligkeitstrinker, Trinker, die sich berauschen und ihren Level dann zu halten versuchen, und die geborenen Säufer, die sich ohne Rücksicht auf Verluste voll die Kante geben. Und wenn gestresste Mäuse Trost im Alkohol suchen und Hamster umso aggressiver werden, je mehr sie intus haben, kommt einem das als Kenner von Zeitgenossen mit Trinkproblemen ebenfalls nicht ganz unbekannt vor.

**Bechernde Primaten.** Von den Meerkatzen auf der Karibikinsel Saint Kitts, also einer Affenart, deren erste Vertreter vor Jahrhunderten mit Sklavenschiffen aus Afrika hierher gebracht wurden, wird übrigens Ähnliches berichtet: Unter ihnen findet man erstaunlicherweise ebenfalls solche, die Alkohol strikt ablehnen, wie solche, die man als Gelegenheits- oder sogar als Kampftrinker bezeichnen muss. Von Letzteren weiß man etwa, dass sie jedes unbewachte Glas Wein oder Rum in sich hineinschütten, und zwar bis zur Bewusstlosigkeit und ganz offensichtlich in der Absicht, sich zu berauschen.

Im Laborversuch zeigen sich weitere Parallelen zwischen dem Trinkverhalten der Makaken und dem der Menschen. Die Mehrheit aller Primaten bevorzugt es, sich ein bis drei Drinks pro Stunde zu genehmigen, und das solange, bis der Blutalkoholpegel auf 0,5 bis 0,8 Promille angestiegen ist. 15 bis 20 Prozent der Affen bechern mehr, als ihnen guttut, und nur jeder Zehnte bleibt abstinent – wie Menschen eben auch. Und wenn sie wissen, dass es nach einer Stunde nichts mehr gibt, dann legen die Makaken einen Zahn zu – so wie viele Barbesucher gerne noch etwas bestellen, wenn die Sperrstunde naht.

***Frustrierte Fruchtfliegenmännchen, die von einem Weibchen abgewiesen werden, suchen mitunter Trost im Alkohol.***

Wie ein Forschungsteam um **Ulrike Heberlein** und **Galit Shohat-Ophir** von der *University of California* in San Francisco 2012 herausgefunden hat, ähnelt sogar das Verhalten von Fruchtfliegen in bestimmten Situationen kurioserweise dem von Menschen. Männliche Exemplare, die von einem Weibchen abgewiesen werden, sind nämlich mitunter offenbar so frustriert, dass sie gern Trost im Alkohol suchen. Gleiches gilt für Männchen, die überhaupt keinem Weibchen begegnet waren. Tiere, die sich gepaart haben, trinken zwar ebenfalls gerne, aber deutlich weniger, nämlich nur ein Viertel. Zu tun hat das mit einem bestimmten Botenstoff im Gehirn, der ein Gefühl der Befriedigung auslöst und dessen Pegel eben sowohl durch Alkohol als auch durch Sex erhöht werden kann.

Daraus zu schließen, Tiere in freier Wildbahn würden vergorene Früchte und damit die Droge Alkohol generell aufgrund der mit dem Verzehr verbundenen Effekte zu sich nehmen und nicht etwa, weil ihnen diese aufgrund des enthaltenen Fruchtzuckers einfach gut schmecken, ist trotzdem unangebracht. Ratten und Mäuse ziehen im Laborversuch Ethanol-Lösungen mit einem geringen Alkoholgehalt und einem süßlichen Geschmack zwar reinem Wasser vor, Getränke mit sechs Volumenprozent oder mehr lehnen sie aber ab. Deren Geschmack ist ihnen offenbar ganz einfach zu «scharf». Ein ehernes Naturgesetz dürfte das allerdings leider auch nicht sein: Wenn die Versuchsbedingungen passen, sind sie sogar bereit, Alkohol-Lösungen mit einer Konzentration von bis zu 40 Volumenprozent zu schlucken. Man kann vielmehr davon ausgehen, dass es eine Reihe von verschiedenen Gründen dafür gibt, warum Tiere Alkohol zu sich nehmen, und dass noch viel Forschungsarbeit notwendig ist, um hier einigermaßen Klarheit zu schaffen.

Wie komplex die Materie ist, zeigen die 2012 von **Neil Milan** und einigen seiner Kollegen von der *Emory University* in Atlanta veröffentlichten Forschungsergebnisse über die Larven von Fruchtfliegen. Die schützen sich durch die Alkoholaufnahme beispielsweise davor, Opfer von Parasiten zu werden. Nur so können sie nämlich Schlupfwespen davon abhalten, deren Eier in ihrem Inneren zu deponieren. Aber selbst wenn es dafür schon zu spät ist, profitieren sie von der Droge: Bei bereits infizierten Larven verschlechtern sich durch den berauschenden Stoff die Überlebenschancen der Wespen-Nachkommenschaft, die nach dem Schlüpfen die Fliegenlarven von innen heraus auffressen würde. Fazit: Erst wenn reifes Obst mehr als vier Volumenprozent hat, schadet der Alkohol auch den Insekten, vorher dient er sozusagen als Anti-Wespen-Medizin.

**Nagetiere und Neuronen.** Seit Jahrzehnten versuchen Forscher, aus Experimenten und Versuchen mit Tieren Erkenntnisse zu gewinnen, die für den menschlichen Alkoholkonsum von Relevanz sind. Wenn sich Nagetiere in einer Laborumgebung freiwillig mit Alkohol und anderen Drogen zudröhnen, erhofft man sich durch die angestellten Beobachtungen etwa ein besseres Verständnis der Entwicklung jener Veränderungen des zentralen

Nervensystems, die auf Anpassung beruhen. Und damit zugleich neues Wissen über die Toleranzentwicklung und die Entstehung der physischen Abhängigkeit als unmittelbare Folgen eines chronischen Alkoholkonsums.

Doch so verlockend das auch klingen mag: Die allermeisten Ergebnisse von Experimenten mit Tieren können leider nicht gerade einfach auf den Menschen übertragen werden. So müsste im konkreten Fall als Schlüsselkriterium einer Abhängigkeit ein Kontrollverlust nachgewiesen werden, damit man hier eindeutige Rückschlüsse ziehen kann. Ob ein Nager nun aber Alkohol trinkt, weil er durstig ist, weil er ihm schmeckt oder weil er schon süchtig ist, lässt sich freilich nicht wirklich leicht beantworten.

**Die Dickhäuter-Legende.** Die in unzähligen Artikeln immer wieder behauptete Geschichte von den Elefanten, die vom Fressen der vergorenen Früchte des *Marula*-Baums betrunken geworden sind, ist übrigens mit Sicherheit falsch. Deren Alkoholgehalt liegt normalerweise nämlich bei nicht einmal drei Volumenprozent. Sprich: Die tonnenschweren Dickhäuter müssten wahre Unmengen davon verschlingen, um überhaupt eine Alkoholwirkung zu spüren, geschweige denn um davon berauscht zu werden. Dafür, dass sie dann nach dem Konsum der Früchte dennoch oft wie betrunken herumwanken und eindeutig benommen sind, ist nach derzeitigem Stand der Wissenschaft etwas anderes verantwortlich, nämlich eine in der Rinde des Marula-Baums lebende Larve, respektive das Gift, das diese Käferpuppen enthalten.

Eine gewisse Schwäche für Alkohol kann man den Elefanten allerdings dennoch nicht absprechen. Der Wissenschaftler **Steve Morris** und zwei seiner Kollegen von der *School of Biological Sciences* der *University of Bristol* haben sich mit der Thematik eingehend beschäftigt und sind zum Ergebnis gekommen: Die zahllosen immer wieder durch die Medien geisternden Berichte, wonach sich die Rüsseltiere wieder einmal irgendwo an Wein- oder Biervorräten vergriffen hätten, sind zumindest nicht durch die Bank erfunden.

# Dank

Gebührt Daniela Mayer und Petra Sprosec dafür, dass sie mich in schwierigen Zeiten immer wieder ermuntert haben, die Arbeit an diesem in seiner Gesamtheit doch sehr fordernden Buch fortzuführen; Lilli Lahofer und Andreas Kammermann für Selbiges sowie für die Gesellschaft und die nötige Ablenkung in den vielen Kaffeepausen; ganz besonders Lillis Mutter Traude Lahofer für die vielfachen und durch die Bank höchst gelungenen kulinarischen Stärkungen in der Mittagspause; meinem Freund aus alten Tagen Robert Dempfer, weil er mir schon vor über zehn Jahren bei einem gemeinsamen nächtlichen Umtrunk den Floh ins Ohr setzte, dass die Welt genau so ein Buch dringender braucht als vieles, vieles Andere.

Meinem Verleger Roger Liggenstorfer für seinen Mut, sich auf dieses Mammutwerk einzulassen, und dafür, dass er mir inhaltlich völlig freie Hand gelassen hat; Nina Seiler für ihr ausgezeichnetes Lektorat und die menschlich sehr angenehme Zusammenarbeit; wir haben uns bislang noch kein einziges Mal gesehen oder miteinander gesprochen, weil das bis anhin einfach nicht notwendig war, aber ich habe wohl noch mit keinem freundlicheren Menschen so oft per Mail kommuniziert wie mit ihr; Constantin Mawrodiew für sein gelungenes Layout und das grafische Konzept sowie Sven Sannwald für die ansprechende Umschlaggestaltung.

Und schließlich all den Wissenschaftern und Autoren, deren Bücher, Artikel, Arbeiten, Studien usw. die inhaltliche Basis für dieses Werk gelegt haben. Ein Blick ins Quellenverzeichnis zeigt, wen ich unter anderem alles meine. Sollte ich jetzt jemanden vergessen haben, möge man mir verzeihen; dem- oder derjenigen gebührt natürlich mein doppelter Dank.

# Der Autor

Foto: Magdalena Zelasko

**Wolfgang P. Schwelle**, 1963 in Wien geboren, verbrachte seine Kindheit auf einem Bauernhof im niederösterreichischen Weinviertel. Nach acht Jahren in einem katholischen Internat studierte er Handels-, Politik- sowie Kommunikationswissenschaften in Wien, im britischen Guildford und in Washington, D.C. Der ausgebildete Winzer arbeitete unter anderem als Redakteur renommierter Zeitschriften wie der *Wirtschaftswoche*, Chefredakteur des Magazins *Gault Millau*, Herausgeber der *Modern Art Times* und als Host des täglichen Talkformats «Schwelle am Puls» beim Pay-TV-Sender *Premiere Austria* (heute *Sky Austria*). Seit über zehn Jahren ist er mit seiner Kommunikationsagentur *Troon Fields* als PR-Consultant tätig, seit 2012 auch als Co-Direktor des internationalen *LET'S CEE* Film Festivals in Wien. *Alkohol. Die mächtigste Droge der Welt. Band 1* ist sein erstes Buch.

# Literatur- und Quellenverzeichnis

Als Informationsquellen für dieses Buch dienten unzählige von Artikeln und Websites sowie unzählige Bücher, aber auch TV-Sendungen, Hörfunk-Features und dergleichen mehr. Alle Daten wurden nach den Prinzipien der journalistischen Sorgfaltspflicht gegengecheckt, soweit dies möglich war, und in jedem Fall auf ihre Plausibilität geprüft. Die nachfolgend aufgeführten, ausgewählten Quellen waren für das vorliegende Werk nach Ansicht des Autors von besonderer Bedeutung.

**Ades, Lisa / Burns, Rick / Sanders, James:** *New York. Die illustrierte Geschichte von 1609 bis heute.* Frederking und Thaler Verlag, München 2002

**Alves, Katja / Parisi, Dawn:** *Darf man das? Das Benimmbuch für unterwegs.* Sanssouci im Carl Hanser Verlag, München 2006

**Amis, Kingsley:** *Anständig trinken.* Rogner & Bernhard Verlag, Berlin 2008

**Anderson, Peter / Baumberg, Ben:** *Alcohol in Europe – A Public Health Perspective.* In: *A Report for the European Commission.* Institute of Alcohol Studies, UK, Juni 2006

**Anderson, Peter / Møller, Lars / Galea, Gauden:** *Alcohol in the European Union. Consumption, harm and policy approaches.* World Health Organization, Kopenhagen 2012

**Anderson, Peter / Chisholm, Dan / Fuhr, Daniela C.:** *Effectiveness and cost-effectiveness of policies and programmes to reduce the harm caused by alcohol.* In: *The Lancet*, Band 373, Nr. 9682, Seiten 2234–2246, London, Juni 2009

**Ankowitsch, Christian:** *Dr. Ankowitschs Kleines Universal-Handbuch.* Wilhelm Goldmann Verlag, München 2007

**Assig, Jörn:** *Das Handbuch für den seriösen Trinker.* Neuer Europa Verlag, Leipzig 2007

**Augustin, Eduard / von Keisenberg, Philipp / Zaschke, Christian:** *Ein Mann. Ein Buch.* Süddeutsche Zeitung Edition, München 2007

**Bachteler, Daniel / Spanagel, Rainer:** *Experimentelle Modelle der Alkoholsucht.* In: Singer, Manfred V. / Teyssen, Stephan: *Alkohol und Alkoholfolgekrankheiten.* Springer Medizin Verlag, Heidelberg 2005

**Baglietto, Laura / English Dallas R. / Hopper, John L. / Powles, John / Giles, Graham G.:** *Average Volume of alcohol consumed, type of beverage, drinking pattern and the risk of death from all causes.* In: *Alcohol and Alcoholism.* Band 41, Nr. 6, Seiten 664–671, Oxford Nov.–Dez. 2006

**Berkhout, Bram / Boersma, Nicolette / Kruis, Geerten / Poel, Pauline / de Wit, Walter:** *The Contribution made by Beer to the European Economy.* A Report commissioned by

The Brewers of Europe and Conducted by Ernst & Young Tax Advisors and Regioplan Polica Research, Amsterdam August 2009

**Berti, Eduardo:** *Die grüne Fee kehrt zurück – Kleine Kulturgeschichte des Absinth.* In: *Lettre International*, Nr. 59, Berlin 2002

**Blümner, Heike / Thomae, Jacqueline:** *Eine Frau. Ein Buch.* Süddeutsche Zeitung Edition, München 2008

**Bockholt, Werner:** *«Da hab' ich mich ja umsonst besoffen...» Goethe und der Wein.* Verlag Schnell Buch & Druck, Warendorf 2002

**Brand, Donald A. / Saisana, Michaela / Rynn, Lisa A. / Pennoni, Fulvia / Lowenfels, Albert B.:** *Comparative Analysis of Alcohol Control Policies in 30 Countries.* In: *PLoS Medicine*, Band 4, Nr. 4, San Francisco April 2007

**Bridgett, Thomas Edward:** *The Discipline of Drink: An Historical Enquiry into the Principles and Practice of the Catholic Church Regarding the Use, Abuse and Disuse of Alcoholic Liquors.* Burns & Oates, London 1876

**Brown, Augustus:** *Warum Pandas Handstand machen und andere Merkwürdigkeiten aus dem Reich der Tiere.* Ullstein Verlag, Berlin 2009

**Bundeszentrale für gesundheitliche Aufklärung:** *Die Drogenaffinität Jugendlicher in der Bundesrepublik Deutschland 2008.* Köln 2009

**Courtwright, David T.: Forces of Habit:** *Drugs and the Making of the Modern World.* Harvard University Press, Cambridge / Massachusetts, 2002

**Cura, Katrin:** *Schwefelbrocken, Mörser und heiße Öfen. Die Alchemie im Deutschen Museum.* München 1997

**Die Drogenbeauftragte der Bundesregierung, Bundesministerium für Gesundheit:** *Drogen- und Suchtbericht.* Berlin, Mai 2012

**Dodd, Russell (Hrsg.):** *Millionaires 2009* (Supplement). Drinks International, 40. Jahrgang, 7. Ausgabe, Agile Media, Crawley / West Essex Juli 2009

**Donaldson, Liam:** *150 years of the Annual Report of the Chief Medical Officer: On the state of public health 2008.* Department of Health, London 2009

**Embury, David / Hess, Robert / Saunders, Audrey:** *The Fine Art of Mixing Drinks.* Mud Puddle Books, New York 2008

**English, Richard:** *Andre The Giant – The Greatest Drunk On Earth.* In: *Modern Drunkard Magazine*, September / Oktober 2006

**English, Richard:** *Ladies Thirst.* In: *Modern Drunkard Magazine*, August 2005

**Essig, Rolf-Bernhard:** *Der Rausch der Meere. Über die See, den Alkohol und noch mehr.* Oesch Verlag / kontrapunkt, Zürich 2005

**European Commission:** *Special Eurobarometer 331. EU Citizens' attitudes towards alcohol.*

TNS Opinion & Social, Brüssel April 2010

**Fath, Manfred:** *Alkohol und bildende Kunst.* In: Singer, Manfred, V. / Teyssen, Stephan: *Alkohol und Alkoholfolgekrankheiten – Grundlagen, Diagnostik, Therapie.* Springer-Verlag, Berlin 2005

**Fink, Thomas:** *The Man's Book.* Phoenix, London 2007

**Foley, Ray:** *Cocktails für Dummies.* Wiley-VCH Verlag, Weinheim 2008

**Gans, Hein K.:** *Das A–Z der Getränke.* Verlag Eugen Ulmer, Stuttgart 2010

**Gabanyi, Stefan:** *Zur blauen Hölle.* In: *Süddeutsche Zeitung*, 17. / 18. März 2007

**Gassmann, Raphael / Kaldewei, Doris / Lindemann, Frank:** *Jahrbuch Sucht 2010.* Deutsche Hauptstelle für Suchtfragen e.V. (Hrsg.), Neuland Verlag, Geesthacht 2010

**Gately, Ian:** *Drink. A Cultural History of Alcohol.* Gotham Books / Penguin Group, New York 2008

**Girtler, Roland:** *Herrschaften wünschen zahlen. Die bunte Welt der Kellnerinnen und Kellner.* Böhlau Verlag, Wien – Köln – Weimar 2008

**Gladwell, Malcolm:** *Drinking Games. How much people drink may matter less than how they drink it.* In: *The New Yorker*, 15. Februar 2010

**Goebel, Tina / Hager, Angelika / Hofer, Sebastian:** *Schöner Trinken.* In: *Profil*, 30. November 2009

**Goodwin, Donald W.:** *Alkohol und Autor.* Edition Epoca, Zürich 2000

**Griffith, Edwards:** *Alcohol. The World's Favorite Drug.* Penguin Books, London 2000

**Haller, Reinhard:** *Kultur und Substanzmissbrauch.* In: *Spectrum Psychiatrie*, 01 / 11, Wien 2011

**Harding, Graham:** *A Wine Miscellany.* Michael O'Mara Books Limited, London 2005

**Hemingway, Edward / Bailey, Mark:** *Hemingway and Bailey's bartending guide to great American writers.* Algonquin Books of Chapel Hill, 2006

**Hoepfner, Niels:** *Der Alkohol, die Dichter & die Literatur. Eine Dokumentation.* GRIN Verlag, München 2009

**Holland, Barbara:** *The joy of drinking.* Bloomsbury USA, New York 2007

**Huneker, James Gibbons:** *Art and Alcohol.* In: *The New York Times*, 11. Mai 1919

**James, William:** *The Varieties of Religious Experience.* Longmans, Green & Co., New York / London 1902

**Jackson, Michael:** *Bier.* Dorling Kindersley Verlag, Starnberg 2005

**Kämmer, Frank:** *Lexikon der Weinirrtümer.* Piper Verlag, München 2008

**Klute, Hilmar:** *Die Prosecco-Lüge.* In: *Süddeutsche Zeitung*, 5. Juni 2007

**Koch, Christoph:** *50 Werke der Dopingkultur.* In: *Zeit Magazin Leben*, Nr. 29, 12. Juli 2007

**Köhnlechner, Manfred:** *Die Heilkräfte des Weins.* Herbig Verlag, München 2001

**Kruck, Peter:** *Alcohol – Alles, was Sie darüber wissen sollten.* Herbig Verlag, München 2006

**Krüger, Michael / Faude, Ekkehard:** *Literatur & Alkohol.* Libelle Verlag, 2004

**Lendler, Ian:** *Alcoholica Esoterica. A Collection of Useful and Useless Information As It Relates to the History and Consumption of All Manner of Booze.* Penguin Group, New York 2005

**Lewin, Louis:** *Phantastica. Die betäubenden und erregenden Genussmittel. Für Ärzte und Nichtärzte.* Voltmedia Verlag, Paderborn 2005

**Loewenfeld, Leopold:** *Student und Alkohol.* Vortrag, gehalten am 21. Februar 1910. M. Rieger'sche Universitätsbuchhandlung (G. Himmer), München 1910

**Ludwig, Arnold M.:** *The price of greatness: Resolving the creativity and madness controversy.* The Guilford Press, New York 1995

**Mann, Thomas:** *Über den Alkohol.* In: *Aufsätze, Reden, Essays.* Band 1: 1893–1913. Aufbau Verlag, Berlin 1983

**McCarthy, Ed / Ewing-Mulligan, Mary:** *Wein für Dummies. Weinkultur in Reinkultur.* Wiley-VCH-Verlag, Weinheim 2008

**McGovern, Patrick E.:** *Uncorking The Past. The Quest for Wine, Beer, and Other Alcoholic Beverages.* University of California Press, Berkely 2009

**Milan, Neil F. / Kacsoh, Balint Z. / Schlenke, Todd A.:** *Alcohol Consumption as Self-Medication against Blood-Borne Parasites in the Fruit Fly.* In: *Current Biology.* Band 22, Nr. 6, Seiten 488–493, 16. Februar 2012

**Morales, L.:** *Aus dem Buch der ‹Ergötzenden Erzählungen des Bar-Häbreus›.* Zeitschrift der Deutschen Morgenländischen Gesellschaft, Band 40, Seite 412, Leipzig Wiesbaden 1886

**Morris, Steve / Humphreys, David / Reynolds, Dan:** *Myth, Marula, and Elefant: An Assessment of Voluntary Ethanol Intoxication of the African Elefant (Loxodonta africana) Following Feeding on the Fruit of the Marula Tree (Sclerocrya birrea).* In: *Physiological and Biochemical Zoology,* Band 79, Nr. 2, Seiten 363–369, März / April 2006

**Nutt, David J. / King, Leslie A. / Phillips, Lawrence D.:** *Drug harm in the UK: a multicriteria decision analysis. In: The Lancet,* Band 376, Nr. 9752, Seiten 1558–1565, London November 2010

**Organization for Economic Co-operation and Development (OECD)/Health Division & Institut de Recherche et d'Étude en Economie de la Santé (IRDES):** *OECD Health Data 2009.* OECD Publishing, Paris Juni 2009

**Organization for Economic Co-operation and Development (OECD):** *Health at a Glance: Europe 2010.* OECD Publishing, Paris Dezember 2010

**Organization for Economic Cooperation and Development (OECD):** *Health at a Glance: OECD Indicators.* OECD Publishing, Paris November 2011

**Pankow, Dieter:** *Alkohol. Faszination und Elend.* Machtwortverlag, Dessau 2006

**Passmore, Nick: Booze:** *Who's Drinking What Where.* Auf: *Bloomberg Business Week*, 5. August 2008

**Plato Logic Limited:** *World Beer Report.* Reading 2008

**Pollman, Mark: Bottled Wisdom: over 1.000 spirited quotations and anecdotes.** Wildstone Media, St. Louis 1998

**Prause, Gerd («Tratschke»):** *Zum Beispiel Goethe: Täglich drei Flaschen Wein.* In: *Die Zeit*, 1975

**Reich-Ranicki, Marcel:** *Schreiben berauschte Schriftsteller bessere Bücher?* In: *Frankfurter Allgemeine Sonntagszeitung*, 18. Juni 2008

**Rich, Frank Kelly:** *Die feine Art des Saufens – Ein Handbuch für den modernen Trinker.* Tropen-Verlag, Berlin 2007

**Rapaille, Clotaire:** *The Culture Code: An Ingenious Way to Understand Why People Around the World Live and Buy as They Do.* Broadway Books, New York 2006

**Reichholf, Josef H.:** *Warum die Menschen sesshaft wurden. Das größte Rätsel unserer Geschichte.* Fischer Taschenbuch Verlag, Frankfurt am Main 2009

**Richter, Peter:** *Über das Trinken.* Wilhelm Goldmann Verlag, München 2011

**Room, Robin / Babor, Thomas / Rehm, Jürgen:** *Alcohol and public health.* In: *The Lancet* Band 365, Nr. 9458, Seiten 519– 530, London Februar 2005

**Rüedi, Peter:** *Der Geist in der Flasche. Essay über eine ebenso offensichtliche wie verdrängte Kultur.* In: *Du – die Zeitschrift der Kultur*, Nr. 12: Treibstoff Alkohol. Die Dichter und die Flasche, Zürich Dezember 1994

**Rumler, Fritz:** *Alles fließt.* In: *Die Kunst des Schreibens – Spiegel Spezial*, Oktober 1996

**Schmidt, Christian Y.:** *Sauft, Kollegen, sauft!* In: Sundermeier, Jörg (Hrsg.): *Das Buch vom Trinken.* Verbrecher Verlag, Berlin 2004

**Schmidt, Günter:** *Alex – Das Alkohollexikon. Interdisziplinäres Alkohollexikon.* Books on Demand, Norderstedt 2002

**Schoeller, Wilfried:** *Das letzte Glas.* In: *Du - die Zeitschrift der Kultur*, Nr. 12: Treibstoff Alkohol. Die Dichter und die Flasche, Zürich, Dezember 1994

**Schott, Ben:** *Schotts Sammelsurium Essen & Trinken.* Bloombury, Berlin 2005

**Scruton, Roger:** *I drink therefore I am. A philosopher's guide to wine.* Continuum International Publishing Group, London / New York 2009

**Shohat-Ophir, Galit / Kaun, Karla R. / Azanchi, Reza / Mohammed, H / Heberlein, Ulrike:** *Sexual Deprivation Increases Ethanol Intake in Drosophila.* Science, Band 335, Nr. 6074, März 2012

**Singer, Manfred V. / Teyssen, Stephan:** *Alkohol – nur ein Genußmittel?* In: *Ruperto Carola*, Ausgabe 1, Heidelberg 1997

**Sobolewska, Justyna:** *Von Hickhack und Menschenfressern* (Übersetzung: Antje Ritter-Jasinska). In: *Polityka* Nr. 6 / 2009, Warschau, 4.2. 2009

**Spode, Hasso:** *Alkoholismus.* In: *APuZ (Aus Politik und Zeitgeschichte) – Droge Alkohol,* Beilage zur Wochenzeitschrift *Das Parlament,* Nr. 28 / 2008

**Spode, Hasso:** *Die Macht der Trunkenheit. Kultur- und Sozialgeschichte des Alkohols in Deutschland.* Leske + Budrich, Opladen 1993

**Spode, Hasso:** *Alkoholische Getränke.* In: Hengartner, Thomas / Merki, Christoph Maria (Hrsg.): *Genussmittel. Ein kulturgeschichtliches Handbuch.* Campus Verlag, Frankfurt / Main New York 1999

**Standage, Tom:** *A History of the World in 6 Glasses.* Walker Publishing Company, New York 2005

**Suddath, Claire:** *A Brief History of Russians and Wodka.* In: *Time Magazine,* 5. Januar 2010

**Uhl, Alfred / Bachmayer, Sonja / Kobrna, Ulrike / Puhm, Alexandra / Springer, Alfred / Kopf, Nikolaus / Beiglböck, Wolfgang / Eisenbach-Stangl, Irmgard / Preinsperger, Wolfgang / Musalek, Michael:** *Handbuch Alkohol – Österreich: Zahlen, Daten, Fakten, Trends 2009,* Bundesministerium für Gesundheit, Wien 2009

**Uhl, Alfred / Bachmayer, Sonja / Puhm, Alexandra / Strizek, Julian / Kobrna, Ulrike / Musalek, Michael:** *Handbuch Alkohol – Österreich. Band 1: Statistiken und Berechnungsgrundlagen 2011.* Bundesministerium für Gesundheit, Wien 2011

**Uhl, Alfred / Springer, Alexandra / Kobrna, Ulrike / Gnambs, Timo / Pfarrhofer, David:** *Österreichweite Repräsentativerhebung zu Substanzgebrauch – Erhebung 2004.* Band 1: Forschungsbericht, Bundesministerium für Gesundheit und Frauen, Wien 2005

**Unger, Andreas:** *Von Algebra bis Zucker: Arabische Wörter im Deutschen.* Reclam Verlag, Leipzig 2006

**Viering, Kerstin:** *Wenn Tiere Alkohol trinken.* In: *Frankfurter Rundschau,* 30. Dezember 2011

**Von Bunge, Gustav:** *Die Alkoholfrage.* Alkoholgegner-Verlag, Lausanne 1941

**Wagner, Wolf:** *Alkohol in anderen Kulturen.* Seminar, FH Erfurt (http://www.docstoc.com/docs/110911160/alkoholinanderenkulturen)

**Walton, Stuart:** *Out of it: A Cultural History of Intoxication.* Harmony Books, New York 2002

**Wiens, Frank / Zitzmann, Annette / Lachance, Marc-André / Yegles, Michel / Pragst, Fritz, Wurst, Friedrich M. / von Holst, Dietrich / Guan, Saw Leng / Spanagel, Rainer:** *Chronic intake of fermented floral nectar by wild theeshrews.* In: *PNAS (Proceedings of the National Academy of Sciences of the United States of America),* Washington, DC, Band 105 (30), Juli 2008

**World Health Organization, Department of Mental Health and Substance Abuse:** *Global status report on alcohol and health 2011.* Geneva 2011

**World Health Organization, Department of Mental Health and Substance Abuse:** *Global Status Report on Alcohol 2004.* Geneva 2004

**Wrede-Grischkat, Rosemarie:** *Manieren und Karriere. Internationale Verhaltensregeln für Führungskräfte.* Gabler Verlag, Wiesbaden 2006

**Worm, Nicolai:** *Täglich Wein.* Hallwag Verlag, München 2002

**Zaridze, David / Brennan, Paul / Boreham, Jillian / Boroda, Alex / Karpov, Rostislav / Lazarev, Alexander / Konobeevskaya, Irina / Igitov, Vladimir / Terechova, Titiana / Boffetta, Paolo / Peto, Richard:** *Alcohol and cause-specific mortality in Russia: a retrospective case-control study of 48 557 adult deaths.* In: *The Lancet*, Band 373, Nr. 9682, Seiten 2201–2014, London, Juni 2009

## Weblinks (Auswahl)

*www.alcoholconcern.org.uk*

*www.api.or.at*

*www.alkoholgeschichte.de*

*www.ärzteblatt.de*

*www.bier-lexikon.lauftext.de*

*www.bierserver.at*

*www.books.google.com*

*www.britannica.com*

*www.derstandard.at*

*www.dhs.de*

*www.drinkdriving.org*

*www.drinkingandyou.com*

*www.drinksint.com*

*www.ernestopauli.ch*

*www.eurocare.org*

*www.icap.org*

*www.kenn-dein-limit.info*

*www.drunkard.com*

*www.musenblätter.de*

*www.nytimes.com*

*www.oddee.com*

*www.oeamtc.at*

*www.oiv.int*

*www.samhsa.gov*

*www.spiegel.de*

*www.surgeongeneral.gov*

*www.time.com*

*www.timesonline.co.uk*

*www2.potsdam.edu/hansondj*

*www.who.int/en*

*www.welt.de*

*www.wikipedia.org*

*www.zeit.de*

# Index

## H

## I

## P

## Q



## R

## T

## Y



## Z

# Bücher zum Thema

NACHTSCHATTEN VERLAG

Dave Steel

## Der Absinthe-Trinker

In diesem Reisetagebuch nimmt der Autor den Leser auf abenteuerliche Touren mit. Er hat sich auf den Weg zu seinen Schweizer Wurzeln gemacht. Dort entdeckt er das alte Heilgetränk Absinthe und auch sogleich dessen Nutzen. Denn Absinthe verhilft ihm zu unerwarteter Klarheit und Inspiration. Auf amüsante Weise und sprachlich sehr abwechslungsreich gibt Steel Einblick in seine innere Reise. Zunehmend hinterfragt er seine amerikanische Herkunft und am Schluss mutiert er zum aufgeschlossenen Bohemien.

ISBN 978-3-03788-193-4
248 Seiten 18,5x24,5 cm Klappenbroschur

M. Bröckers, C. Heidrich, R. Liggenstorfer (Hrsg.)

## Absinthe - die Wiederkehr der Grünen Fee
### Geschichten und Legenden eines Kultgetränkes

Im 18. Jhdt. im Val-de-Travers (CH) entdeckt, wurde Absinthe bald zum Modegetränk der Pariser Bohème – bis die Grüne Fee Anfang des 20. Jhdt. in den meisten Länder Europas verboten wurde und beinahe 100 Jahre im Untergrund überlebte. Dieses Buch zeichnet die Geschichte dieses »magischen« Getränkes auf: von seinem Ursprung als Gesundheitselixier über die Bedeutung als Kultgetränk und ‚Treibstoff' des Fin de Siècle und seiner Künstler.

ISBN 978-3-03788-151-4
96 Seiten, Format 13,4 x 18,5 cm Broschur

limitierte & nummerierte Hardcover-Ausgabe: ISBN 978-3-03788-153-8

**Nachtschatten Verlag AG**

Kronengasse 11 | CH-4502 Solothurn | Fon 0041 32 621 89 49
info@nachtschatten.ch | nachtschattenverlag.ch